Friedrich Schuler von Libloy

Aus der Türken- und Jesuitenzeit, vor und nach dem Jahr 1600

historische Darstellungen, zumal Fürsten- und Volksgeschichte in den Karpathenländern von

Friedichrich Schuler von Libloy

Friedrich Schuler von Libloy

Aus der Türken- und Jesuitenzeit, vor und nach dem Jahr 1600
historische Darstellungen, zumal Fürsten- und Volksgeschichte in den Karpathenländern von Friedichrich Schuler von Libloy

ISBN/EAN: 9783743364554

Hergestellt in Europa, USA, Kanada, Australien, Japan

Cover: Foto ©ninafisch / pixelio.de

Manufactured and distributed by brebook publishing software (www.brebook.com)

Friedrich Schuler von Libloy

Aus der Türken- und Jesuitenzeit, vor und nach dem Jahr 1600

Aus der

Türken- und Jesuitenzeit

vor und nach dem Jahre 1600.

Historische Darstellungen,

zumal Fürsten- und Volksgeschichte in den Karpathenländern

von

Friedrich Schuler von Libloy,
Doctor der Rechte, ord. Professor an der k. k. Franz Joseph's-Universität in Czernowitz,
Ausschußmitglied des Vereins für siebenbürgische Landeskunde ꝛc.

Zweite Ausgabe.

Berlin.
Verlag von Theodor Hofmann.
1879.

Vorwort.

Ein Schlüssel der Vergangenheit und der Zukunft liegt in der richtig verstandenen Geschichte, welche uns die Entwicklung von Staaten und Völkern vorführt und die Bestimmung des Menschengeschlechtes erkennen läßt. Es wird immer die Politik der Gegenwart auch diesen Schlüssel benöthigen; doch diesen selbst darf nicht die Politik schmieden und drehen nach ihrem Bedarf, sondern sie muß ihn gebrauchen, wie die Wahrheitsliebe, der Forschergeist und die Humanität denselben zu formen haben. Auch diese Blätter bieten einen Stoff dar für jenen Beruf der Geschichte. Die Karpathenländer waren einstens unter türkischer Oberhoheit; sie haben ihre christliche Selbständigkeit, ihr eignes staatliches Leben errungen, und es kann nur eine Frage des „Völkerrechts" sein, wie das gleiche Schicksal für Bosnien und Bulgarien, neben Serbien und Montenegro, erworben werden könne. Eines ist ein Irrthum, nämlich die Türkei allein verantwortlich zu machen für die Uncultur jener Gegenden; diese Blätter können auch den Beweis liefern, daß vor wenigen Jahrhunderten in christlichen Staaten dieselben Schandthaten verübt, dieselben rechtlosen Zustände vorgeherrscht haben, wie noch heutzutage in den Balkanprovinzen. Der Fortschritt ist aber bei den Osmanli's um so mehr gehemmt, als sie nicht ohne die Fesseln priesterlicher Dogmen religiös, ohne confessionelle Schranken staatlich und wissenschaftlich thätig zu sein vermögen; das christliche Europa verdankt seine Ueberlegenheit dem siegreichen Kampfe gegen das finstre Gebot jenes blinden Autoritätsglaubens, seinen Arbeiten auf allen Gebieten der volkswirthschaftlichen Pflege und geistiger Cultur. —

Zugleich schildern diese Blätter die Ehren- und Wundenmale, welche das deutsche Volk in den Karpathenländern zu jener Zeit davongetragen — Mahnung und Trost für verzagte Gemüther, daß dort eine schwere Aufgabe von jenen Mächten zu erfüllen sei, welche den Osten und insbesondere die Magyaren vor dem mongolischen Asiatenthume bewahrt haben und dies noch weiter zu thun haben werden.

Fern liegt es dem Buche, tendenziöse Parteinahme zu ergreifen, fern, den ganzen Verlauf aller Kriegsbegebenheiten und sonstiger Vorfälle zu schildern; aber es will fast Unbekanntes oder schon Vergessenes hervorholen, um mit zu arbeiten am Werke einer Geschichtschreibung, welche bisher den Osten der Monarchie und deren karpathische Nachbarländer fast ganz vernachlässigt hat. Was in dieser Richtung an Quellenwerken und hervorragenden literarischen Leistungen, welche mitbenutzt worden sind, hier zu erwähnen wäre, ist aus den bei den einzelnen Abschnitten beigefügten Noten zu ersehen, welche allerdings deshalb sparsam gehalten worden sind, weil einerseits bezüglich der allgemeinen Grundlage der Zeitgeschichte die Hauptwerke von Ranke und Anderen der Hervorhebung nicht bedürfen, andererseits wieder die bezogenen Schriftsteller die weiteren Belegstellen vermitteln.

Der Zusammenhang der siebenbürgischen (oder der karpathischen) Geschichte mit der allgemeinen von Europa, dann wieder eine Menge von einzelnen Charakterzügen, welche eigentlich Farbe und Ton dem ganzen Gemälde geben, die sind es, welche unsere historischen Darstellungen hervorheben, so daß dies Buch eine ganz wesentliche Ergänzung zu bieten vermag; auch wandelt es damit eigene neue Wege und bittet den Leser um freundliche Begleitung bis zu den Ländern des Pruth und der unteren Donau.

Czernowitz am Pruth, im September 1876.

Der Verfasser.

Inhalt.

I. Geistige Grundelemente im türkischen Reiche . . . 1
II. Bevölkerung und Finanzen in der Türkei an der Grenzscheide des 16. Jahrhunderts 9
III. Der Divan und die Pforte. Das Lehns= und Heerwesen 21
IV. Die karpathischen Vasallenstaaten 32
V. Päpste, Jesuiten, Philipp II. von Spanien . 42
VI. Zeitgenössische Monarchen 57
VII. Charakterzüge aus England, Schweden, Polen, Italien und der Türkei 69
VIII. Sigismund Báthory und die Jesuiten . 81
IX. Das Jus ligatum. Das gebundene Recht . 96
X. Bündnisse, Heirath und Krieg . . . 107
XI. Wandlungen des Glücks 122
XII. Fürst Cardinal Andreas Báthory und Michael, Woiwode der Walachei . 136
XIII. Die Schellenberger Schlacht. 1599 . 147
XIV. Michael, Basta und Sigismund 165
XV. Kaiser Rudolph. — Türken und Bocskay in Siebenbürgen 181
XVI. Siebenbürgen zur Zeit des Stephan Bocskay . . 193
XVII. Ständische Pläne in Oesterreich. Kaiser Rudolph's Ausgang . 209
XVIII. Das Treiben in den Karpathenländern . . 222
XIX. Gabriel Báthory's wahnsinniges Regiment 234
XX. Der Ausgang des letzten Báthory und Niedergang der Türkenzeit 252

I.
Geistige Grund-Elemente im türkischen Reiche.

„Ein Tropfen Bluts" — so lautete ein Chalifengrundsatz — „in Gottes Sache vergossen, eine Nacht in Waffen zugebracht, ist mehr werth, als zwei Monate Fasten und Beten."

„Wer im Treffen fällt, dessen Sünden sind vergeben. Am Tage des Gerichts werden seine Wunden glänzen wie Leuchtkäfer und riechen wie Moschus. Ihn empfangen die ewig schönen Gärten des Paradieses. Zu ihm gesellen sich Jungfrauen mit großen, schwarzen Augen, schön wie Rubinen und Perlen, in ewig blühender Jugend, von zarter Empfindsamkeit, die auch im Ehestande nicht aufhören, Jungfrauen zu sein". — „Schrecklich sind dagegen die Strafen der Hölle, welche denen bevorstehen, die nicht für den Islam streiten oder ihn gottlos verlassen. In einem ewigen Feuer werden sie weder leben noch sterben können. Angeschlossen an einer dreißig Ellen langen Kette werden sie stinkendes Aas essen und siedendes Wasser trinken müssen." —

Mohamed hinterließ als religiöse Aufgabe den Spruch: „Streitet wider die, welche weder an Gott, noch an den Tag des Gerichts glauben. Auch wider Juden und Christen streitet so lange, bis sie sich bequemen; Tribut zu zahlen und sich zu unterwerfen." —

Aus diesen wenigen Grundsätzen ergiebt sich bereits jene vorherrschende Idee der Moslemin, d. h. der „Gottergebenen" (und „Steuerbefreiten"), welche Fanatismus und Fatalismus in sich vereinigte, damit in der völligen Ergebung in Gott, der jedes Menschen Schicksal vorher bestimmt, die Glaubenswuth ihre wilden Siegesfeste feiere.

Der türkische Padischah war einstens in jenem von Natur und Geschichte so gesegneten Erdstriche, wo meerverbunden drei Continente zusammenhängen, unbeschränkter Herrscher von zwanzig ehemaligen Königreichen, die sich nun in vierzig Statthalterschaften auf Europa,

Asien und Afrika vertheilten. Er hieß sich im stolzen Selbstgefühl: „Kaiser der Kaiser, Fürst der Fürsten, Vertheiler der Kronen der Welt, Schatten Gottes über beide Welttheile, Beherrscher des schwarzen und weißen Meeres, von Asien und Europa." —

Wie anders seine Stellung als die christlicher Monarchen, denen Kirche und Stände — Gerechtsame und Freiheiten entgegenzusetzen, Sitte und Gesetz, Schranken aufzuerlegen vermochten. Der Sultan vereinigte nach dem Kanunname, d. i. dem Gesetzbuche für Staatseinrichtungen, in sich die höchste Würde des weltlichen und des geistlichen Oberhauptes aller Gläubigen. Nicht wie anfänglich bloß ein Emir, war er später ein Imam, b. i. Stellvertreter des Propheten, und führte nun das Khalifat als Zill=ullah, b. i. Ebenbild oder Schatten Gottes. Seine großherrlichen Fermane und Chattischerif's (so heißen des Sultans „Handschreiben") galten für Gesetze, und selbst ein gegen den religiösen Kanun verstoßender willkürlicher Beschluß des Padischah — ein sogenannter Urf — war ihm erlaubt und erforderte unbedingten Gehorsam. In zweifelhaften Fällen suchte er wohl Einverständniß mit dem Haupte der Geistlichkeit; doch was der Mufti als religionsmäßiges Verfahren erklärte, durch seinen „Fetwa" genannten Ausspruch, war keineswegs für den Padischah verbindlich, nicht ein Gebot für dessen Executive, sondern nur die hochzuhaltende Interpretation von der größten doctrinären Autorität, so daß in der That der Großherr es gern vermied, anders zu handeln, als wie es das Fetwa für angemessen erklärte.

War nun ein Sultan, wie Mohamed II. und Suleiman I., zugleich als ein Al=Fatih (Eroberer) und als ein Al=Kanuni (Gesetzgeber) hochgefeiert und ruhmgepriesen, so mochte wohl im türkischen Reiche, welches sich zur Zeit seiner Blüthe etwa 8000 Meilen lang und ebenso viel breit ausdehnte, kein Unterthan daran zweifeln, daß dem Padischah, so gut wie Gott selbst, das Leben und Gut der Gläubigen und Ungläubigen zugehöre; die Millionen Menschen fühlten sich als Sclaven. So lehrten auch die Mollah's aller Arten, die Ulema's — Priester und Gelehrte — an deren Spitze der Mufti stand*). Diese „Diener des Gesetzes und der Re=

---

*) Vergl. die treffliche Skizze von Murad Efendi in der Augsburger Allgem. Zeitung vom 2. Juni 1876 (Beilage Nr. 154) über die „Ulehma's", und überhaupt für die Neuzeit: Vámbéry's Schilderungen (zum Theile in Grieben's „Bibliothek").

ligion" hatten für ihren Beruf mehrere Bildungsgrade durchzumachen mit sonderbaren Benennungen. Es gab da vorerst etwa 90,000 „Suchta's" (Sosta's), d. i. „Verbrannte", welche hierauf „Muid" („Zurückkehrende") und dann „Danischmend" („Wissende" oder Studenten) zu werden vermochten.

In der erwähnten Rangordnung waren sie zugleich Lehrer in den Pagenschulen und konnten nun entweder als Moscheediener oder als Richter ihren Weg weiter verfolgen, oder wohl einige, als Mulasim, Abjuncten in den Rechtsschulen werden. Wollte der Studirende Richter werden (Kadi), so pflegte seine erste Anstellung als Naib (Richterstellvertreter) oder als Muffetisch, d. i. Untersuchungs= beamter, zu erfolgen; wollte er aber als Geistlicher oder Gelehrter vorwärts kommen, so trachtete er zunächst, als Muderris, einer Moscheeschule vorzustehen; die Moscheen hatten nämlich sehr häufig Schulen, Medressen, als confessionelle Lehranstalten, an der Seite, wo sich die Verbindung von Kirche und Schule auch in der Berufs= anstellung der Vorgesetzten werkthätig erwies. Sehen wir ab von dem Kaime oder Küster, so nährte den Mann das Amt der Muesine („Gebetausrufer"), der Imame („Vorbeter"), welche auch kirchliche Functionen verrichteten, tägliche Gebete abhielten; dann trat hervor der Beruf der Chatibe als „Freitags=Gebet=Verrichter" und zumal der Scheiche, welche die „Oberprediger" gewesen sind. Sie lehrten die Grundfesten des Glaubens und der Lebensweisheit, indem sie die Scheri oder Religionsgesetze erklärten, oder auf das (Aadet ge= nannte) Herkommen hinwiesen, oder jene Verordnungen verehrten, welche mehr die Willkür der Herrschenden als Kanun erlassen hatte. Scheri, Aadet und Kanun ließen aber die Macht des Sultans über Alles hochhalten. Wollen wir dieses im Auge behalten — die hie= durch erzielte Sitte des Gehorsams — wenn wir folgende Mitthei= lung des Venetianers Trevisano vom Jahre 1554 vernehmen, welcher von den Osmanen schreibt:

„Die Türken haben in ihrem Heere drei Dinge nicht, welche für den Soldaten von großer Wichtigkeit sind, den Wein, die Lohndirnen und das Spiel; außerdem aber ist es ihnen eine ganz eigenthümliche Sitte, welche sie überall und zu jeder Zeit streng beobachten und die sie für die Hauptsache ihres Waffenglückes halten, daß sie niemals den Namen Gottes lästern und es niemals unter= lassen, an den dazu bestimmten Stunden mit vieler Ehrfurcht ihr Gebet zu verrichten; selbst wer die Namen Jesu Christi und der

Jungfrau Maria lästerte, würde ebenso bestraft werden, als wenn er den Namen ihres Propheten Mohamed gemißbraucht hätte."

Hiedurch bekömmt das düstre Bild wieder freundlichere Lichtseiten, welche uns auch in folgenden Sprüchen entgegenstrahlen. Des Propheten Nachfolger Abu Bekr hinterließ die oft gelehrten Warnungen: „Denke daran, daß du stets in Gottes Gegenwart bist. Begegne deinen Soldaten mit Güte, ziehe deine Brüder zu Rathe und thue, was recht und billig ist. Wenn du dem Feinde begegnest, so halte dich männlich und kehre ihm nicht den Rücken. Wenn du einen Sieg gewonnen, so verschone die Greise, die Weiber und die Kinder. Haue keinen Palmbaum nieder und stecke keine Kornfelder an. Verderbe keine Fruchtbäume und tödte nicht mehr Vieh, als zum Gebrauche des Heeres hinreichend ist. Laß dein gegebenes Wort heilig sein. Verschone gottesdienstliche Personen, und die du an heiligen Orten findest; diese verschone ebenfalls."*)

Ebenso lauten folgende Sprüche erfreulich: „Wissenschaft ist der Reichen Zier und der Armuth Reichthum." „Ein weiser Feind ist besser als ein thörichter Freund." — Nach solcher Richtung ist die Religion der Mohamedaner nicht arm an kernigen Weisheitsregeln, welche oft so wirksam sich erwiesen, daß ganze Volksklassen beharrlicher, mildthätiger, wahrheitsliebender, erschienen sind, als die Christen des Mittelalters; ja selbst in Reinlichkeit, Gastfreiheit und mancher Tugend der Entsagung und Werkthätigkeit, in echter Gottesfurcht, stellen sie den abergläubigen Fanatiker des Kreuzes und der stumpfsinnigen Heiligenverehrung in den Schatten; doch kaum irgendwie befruchtet vom Geiste altclassischer Literatur und eigener Forschung in Wissenschaften und Künsten, es sei denn die fragliche der Poesie und der Geschichtschreibung, ohne den sittigenden Einfluß echter Frauenbildung, ohne die Würde und nachhaltige Kraft einer selbstbewußten persönlichen Freiheit, bleibt der Sclavengeist der Mohamedaner auf Phantome des religiösen Wahns auf sinnlichen Genuß gerichtet, genährt durch die überlieferten Lehren der Schule, welche nur einer confessionellen Erkenntniß den Weg zu eröffnen versuchen. Der Fatalismus und das sinnliche Paradies des Glaubens schlugen den Willen der Mos-

---

*) Ein Zusatz fällt wieder in den Fanatismus zurück, wenn es weiter heißt: „Du wirst aber auch Leute treffen, die zur Schule des Satans gehören und eine geschorne Platte tragen; diesen sollst Du den Hirnschädel spalten und sie niederhauen, bis sie den Islam annehmen und Tribut erlegen." —

I. Geistige Grund-Elemente im türkischen Reiche.

lemin in eherne Bande der Abhängigkeit, zu welcher auch manche „christliche" Erziehung den gehorsamen Gläubigen zu erniedrigen und e i n e m geistlichen Oberhaupte die Stellung des Pabischah, in Rom, zu erringen gedachte.

Bahnbrechende Ideen, große Parteikämpfe im Staats- und Völkerleben, haben der islamitischen Cultur selten den Impuls großer Thaten verliehen, gleichwohl umstrahlte, zumal die Türken im osmanischen Reiche der volle Glanz einer fast unbesiegbaren G r o ß m a c h t durch mehrere Jahrhunderte, in welchen christliche Staaten demüthig den Frieden erkaufen mußten.

Juden und Christen gegenüber waren die Mohamedaner nachsichtiger als gegen die Heiden; verehrten sie doch selbst Mosem und die Propheten, Christum und die Apostel als Vorgänger ihres Religionslehrers; freilich waren ihnen zuletzt alle Ungläubigen nur Giaur's, ohne rechtlichen Anspruch und ohne sonderlichen Unterschied des Glaubens; doch bemerkt im 16. Jahrhundert Gerlach in seinem Tagebuche: „Die Lutherischen sind den Türken lieber als die Papisten, weil jene die Anruffe und Verehrung der Bilder verdammen und verhoffen also, sie sollten eher Türken werden, denn die Welschen. Darumb, wenn sie einen gefangen nehmen, fragen sie gleich, ob er ein Papist oder Lutheraner sei?"

Von fremden Nationen schienen dem türkischen Reiche seit geraumer Zeit die Engländer und noch mehr die Franzosen näher zu stehen. Weil nämlich die Osmanli's in England, noch mehr in den französischen Hugenotten, in Heinrich IV. und dann überhaupt in Frankreich, eine Hilfe erblickten, gegen das gefährliche und zumal, seit Karl V., Tunis bedrohende Spanien, so schlossen sich wiederholt die Großwessire mehr jenen Gesandten und ihrer Politik an, welche, gegen „Spanien-Oesterreich" gesinnt, Pläne der gemeinsamen Bewegung hegten.

Kaum je hat ein Reich die Grundlagen seiner Macht auf solche Scheidungen von Kräften, Strebungen und Mitteln auferbaut, als das türkische der Osmanen. Die materiellen Grundlagen, zumal das F i n a n z - und M i l i t ä r w e s e n, ruheten meist auf der unterjochten christlichen Bevölkerung; dagegen wirkten die g e i s t i g e n Potenzen durch die Hand der Mohamedaner, wie religiöses Leben, Volkserziehung, Staatswesen und Rechtspflege. Hiermit verbunden waren es die eigenthümlichen Lehren und Sitten des I s l a m s, die Stellung des Sultans als weltliches und geistliches Staatsoberhaupt, die Alles durchdringenden Institute der Sclaverei und des Harems, endlich das merkwürdige solbatische Lehnssystem, wovon das öffentliche und private Leben getragen wurden.

Alles dies verlieh besonders in den kriegerischen Zeiten her vorigen Jahrhunderte, wenn große Männer an der Spitze standen, so lange es noch Unterjochungen gab, dem „Eroberungsstaate" eine wunderbar wirkende Kraft, welche den Räuber beseelte und emporhob. Rohen Naturvölkern steht der Räuber und der Held fast auf einer Stufe des Heroenthums, und in ihnen sucht der Nationalstolz die Tugenden, womit er sein Volk verherrlicht. Der „Koran", d. i. „das zu Lesende", hatte in der mohamedanischen Welt in einer Zeit, wo auch in Europa dem gemeinen Manne die Buchweisheit verschlossen blieb, weit mehr Beachtung gefunden und Gutes zu wirken vermocht, als in christlichen Ländern die für ein fremdes Volk, das jüdische und asiatische, geschriebene Bibel und war deshalb auch mehr von nationalem und sittlichem Einflusse, als man vermeinen sollte. Hiermit stimmt trefflich, wenn Trevisano 1554 sagt: „Man kann in Wahrheit ersehen, daß in den Türken mehr Religion und Gottesfurcht lebt, als in den Christen. Denn bei jeder Sache, im Glücke wie im Unglücke, loben und preisen sie Gottes Majestät, indem sie alle ihre Thaten im Namen und nach dem Willen Dessen beginnen, von dessen Güte, wie sie sagen und wie es auch wirklich der Fall ist, jede gute Sache ausgeht." — Ein anderer Berichterstatter, der Apotheker Seidel, welcher 1591 den österreichischen Gesandten von Krekwitz nach Stambul begleitet hatte, schreibt über die Osmanen:

„Zu erbarmen ist's, daß unter uns Christen so wenig Furcht und Liebe Gottes gefunden wird, dagegen so schreckliche Laster, so itzo nicht zu erzählen, im Schwange gehen. Diß muß ich gleichwohl denen Türken nachrühmen, daß sie in ihren Feldzügen und Lägern in ihrer Religion ein viel andächtiger, gottesfürchtiger, ehrbarer, keuscher, mäßiger, saubrer, stiller und besser Leben führen als die Unsrigen. So ist auch bei ihnen gute Ordnung und Gehorsam, welches ich gesehen, erfahren und genossen, weil ich bei fünf Monat unter ihnen gewesen und gereiset, als der großmächtige Sultan Mohamed Anno 1596 sich in Ungarn begeben." — „Wollte wünschen, daß an meiner Statt etwa ein vornehmer Kriegsheld der Unsrigen sein mögen, der solche der Türken Gelegenheit angeschaut

I. Geistige Grund=Elemente im türkischen Reiche. 7

und erfahren, würde solches ohne Zweifel ihm besser zu Nutzen machen können, als ich, der ich im Kriege ungeübt." —

In Religionssachen übten die Türken nicht selten viel größere Toleranz als ehemals die Christen. Während in Italien und Spanien die Inquisition und der Bürgerkrieg Tausende in das Elend stieß, in Kerkern und auf dem Scheiterhaufen hinrichtete, sind solche Beispiele des völlig entarteten Fanatismus in solcher Grauenhaftigkeit unter den Türken nicht vorgekommen. Wählen wir das hierin der Vergleichung dienliche 16. und 17. Jahrhundert, so erzählen uns ihre Geschichtschreiber ausführlich einen Fall, wo der Verfolger zur Rechenschaft gezogen wurde, weil er einen Freigeist verurtheilt hatte; ein andrer Fall ereignete sich mit einem Moslem, der den Propheten Jesus Christus allzu hoch geschätzt habe und deshalb dem Tode verfiel. Ueber erstes Ereigniß giebt Esaad Efendi als Gründe des Todesurtheils über Muderris Sari Abdurahman, zubenannt Nabaschli (d. i. der Nabasby'sche), Folgendes an: „Ich fragte ihn, was sagst du zum Texte: Ist der, der Himmel und Erde erschuf, nicht allmächtig? — Gott ist allmächtig, antwortete er, aber er übt nicht immer seine Allmacht aus. Da du, fuhr ich fort, behauptest, daß diese Welt immer fortdauern werde, was sagst du zum Worte der Schrift: Am Tage, wo die Erde wird verwandelt werden, in was nicht Erde, und wo die Himmel aufgerollt sein werden durch seine Rechte? — Das läßt sich so auslegen, sagte er: trotz aller Veränderungen bleiben die Stoffe doch dieselben. Was heißt denn, fuhr ich weiter fort, der Vers: Am Tage, wo die Menschen wie Heuschrecken zerstreut vom Winde und die Berge gekrämpelter Baumwolle gleich sind? Das heißt nur, antwortete er, daß die Menschen wie die Berge in der Welt zerstreut sein werden. Ich gab mir die größte Mühe, durch starke Texte seine bösartigen Zweifel zu beschwichtigen und ihn zur Erkenntniß der Wahrheit zu bewegen, es war aber unmöglich, so sehr ist er Freigeist. Wiewohl kein Zweifel, daß es ihm an Verstand gebricht, weil er so augenscheinliche Wahrheit nicht einsieht, so ist er doch kein Narr und von Sinnen; er disputirte viel nach seiner verkehrten Meinung. Ein Narr ist nicht im Stande, Texte auszulegen, eines Freigeistes Reue aber wird, wenn er sich einmal als solcher ausgesprochen, nicht angenommen. Da seine unverzügliche Hinrichtung gesetzmäßig, wurde dieselbe auch nach dem edlen Gesetze sogleich vollzogen. Wären Euer Erlaucht — (so schreibt der Berichterstatter 1603 an Hassanpascha) — gegenwärtig ge=

wesen, hätten ihn Hochdieselben ohne weiters mit eigner Hand todt=
schlagen können. Nach seiner eignen verkehrten Meinung ist er durch
den Tod bloß des Unglücks der Welt los und ledig; in der That
aber sind die Moslim von seiner Hand und der Islam von seiner
Zunge befreit worden." — —

Aus diesen kurzen Charakterzügen läßt sich der Geist erkennen,
welcher nicht nur die vielen Klassen der Muberris, d. i. der Vor=
steher jener Moscheeschulen, welche Medressen genannt werden und
die Rechtsschule an der Moschee des Bajezid und alle ihre Schüler
durchwehen mochte, sondern der auch lebendig durch die Reihen des
Heeres die Gemüther bewegte und den heiligen Wahn in die
Seelen der „Gläubigen" pflanzte. —

So waren sie, so sind sie und so werden sie zu Grunde gehen.

II.
Bevölkerung und Finanzen in der Türkei an der Grenzscheide des 16. Jahrhunderts.

Wenn wir absehen von der Bevölkerung in Asien und Afrika, so sind es in Europa, neben den Osmanli's selbst, vornehmlich die Griechen und Juden, welche hervortreten. Es war ein Grundsatz der mohamedanischen Eroberer, daß $1/5$ der Kriegsbeute dem Großherrn gehöre und die unterjochten Christen des eignen Reichs $1/5$ ihrer Jugend als Blutsteuer dem Sultan abzugeben hätten. Diese Christensclaven sollten alle in's Serai abgeliefert werden, oder demselben dienen.

Daraus entwickelte sich ein ganz merkwürdiges System. Während man in Frankreich die Pariser Bluthochzeit in der Bartholomäusnacht als einen großen Sieg der Katholiken über die ketzerischen Hugenotten, welche zu Tausenden hingeschlachtet wurden, feierte; — während in Spanien sogar die Abkömmlinge der ehemaligen Mauren, christkatholische Morisken, mit dem Vertilgungsschwerte verfolgt wurden und die Inquisitionsopfer in Italien ihr entsetzliches Ende fanden, sah man in der Türkei die Bekehrung zum Islam nicht gern, ebenso wenig eine frühe Verheirathung der christlichen Jugend, um dadurch jenem Blutzehnten zu entgehen. Man brauchte die Unterthanen gerade als „Christen", und mußte ihnen deshalb eine gewisse Duldung gewähren; ja Türken selbst gab es, die so sehr verarmten, daß sie ihre eignen Kinder den Christen unterschoben, damit diese der Gunst theilhaftig werden möchten, als „Sclaven des Sultans" ein bessres Loos zu erreichen. Was geschah mit jener Jugend? Man entriß sie (etwa alle 5 Jahre) im Alter von 7 bis beiläufig 15 Jahren ihren Eltern, ihrer Religion und Heimath und erzog sie als „Abschem Oglan" für den Dienst des Reichs, meist in den Pagenkammern, zumal in Constantinopel; so waren im Jahre 1580 etwa 26,000 solcher Zöglinge, welche monatlich einen Aufwand von 52,000 Zechinen kosteten. Aus dieser Pflanzschule der Abschem Oglan gingen die „neuen Truppen" der gefürchteten „Janitscharen" hervor, welche ein Corps von beiläufig 15—20,000 Mann gut dressirter Soldaten ausmachten, also sämmtlich christlicher Abstammung gewesen sind. Nur der besonders taugliche unter jenen Pagen kam mit 24 Jahren in dies Elitecorps. Andere wurden Diener und Schreiber im Serai; so standen die Gärtner und ähnliche Gehilfen unter dem Bostandschi Baschi und erreichten nicht selten höhere Verwaltungsposten. Einige der Abschem Oglan aus den erwähnten Pagenkammern gelangten als Polizeisoldaten in die Provinzen, oder wurden sonstwie im öffentlichen Dienste verwendet und raubten nun nicht selten in ihren verschiedenen Anstellungen, als Moslemin und Türken, wozu sie gewaltsamerweise gemacht worden waren, nun selbst, so wie sie eine Beute gewesen sind.

Der Sclavendienst hatte eine furchtbare Corruption zur Folge. Dem Sultan zu Gefallen leben und sich selbst bereichern, schien das Losungswort der Renegaten — eine auch in andern Ländern vorkommende Erscheinung, wo häufig der nationale Renegat die bessern Eigenschaften seines Stammes verliert, ohne die Vorzüge des andern zu erwerben.

Außer dieser **Blutsteuer**, wodurch die Christen ihre beste Kraft an die Eroberer abgeben mußten, hatten die Griechen das Kopfgeld (Charaz oder Karatsch) als **Tribut** zu zahlen, gewöhnlich jeder erwachsene Mann oder der über 12 Jahre, jährlich **eine Zechine**. Im Jahre 1590 entrichteten so die Männer in Constantinopel 11,300 Zechinen, was also zugleich ihre Anzahl ausdrückt. Die Zigeuner hatten doppelten Karatsch, also 2 Zechinen zu zahlen. Diese Kopfsteuer trug durchschnittlich (vor 300 Jahren) ein: zwei bis drei Millionen Ducaten oder Zechinen, Jahr für Jahr. Die Zölle warfen etwa $1^1/_2$ Millionen Ducaten ab (nach einer andern Schätzung 5 Millionen), beinahe ebenso viel die Viehsteuer, die Bergwerke eine halbe Million und die Feldfrüchte etwa anderthalb Millionen Ducaten. An **Tribut** zahlte häufig die Walachei und Moldau je 35,000 Ducaten jährlich; der römische Kaiser als König von Ungarn — und Herrscher in Oesterreich — übersendete als Geschenk beiläufig 130,000 Ducaten, ebenso viel Siebenbürgen als Tribut; Venedig führte gewöhnlich 8500, Ragusa 12,000 und Aegypten 500,000 Ducaten in des Sultans Schatzkammer, so daß die Tribute mindestens 350,000 Zechinen oder venetianische Ducaten

II. Bevölkerung und Finanzen ꝛc. 11

einbrachten; nebstbei entfielen Geschenke mancher Art für einflußreiche Personen an die Pforte. Der Privatschatz des Sultans, Chasine, war nicht strenge geschieden vom Miri genannten Staatsschatze des Reichs.

Nach anderen Angaben, die aus dem Jahre 1576 stammen, zahlte Ungarn 30,000 Ducaten, Siebenbürgen halb soviel, die Walachei 150,000 und die Moldau nur 15,000, Venedig für Zante 3000 Ducaten, — außerdem jedes Land noch etwa $1/5$ soviel an den jeweiligen Großwessir. Oesterreich hatte ähnlicherweise Ehrengeschenke abzuführen und wurde vom Sultan als zinsbar angesehen. Trotz mit unterlaufener zahlloser Erpressungen wurden schon damals die Ausgaben von mehr als 10 Millionen Zechinen durch die Einnahmen nicht völlig gedeckt. Nach einer Quelle betrugen nämlich 1579 die Ausgaben mehr als 10 Millionen Zechinen, die ordentlichen Einnahmen aber nur 8 Millionen, welches Mißverhältniß später noch weiter auseinander ging. Zu jenen Finanzquellen mehr regelmäßiger Art kamen die Pachtgelder und Lehnzinse, etwa $1/2$ Million, Caducitäten und große Geschenke, wohin wohl auch das Gersten- und Pantoffelgeld der Sultaninnen zu zählen ist. (Das Arpalik der Kammer und das Paschmaklik der Sultanin jedes von etwa 9999 Aspern.) Was das Geld betrifft, so war die gewöhnliche Rechenmünze eine Asper aus Silber, von welcher ein Desterdar im Jahre 1589 klagte, sie sei leicht wie Mandelblätter und nichtig wie Thautropfen. — War die Asper oder Akdsche gut ausgeprägt, so mochte sie $2^1/_4$ Kreuzer Werth haben, gleich einem römischen Bajocco, oder einem venetianischen Marchetto, und vier davon eine Drachme Silber ausmachen. Auch gab es Kupfergeld, die sogenannten Mankir, wohl den Pfennigen zu vergleichen, — 24 Mankir ersetzten eine gute Asper. Fünfundfünfzig Aspern oder 60 galten gleich einem schweren osmanischen Ducaten oder einer Sultanin, oder Zechine, was ungefähr gleichwerthig gewesen ist mit einem venetianischen oder ungarischen Ducaten, oder zwei deutschen Gulden. Die in Ungarn und Siebenbürgen vorkommenden Aspern (oszpora) wurden gewöhnlich 45 Kupferkreuzern gleichwerthig angesehen.

Neben der häufigsten Ducatenmünze, der sogenannten Zechine, von 55 bis 60 Aspern, kamen noch vor der Grusch, gleich 40 Aspern, oder einem gewöhnlichen Thaler. Der Grusch wurde damals auch Piaster genannt. Der österreichische Kronenthaler oder ein Scudo galten je 50 Aspern; manchmal aber schwankten diese Course in den Zeiten der Münzverschlechterung und stieg unter Murad III. der Grusch (Piaster) bis zu 110 Aspern, der Ducaten bis zu 220 Aspern. Auf eine Saumlast, Jük genannt, rechnete man 100,000 Aspern und schätzte dieses im Jahre 1590 gleich 1633 venetianischen Zechinen, die man das Stück zu 61—62 Aspern umwechselte. Der Sold wurde meistens alle 2 oder 3 Monate als Münze zugewogen, damit die leichte Niemandem schade, so besonders den Janitscharen, welche durchschnittlich 9 Aspern täglich erhielten, also etwa einen Silberzwanziger, wofür man damals mindestens soviel kaufen konnte, wie jetzt für zwei Gulden.

Längere Zeit wurden die sogenannten sieben Thürme von Stambul als Schatzkammern benützt — später dienten sie als Staatsgefängniß. In diese „Jedi Kulle" brachte man: in den ersten Thurm das Gold, in den zweiten das Silber, in den dritten die Edelsteine, in den vierten werthvolle Alterthümer, in den fünften alte Münzen u. dgl.; der sechste Thurm war als Arsenal und der siebente als Reichsarchiv eingerichtet. Sultan Murad III. soll aber unter seiner Bettstelle eine Grube gehabt haben, wo er einen todten Schatz anhäufte, jährlich mehr als 2 Millionen Gold, im Jahre 1592 seien es bereits 50 Millionen Ducaten gewesen. Die Münzpächter hatten jeden ersten Monatstag 100,000 Zechinen in's Serai abzuliefern, sie durften alles fremde Geld einziehen und umwechseln, um daraus türkisches zu prägen. In einem Berichte des Kronstädter Weiß wird uns mitgetheilt, es habe damals die Stadt Constantinopel gehabt: 1485 größere und 4492 kleinere Moscheen, 494 christliche Kirchen, 497 Brunnen, 99 Spitäler, 515 Schulen, 418 Gasthäuser, 360 Stadtthürme um die Stadt, 24 Stadtthore und 875 Badestuben; — keine andere Residenz hatte diesen Reichthum öffentlicher Bauten.

War unter den Christen, wie nicht selten, der Dämon des Hasses und der Zwietracht ausgebrochen, boten die Besetzungen der Patriarchensitze gewöhnlich den Tummelplatz dar für Gemeinheiten und böse Intriguen, so daß die türkischen Behörden einschreiten mußten, dann kam es wohl vor, daß die christlichen Kircheneinkünfte mit Beschlag belegt wurden, geschweige daß häufig Armenier, Griechen und Juden ausgeplündert wurden, weshalb sie des Schutzes wegen an die Janitscharen noch insgeheim eine Abgabe zahlten, wie die siebenbürgischen Bauern das „Kolak" auch jetzt an die notorischen

Pferdediebe. Was half es da viel, daß die Rechtspflege der Kadi's, ihr schnelles und gerechtes Verfahren, oft selbst von christlichen Gesandten bewundert wurde, was half es, daß Einzelne enorme Reichthümer erwarben, so der Grieche Michael Kantakuzenus, von den Türken Seitan Oglu „des Teufels Sohn" genannt, welcher durch Pachtungen, Zölle, Salzhandel, Stellenkauf, so sehr Einfluß gewann, daß er Woiwoden und Patriarchen einsetzte, 30 Galeeren bemannte und einen prächtigen Palast zu Anchioli erbaute. — Kantakuzeno, 1576 gefangen gesetzt, löste sich mit 160,000 Thalern; doch wegen neuer Klagen über seine Erpressungen wurde er am 3. März 1578 am eignen Palaste aufgehängt — und es pries sein eigner Sohn das gerechte Urtheil. Der reiche Jude Don Joseph wurde sogar Titularherzog von Naxos und betrieb gewinnbringenden Weinhandel; — was half es, daß es keinen Adel, keine Erbaristokratie gab, getrennte Ständeklassen machten sich dennoch geltend; die Tyrannei kleiner Machthaber bedrängt und vertreibt die Provinzbewohner; indeß behauptet doch öfters ein höherer Lehnsträger als Herr des Thals „Dereh Beg" mit seinem den Wegzoll beherrschenden Castell eine aristokratische Autorität, gegen die Willkür des Paschah Schutz gewährend. Gegen das Jahr 1600 zählte man 553,000 türkische Dörfer und Thomas Roe glaubt versichern zu können, daß hiervon im Jahr 1622 nur 75,000 noch bevölkert gewesen seien, die übrigen zeigten nur verfallene Hütten.

Der Privatbesitz war völlig unsicher, der Privaterwerb in unsaubern Händen. Handel und Gewerbe, Pachtungen aller Art und der Weinhandel bereicherten wohl manche christliche und jüdische Stadtbewohner; im Ganzen aber sank gerade um diese Zeit der Wohlstand, besonders da die Kriegsbeute nicht neue Mittel dem Lande zuführte. Mochte nun zuweilen der Pantoffel einer vornehmen Türkin mehr werth sein, als der ganze Schmuck einer europäisch-christlichen Fürstin, so war derselbe auch leichter wieder verloren. Man fahndete nach Gründen des Raubes oder der Erpressung, und Niemand freute sich des redlichen Erwerbs. So sagt denn Schweigger von den nicht osmanischen Unterthanen, sie trieben Kaufmannschaft, Wucher und Verrätherei, um sich zu ernähren, die Zigeuner seien Spione, die Juden meist Gaukler, Possenreißer, Komödianten und Musikanten; sie bringen in die innersten Gemächer des Serai als Unterhändler, Vermittler, Kuppler, Aerzte und diplomatische Agenten. Ja es mag vielleicht auch die türkische Musik von jener jüdischen abstammen und so in unsere Militärkapellen veredelter Art eingedrungen sein. Gerlach schreibt von einer beliebten jüdischen Musikbande: „Der erste hatte ein Instrument wie ein Hackbrett und greifte es mit den Fingern, der zweite ein Geyglein, der dritte war der Kaini mit seiner Lauten, der vierte hatte eine Copfen, der fünfte eine Pauken, die war rund wie ein Sieb mit einer durchsichtigen Haut überzogen, brummete grob. Sie schlugen und sungen allerley türkische Lieder, war aber grobes Bauernwerk, nur der mit dem Geyglein machte es ein wenig lieblich. Einer unter ihnen that vielerley selzahme Sprüng; triebe darneben gar schandlose Possen. Diese Spielleute sind schon zwey und zwanzigmal vor dem Kayser gewesen, denen er jedesmal sechzig Ducaten geschenkt. Und das ist fast des Kaysers beste Musik." — An einer anderen Stelle seines Tagebuchs sagt Gerlach: „Die Juden und Jüdinnen sind am türkischen Hof sehr wohl daran und über alle Maßen angenehm, wegen ihrer abergläubischen und zauberischen Künsten, die sie die Sultaninnen lehren."

Selbst als Friedensvermittler spielten angesehene Juden eine Rolle; der venetianische Gesandte Antonio Tiepolo macht die Signorie besonders aufmerksam auf den einflußreichen Doctor Salomon, einen deutsch-jüdischen Arzt Nathan Salomon Achinasi, welcher mit der Republik auch wirklich 1573 den Frieden vermittelte.

Jacopo Ragazzoni schreibt 1571 vom osmanischen Reiche: „Dieser Staat ist zum großen Theile von Christen bewohnt, welche von den Türken so viel Erpressungen zu erdulden haben, daß es allen Glauben übersteigt; aber sie sind meistens so in Armuth und Elend versunken, daß sie kaum die Augen zu erheben wagen, um einem Türken in's Angesicht zu schauen. Selbst wenn ihr Land fruchtbar ist, sorgen sie nur dafür, soviel zu gewinnen, als sie brauchen, um ihren Karatsch zu bezahlen und sich das Leben zu erhalten, denn was sie mehr erzielen würden, das würde ihnen von den Türken hinweggenommen werden." Die Albanesen unterwarfen sich schwer diesen drückenden Belastungen; serbische Unterthanen waren es, welche als sogen. „Uskoken" oder Flüchtlinge theils Seeräuberei im adriatischen Meere betrieben, theils als Neuansiedler in Kroatien zur Entstehung der „Militärgrenze" beigetragen haben, indem besonders ihnen die Grenzvertheidigung anvertraut wurde. Die Jahre 1564 und 1573 sind diesfalls bedeutungsvoll gewesen. Die kroatische und windische Militärgrenze, sowie 1597 das Petriner Grenzgebiet wurden damals errichtet. Karlstadt wurde wohl auch mit Rücksicht auf diese „Uskoken" 1579 erbaut. (Aehnlich sind die Kosaken, an einer andern Grenze, ebenfalls als nothgedrungne „slavische Raubgesellen" zu militärischen Organisationen zusammengetreten.) —

Diese Behandlung der vorgefundnen Christen, welche die Länder, besonders in Europa, gerade um jene Zeit, welche wir schildern, anfing massenhaft zu entvölkern, das eigenthümliche Religionssystem — ihr Gesetzbuch Multefa „befiehlt" den Krieg gegen die Ungläubigen —, das rohe Finanzwesen und alle jene Erscheinungen der Corruption sittlicher Kräfte haben die Türkei gehindert, ihre Großmachtstellung zu behaupten. Aehnliches, wenn auch nicht so schauderhaft, wiederholte sich in Ungarn, wo der Adel eine selbstsüchtige Racenherrschaft übte.

Welchen Einrichtungen aber verdankte die Türkei es, daß sie überhaupt so lange den christlichen Reichen überlegen sein konnte?

Ein wesentlicher Hauptgrund hiervon lag jedenfalls in dem Erziehungssysteme, welches die Osmanen, selbst den Pferden gegenüber, mit einem Talente betrieben, welches unsre Anerkennung verdient. Die Rosse der Türken, selbst die von nicht arabischer, sondern ungarischer Abkunft, gehorchten willig ihren Herren, die sie gut behandelten, und waren noch im zwanzigsten Lebensjahre unermüdliche und feurige, kriegstüchtige Pferde. — Von der Ausbildung der Jugend sagt Busbeck, der Gesandte Kaiser Ferdinand's, welchem wir viele interessante Mittheilungen verdanken, Folgendes: „Ich habe es oft bitter beklagt, daß in dieser Beziehung unsre Sitten von den Gewohnheiten der Türken so verschieden sind. Ich beneidete sie um ihre Weise. Denn den Türken ist es eigenthümlich, daß sie, wenn sie in den Besitz eines ausgezeichneten Menschen gelangen, sich darüber wie über eine kostbare Sache ganz besonders freuen und bei seiner Ausbildung weder Fleiß noch Mühe sparen, vorzüglich, wenn sie ihn zum Kriegsdienst für tauglich halten. Bei uns steht es damit ganz anders. Wir freuen uns, wenn wir einen schönen Hund, einen ausgezeichneten Falken oder ein prächtiges Pferd erhalten und lassen nichts unversucht, sie in ihrer Art zur höchsten Vollkommenheit auszubilden. Mit einem Menschen von ausgezeichnetem Talente geben wir uns bei weitem nicht so viele Mühe, seine Erziehung kümmert uns wenig; ein gut dressirtes Pferd, ein wohl erzogener Hund und ein fein abgerichteter Falke macht uns freilich viel Vergnügen und kann uns manchen Nutzen schaffen; je höher aber der Mensch, seiner

Natur nach, über den übrigen lebenden Wesen steht, desto mehr freuen sich auch die Türken über einen wohlgebildeten und wohlerzogenen Menschen."

Hierin lag nun der große Einfluß der sogenannten Pagen=kammern, welche die Aufgabe von Schulen und Casernen mit ein=ander vereinigten. Solche Bildungsstätten gab es im Abendlande nicht. Die oberwähnten Aschem Oglan erhielten Sold und Kleidung; in den ersten vier Pagen=Kammern täglich bis zu acht Aspern, in der fünften Kammer, wohin nur die Vorzüglichen gelangten, sogar dreißig Aspern, dazu prächtige Kleider von Damast, Atlas und Goldstoff. Alle diese Schulen musterte der Oberfthofmeister, der Kapu Agassi. Die Ent=lassenen der fünften Kammer erhielten vom Sultan reiche Geschenke an Geld und Gewand (Reiherbusch und Agraffe des Einzelnen mit Edelsteinen wurden auf 300 Zechinen geschätzt), sie gingen zum Heere hocherfreut oder gelangten in den Staatsdienst. Wer bei Hofe blieb, erhielt sofort als Tschaschnegir (Truchseß) vierzig Aspern täglichen Gehalt, ja die Besten wurden bald befördert zu Kammer=herrn (Kapudschi baschi), oder es erhielten diese Leibpagen des Sultans die Stelle eines Silihdar's (Sultans Waffenträger), eines Tschokodar's (Sultans Mantelträger), eines Jbrikbar (Sultans Wasserträger), eines Rikabbar (Steigbügelhalter) oder gar eines Miri=Achor=Baschi, eines Oberstallmeisters. Welche nur die vierte Pagenkammer gut absolvirten, jährlich etwa siebenzig, kamen zum Finanz= und Rechnungswesen. Die Lehrer dieser Schulen erhielten acht Aspern täglich und wurden bald zu bessern Aemtern befördert. Sie unterrichteten mit einer mäßig strengen Disciplin (barbarische Strafen, außer einer leichten Bastonade, wurden nicht angewendet) im Kriegshandwerk und gewissen wissenschaftlichen Fertigkeiten, hielten auf Zucht und Ordnung, und nur bei gestatteten Ausgängen war die Disciplin gelockert. Die Knaben wurden gut, aber mäßig ge=halten und die große Mehrzahl freute sich des glücklichen Looses, in den Pagenkammern als „Sclaven des Sultans" zu leben. Der Oda Baschi (Oberstkämmerer) sorgte für ihre entsprechende Wartung. Im christlichen Europa wurde der gemeine Soldat dagegen wahr=haft grausam und roh behandelt, und Niemanden kümmerte seine geistige Ausbildung. Gar manche der Pagen gelangten in der Folgezeit zu den höchsten Ehrenstellen und bezogen Jahresgehalte von 40 bis 60,000 Ducaten. Das regelmäßige Einkommen eines Großwessirs war etwa 2,400,000 Aspern, das unregelmäßige manch=

mal von enormer Höhe; ebenso gelangten ungeheure Summen in die Hände der Sultaninnen. Roxolanen's Tochter hatte täglich 2000 Ducaten Einkünfte, und ihr Mann, der Großwessir Ahmed, weigerte sich, Geschenke anzunehmen, da er nichts damit anzufangen wisse, weil er ohnehin zu viel habe. Der berühmte Großwessir Mohamed Sokolli, des Sultans Schwiegersohn (1579 ermordet, dalmatinisch-christlicher Abstammung), welcher unter Selim II. die volle Kaisergewalt in eignen Händen hatte, war wohl von seltener Gerechtigkeit, Milde und außerordentlicher Herrscherbegabung, unermüdlich thätig, aber das Finanzwesen zu ordnen war er auch nicht im Stande, ja er läßt sogar ungeheure Bestechungssummen annehmen; Mohamed erhielt vom römisch-deutschen Kaiser jährlich 9000 Thlr., von der Walachei 24,000 Thlr., vom Pascha von Kairo 100,000 Zechinen, und duldete das entsetzliche Aussaugungssystem der Beamten. Er selbst aber speist von seinen Einkünften täglich 3000 Personen, hält 500 Mann auf eigne Kosten, prächtig ausgerüstet, im Felde, baut und bestiftet Moscheen mit ihren Schulen, ebenso Bäder, Wasserleitungen, Karavanseraien, ist in seltener Weise für öffentliche Zwecke freigebig. — Unter demselben Sultan, Selim II., waren alle sechs Wessire christlicher Abkunft: jener oberwähnte Ahmed war ein Steirer oder Slavonier, Mahmud ein Albanese, Sinan ein Bosnier, Piale ein Schustersohn aus Tolna in Ungarn, Mustafa ein Montenegriner. Unter Selim's Nachfolger, Mohamed III., sind noch mehrere davon, und namentlich Sinan Pascha, wiederholt im höchsten Reichswürdenamte. Sinan hinterläßt ein riesiges Vermögen im Jahre 1596, so 600 Zobelpelze, 600 Fuchspelze, 61 Scheffel Perlen, 600,000 Ducaten in Gold und fast drei Millionen Aspern in Silber und viele andre Kostbarkeiten, angehäuft aus den eroberten Provinzen; noch mehr aber etwas später der 1614 hingerichtete Nassuhpascha; man fand mehrere Millionen an Gold- und Silbermünze, große Haufen Perlen, scheffelweise Edelsteine und Kostbarkeiten, tausende der kostbarsten Waffen und Gewänder, wie Zobelpelze u. dgl., 1000 edle Pferde, 18,000 Kameele, 4000 Saumthiere, 6000 Rinder und eine halbe Million Schafe. Einzelne entfalteten einen fabelhaften Luxus, während die große Masse der Unterjochten in der Armuth verschmachtete. Vermuthete man bei Jemand Geld, so kam es leicht zu einer Untersuchung, Teftisch genannt; doch war zuletzt das Teftisch nur eine Form besonderer Erpressung. Man schien deshalb anfangs und war nachher arm. Welche klaffenden

Gegensätze von Arm und Reich, von Groß und Niedrig!? War es aber nicht auch ein Gegensatz, wenn viele im Hofdienste noch ihrer christlichen Abkunft gedachten, in abendländischer Sprache sich verständigten; so besonders die einflußreichen Pfortendolmetsche. Nach dem Tode Mahmud's, eines gebornen Bayern aus Passau, war es der alte Murad, wahrscheinlich ein Siebenbürger, zugleich Uebersetzer der Geschichte Neschri's; der Türke Alibeg entpuppte sich als ein guter Deutscher, Melchior Tierpusch aus Frankfurt; die Pfortendolmetsche scheinen meistens italienisch gesprochen zu haben; des Bosniers Sokolli und andrer Wessire ist schon gedacht worden; Mahmud war ein Krainer aus Laibach; der Beglerbeg von Rumili, eine Art Feldmarschall, war ein Slavonier, Siawusch aus Kanischa; der Kapudanbascha war ein Italiener; Kilibisch Ali bekannte sich als Kalabreser Ochialia (Ulubsch); der Janitscharen Aga war der Genuese Cicala; Ferhad Pascha ein Ungar; sogar der Oberste der Verschnittenen im Harem war ein Deutscher, Namens Welzer; der Kapu Aga, der Oberst-Hofmeister des Palastes, war der Eunuch Ghasnefer=Aga von ungarischer Abstammung; — ebenso Dschaafer=Pascha. Der Erstere, als Knabe in's Serai gekommen, war unter Selim II., Murad III. und Mohamed III. in jener einflußreichen Stellung eines Kapu Aga, (Oberst hofmeisters); der Truchseß Mahmud war ein Herr Schärtlin von Grätz; ein andrer Truchseß der deutsche Freiherr von Bakenen; ein Hoffourir war Martin Oswald; ein Freiherr Kammacher aus Kärnten fungirte als Tschausch, d. i. Staatsbote, und endlich ein arianischer Pastor Adam Neuser gefiel sich am Hofe Sultan Mohameb's III. als Mameluk. Drei von diesen Staatsbeamten, Sokolli, Piale und Siawusch, waren dem Padischah „verschwägert". Schließen wir diesen Abschnitt über Bevölkerung und Finanzen mit der Beschreibung einer Hochzeit.

Die Beschreibung dieser Hochzeit giebt uns das Bild jenes Reichthums, mit welchem der Sultan prunken konnte. Er verheirathete seine älteste Tochter Mitte Juni 1612 an den Kapudan Paschah Mohamed. Es gab da Wettrennen mit Streitkolben und Barren, und das Bankett kostete 20,000 Thlr. Zwanzig Tage darnach wurde mit noch größerm Pompe die Hochzeit des Kapudanpascha gefeiert. Etmekbschifade, der Defterdar, war Brautführer. Der Braut Ausstaffirung bestand aus dreimal neun Gaben. Die erste: juwelenfunkelnder Kopfputz und goldene mit Türkisen und Rubinen eingelegte Pantoffeln, das uralteste und neu gebliebene Symbol der Oberherrschaft der Frauen; dann der Koran in goldenem Bande mit brillantenen Spangen; ein Juwelenkästchen aus Krystall, worin große Diamanten und Perlen zu schauen, im Werthe von 160,000 Ducaten; Armbänder, Halsbänder, Gürtel, Kopfreife, Ohr-, Finger- und Knöchelringe als die sieben Sphären, in denen sich die Schönheit des Harems bewegt; 27 Geschenke von 27 Trägern getragen; 11 vergitterte Wagen voll Zofen und Sclavinnen zum Dienste der Braut, bei jedem 2 schwarze Verschnittene; viermal sieben Sclavinnen in goldnen Kleidern zu Pferde, von viermal sieben schwarzen Verschnittenen begleitet; 240 Maulthiere mit Zelten, Tapeten, Gold- und Silberstoff, Teppichen und Polstern beladen. So ward die Gabe und das Gefolge der Braut in des Bräutigams Haus geleitet. Ein paar Tage hernach sie selbst. Den Zug eröffneten 500 Janitscharen, dann 80 Emire, jene in ihren Filzhauben, diese in ihren grünen Kopfbändern, dann die Imame, Scheiche, Muderris und Danischmende oder Studenten, — die Kadiaskere, die Wessire, der Mufti zur Linken, der Kaimakam zur Rechten, jeder den höchsten Ehrenplatz füllend; denn nach weiser Anordnung des Ceremoniells ist die rechte Hand der Ehrenplatz für die Beamten des Hofes und des Heeres, die linke der Ehrenplatz für die Würde des Gesetzes, so daß zwischen den Aga's und Ulema's unmöglich jemals hierüber Rangstreit entstehen kann, indem jeder den ersten Platz einnimmt. Der türkischen Heermusik folgte die ägyptische mit Halbtrommeln und Kastagnetten, die Cyther- und Harfenspieler, hochzeitliche Gesänge begleitend; die Arbeiter des Arsenals mit Hauen und Hämmern, mit Stangen und Brecheisen, um Buden und Häuser niederzureißen, welche in den Straßen den Zug oder die freie Bewegung der ungeheuren Hochzeitspalmen hindern könnten. Nach den Hochzeitspalmen, durch ihre Himmel emporragende Höhe das Symbol männlicher Kraft, durch den Reichthum der mannigfaltigsten Früchte das Symbol weiblicher Fruchtbarkeit, gingen zwanzig Beamte der Kammer, als Vertreter des Desterar Brautführers; hinter ihm die drei Hochzeitsfackeln, von vielen Sclaven getragen, die dritte von ungeheurer Größe mit Goldblech beschlagen und mehr durch das Gefunkel kostbarer Steine als durch die Flamme leuchtend. Der Reis Efendi (als Hauskanzler, Aufseher des Heirathsvertrages) folgte mit fünfzig Beamten des Hofstaats der Prinzessin, dann der hochzeitliche Traghimmel von karmesinrothem Sammt und hinter demselben ein größrer mit Goldplatten bedeckter, dessen goldne Vorhänge von allen Seiten bis zum

Boden niederhingen. Unter demselben ritt die Sultanin Braut, von schwarzen Verschnittenen umgeben. Hierauf ihr Staatswagen mit Gold bedeckt, von vier Schimmeln gezogen, dann acht Wagen Zofen und Verschnittene durcheinander gemischt; endlich die schönsten ihrer Sclavinnen, fünfundzwanzig an der Zahl, mit fliegenden Schleiern und Haaren.

Wie haben sich jetzt nach kaum 250 Jahren Finanzen und Heirathsausstattung, Bevölkerung und Pagenerziehung geändert?!

III.
Der Divan und die Pforte. Das Lehns- und Heerwesen.

Die „Lastträger" in der Regierung des Sultans waren seine Wessire, deren es nebst einem als „Großwessir" (Wesiri=aasam) gewöhnlich noch 5 gegeben hat. Sie waren die Vornehmsten in jenem Staatsrathe, welchen man den Divan nannte. Der Divan war aber auch häufig ein Spruch=Collegium, gleichsam ein oberster Gerichtshof, wo Jeder ohne Advocaten, aber häufig mit Hilfe der Pforten=Dolmetsche, seine Sache vorbringen durfte. Nebst den erwähnten Wessiren bildeten den Divan die eben anwesenden beiden obersten Heeresrichter, d. i. der Kabiasker von Rumelien (für Europa) und der Kabiasker von Anatolien (für Asien). Von eben denselben hing die Besetzung der Richterstellen ab, indem sie Kabi's und Naibs ernannten; sie bezogen auch 10% der Erbschaften; der Kabiasker von Anatolien war der oberste Richter für die Moslemin, der von Rumelien für die Christen. Weiter gehörten zum Divan die beiden angesehensten Generale und Statthalter, nämlich der Beglerbeg von Griechenland und der Beglerbeg von Kleinasien, dann die Schatzmeister des Reichs, welche gewesen sind der Desterdar für Europa, der Desterdar für Asien und jener für Aegypten, ferner der Janitscharen=Aga; der Beglerbeg des Meeres oder als Admiral genannt der Kapudan=Pascha, endlich die Staatssecretäre (für den Namenszug des Kaisers), welche man Rischandschi geheißen hat.

Die Pfortendolmetsche hatten Zutritt und jeder dieser Staatswürdenträger war gewöhnlich begleitet von einem Gefolge von Schreibern, von Tschauschen, d. i. Staatsboten, und von Janitscharen, welche gleichsam die Wache bildeten. Es waren also die Wessire die Kabiasker, die Desterdare und Rischandschi, welche man die vier Säulen des Divans nannte; dazu die Beglerbege, der Kapudan=Pascha und der Janitscharen=Aga. Vier Tage in der Woche wurden viele Stunden lang Divansitzungen gehalten und alle möglichen Staatsangelegenheiten besprochen, verhandelt und selbst Privatsachen vorgenommen und entschieden. Es gab übrigens 40 belehnte Divansſecretäre und 15 belehnte Kammerſecretäre zur Bewältigung der Administrativgeschäfte. Da man den ganzen Tag hierzu benutzte, pflegten alle Divansmitglieder gemeinschaftlich einfache Mahlzeiten einzunehmen. —

David Ungnad, ein kaiserlich österreichischer Gesandter, schrieb darüber 1576: „Wenn unsere Herren viele Reichstäge halten und auf etliche Monat große Unkosten aufwenden müssen, das verrichtet der Türke in einem einigen Diwan". Daselbst war in einer Niſche ein Raum hergerichtet, wo der Sultan, etwa hinter dem herabgelassenen Vorhange, ungesehen und ungehört, den Sitzungen beiwohnen konnte. War irgend etwas wichtig, mußte die Entschließung des Sultans eingeholt werden. Es geschah dies in den Audienztagen, welche unter Murad III. Sonntag und Dienstag abgehalten wurden. Bis dahin vermochte sich der Sultan mit seinen Vertrauten zu besprechen. Zu diesen einflußreichen Persönlichkeiten gehörten zunächst die Sultanin, besonders die Sultanin Walide, d. i. des Sultans Mutter, und die Sultanin Chaſſeki, die Günſtlingin, zumal die, welche den Thronerben, d. i. den erſten Prinzen, geboren hatte; aber auch andere Haremsmitglieder, die Oberſthofmeiſterin, die Kadun Kjetchuda, ſelbſt Schaffnerinnen, ließen es nicht an Intriguen fehlen, um an der Regierung Theil zu nehmen. Dazu kamen der Mufti, der höchſte geiſtliche Würdenträger und Geſetzausleger, deſſen „Fetwa" manchmal eingeholt wurde, der Chodſcha, des Sultans Lehrer, gewöhnlich ein in der Literatur, zumal der arabiſchen und perſiſchen Poeſie und Geschichtsschreibung, unterrichteter, erfahrner Mann. Es ehrt die Sultane, daß sie häufig dem Rathe ihres Chodſcha folgten — (so wurde namentlich die sehr entscheidende Schlacht von Keresztes 1596 nach des Chodſcha Mahnung vom Sultan fortgeſetzt und gewonnen). — Ferner hatten manche andere Höflinge Einfluß auf die Entſchließung des Sultans. Er hörte vielleicht, was der Oberschatzmeiſter (der Chaſinebarbaſchi), oder der Kislar Aga, das Haupt der schwarzen Verschnittnen, Vorsteher des Harems, sowie der Aga des Thores der Glückseligkeit in den Harem, das Haupt der verſchnittnen Eunuchen, (der Capu Agaſſi Aga) oder irgend ein andrer Vertrauter Wohlgefälliges vorzubringen wußte. Selbst Hoffourire, die Muteferrika, — Truchseße, Tschasnegir, oder Kammerherren, Pagen der höchsten Ordnung, wie der Silihdar, der Schwertträger — Pfortendolmetscher

III. Der Divan und die Pforte. Das Lehns- und Heerwesen.

und Andere — mochten zuweilen Einfluß auf den Verlauf der Audienztage nehmen, wo die Vorträge (Ars) der Divansmitglieder abzustatten gewesen sind. Waren nun die allerhöchsten Entschließungen erfolgt, so sorgte für deren Executive die hohe Pforte, d. i. jenes Central-Ministerium, wo der Großwessir alle Vorsteher der Reichsbehörden, gewöhnlich abends, zu versammeln pflegte. Besonders drei hohe Staatsbeamte hatten hier ihre Kenntnisse zu verwerthen, nämlich der Kiaja-Beg, d. i. der Generalbevollmächtigte des Großwesirs, eine Art Stellvertreter desselben, wie unsre heutigen Staatssecretäre, der Reis-Effendi für auswärtige Geschäfte, und der Tsch auch-Baschi, der Vorstand der innern Verwaltung. — Der Großwessir führte das großherrliche Siegel und zwar stets bei sich in einem Beutel an goldner Kette. Es enthielt das Tughra, d. i. den Namenszug des Sultans und seines Vaters; dabei das Wort „Sultan Khan" und den Spruch: „Siegreich immer" miteinander verschlungen. Dies Siegel beglaubigte die Staatsacte. Die hohe Pforte stand also an der Spitze einer streng abgegliederten Beamtenhierarchie, mit Central- und Provinzial-Behörden, welche in dem militärischen Lehnssysteme ihre wesentliche Ergänzung gefunden haben. Die Generalstatthalter waren die Pascha's von Rumelien und Anatolien, zugleich Obergenerale und Beglerbege der Armeen. — Der Beglerbeg führte (war er zugleich Wessir) die 3 Roßschweife, der gewöhnliche Statthalter, Kaimakam in einem sogen. Ejalet, war meist ein Pascha oder Beglerbeg von zwei Roßschweifen und Feldgeneral; dazu kamen als Obriste der Lehnsmiliz die Sandschaks oder Pascha's mit einem Roßschweife, welche nämlich ein Fahnlehn als Sandschakat erhalten hatten. Es gab etwa 720 Sandschakate; dazu die der vier afrikanischen Beglerbegs von Aegypten, Algier, Tunis und Tripolis; 28 solche „Statthaltereien" in Asien, 8 in Europa, im Ganzen vierzig, diese 8 waren jene von Ungarn oder Ofen, Temesvar, Bosnien, Semendria, Rumili, Kaffa, Kandia und vom Archipel. Der Beglerbeg von Rumili hatte 25,000 Ducaten jährlicher Einkünfte, der von Diarbekr 30,000 Ducaten; ein Sandschakat trug an ordentlichen Einkünften etwa 3 bis 16,000 Ducaten ein. — Unter diesen Sandschakaten, den größern Amtslehngütern, standen nun die Säbellehn, d. i. Landgüter mit bestimmten Einnahmen für ihre zum Heerdienste verpflichteten Besitzer. Diese Säbellehn (Kilidsch) waren nun theils sogen. Timar, verliehen an Timarli, theils Siamet, deren Besitzer (Saim's), wie sonst in Europa der Ritteradel, in eigner Person zu Pferde der Heeresfolge entsprachen und eigne Mannschaften mit sich führten.

Für 5000 Aspern Einkommen mußte der Timarli oder selbst der Saim einen Mann in's Feld stellen; das kleinere Lehn (Siamet) wohl den eignen Besitzer. Diese unter dem Sandschakbeg sich versammelnde Lehnsreiter-Miliz hießen die Sipahi's, begründet also auf Säbellehn (Kilidsch), welche aber Güter: Timar's und Siamet's, gewesen sind. In Städten und Gemeinden waren es ferner die Subaschen (Subaschi's), welche Polizeisachen und die Executive besorgten und ein Einkommen von 1000 bis 3000 Ducaten bezogen. Der von seinem Gute ein Einkommen von 3000 Aspern hatte, mußte als Reiter dem Rufe des Padischah und seiner Stellvertreter nachfolgen. Es waren diese Reiter die eigentlich türkische Nationalmacht, beiläufig 130,000 osmanische Sipahi's. Die erwähnten Lehnsgüter waren nicht erblich; doch hatte nur der Sohn eines Timarli rechtlichen Anspruch, wieder ein — wenn auch kleineres — Säbellehn (Kilidsch) zu erhalten, wie sein Vater; — so bildete sich regelmäßig aus sich selbst der Stand jener Lehnsmiliz, als eines Verdienst- und Soldaten-Adels, welcher von andrer Leute Arbeit lebte. Ausnahmen kamen jedoch um diese Zeit schon häufiger vor. Man nannte solche nicht an Söhne der Sipahi's verliehene, vielleicht gar an militärdienstuntaugliche Günstlinge gelangte Lehen „die in den Korb gefallenen". Regelmäßig hätte jedoch der Sohn eines Timarli dann ein größres Lehn erhalten sollen, wenn seine Tapferkeit durch das Zeugniß von zwei Saimen und zehn Timarioten verbürgt wurde, oder eigentlich dann, wenn er fünfzehn eingebrachte Köpfe oder Zungen der Feinde vorwies, was seinen Anspruch völlig begründet haben würde. Die Sipahi's waren ausgezeichnete Reiter, bewaffnet mit Säbel und Lanze, einige noch mit Eisenkeulen, die sie geschickt werfen konnten, so daß sie dieselben im Laufe wieder auffingen, andere führten auch den Bogen; alle, Mann und Pferd, farbenprächtig und reich angethan. —

Die Janitscharen dagegen waren als Fußvolk mit dem Scimitar, kurzem Seitengewehr, oder mit dem Handschar oder Beil im Gürtel bewaffnet und trugen noch die Hackenbüchse. Man ließ diese „neuen Truppen" in dunklen Kammern nach der Tuchmontur zugreifen, damit sich keiner über schlechtere Sorte beklage. Hervorgegangen, wie schon erwähnt, aus den Pagenkammern ehemals christlicher Sclaven, war dies Elitecorps auch in besondre Uniform gekleidet und erhielt nicht nur

III. Der Divan und die Pforte. Das Lehns- und Heerwesen. 25

regelmäßigen Sold, sondern häufig auch Geschenke, so namentlich bei dem Thronbesteigungsfeste, — Jeder beiläufig 3000 Aspern. Ihr Aga erhielt täglich 500 Aspern und bezog nebstbei von seinem Lehngute jährlich 30,000 Aspern Einkünfte. Im Jahre 1592 sollen die 62 Rotten der Janitscharen 24,000 Mann und 1619 sogar 30,000 Mann umfaßt haben; doch schon in dieser Zeit begann der Verfall des Instituts, weil man anfing zu gestatten, daß sich die Janitscharen verheiratheten, anfing sie und ihre Söhne mit kleinen Lehngütern oder anderen Einkünften und selbst Civilstellen zu versorgen und es gestattete, daß Türken sich in ihre Reihen einkaufen durften. Es gab sogar pensionirte Janitscharen (Oturak) mit täglich 39 Aspern Sold. — Die Janitscharen trugen einen langen engen Waffenrock, der jedoch bis zum Gürtel in die Höhe geschlagen werden konnte, eine weiße Filzmütze, hinten mit Streifen und vorn mit einem Goldblechschild, bisweilen mit kostbaren Edelsteinen, geziert; alle hatten hohe Federbüsche, welche von denen, welche sich im Kriege ausgezeichnet hatten, mit Adlerfedern getragen wurden. Der Stab ihres Corps wurde unter dem Aga gebildet von dessen Stellvertreter, dem Kul-Kiaja, oder dem Sclavensachwalter, von zwei Segbanbaschi, Oberste der Spürhundhüter, dem Samszundbaschi als obersten Doggenhüter, dem Turnabschibaschi, obersten Falkenwärter, sowie dem Basch Tschausch, d. i. dem Obersten der Tschausche, welche als Staatsboten und Adjutanten gebraucht wurden. Eine Elite dieser Mustertruppen, die sogen. Solak, kamen, so wie die prächtig ausgerüsteten Muteferrika's (Hoffourire), — diese meist vornehmer türkischer Abkunft — als Leibwache zu dem Zelte des Sultans, oder zu den Standarten und führten noch Pfeil und Bogen. Die Janitscharen hatten Packpferde und Zelte, sie lebten in erstaunlicher Ordnung und Reinlichkeit, kein Geschrei, kein Karten- und Würfelspiel, kein Wein und keine Rauferei waren gestattet und nicht Dirnen oder Gaukler wurden geduldet. Im Felde standen sie wie die Mauern und nur ihre aneinandergeschlossenen langen Federbüsche schienen dann die Bewegung zu verrathen. Als Vorläufer der Janitscharen wurden die geworbenen Ajab's verwendet (meist Söhne der Sipahi's); sie erhielten nur auf die Kriegsdauer täglich drei Aspern Sold, hatten Wachdienst zu verrichten, waren Schanzgräber und Hilfssoldaten jeder Art; dazu noch angeworbene Fußtruppen, sowie die Dschebdschi (Zeugschmiede), die Topdschi (Kanoniere), die Kumbaradschi (Bombardiere,) Top-Arabadschi (die vom Fuhrwesen), die Laghumdschi als die Mineurs, — und überall zerstreut die Dewedschi (Kameeltreiber). So brachte man die Infanterie auf etwa 194 Regimenter („Ortas") und zwar 62 Rotten Jenitschari, 33 Kammern der Segban's und 100 Compagnien der Jaja=Fußgänger. Jede Abtheilung hatte einen berittenen Boluk=Baschi an der Spitze. Viel prächtiger erschien die Reiterei unter Alai Beg's (gleichsam Majoren), Tscheribaschi's (als Rittmeister), Sürübschibaschi (Lieutenants) und Subaschi (Sergeants); — Pferde und Reiter strahlten in glänzendster Rüstung. Aber neben diesen Sipahi's erschienen, oft als die Plage des Heeres, die Ver= wüster der Länder, die sogenannten „Streifer und Brenner", d. i. jene unbesoldete Reiterei der sogenannten Akindschi, welche meistentheils Bauern von den Lehngütern ihrer Herren gewesen sind und auf die Kriegsbeute sich angewiesen sahen. Im Ganzen soll es 200,000 solcher Akindschi, Streifer und Brenner, gegeben haben, von denen etwa 30,000 dem Heere sich anzuschließen pflegten. Dann kamen noch hinzu die Freiwilligen aus besseren Volksklassen, nicht selten als Delhi (eigentlich wüthende Thoren), mit einer Art polnischer, mit Federn geschmückter Mütze und phantastischer Tracht. Sie trugen vielleicht Leopardfelle, das Roß ein Löwenhaupt, Schweif und Mähne grell gemalt, mit Amuletten und, wie auch sonst häufig, das Sattel= und Riemenzeug mit Seide und Edelsteinen und min= destens mit Knöchelchen geschmückt. Beiläufig 200 machten sich als Corps der Beherzten (Gönüli) bemerkbar, sie mußten die besten Lanzenschwinger und Bogenschützen seien. Zur Paradetruppe gehörten ferner die herrlich ausgerüsteten Hoffouriere (Muteferrika's), ein Corps von etwa 500 Mann, mit täglichem Sold von 40 bis je 200 Aspern, welche ihre eignen Sclaven mitführten; endlich die Compagnie der Tschausche (Staatsboten), unter dem Reisenmarschall, dem Tschauschbaschi. Besonders aus diesen letzteren kleinen Corps der Delhi, Gönüllü, der Muteferrika's und der Tschausche nahmen der Sultan, sowie die Aga's und Pascha's, ihre Ordonnanzen und Feldjäger, um Aufträge zu übermitteln.

Ein eigenes Corps bildeten noch die besondern Sipahi's der Pforte, welche meist auf Krongütern lebten; es waren dies etwa 3500 Reiter, 2500 Silihdare oder Waffenträger und etwa 1000 Söldlinge (Ulufedschiani) mit einem rechten Flügel (jenim) und einem linken (jeßar), dann die Fremdlinge (Ghurebai), mit einem Aga an der Spitze, dem Sipahilar=Agassi. Ihr Sold schwankte von 20 bis 40, ja 80 Aspern täglich. Sie besorgten des Sultans Pferde und Waffen, ebenfalls in prächtiger Kleidung, meist von gelber Farbe.

Das Lehns- und Milizwesen kam bald in Verwirrung und bot zu den größten Mißbräuchen Anlaß. Die türkischen Unterthanen hatten Zehnten, jedoch nur von Feldfrüchten, an ihren Vorgesetzten zu entrichten, die Christen nebstbei auch Zehnten vom Vieh und andere Abgaben; alle Bauern litten dazu an Erpressungen aller Art. Man machte nun, theils aus Bedürfniß, theils um Ansprüche zu befriedigen, noch eine Art Bauerlehn, das Dschebeli=Lehn, wonach dies kleine Gut, „Temlik" genannt, einen gerüsteten Mann stellen mußte, und das Temlik konnte auf männliche, sogar weibliche Erben übergehen. Die Akindschi und Andere trachteten nach solchem Besitz und stellten sich oder Andere als Dschebeli in's Feld. Der Beglerbeg gab Lehnsscheine (Teskere), welche die Pforte mit einem Berat bestätigte. War nun ein solcher Mann sehr tapfer oder verschmitzt und erschien derselbe vielleicht wie ein Sipahi in Seide, mit Gold und Edelsteinen, so erhielt er wohl auch andere Lehen; die verschiedenen Arten wurden vereinigt, ihr Besitz von Anderen angesprochen, ihre Verpflichtung geändert, die Titel der Erwerbung vermengt und verwirrt, vielleicht auch Krongüter (Chass) eingezogen, Teskere's und Berat's stimmten nicht überein; man wußte nicht, ob der Besitzer wirklich im Felde gefallen oder nur gefangen sei, ꝛc. Kurz, Gunst oder Gewaltthat thaten das Uebrige, um das System in Verfall zu bringen und das Milizwesen auf das Tiefste zu erschüttern. Zu diesen eigentlichen Truppen des Sultans kamen noch hinzu die Hilfsvölker; in Europa zumal die Tartaren der Krimm, die Reiter aus der Moldau und Walachei, in Asien die Georgier und Kurden und andere Schutzverwandte. So brachte man schon vor 300 Jahren eine ungeheure Reiterei zusammen, etwa eine halbe Million, nämlich 200,000 belehnte Sipahi's, 40,000 Sipahi's der Pforte, 200,000 Akindschi, 50,000 Tartaren, 30,000 Georgier, 25,000 Kurden, je 10,000 Walachen und Moldauer, welche in Europa, Asien und Afrika den Krieg führten. Es geschah vor 300 Jahren (1574) unter 20 Beglerbegs, als Provinzialstatthalter, von denen die drei wichtigsten Stellen in Europa gewesen sind, die der Paschah's von Rumili, Buda (Ofen) und von Temesvár. — Unter dem erstern standen 30 Sandschaks und 400 Subaschen. Manche Statthalterschaften wurden zu einem Paschalik vereinigt, so die (seit 1550) unter dem Beglerbeg von Buda und von Temesvár. Die Titelsucht fing an, um sich zu greifen. — Sandschakate wollten Berglerbegate werden und die Subaschen wollten

Sandschakbege heißen. — Schildern wir nun den Aufzug des Heeres. — Den Vortrab bildete auf dem Marsche die gesammte leichte Artillerie mit Einschluß des dazu gehörigen Fuhrwesens und der Handwerks-Compagnien der Dschebedschi; dann folgte eine Abtheilung Büchsenschützen und Hellebardiere unter der Führung von vier bis fünf Sandschaks als Avantgarde des Fußvolks und der Reiterei. Unter diesen nahmen hierauf die Janitscharen den ersten Platz ein; ihr Aga stand nicht an ihrer Spitze, sondern folgte ihnen, umgeben von seinem Stabe. Ihm schlossen sich zunächst die beiden Heeresrichter Kabiaskere und diesen die Defterdare an. Dann kam der Sultan selbst, in der Mitte seiner Haustruppen, der Solak und seinen Leibpagen. Rückte nicht der Sultan selbst in's Feld, so pflegte hier der Serdar, d. i. der oberste Feldherr, seinen Platz einzunehmen. Unmittelbar hierauf hatte die Stelle der Reichsfahnenträger, gefolgt von den sechs Standarten der verschiedenen Heeresabtheilungen, der rothen, gelben, grünen, weißen, roth und weiß und grün und weiß gestreiften. Diese Farben wiederholten sich auch an den Lanzen der gleich darauf folgenden sechs Fähnlein der besoldeten Sipahi, welche sich in einen rechten und in einen linken Flügel theilten. Die nächste Stelle gebührte dann dem Großwessir und den übrigen Wessiren mit ihrem Gefolge, besonders von Tschauschen, welche als Staatsboten und Ordonnanzen gebraucht wurden. Dann folgten die beiden obersten Beglerbeg, nämlich der von Rumelien und Anatolien mit der belehnten Reiterei. In Europa hatte der von Rumelien, in Asien (gegen Persien) der von Anatolien mit ihren Sandschakbegs den rechten Flügel einzunehmen. Die Nachhut kam als Troß, Gepäck und Proviantkolonne nachgezogen *).

Vor dem Feinde formirte sich unter dem Zeichen des goldnen Halbmonds die osmanische Schlachtlinie so, daß die beiden Beglerbeg's mit ihrem Heerbann in's Vordertreffen rückten. Der linke Flügel galt als Ehrenplatz und hatte diesen in Europa der Beglerbeg von Rumelien und in Asien der Beglerbeg von Anatolien. Sie

---

*) Im Jahre 1603 hatte Deli Husein, d. i. Hasan der Närrische, ein wahres Gesindel von 10,000 Mann dem Heere zugeführt, halbnackt, aber mit Amuletten behangen, fliegenden Haares, mit Stangen, an denen weiße Bandrollen hingen, Menschen und Pferde mit Kameelknöcheln, Steigbügel mit Talismanen geziert und dies sollte als religiöses Corps angesehen werden.

hatten zugleich Feldartillerie bei sich und in ihrer Nähe als Plänkler die Akindschi, d. i. die Renner, welche oft als Vorhut schwärmten und raubten. Die geworbenen Soldaten (Askery) und die Sclaven wurden ebenfalls in militärischer Ordnung dem Heere einverleibt. Alle Anführer glänzten meist in seidenen Waffenröcken, den schönen Turban mit mannichfaltigen Federn und anderm Schmucke geziert; auch das Sattel- und Riemenzeug, sowie die Ohren der Pferde wurden mit Edelsteinen und goldnen Ketten geschmückt; selbst die Zelte mit Kostbarkeiten behangen. In der zweiten Linie standen die sechs Abtheilungen der besoldeten Sipahi's, auf jedem Flügel drei (die Lanze wurde von ihnen als letzte Waffe nach hinten gekehrt mit dem Knie festgehalten; die Pferde waren kostbar geschmückt und fast jeder Sipahi hatte für sich ein kleines Zelt — die Beglerbegs ein großes rothes Zelt), während die Janitscharen mit einem Theile der Artillerie etwas weiter rückwärts das Centrum inne hatten, meistens in einem geschlossenem Carré, dessen Mitte der Aga einzunehmen pflegte. (Zehn Janitscharen hatten ein Packpferd, 25 ein größeres Zelt.) Hinter diesen beiden Hauptlinien folgten erst die Reichsfahnenträger mit den sechs Standarten, deren Ehrenwache aus den Muteferrika bestand, dann der Großwessir, die Wessire, die übrigen Würdenträger der Pforte und zuletzt der Großherr, umgeben von seinem Hofstaate, Pagen, Trabanten, Leibwachen, Solak, Peiks, Tschauschen u. s. w. Namentlich sind es die sechs Aga's der sechs Rotten Buluk, welche in der Nähe des Sultans hervorragende Stellung hatten. Jene sechs Rotten der Buluk's wurden nach dem sogenannten "System der Pforte" alle sieben Jahre aus den besten Janitscharen gebildet. Im Hintertreffen endlich bildeten die Lastthiere und die Wagenburg mit einem besondern Bedeckungscorps eine undurchdringliche Mauer.

Die Disciplin und Verpflegung war unendlich besser als in den damaligen Christenheeren. Die Elitetruppen lebten besser im Kriege als im Frieden. Mancher kehrte mit reicher Beute heim; manchem aber wurde der Kopf zu Füßen gelegt. Ich will zur Charakterschilderung dessen ein Bild aus Miles "Siebenbürgischem Würgengel" mittheilen; doch soll es nur bezüglich der Strafe hier Bedeutung haben, da sonst das Geschichtliche der Thatsache noch einige Berichtigung erfahren müßte. "Weil aber Zatarcsi Mehemed Passa unter Wardein seine Schantzen sogar verloren hatte, dürffte er nicht zu seinem Kayser nach Constantinopel zurückkehren,

sondern brachte den ganzen Winter zu Griechisch=Weißenburg (Bel=
grab) zu, biß Ihm ein anderer Zerdar (so der fürnehmste unter den
Paschaken vnd aller Türkisch=Keyserliger Völker Kriegs=Obrister ist)
Nahmens Ibrahim nachgewehlet wurb; da hat der newe Keyser
Mahomethes befehl gethan, denselben nach ihrer Heydnischen Arth
zu erwürgen. Denn ihm wurde diese Schuld zugemessen, daß er
mit solch mächtiger Armee vnd allerhand überlieferter Munition
einig und allein Siebenbürgen zu verhergen (verheeren) vnd gantz
zu verderben, so außgeschicket worden auß einhälligem Rathschluß
aller Passahen: Nun aber habe er dieses Heer anderswo hingeführet,
die gutte Gelegenheit, Siebenbürgen zu bekriegen, verderbet, vnd sich
dahin begeben, da er dem Keyser ein grossen Schimpff vnd an
Leuthen ein unersetzligen Schaden zugefüget hatte, in bem er sich
von Sigismundo mit einem falschen Friedens=Tractat lassen betriegen
vnd vnnutzlich Wardein belägert habe: Derowegen schickte der Tür=
kische Keyser zum Zatarcsi Passa einen Jancsar Aga mit einem
Brieff vnd etligen Henkers=Gesellen, denselben hinzurichten (es
war dies im Jahr 1598); Wie nun Mehemed des Keysers Brieff
empfangen, barin ihm die äußerste Noth zu bestehen gebotten warb
vnd denselben mit seinen Augen durchliesse, bald auf die Wort kam,
da Ihm zu sterben befohlen wurd, erstarret er so gar an Leib und
Muth, als hätte ihn der Donner gerühret, könte auch den Brieff
nicht aller außlesen, sondern liesse ben für seine Füsse fallen; des
Keysers Befehl in Papier war: Er sollte willfährtig den Tod an=
nehmen, noch einiges Zeichen der Halsstarrigkeit, etwa durch ein
Wiedersperren von sich geben, sondern was über Ihn vnwandelbahr
sey beschlossen, solte er mit befriedigtem Gemüth vnd sonderbahrer
beständigkeit annehmen. Darumb gab sich auch der nun mehro halb
tobte Passa zufrieden vnd bath nur einig umb so lange Frist, biß
er sich mit seinem Mahometischen Priester trösten liesse; Solches
wurd ihm auch zugelassen, barnach hieß man ihn auf einen schwartzen
Stuhl sitzen, benn welche der Keyser auf solche Manier läßt hin=
richten, ist's vnglaublich, wie gedulbig sie diesen Tod annehmen, daß
sie auch nur mit keinem Winken oder Entschuldigung einige Anzeigung
des Vnwillens von sich geben, als seyen sie von ihrem gerechten
Keyser rechtmessiger weise verdammet, löschetten auch durch diesen
Gehorsam all ihre Sünden in jenem Leben für ihren Mahometh
aus; Dannenhero wird auch diese Hinrichtung auff dem Stuhl für
eine grosse Ehre beigelegt, so vom Keyser niemanden als einig ben

III. Der Divan und die Pforte. Das Lehns- und Heerwesen. 31

fürnehmst verdienthen Paſſahen wiederfähret. Wie nun auch Zatarcſi auff der gleichen Stuhl geſeſſen, warfen die Henker eine ſeidene Schnur umb ſeinen Hals und zohen an beyden Enden ſo lange, bis er erwürgte, und wurden alle ſeine Gütter des Keyſers Fisco zugeeignet: Heuttiges Tages ehren die Türken dieſes Zatarcſi Gedächtniß hoch, weil er ſonſten ein trefliger Held geweſen, dannenhero wenn ſie deſſen Nahmen nennen, ſetzen ſie immer voran Merhum Zatarcſi Mehemed Paſſa, der glor-würdig-ſtreitbahre Mehemed Paſcha und iſt zu Belgrad nebenſt des oben erwelten Enean B́eeghs Seiten begraben worden." — — Glänzendes Heerweſen! tiefer Verfall der untern Schichten! — Bedenken wir endlich, daß neben der großen Anzahl militäriſcher Lehnsgüter und der Pforte zugehörigen Ländereien faſt aller übriger Grund und Boden, wie das Kirchengut der todten Hand, zu Moſcheen und Medreſſen gehörte, deren Pachtungs- und Unterſchleif-Syſtem jeden Aufſchwung der Landwirthſchaft und ſomit auch der Induſtrie darniederdrückte, ſo begreifen wir leicht, wie mit dem öconomiſchen Verfallen der Türkei die innere Fäulniß immer mehr die Machtgrundlagen des Osmanenreichs zerrütten mußte. —

IV.
Die karpathischen Vasallenstaaten.

Bevor wir in das Getriebe unserer hier zu behandelnden Zeit eintreten, betrachten wir den Schauplatz, wo die Fäden aus dem christkatholischen Occidente mit den Schlingen und Banden des osmanischen Orients sich in ein politisches Netzwerk von Plänen und Ereignissen ineinanderwirrten, welche gar oft in fürchterlichen Bluttaten daran erinnerten, „daß die Völker es beklagen, wenn die Könige beschließen".

Drei Woiwodschaften, Siebenbürgen, Walachei und Moldau, sollten das Loos theilen, „Vasallenstaaten" des Königreichs Ungarn, später aber der Pforte, in allerdings verschiedenem Verhältnisse zu sein.

Siebenbürgen war einstens in die engste Verbindung mit Ungarn getreten *), hatte gleichwohl selbständige Provinziallandtage und eigne Verfassungsrechte jener drei grundherrlichen Nationen behalten, welche als ungarischer Adel in den Comitaten, als sächsische Nation in den freien Gemeindeverbänden deutscher Colonien und als Nation der Szeklerstämme auf dem ihnen eigenthümlichen Grund und Boden die Territorialherrschaft mit der eignen Jurisdiction behaupteten. Bis in das 13. Jahrhundert scheinen auch sehr vereinzelt Walachen (Olahi) erwähnt, namentlich lag wohl in dem später sogenannten Fogarascher District und angrenzend jener „Wald der Petschenegen und Blaken" (Walachen), silva Blaccorum et Bissenorum, wie die Urkunden besagen, ein Wald in den Gebirgsschluchten der Südkarpathen, welcher eine abwechselnde Gebirgsweide den nomadisirenden Viehzüchtern, doch kein festes Eigenthum darzubieten vermochte.

---

*) Es war nicht immer ein zusammengehöriges Ganze; ein weiterer Grund, daß sich dasselbe gleichsam aus drei Provinzen, den Comitaten, dem Sachsenlande und dem Szeklerlande zusammensetzte. (Näheres darüber siehe in meiner Siebenbürg. Rechtsgeschichte, 2. Aufl., 1868.

Spätere Nachsiedlungen der romänischen Walachen, als sie Acker=
land, oder weit mehr die „Brache" des Ackerlandes aufsuchten und
in den Comitaten, hie und da bereits früher, meistens als Unter=
thanen, seßhaft, Dienstverhältnisse übernahmen, läßt uns dieses Volk
in Abhängigkeitsbeziehungen zu den drei früheren „grundherrlichen"
Nationen erscheinen, welche es begreiflich machen, daß sich ein histo=
risches Verfassungsrecht der Romänen in Siebenbürgen nicht zu ent=
wickeln vermochte, wenn auch zuweilen der Jurisdiction romänischer
„Knäse" gedacht wurde. Diese (oft nur Dorfsvorsteher) gingen meist
in den sogenannten Standesklassen auf; wenige in den höheren, die
meisten in den niederen Bevölkerungsschichten. Als solche Volksklassen
treten hervor, der höhere Adel als Servientes regales, der niedere
als castrenses, dann die hospites, ferner die udvornici
(Hofbauern), die libertini und die Unfreien*).

Aehnliche Gestaltungen zeigen sich auch in den beiden romäni=
schen Fürstenthümern; das eigentlich romänische Volkselement vermag
erst nach und nach zu höherer Geltung zu gelangen, denn seine höheren
Standesklassen, zumal die Bojaren oder Bojaren, sind meistens
griechisch=bulgarischen Ursprungs, vielleicht auch kumanischer
und tartarischer, ja selbst ungarischer und polnischer Ab=
stammung gewesen, und hat die bulgarisch=slawische Staats= und
Kirchensprache vorherrschende Geltung behauptet. Einer Sage nach
wären übrigens nur diese Bojaren Abkömmlinge (sagen wir „Nach=
folger") römischer Grundherren und sie allein römischen Ursprungs.

Als Siebenbürgen, allerdings zunächst unter türkischer Oberhoheit,
zur Zeit des Zapolya, sich von Ungarn trennte, hatte es auch hie=
von nordwestlich gelegene Theile miterhalten und war jenem König=
reiche Ungarn, dessen größere Hälfte türkischer Herrschaft anheimfiel,
an Macht und nationalem Streben überlegen. Es hatte auch
Anspruchstitel auf die transalpinischen Vasallenstaaten überkommen
und geltend zu machen gewußt. Die Walachei war eigentlich aus
zwei verschiedenen Landstrichen zusammengewachsen, aus dem Banat
von Severin (Szörény) — später dem Banat von Crajowa,
als der sogenannten kleinen Walachei, wo sich römische Colonieen
längere Zeit erhalten haben sollen — und aus jenem Kumanien,
welches in unbestimmten Grenzen alles übrige Land bis in die Bu=

---

*) Näheres siehe in meiner siebenbürgischen Rechtsgeschichte, 2. Auflage,
1. Bd., Seite 206—212.

kowina begriff und also auch für die Entstehung einer eigenen Moldau nebst Bessarabien Raum darzubieten vermochte. Wie hier Fürstenthümer entstanden sind, ist urkundlich nicht genau nachzuweisen und die Angaben viel späterer Chronisten stehen, wie namentlich Rösler es dargethan hat*), im Widerspruch mit anderen geschichtlich bezeugten Thatsachen.

Indeß, soviel anzunehmen, ist gleichwohl gestattet, daß diese Weideländer vor etwa tausend Jahren, zwischen den mächtigen Reichen der Chazaren, Bulgaren und Petschenegen als Durchzugsstrecken gelegen, eine vorwiegend slovenische oder ruthenische Bevölkerung in sehr spärlichen Ansiedlungen gehabt haben, von denen viele Berg=, Fluß= und Ortsnamen herrühren, daß sie den Einfällen und verheerenden Raubzügen der Nachbarvölker, besonders denen der gebietenden Uzen oder Kumanen, eines den Türken verwandten Reitervolks, ausgesetzt gewesen sind und daß, nachdem die Mongolen und Ungarn den Kumanen entscheidende Niederlagen beigebracht, die Ruthenen selbst aber nach mehreren Seiten hinweggedrängt waren, übrigens auch Ueberbleibsel jener Völkerschaften zu slavisiren vermochten, daß aus den Gebirgsschluchten des Hämus und der Karpathen mehr und mehr, besonders im 14. Jahrhunderte, Romänen die öden, verlassenen Landstriche wieder bevölkerten; nur in der kleinen Walachei ist ein früheres Vorkommen derselben bezeugt. Möglich, daß ein Rabul Negru auch aus dem Fogaraser Gebiete Walachen und Sachsen in das Land brachte und daß aus der Marmaros ein Bogdan und ein Dragosch Ansiedlungen veranlaßten, wo ebenfalls Ungarn und Sachsen, so bei der Gründung von Suczawa, mit dabei gewesen sein konnten. Was noch weiter von Staatsgründungen und Staatsbeziehungen nacherzählt wurde, entbehrt einer glaubwürdigen Begründung. In der Walachei sind katholische Sachsen, namentlich in Tergowist, Ribnik am Alt (Rimnik Vulcea), im Bergwerk Boia di Romae und in Kimpolung bezeugt, wo sie sogar noch als Lutheraner in verkümmernder Weise sich längere Zeit erhalten

---

*) „Romänische Studien" von Robert Rösler, Leipzig 1871. Andererseits romänische Geschichtswerke, so besonders das von Hasdeu, hier belangreich. Was für die bacisch=römische Abstammung der Walachen geltend zu machen wäre, und dafür, daß die bacische Sprache eine keltische gewesen, kann hier füglich übergangen werden; nur sei bemerkt, daß von 32 bacischen Pflanzennamen, welche Dioscorides als Reste jener Sprache uns erhalten hat, drei im Romänischen wiederkehren (crestecca, turbure, scain.).

IV. Die karpathischen Vasallenstaaten. 35

hatten. In die Moldau treten zu Ruthenen und Romänen noch Tartaren, Polen und Armenier ein; — in beide Länder, seit dem ersten Viertel des 15. Jahrhunderts, auch Zigeuner, dann Bulgaren und Griechen, in die Walachei auch sirmische Serben, ja selbst Türken, welchen doch nach des Sultans Zusicherung die Ansiedlung verwehrt sein sollte. Ein buntes Völkergemisch! Die ursprünglich ruthenisch-kumanische Volksmasse verliert sich in Grenz= gebieten, die romänische der sich zu einer Nationalität erst jetzt bildenden Walachen gewinnt die Oberhand, kann aber lange nicht eigenes Cultur= und Rechtsleben entwickeln, da ihr der belebende Geist eines freien Städtebürgerthums, einer eigenen Literatur*) mangeln und jedes Aufsprießen höherer Cultur durch feindliche Heerschaaren und die Tyrannei der eigenen Woiwoden und Bojaren darnieder getreten wird.

In trostloser Lage, bei den fortwährenden Kabalen und In= triguen, welche die Besetzung des Fürstenstuhls, oder eigentlich die zeitweiligen Vertreibungen der Woiwoden, mit sich führten, war fast immer eine Schutzmacht nöthig. Bis 1526 hatte vorwiegend Ungarn diese Rolle, seither die Pforte überkommen, oder bezüglich der Moldau wohl auch Polen, ja selbst Kosaken und Tartaren, oder gewöhn= lich zwei Oberherren zusammen. Deshalb wohl schließt der walachische Woiwod Radul, 1507, einen Vertrag mit den sächsischen Städten in Siebenbürgen; er wolle sie rechtzeitig von der Ankunft der Türken verständigen, verlange aber für sich Zuflucht in ihren Mauern, wenn er verdrängt werde. Solches Bündniß wurde erneuert. Mychne flieht, 1510, nach Hermannstadt mit seiner Familie, wird aber hier unversehens von seinen Feinden Demetrius Jarych und Dantschul, Sohn des fürchterlichen Henkerwoiwoden Wlad Tzepelusch, meuchlings ermordet; diese aber nebst ihren Helfershelfern sofort von den säch= sischen Bürgern erschlagen. Jener oberwähnte Radul, dessen Regierungs= zeit 1493—1508 angesetzt zu werden pflegt, traf, vielleicht der Erste, einige neue Staats= und Kircheneinrichtungen; indeß so wenig, daß noch sehr lange Zeit das Land — oder das oberste Regierungs= collegium desselben, der „bärtige" Divan — nur nach den über= lieferten Gebräuchen („obitschei pomuntule") abzuurtheilen pflegte. Dies Herkommen hatte aber Anlaß theils in slawisch-ungarischer Amts= und Hofsitte, theils in bulgarisch-byzantinischen Einrichtungen

---

*) Die ersten romänischen Druckwerke besorgten Mitte des 16. Jahrhun= derts Kronstädter Sachsen, so eine Uebersetzung des Katechismus von Luther u. a.

und türkischem Heerwesen und trug in den wesentlichsten Beziehungen den Charakter einer Lehensverfassung an sich, wo gewisse Leute auch besondere Dienste zu verrichten hatten. Noch im vorigen Jahrhundert war es so geblieben; doch bereits werden, namentlich 1747, Boden= Contracte regulirt und gelangt eine stehende Miliz in Aufnahme; neben den 200 Mann einer fürstlichen Leibwache unter einem türki= schen Aga, welcher den griechischen Fürstenthumspächter schützt, kom= men nämlich, zumal im vorigen Jahrhundert, 6000 Darabanzen vor, meistens albanesische Arnauten und sogenannte Seimen (was an die türkischen Lehnsoldaten erinnert) unter dem Spatar; sie er= halten aber keinen Lohn, sind nur abgabenfrei, wechseln sich im Dienste ab und erhalten grobes Tuch zu ihrer Bekleidung. Indeß kehren wir zurück in die Zeitgeschichte unserer Beschreibung. Da hieß die Moldau bei den Türken: Kara Bogdan oder Kara Iflak, d. i. die schwarze Walachei; auch die Polen wechseln diese Namen, es heißt ihnen die Moldau das „walachische" Land und die Walachei hinwieder „multanska" zemlja; bei anderen Schriftstellern heißt letzere wohl Ungro=Wlachia, die andere aber Mauro=Wlachia, Carabogdania, Walachia major, inferior u. s. w. Hier nun in der Moldau soll namentlich Alexander I., der Gute, während der ersten Hälfte des 15. Jahrhunderts Staatswürdenämter eingeführt haben. Er erhielt auch vom griechischen Kaiser Joh. Palaeologus den königi= lichen Hoftitel Despota, und sind jedenfalls schon im Jahre 1459 Spatar's und Stolnik's bezeugt; ja bereits 1389 wird ein ma= reschalcus Vajvodae Moldaviae erwähnt, der gewiß nicht ein ver= einzeltes Dasein hatte, sondern noch andrer Collegen sich erfreute. — Alexander's Metropolit, der Bulgare Theoktist, verbreitete die cyrillische Buchstabenschrift mit dem „Altslawischen" der Kirche. In slawischen Staatsurkunden heißen die Herrscher: Milosti Boshiu Nat= schalnik i Woiwoda Moldovlassi, d. i. durch die Gnade Gottes Be= fehlshaber und Woiwoden der Moldau. Es erscheint nun, seit Alexander, je ein Ober=Dwornik für den nördlichen und südlichen Theil der Moldau; ein Porkolab in Chotschim und ein Hetman in Suczawa, als Commandanten und Justiziäre jener Landesgegenden.

Noch klarer tritt die Einrichtung in der Walachei hervor, wo der Divan aus Hofämtern besteht, wodurch zugleich die Beziehungen der Volksklassen in ihren staatlichen und grundherrlichen Dienst= verpflichtungen ersichtlich gemacht werden. Manchmal war es wohl ein Unglück, zum Divanmitgliede ernannt zu werden. Der hiermit

ausgezeichnete Bojare hatte nicht selten dafür Geld sofort dem Woi=
woden auszuleihen und wurde zur Hereinbringung seiner Forderung
an die ihm unterstehenden Provinzbewohner angewiesen, wobei er
nun selbst seine Stellvertreter und endlich diese die Untergebenen
in möglichst gesteigertem Drucke mit den Forderungen ihrer Autorität
und ihrer Habgier heimsuchten.*)

Der Woiwode hieß öfters Princeps, Spatar, später Hos=
podar, was mit dem slawischen Gospodar übereinstimmt, ebenso
der Amtsname der Bezirksvorsteher Isprawnik. Der nächste Würden=
träger, oft als zweiter Spatar geehrt (spatar al doyle), war der
Ban von Crajova, Statthalter der kleinen Walachei; dann als
Judex Curiae der Vornik mare (was mit „Udvornicus" des
Ungarischen Reichs im Zusammenhange steht**); in dritter Stelle
finden wir den Logothet, als obersten Kanzler, in vierter den
Vestier als (anmeldenden) Kammerkanzler, in fünfter den Groß=
spatar als Campi dux, d. i. Feldgeneral, in sechster Stelle den
obersten Mundschenk, welcher, so wie in Ungarn der Pohárnok, hier
Peharnik genannt wird; er ist der Pincerna***); das siebente Hof=
amt führt der Kylyucer, d. i. der claviger provisionis panis; das
achte ein „Comis" genannter comes stabuli, also der Stallmeister=
graf; ihm zunächst steht dann der Stolnik, eigentlich ein Ober=
küchenmeister, culinae praefectus, endlich der Pitar, welcher als
Probst, d. i. praepositus, Vorgesetzter der Wagen und Karren, fungirt;
wozu noch, außer dem Serdar de Majali, d. i. dem Adelsmarschall,
noch hinzukommen: der bei fürstlichen Waschungen ausgezeichnete
Medenicer (dieser jedoch erst eine Schöpfung der Folgezeit); der
Fleischbesorger Sluxer und der über das Kriegszeug, namentlich
die Kanonen, gesetzte Sciatar, welchem die cura tentoriorum ob=
lag. Diese zwölf Hofwürdenträger bildeten zugleich als die obersten
Staatsbeamten jenes höchste Regierungs=Collegium, welches unter

---

*) Bis zur Uebernahme der Butowina durch Oesterreich vor 100 Jahren
war der größte Theil des Landes Kirchen= oder Klostergut, doch fast immer so
verwaltet, daß ein Vorstand (Abt u. s. w.) die Stelle käuflich an sich brachte,
zumeist sogenannte griechische Phanarioten, die Einkünfte verpraßte und die
romänisch=ruthenische Geistlichkeit in größter Dürftigkeit schmachten ließ. Unend=
lichen Segen brachten die durch die österreichische Regierung erfolgten Aenderun=
gen und Regelungen dieser Güterverwaltung, die Befreiung und Bildung der
bis dahin ganz verwahrlosten Bevölkerung.

**) Udvar, ungarisch=slawisch: der „Hof."

***) Ungarisch pohár, aus dem deutschen Worte Becher gebildet.

dem Namen Divan zusammenzutreten pflegte. Außer dem öffentlichen Rathe der ersten Divansmitglieder konnten jedoch auch andere Beamte zur Berathung öffentlicher Angelegenheiten zugezogen werden; so nebst den Großkapitänen über geworbene Truppen, wie dem zu Foksan und dem zu Ciarnec (Czernowitz), welche den Skotelnicen und Lasagien (oder den Seymenen) vorgesetzt waren, insbesondere folgende Hofwürdenträger: der Posteilnik mare als der Summus aulae praefectus ("Obersthofmeister"), oder wohl — namentlich später, dieser als ein "Staatsreferendar" — dann der zugleich als Staatshenker fungirende Armasch mare, Großkapitän der am Hofe befindlichen Armaturen; der als Vatah bi Aprosi über die Diener gesetzte Gefängnißaufseher und sein Stellvertreter, der ehrenwerthe Ciavus bi Aprosi, gleichsam ein Pagenmeister*), dann der über die Darabanzen Befehl führende Aga, sowie der Capitän ebenderselben als Kopetan mayre, — endlich andere Stellvertreter, mitunter in hervorragendem Wirkungskreise, wie der zweite Logothet, welcher als Cancellarius secundus, Kanzleivorstand, Referent und Mönchsprocurator gewesen ist, der zweite Vestier (al doyle), welcher als Vicekämmerer Geldangelegenheiten, Quittungswesen u. dgl. besorgte, sowie sein Coadjutor, der Vestier al treyle; — ebenso erscheinen zumal in späterer Zeit, drei (untere) Logotheten als Kanzler der Vestier's, und machte sich allzeit bemerkbar der Jusbascha (Schusbascha) bi justaschi, d. i. der Wachenpräfect, welcher, weil diese oft Katholiken, wahrscheinlich Seekler, gewesen sind, auch den Spottnamen Papista mit seinen Untergebenen ertragen mußte. — Nicht genug hiermit, konnten noch interne Höflinge Bedeutung haben, so der Präfect des Hausschatzes, ebenfalls Kamarasch, sowie im Ungarischen, zubenannt; es ist der thesaurarius; — dann der Camarasch bi Rasturi, welcher Ornamente und Sattelzeug unter sich hat, der Cupar, welcher Getränke, Zucker und Scherbet besorgt, der Ciohabar, dem die Kleider anvertraut sind, und der Vatah bi Copii b'in Casa, welcher, ein epheborum praefectus, ein Kinderpräfekt, gewesen ist. Gleicherweise hat, namentlich seit dem siebzehnten Jahrhundert, auch die Fürstin ihren eigenen Hofstaat mit einem Vornik, Posteilnik, Vatah (als provisor aulae) Spatar al doyle (als armiger), mit Stolnik's; — — und

---

*) Ungarisch apród der Edelknabe, Page, apró der kleine (Knabe); im Rumänischen heißt jedoch aprod häufig soviel als Gerichtsdiener oder Amtsbote.

zu alle dem in unterster Dienerreihe die Menge fürstlicher Zigeuner=sclaven.

Als Ziprawnic kommen Bezirks=Amtsleute vor. Die in Gemeinden vorkommenden Amtsnamen eines Schultuß und eines Borgar u. dgl. deuten auf sächsisch=ungarischen Ursprung zurück, wo der Schultheiß (scultetus*) und der Frohnbote „Borger" (oder Bürger = polgár**), diese Sprach=Umwandlung sich gefallen lassen mußten.

Die Landbesitzer standen in sehr verschiedener Abgaben= und Dienstverpflichtung, in welcher sie sich besonders ihren Hofamts=Vorgesetzten mit Geschenken erkenntlich zu erweisen hatten. Die Masali (der Adel) standen unter dem obersten Serdar, die Roscii (Roschien) ban Dara und nicht minder die Peḩornicei unter dem Poḩarnik mayre (Oberstmundschenk), ebenso die Vornicei (udvornici) unter dem Vornik mare, die Postelnicei unter dem Postelnik mare, die Calarasci (Kalaraschen, eine Art Lehnssoldaten) unter dem Spatarius magnus, etwa 3—4000 Mann, ähnlich gestellt die Darabanzi u. s. w. Als freie bäuerliche Landwirthe kommen die Megiaschi vor (liberi agrestes); als tiefer stehende Bauern (rustici venditi) die „Romani", also die Mehrzahl des romänischen Volkes in Unterthänigkeitsverhältnissen; endlich als fürstliche Hausclaven die Zigeuner, welche nach ihren Herren weiter sich unterscheiden, so in allerdings erst späterer Zeit besonders die Brankowanischen und jene „Rosturelli" und „quasi Rosturelli", welche, als bis in die Bulgarei herumschweifende Zeltzigeuner, an die Türken Tribut zu zahlen gehabt haben.

Die Zaräny (tierenii) waren contractmäßig angesiedelte freie Landwirthe, welche den Grund ihrer Herren bebauten. Der adlige Herr hatte Schank=, Fisch= und Mühlenrechte und etwa 12 Tage Robott anzusprechen, dann auch Zehnten, etwa 3 Para's vom Bienenstock, 4 von jeder Ziege, 6 von jedem in Eichelmast getriebenen Schwein; er bekam Lämmer, Käse, Honig u. a. m. dgl. Die „gemessenen" Dienste waren aber gar häufig von ungemessenen begleitet, noch in unserm eigenen Zeitalter dieses Jahrhunderts.

---

*) sculdo-heisso = Schuld=, Abgaben=Einforderer.

**) So heißt der jüngste Geschworene der siebenbürg.=sächs. Gemeinde=Dorfs=Aemter auch heutzutage Borger und besorgt Frohnbotengeschäfte. Der Zusammenhang mit den Rachinburgen der lex Salica mag anderer Orten nachgewiesen werden.

Wein= und Obstbau war von des Grundherrn Bewilligung abhängig. Dazu kamen noch die öffentlichen Abgaben, von denen nur die Schutzbauern des Metropoliten (die Skutelnitschi) freigehalten gewesen sind.

Da die Fürsten oft einer doppelten Vasallenpflicht und stets (seit 1526) einer Tributzahlung an die Pforte unterworfen waren und eigne Hof= und Staatsbedürfnisse zu decken hatten, — dazu häufig die Moldau auch polnische Oberhoheit ansuchte, Tartaren und Kosacken befriedigen mußte, sowie früher die türkischen Kumanen und endlich, da Siebenbürgen, gegenüber beiden, die obere Schutzmacht geltend machte, innere und äußere Kriege das Land verheerten, die Bojaren stets Umsturzpläne des Woiwoden im Kopfe herumtrugen, so war es wohl nothwendig, daß das Volk diese Vorgänge mit dem Schweiße seiner Arbeit bezahlte und unsagbar entsetzliche Auspressungen erdulden mußte. Nach Soranzi entrichtete beispielsweise die geldarme Moldau gegen das Ende des 16. Jahrhunderts an Jahrestribut gewöhnlich 31 „Summen" Aspern, zu je 100,000 Stück, im Werthe 2000 Kronthaler, also 62,000 Thaler. Die Walachei aber 50 „Summen" Aspern; den Tartaren lieferte die Moldau 20 mit 4 Ochsen bespannte und mit Honig beladene Wägen, dazu noch 50 Pferde, geschweige anderer Naturallieferungen für durchziehende Heereshaufen, — geschweige der Gewaltthaten, die Niemand verzeichnete. Im Allgemeinen hieß man aber den an die Pforte gezahlten Tribut oder die Türkenabgaben: Karatsch oder Haratsch und Poklon. Daneben gab es fürstliche Contributionen unter wechselnden Anspruchstiteln, Gelate Kübelabgaben, Dirit (Djarit) Schafgeld, Roschii (eine Milizabgabe), Nepasti u. s. w., dazu die Knaben, welche als Janitscharenzehnten abgenommen wurden. So vernehmen wir, daß einmal die Moldau eine Tonne Goldes, 2000 Schafe, 2000 Pferde, 10,000 Scheffel Weizen und ebenso viel Gerste, dann Honig, Butter u. a. m. zum türkischen Heerbedarf geliefert habe. Kaum besser als das Loos der Negersclaven war das der Unterthanen in den drei karpathischen Vasallenstaaten; der Adel, auf flüchtigem Rosse, kämpft oder verläßt den Schauplatz der Gefahr und Verwüstung; einzig und allein die Städte und Festungen, vornehmlich die der Siebenbürger Sachsen, geben den niedergetretenen Ländern den Rückhalt einer wieder auftauchenden Cultur — in unwegsamen Gebirgswäldern verbirgt sich der Viehzüchter, welcher entvölkerte Landstriche wieder neu besiedelt. Dieser

IV. Die karpathischen Vasallenstaaten.

vorzüglich war romänisch-walachischer Abstammung und wechselt den Wohnplatz dies- und jenseits der Karpathen.

Er hatte ein trauriges Schicksal; hie und da, besonders im Sachsenlande, vielfach günstig gestellt, indem er mit Belassung persönlicher Freiheit die Lasten als Bewohner einer sächsischen Gemeinde übernimmt, wie sonst ein „Nachsiedler", dafür aber das Brachfeld mit benützen darf; — doch mehr als anderwärts drohte ihm gerade in der Walachei die **Phalange**, d. i. die leicht gehandhabte Bastonade, wodurch seine Fußsohlen mit Ruthen gepeitscht wurden, damit er auch „seßhafter" werde*); aber selbst der Tod, um geringer Ursachen wegen, war sein Loos. Der schreckliche Woiwode der Walachei Wlad Tzebelusch hatte in den Jahren 1477, 1479 mehr als 20,000 seiner Unterthanen in Pfähle aufspießen lassen, zum Entsetzen der Türken. In diesem Walde von Hingerichteten behagte es dem grausamen Tyrannen. Das Blut floß in Strömen — und die Thränen der Verfolgten in Bächen. Wie sollte es besser werden? — wohl nur dadurch, daß sich die christlichen Staaten von dem mohammedanischen Reiche der Türken losrissen und unter sich eine **Allianz** schlossen, um wieder Selbständigkeit und Frieden ihren Ländern zurückzuerobern und in diese Karpathenländer **Ordnung** und **Gesittung** einzuführen. Die Seele der Conföderation war **Papst Clemens VIII.**; und wie in Spanien **Philipp II.**, sollte in Ungarn Kaiser **Rudolph**, dann die **karpathischen** Länder, unterstützt durch ihre christlichen Nachbarn, zumal die Deutschen und Polen, das große Werk vollbringen.

Bilder aus dieser Türkenzeit soll unsere Darstellung entrollen.

---

*) Das gemeine Volk der Rumänen zeigt von Natur viele angenehme Eigenschaften und besondere geistige Begabung; doch steckt noch viel verwildertes Nomadenblut in seinen Adern und macht es namentlich zur Waldverwüstung und Branntweinsucht geneigt. In der Bukowina sind selbst die untern Volksschichten zu einem höchst achtbaren Fortschritte gelangt, wenn auch sonst orientalische Verschlagenheit manchem Gebildeten anhaften mag; die Geistlichen zumal übertreffen alle ihre Standesgenossen im romänischen Clerus andrer Länder.

V.
Päpste, Jesuiten und Philipp II. von Spanien.

„Mein Reich ist nicht von dieser Erde, sprach der Herr, Herr" — indeß Petri Nachfolger, der Stellvertreter Christi, hatte die Für=sorge über die ganze Welt auf sich genommen. Im Anfange des 16. Jahrhunderts hatte wohl eine wahrhaft heidnische Moral fast allenthalben Eingang gefunden; ja selbst in Rom wurde die Hierarchie verspottet, Papst und Clerus nahmen daran wenig Aergerniß und freuten sich nicht selten der Frivolität jener Tage, alle kirchlichen Bande waren gelockert und die Religion schien Vielen fast, wie einst der Beichtvater, ein Jesuit, das beängstete Gemüth der sterbenden Königin von Schweden, der letzten aus dem polnischen Jagellonen=geschlecht, tröstete, nur da zu sein, wie das Fegefeuer, um das ge=meine Volk in Angst und Abhängigkeit zu erhalten.

Aus dieser philosophisch=atheistisch angehauchten Zerfahrenheit riß der Protestantismus die Kirche, er zwang die Menschen, wollten sie Gott nicht durch äußeres Formelwerk, sondern durch die Gesinnung angehören, besser zu werden; gleichwohl gestattete und förderte die Reformation durch die befreite Macht der Wissenschaft, daß ihre Anhänger auch gebildeter und wahrheitsstrenger wur=den, als es damals dort der Fall sein konnte, wo blinder Autoritäts=glaube Gehorsam erforderte. —

Mit fast unaufhaltsamer Ueberzeugungskraft — aber zugleich getragen von den dabei mitverfolgten politischen Zielen, und nicht selten auch von manchen unlautern Motiven — war die Reformation durch alle deutschen Lande bis in die Nachbarreiche vorgedrungen. Die alte Kirche schien vieler Orten völlig zurückgedrängt; aber es lebte in ihr noch mancher gesunde Kern und ein kräftiger Geist des Widerstandes, — es erstanden für sie Streiter und Glaubenshelden, Gensd'armen und Soldaten einer wiedereroberenden Macht —, hier waren es vornehmlich die Dominicaner mit Inquisition und

Scheiterhaufen, dort Jesuiten mit aller Ueberredung und Gewalt=
that einer auf Gemüth und Leidenschaften hinarbeitenden „Gegen=
reformation", dann der stets einflußreiche Clerus aller Grade
und Verdienste; überall hilfreiche Schaaren von Mönchen und Clien=
ten, — zumal Papst Pius IV. und das Tridentiner Concil
mit seinen Flüchen des „Anathema" gegen alle Irrlehren, mit den
geschärften Bestimmungen über das Cölibatwesen, Heiligen= und
Reliquien=Verehrung, mit Bilderdienst, Fasten, Beichte, Fegfeuer,
Ablaß, mit Kirchenzucht und Lösung dogmatischer Streitfragen —
sie alle boten den Codex dar, auf welchem die katholische Kirche neuen
Fuß faßte; dazu hatte Pius V. (1566—1572) mit seiner Bulle
„In coena domini" die Gestattung des Kelchs zurückgenommen und
neue Ansprüche festgestellt — die Jesuiten errichteten fast in ganz
Europa Collegien — und nun konnte ein rücksichtsloser Kampf
gegen die frevelnden Ketzer losbrechen.

Es geschah heimlich und öffentlich, in Kabinetten und Feldlagern,
im Lehr= und Beichtstuhle, im Hause und wo der Wandrer Grüße
wechselt, überall war die Stätte gefunden, und bald loderten
die Scheiterhaufen, füllten sich die Kerker, bluteten die Opfer der
Bartholomäusnacht, fielen Hunderttausende in Religions= und Ver=
folgungskriegen aller Art und bereitete sich vor der entsetzlichste aller
Kriege, der dreißigjährige, in Deutschland. Der Protestantismus hin=
wieder gespalten in Secten, in Fesseln eines neuen Dogmatismus!

Das Jahr 1600 ist der mittlere Markstein dieser fürchterlichen Zeit.

Kein Volk Europa's ist von dem blutigen Zusammenstoße jener
wahnerfüllten Gegensätze verschont geblieben; wie die Epidemie un=
sichtbar ihre Todeskeime in Luft und Erde ausstreut und diese nun
plötzlich an ungeahnter Stelle emporwuchern, so ging es damals mit
der Politik der Kabinette; vor allen sind es aber die Jesuiten ge=
wesen, welche den neuen Brennstoff, hier des Hasses und Ver=
derbens, dort neuer Lehre und neuen Aufbaus, in fast alle
Lande trugen. Wieder zeigte es sich, daß die Geschichte einer Nation
nicht ohne Zusammenhang mit der Weltgeschichte sich entwickele; sie
hat wohl ihr besondres Leben und bewegt sich ihrem eignen Geiste
nach fort, unaufhörlich steht aber die Richtung und das Ziel ihres
Wegs unter den allgemeinen Einflüssen großer Ideen und Pläne
andrer Culturvölker, welche das ganze Zeitalter charakterisiren. So
spielt in jeder Landesgeschichte auch die allgemeine eine Rolle; beide
sind oft von gemeinsamen Strebungen erfüllt; nur als Trägerin

oder Empfängerin die eine und die andre mehr oder minder hervortretend, — national verschieden; Ereignisse in weit entlegener Ferne wirken dorthin zurück, wo man vielleicht gar keine Ahnung von der bewegenden Ursache hat. Dies macht auch die Darstellung des pragmatischen Zusammenhangs (geschweige der niemals genug zureichenden „Quellen") so äußerst schwierig, und wir begreifen es jetzt kaum, wie man bei den Massenmorden gegen die Ketzer dafür Dankesopfer und Freudenfeste in Rom zu feiern vermochte, wie man auf beiden Seiten dem Fanatismus seine Opfer brachte.

Es lag alle dem ein schrecklicher Irrthum zu Grunde. Ganz richtig bemerkt der böhmische Geschichtschreiber Gindely, wenn er von den Leitern der damaligen kaiserlichen Politik spricht, wie sie den Beweis liefern, daß dieselben sich durch kein den Protestanten bezüglich der religiösen Freiheiten gegebenes Versprechen für gebunden erachteten, sondern nur die Gelegenheit abwarten wollten, um sie zur Annahme des Katholicismus zu zwingen. Katholische Fürsten hielten ihre Krone für unsicher, wenn sie über protestantische Unterthanen herrschten, und diese wieder ihren Glauben gefährdet durch katholische Herrscher. Es wäre ungerecht, solche Zustände irgend einem Theile allein zur Last zu legen; sie sind eine Folge des Verhältnisses, welches der Staat zur Kirche eingenommen hatte, der innigen Ueberzeugung jeder Glaubenspartei, daß sie im Besitze der Wahrheit sei. Erst nachdem das Verhältniß von Staat und Kirche auseinandergesetzt war, diese innige Ueberzeugung und die daran geknüpfte Glaubenstreue abgenommen und die Geschichte den Beweis geliefert hatte, daß keine religiöse Verfolgung, und mochte sie mit Feuer und Schwert vereint sein, die Glaubenseinheit dauernd zu erhalten vermöge, erst da änderten sich die Anschauungen von Fürsten und Unterthanen und nahm bei jenen die Verfolgungssucht, bei diesen aber die Neigung zum Aufstande ab.

Der Orden der Jesuiten, gestiftet von Inigo Jagnes (geboren in Lojola 1491), im Jahre 1540 vom Papste bestätigt, und durch seine Ordensgenerale, namentlich Lainez und Aquaviva, eingerichtet, hatte schon 1561 sämmtliche Vorrechte und Freiheiten andrer Mönchsorden erhalten und seine Mitglieder schienen, in Gunstbezeugungen verwöhnt, eine Rittergarde, welche vor anderen Würdenträgern der Kirche des höhern Ansehens sich erfreuten. Ihr Gelübde des Gehorsams, welcher die Persönlichkeit des Einzelnen im Ordenszwecke völlig auflöste, und der Dienst für das Papstthum, um diesem die Herrschaft zu erringen, machte sie zu Sclaven einer großen Idee, aber ihr Fanatismus fühlte sich durch die Vorstellung befriedigt, daß ihr Orden im Papstthum das sei, was die Perle in der Krone, und wie das Papstthum die Weltherrschaft behaupte, doch ihr Ordensgeneral die Seele desselben sei und mit übermenschlicher Macht der Kirche gebieten werde.

Schon 1551 kamen 13 spanische Jesuiten unter Le Jay nach Wien, damit man dem jüngern Geschlechte fromme und gelehrte Katholiken zu Lehrern gebe, 1556 lehrten sie bereits in Ingolstadt und 1561 in Tyrnau, vom Graner Erzbischofe Olahus berufen. Der Cardinal Hosius, Bischof von Ermeland, stiftet ein Jesuiten-Collegium zu Braunsberg 1569, von dort kömmt es nach Pultusk und eines 1570 nach Wilna; weit entfernt davon wirkt als glänzender Redner in Lyon seit 1564 der Jesuit Edmund Augier; es entsteht das „Collegium Romanum" in der päpstlichen Metropole, aber nicht minder auch eins in Klausenburg, ein englisches Colleg der Jesuiten in Rom 1579 u. a. m.; der Beichtvater Rodriguez herrscht bereits in Portugal und stürzt den König in einen mit unseligem Elende unglücklich geführten Krieg gegen Marocco; 1574 erscheinen Jesuiten in Luzern und schon 1586 stiften die katholischen Cantone den goldnen oder borromeischen Bund, um für sich und ihre Nachkommen im katholischen Glauben zu leben und zu sterben; der Protestantismus wird daher als Rebellion bekämpft; gegen den Oranier in den Niederlanden, gegen Heinrich III. und ebenso gegen Heinrich IV., gegen Elisabeth von England treten Königsmörder hervor; der Jesuit Possevin beherrscht den schwedischen Thron seit 1578 — in Siebenbürgen fällt diese Rolle, gegenüber dem wankelmüthigen Sigismund Báthory, in die Hände des spanisch-italienischen Jesuiten Alfons Carillo (Cariglia); der Cardinal Guise stiftet 1574 die Jesuiten-Akademie zu Pont à Mousson, in Klausenburg hatte Stephan Báthory 1581 ein Jesuiten-Collegium gegründet; solches geschah auch in andern Ländern, ja selbst, als in Rußland Feodor I., der letzte Rurik, 1598 gestorben war, sind es Jesuiten, welche den falschen Pseudo Demetrius, dann den Mönch Otrepiew und andere Usurpatoren unterstützen, um gegen die griechische Kirche den von ihnen besetzten Kreml zu gewinnen und dort die katholische Hierarchie einzurichten; erst im Jahre 1613 gelingt es nach namenlosem Wirrsal wieder, eine russische Dynastie mit Mich. Feodorowitsch Romanow zu begründen. So begegnen sich allenthalben auf der Weltbühne die Eingeweihten des Ordens, welcher Novizen,

Scholastiker, Coadjutoren, Professen, Rectoren, Provinzialen, Assisten, nebst Revisoren, und endlich als Adjuncten profane Jesuiten in kurzen Röcken oder weltliche Affiliirte, umfaßt, welche alle den Superioren und dem Ordensgenerale unterstehen und besondern Gehorsam für den Papst an den Tag legen müssen. — Ihre gastlichen Collegia sind nicht Klöster der Zurückgezogenheit, ihre Profeßhäuser nicht finstre Mönchszellen, weder Kutte noch Kapuze verunzieren die gefällige Ordenstracht; als Lehrer und Bußprediger, als Bandenanführer, Glaubensboten, Handelsleute, Männer der Wissenschaft und der heitern Lebens=Philosophie, als strenge Beichtväter und Missionäre sind sie in anerkannter, geschickter Weise thätig für Jugendunterricht und Seelsorge, im friedlichen und feindlichen Verkehre der Menschen, vor Allem im Geschäfte der Bekehrung, wahrhaftige „christliche Muselmänner" in „bigottem Fanatismus." Ein Spähsystem von Aufpassern und Umgebern hält die Kette zusammen, jede ernste Auflehnung wird durch Hungertod oder Vergiftung bestraft, der Austritt aus dem Orden ist nicht gestattet, außer der Reuige flieht in den strengsten aller Orden, wo er immer zu schweigen hat, in den Karthäuserorden, kein von den Obern ungelesener Brief geht auf die Post; Alles steht unter der gefürchteten Censur. Das 1584 erlassene „Corpus institutorum Societatis Jesu" (von Aquaviva) regelt ihre Bestimmung, bringt sie aber zugleich mit den Dominicanern in Streit, und Papst Clemens VIII. sieht sich genöthigt, da selbst die spanische Inquisition gegen die Jesuiten und ihre geheimen Angebereien Partei ergreift, und auch Philipp II. sich äußert, es gefalle ihm nicht die Verfassung eines Ordens, welchen er nicht durchschauen könne, statt der vielfach verlangten Visitation eine Generalcongregation (1592) anzuordnen, wo einige Aenderungen in ihren Organisationen- und Privilegien, jedoch ohne Aufhebung der Ordensstatuten, bewirkt werden. Wenn auch so im Innern der römisch=katholischen Kirche ein Streit angefacht war und die Päpste selbst den Orden zu fürchten begannen, den nicht sowohl sie beherrschten, als welcher sie selbst zu Maßregeln drängte, so erfolgte das Auftreten nach außen nur um so selbstbewußter. Gar mancher protestantische Pfarrer, im bornirten Dogmatismus festgerannt, zelotisch und langweilig durch widerliches Priestergezänk, oft vielleicht zurückgeblieben in Wissenschaft und Lebensverständniß, war den gewandten, gelehrten, weltkundigen Gegnern keineswegs gewachsen. Wer sah auch stets auf „Princip", „inneres

Wesen", „entfernte Absicht", — die Person da mit ihren so unverkennbaren Vorzügen war bestechend genug für Viele, um auch die von ihr vertretene Sache für besser zu halten. Was den Orden der Loyoliten so sehr förderte, lag in jenen Umständen und Verfahren, nach welchen sie, die menschlichen Schwächen erkennend und benutzend, die Ausübung kirchlicher Pflichten entweder, gegenüber düstern Gemüthspeinigungen der Protestanten, sehr erleichterten, oder mit strengen Bußen Reuigen Trost zu spenden, oder Leichtfertigen durch laxe Moralprincipien gefällig zu sein wußten; dazu kam oft eine gute Lehrmethode in den exacten Wissenschaften, wenn nöthig strenge eigne Zucht, große Aufopferungsfähigkeit in guten und schlimmen Dingen, gewandte Mundfertigkeit, scholastische Wortkrämerei, bestechendes Schau- und Eitelkeits-Gepränge in Schule und Kirche, endlich, anderen Mönchsorden gegenüber, immerhin das religiöse Verdienst, die zerfallene Theologie und Disciplin neu zu begründen, den katholischen Clerus zur Botmäßigkeit unter Bischof und Papst zu beugen, die Tridentiner Kirchenbeschlüsse am wirksamsten ausführen zu helfen. Der Katechismus des Canisius, ihre Priesterseminare brachten neues Leben in die alten Formen. Ihre devotphantastischen Disputirübungen, ihre Pflege der lateinischen Sprache, ihre so oft auf den äußern Schein abzielenden Erfolge, blendeten und reizten zur Nachahmung; auch gab es wirklich Männer unter ihnen, welche fromm und gelehrt waren, viele fleißige und gar manche weltkluge Köpfe, voll Enthusiasmus und doch anständigen Betragens, daß man darüber ihre zelotischen Eifer übersehen konnte. Sie kamen als spanische Mönche nach Wien, wo sofort ihr erster Rector Johann Victoria sich Anhang zu verschaffen wußte. Das Gleiche geschah an andern Orten. Sie schienen scheinbar ohne persönliches Interesse, nicht selten im Lernen und Lehren unermüdet, Einer beförderte den Andern und mancher Herrscher ließ sich gerne ihr Thun und Treiben gefallen, welches ihm selbst Unterstützung, Einfluß zu verschaffen, nicht selten auch Geldzuflüsse herbeizubringen wußte. Selbst Könige sind später als Profane dem Orden beigetreten, so Ludwig XIV. von Frankreich und Jacob II. von England.

Gleichwohl war ihr Wirken zuletzt ein entsetzliches; suchte man sich früher zu vertragen und zu versöhnen und trotz maßloser Uebergriffe auf beiden Seiten einer praktischen Duldung Raum zu gewähren, so änderte sich dies Alles. Die fanatisirten Charaktere wurden aus Grundsatz grausam und blutdürstig, wie Alba; das freie Geistesleben wurde völlig in Fesseln geschlagen; die Humanität und christliche Liebe in den Hintergrund gedrängt und man brachte so einen Ultramontanismus zur Erscheinung, welcher dem päpstlichen Regimente den Schreckensnamen der „Lateranischen Kreuzspinne" eingetragen hat.

Die Probalitätslehre der Jesuiten, ihre Leitung der Absicht, wonach die Richtung des guten Vorsatzes verwerfliche Mittel heiligt und falsche Schwüre zuläßt, wenn man dabei nur anders denkt, ihre Mentalreservationen, die Lehre von der Volkssouveränität, wodurch sie die weltlichen Fürsten, welche nicht von Gottes Gnaden seien, unter das Papstthum beugen wollten, ihre schrecklichen Ansichten vom erlaubten Königsmorde, ihre Lehre, daß wenn nur die Absicht nicht sei, Gott zu beleidigen, philosophische Sünden verzeihlich wären, ihre Erbschleichereien, Intriguen aller Art, ihr Mißbrauch der Beichte, Nachsicht der Sünden, die bei Abergläubischen künstlich genährte Furcht, fanatischer Glaubenseifer, Gunst der Päpste, Ausbeutung jeder Stellung, ihr Zusammenhang und ihr Geld, und viel Anderes dergleichen, machten sie selbst in gut katholischen Ländern verhaßt und gefürchtet. So mißfiel auch dem Papste Sixtus V., außer dem „Priester Edelmann" und der schleichenden Unwiderstehlichkeit der Jesuiten, besonders ihr Name und der Umstand, daß der Orden Reichthümer anhäufte, über welche nicht der Papst zu verfügen hatte. Da Philipp II. die Jünger Loyola's der Cruzaba unterwerfen wollte, die spanische Inquisition ihre Rechte zu ausgedehnt fand und die Ernennung eines Provinzials verlangte, stand zwar Sixtus auf Seite des angegriffenen Ordens, bald nachher verlangte er aber selbst die Revision des Ordensstatuts, weil ihm die Befugnisse des Ordensgenerals und der Superioren, das lange Noviciat, der unbedingte Gehorsam, die anmaßliche Bezeichnung des Ordens, der Abänderung bedürftig dünkten. Als die Jesuiten mit den Dominicanern in jenen dogmatisch-scholastischen Streit geriethen und 1594 eine Disputation in Valladolid die beiden mächtigsten Orden trennte, da kamen schon Verjagungen vor, aus Frankreich, weil sie Spanien anhingen und ihre Lehre von der Volkssouveränität und dem Königsmorde, dessen sie selbst gegen Heinrich III. mitverdächtig waren, Schrecken verbreitete, und wieder in Spanien selbst deshalb, weil ihre Lehre von dem freien Willen verderblich erschien. Als nachher in Rom der äußere Zwiespalt und innere Zerklüftungen beigelegt waren, wobei der Papst selbst Furcht vor

V. Päpste, Jesuiten und Philipp II. von Spanien.

dem Orden äußerte, kamen sie 1603 wieder nach Frankreich. Der Jesuit Cotton wurde Beichtvater des Königs Heinrich IV. und er und seine Creaturen sind es hernach gewesen, welche mit Ludwig XIII. das bourbonische Königshaus in staatliche Irrwege geführt haben. Die Jesuiten nennen die Fürsten nicht ihre Gönner, sondern ihre „Freunde"; kein Vergleich mit den Ketzern wird anerkannt, mit List und Gewalt die Gegenreformationen durchgesetzt; die Inquisition, der Kerker, das Blutgericht, oder lockende Verheißungen, gewinnende Vortheile, der drohende Bannfluch der Kirche, Himmel und Hölle werden in den Dienst genommen, um fromme Bekehrungen massenhaft, besonders aber an Höfen, zu vollbringen. Die Jugend, unterrichtet in Collegien und an Universitäten, welcher sie nach dem Beispiel der Lehre des Canisius 1543 in Ingolstadt, Dillingen, München und Wien, und vielen anderen Orten ihre Hörsäle öffneten, oder welche in Spanien den Auseinandersetzungen des Mariana über das Thema „de rege et regis institutione" lauschte, oder in Antwerpen 1592 von Roßeus (Wilhelm Rainold) den Königsmord vertheidigen hörte, in dessen Schrift „De justa reipublicae christianae in reges impios et haereticos auctoritate" — die Jugend war betäubt, wie ein abgejagtes Wild, und wechselte gern die Rolle, selbst der Jäger zu sein. Da wundert es sie gar nicht, daß unter den Reliquien des Ordens eigentlich drei Köpfe vom h. Sebastian vorkommen, zwei vollständige Exemplare von den heiligen drei Königen, drei Köpfe der heiligen Anna; es werden Geißelungen in eignen Exercitienhäusern vorgenommen, denn die heilige Maria hatte dem heiligen Ignatius Bußübungen dictirt; jedem Pfarrer wird in das Pfarrrecht der Beichte eingegriffen, Hof- und Ruralmissionen vorgenommen, dort aber Selbsterniedrigung und Marterung gepredigt, Stiftungen und Brüderschaften veranlaßt, und weil das Dogma der unbefleckten Empfängniß der Maria ein Lieblingsthema gewesen, der Maria zu Ehren, dem Orden zu Nutzen, eine „marianische Sodalität" angestrebt. Welche ihr zugehörten, galten sich wie adlige St. Georgs-Ritter, welche den Drachen der Ketzerei bekämpften. Stirbt ein Jesuit, so kömmt, nach der glücklichen Verheißung, Christus selbst zum Sterbebette, um seine Seele in Empfang zu nehmen. Jeder Ordensangehörige muß für den verstorbenen Amtsbruder drei Seelenmessen lesen und im Besitze von etwa 60,000 solcher Messen übersteht seine arme Seele gar leicht das Fegefeuer.

Es ist unglaublich, wie sehr dieser Orden Einfluß auf die

Anschauungen der Menschen und auf die politischen Ereignisse jener Zeit, namentlich ein Menschenalter vor und ein Menschenalter nach dem Jahre 1600 ausgeübt hat. Als Heinrich III. von Clement ermordet war, schreibt der spanische Gesandte Mendoza an Philipp II.: „nur der Hand des Allmächtigen hat man dieses glückliche Ereigniß zu danken", und ebenso berichtet Maximilian in Bayern an seine Mutter voll Freude, daß der König umgebracht sei. Wo es galt, sollten die gutgesinnten Fürsten darin unterstützt werden, das Uebergewicht über ihre Landstände zu erhalten und umgekehrt gegenüber feindselig gestimmten Monarchen müsse die Empörung begünstigt werden; das einzig feststehende politische Prinzip war nur das der eigenen Herrschaft.

Philipp II. von Spanien scheint dies schon früh eingesehen und mißbilligt zu haben; er hielt sich selbst wegen seiner geistlichen Attribute für sacrosanct und als die festeste Säule des Katholicismus. Er war der Großmeister von drei spanischen Ritterorden, des von Sanct Jago bi Compostella, des von Calatrava und jenes von Alcántara. Geboren den 24. Mai 1527, fordert der zweiunddreißigjährige Monarch, als er 1559 in Spanien ankömmt, zur Bewillkommnung dessen, als Festfreude, die Abhaltung eines Auto da fé. Brennende Ketzer auf entzündetem Scheiterhaufen gehörten fortan zur Verherrlichung der Hoffeste. Auf mehr als vierzig Jahre hin ist dieser König und seine Politik Haupthebel und vornehmster Schlüssel der geschichtlichen Ereignisse in Europa. Er faßt aber in einer an Heroismus streifenden Verblendung seine Pläne; er will ernstlich ein Vertreter des Himmels sein, doch in entsetzlicher Täuschung kennt er nicht die Gnade und Liebe des Welterlösers, denn was er sinnt, das ist Verderben, und was er schreibt, ist Blut! Mißtrauen und Argwohn erfüllen seine Seele und selbst der Papst wird davon betroffen. Wie seltsam, daß dieser erzkatholische Philipp II., eifersüchtig auf die Prärogative seiner Krone, ebenso wenig ein Compromiß mit der römischen Curie über die Ausdehnung der geistlichen Gerichtsbarkeit kennt, als heutzutage das deutsche Reich. Da hierüber heftiger Streit, zumal in Italien, Mailand und Neapel entbrannte, wo zum geheimen Aerger der italienisch gesinnten Päpste, der spanische Scepter herrschte, wählt Philipp mit entschiedener Vorliebe jene Männer aus, welche als Corregidoren sich die kirchliche Excommunication zugezogen hatten. Wer von seinen Beamten nicht mindestens zehn Monate excommunicirt war, galt für minder eifrig in der Pflichterfüllung, die königliche Gerichtsbarkeit gegen kirchliche Eingriffe sicher zu stellen. Schon Ferdinand der Katholische drohte jeden päpstlichen Boten aufzuhängen, welcher Schreiben nach Neapel brächte, die seinen königlichen Rechten widersprächen und drohte dem Papste mit Versagung der Obedienz. Der Erzbischof von Mailand hatte nicht minder, wie dies heutzutage aus ähnlichem Anlasse dem deutschen Kaiser Wilhelm widerfahren ist, wegen dieser Jurisdictions= Competenz=Conflicte den König einen „Diocletian" geheißen, welcher die Christenheit verfolge, den König, dessen Flotte im October 1571 den ersten großen Seesieg über die Türken in der Schlacht von Lepanto davongetragen, dessen Heere in fast halb Europa, dem Katholicismus zu Ehren, die der Kirche wohlgefälligen Gräuel voll= führten. Philipp, ohne diesen dämonischen Zug seiner fanatisch= mönchischen Natur, wonach er sich berufen fühlte, die Säule der Kirche zu sein und es als sein Recht betrachtete, ihren äußern Dienst aufrecht zu erhalten, wäre ein Herrscher von mancher Tugend ge= wesen. Er verstand es, Würde mit Freundlichkeit zu verbinden und sich selbst zu beherrschen; er war unermüdet thätig, voll der mannig= fachsten Kenntnisse von Staat und Personen, eine stolze einsame Natur, welche den Spaniern gewaltig imponirte. Er liest alle Be= richte, sammelt alle Nachrichten, erwägt für sich allein und theilt nur einzelnen Vertrauten die Aufträge mit, von denen Niemand weiß, ob nicht ein Anderer ihn überwache. Im Hintergrunde die Inquisition als Staatseinrichtung, um Gefährliche unschädlich zu machen, so daß sein vertriebener Minister Perez schaudernd von diesem Regierungssysteme sagt, es sei das der Rache gewesen. In= dem Philipp seine Macht in England, Frankreich, Niederlanden und Italien ausdehnen will, ist er aber keineswegs, wie er vermeinte, der schließliche Versöhner der zerfallenen Welt, sondern der große Beförderer und Vermehrer ihrer Entzweiung; „von seinem Lächeln ist es nicht weit bis zu seinem Dolche." Die Günstlinge zittern, denn er wechselt Maßregeln und schlägt verschiedene Wege ein, er giebt keiner Gemüthsbewegung Raum, mißt Liebe und Haß nur nach dem scheinbaren Vortheil der Krone, ohne Erbarmen, und als sein Leben in einer furchtbar entsetzlichen Krankheit zu Ende ging, wie solche Erscheinungen nur in Jahrhunderten auftreten, erträgt er die entsetzlichen Schmerzen, den Anblick seiner, Ungeziefer gebärenden Geschwüre, mit christlicher Standhaftigkeit, aber er sieht sein Reich an Menschen erschöpft, mit Schulden übermäßig belastet, seine Feinde und Rebellen mächtig, zum Angriff gerüstet und muß das gedemüthigte Reich einem Nachfolger (Philipp III.) überlassen, welchen mönchische Erziehung so sehr geschwächt hat, daß der eigne Vater schmerzlich ausrufen muß: „Zu der Gnade, ihm ein so großes Reich zu geben, habe Gott die andere, ihm einen Nachfolger zu schenken, der dasselbe ferner zu regieren vermöchte, nicht hinzufügen wollen." So starb der mächtigste König der Christenheit am 13. September 1598 und hinterließ sein, durch Glaubenskämpfe geschwächtes Reich zum dahinsiechenden Untergange seiner Großmachtstellung. Ich will nur ein einziges Beispiel hervorheben, welches die Regierungszeit jener Könige (Philipp II. und III.) charakterisiren mag.

In Spanien hatten die letzten Abkömmlinge der arabischen Mohammedaner das Christenthum schon von Vaterszeiten her, allerdings durch grausame Verfolgungen dazu gezwungen, angenommen. Sie bildeten, in mehreren Provinzen, etwa eine Million Seelen, unter dem Namen der Maurisken, den gewerbfleißigsten Theil der Bevölkerung. Selbst jener blöde Erzbischof von Valencia, welcher zu öfteren Malen ihre Vertreibung gefordert hatte, wollte sie auf seinen eigenen Gütern beibehalten und als später die grausame That erfolgte, sagte gerade er: „Hochwürdige Herren, so müssen wir denn also künftig von Brot und Kraut leben, und unsere Schuhe selbst flicken", so sehr verdankte man die Bequemlichkeit des Lebens der Industrie der Maurisken. Von 1609—1610 wurde trotz des Abmahnens einiger Beichtväter des Königs, ja selbst gegen den Rath des Papstes, welcher auch diese katholischen Christen zu schützen empfahl, nach wiederholten früheren Verfolgungskriegen, auf Anbringen des „Großinquisitors", eines Bruders des allmächtigen Ministers Philipp III., eine schreckliche Austreibung der Maurisken vorgenommen. Getödtet, beraubt, mißhandelt, als Galeerensklaven verkauft, nach Frankreich und Afrika vertrieben, gab man den fleißigsten Theil der Bevölkerung dem Elende und dem Verderben preis. Wer noch im Jahre 1612 von ihnen in dem verödeten Spanien gefunden wurde, sollte als Sklave verkauft werden. Erpressungen aller Art charakterisirten auch diesen christlichen Fanatismus, als jene „Türkenzeit", wo die unersättliche Habgier nach dem Gute des Fleißes und der Gesittung ihre bluttriefenden Hände ausstreckten.

Dies hatten Christen gegen Christen gethan und warfen den Stein auf die Türken!!

Neben den schon geschilderten Richtungen gegen den Protestantismus, waren es gerade diese Fragen: italienische Unabhängigkeit von Spanien und Frankreich, Bekriegung und Vertreibung der Türken, welche damals die Politik der Päpste bewegten. Wäre es nach dem Wunsche der päpstlichen Curie gegangen, so hätte Italien gegen die ländersüchtigen Nachbarkönige sein Gleichgewicht behauptet durch eine unabhängige Existenz von Neapel, Florenz, Venedig, Mailand und Savoyen, unter dem Protectorate des prädominirenden Kirchenstaates.

Diesem Zwecke zu Liebe konnte es einstweilen geschehen, daß französische Könige sich mit Türken und Protestanten verbanden, um dem Hause Habsburg Abbruch zu thun. Papst Clemens VII., ein Medici, war gegen Spanien gestimmt; Papst Paul III. mahnte eifrig, in Deutschland möchte Frankreich die unterstützen, welche noch nicht geschlagen seien; Paul IV. nennt deshalb die Spanier Ketzer und es zieht sich ein tiefer Groll gegen die österreichischen Herrscher durch die ränkevolle Diplomatie jener Zeit, seitdem Philipp von Oesterreich, mit der spanischen Johanna verheirathet, in seinen Söhnen Carlos und Fernando die zukünftigen Herrscher, Kaiser Karl V. von Deutschland, König von Spanien, und Ferdinand I von Oesterreich-Ungarn zur Uebermacht in Europa berufen zu haben schien. Die beiden habsburgischen Zweige traten in enge Verbindung, selten getrübt von gegenseitiger Eifersucht; immer aber ihren Nachbarn Gegenstand des Neides und selbst Anlaß zu Befürchtungen mancher Art. Um nun in Rom die Stimmung sich günstig zu erhalten, erhielten einflußreiche Cardinäle Bestechungssummen von den großen Höfen, zumal von Spanien und Frankreich Pensionen, und suchten die Gesandten dieser Mächte ihrem Anhänger bei nächster Papstwahl (kraft der Befugnisse der Exclusive und Inclusive) die Stimmen zu verschaffen.

In diesen vielfältigen Streitigkeiten ist es besonders Venedig, welches gegen Rom und gegen Spanien die eigene Staatsmacht emporhalten will; deshalb hier ein offener Zug für Frankreich, ein halb verschleierter für die Protestanten und oft ein geheimer selbst für die Türken, wobei die Königin des adriatischen Meeres, die Marcus-Republik, an der Favorit-Sultanin Murad des III. die günstig gestimmte Fürsprecherin verehrt, da diese selbst aus dem venetianischen Geschlechte der Baffa's abstammt. Schon Papst Sixtus V. wollte dem türkischen Reiche ein Ende machen, er verständigt sich mit Persern, Arabern und Drusen, rüstet Galeeren aus und hofft zunächst einen Angriff von Stephan Báthory aus Polen. Der Papst möchte den mittelländischen Handel wieder herstellen, das heilige Grab erobern und in Montalto eine allgemeine christliche Wallfahrtsstätte emporrichten, und ist sehr darüber beunruhigt, daß Venedig sich an König Heinrich IV. von Frankreich anschließen wolle, den er selbst nur „Navarra" heißt, doch endlich hoffen will, daß jener sich der „Absolution" würdig erweisen werde; worüber hinwieder die Jesuiten heftig aufgebracht sind, da sie in diesem Könige noch immer den Ketzer sehen. In der That wird auch der spanische Gesandte Olivarez veranlaßt, gegen das Betragen des Papstes für Heinrich IV. zu protestiren: „Der König Philipp könne nicht dulden, daß die Sache Christi zu Grunde gerichtet werde." Der Papst erwibert erzürnt, das sei nicht Sache des Königs; doch bald sinkt mit Sixtus V., einer der besten Päpste, 27. August 1590, ein echt kirchenfürstlicher Geist in das Grab. In schnellerer Nachfolge, bald von spanischer, bald von französischer Protection getragen, kommen zur höchsten Würde der Christenheit: Urban VII. Gregor XIV., Innocenz IX., und endlich geht aus dem Conclave hervor: Papst Clemens VIII., aus dem Geschlechte der Aldobrandini, ein Nepote des Sixtus V. und ein Nachfolger seiner Pläne gegen die Türkei (20. Januar 1592). Der Vater hatte fünf vortreffliche Söhne, war selbst wegen der Medici's im Exil gewesen. Sein Sohn Ippolito (geboren 1536) war in einer politischen Sendung in Polen gewesen, hatte dort den österreichischen Prinzen aus der polnischen Gefangenschaft befreit; und selbst aus Noth emporgestiegen, erwies sich derselbe äußerst thätig, unterrichtet, pflichtgetreu, ein würdiger Cardinal und jetzt, als neuer Papst Clemens VIII., voll Talent und Kraft, aber lange zweifelhaft, wie er den „haereticus relapsus" Heinrich IV. behandeln solle. Als er aber diesem am 17. Dezember 1595 dadurch die Absolution ertheilt hatte, daß der vor ihm knieende französische Botschafter einen leichten Ruthenschlag erhielt, war auch die Wendung der päpstlichen Politik von der Seite Spaniens mehr auf die von Frankreich getreten, und hatte der Bourbonenkönig den Papst gegen Ferrara unterstützt und sich nachgehends den Jesuiten wieder genähert. Clemens VIII. trachtete nun friedenstiftend und vermittelnd die christlichen Mächte zu ver-

V. Päpste, Jesuiten und Philipp II. von Spanien.

einigen; er hatte auch Antheil an dem Vertrag von Vervins (1598) und spielt eine Hauptrolle in den Kriegswirren jener „Türkenzeit", in welche die karpathischen Vasallenstaaten gestürzt wurden.

In Deutschland bedient der Papst sich wiederholt des Legaten Malaspina, welcher schon 1584 in Steiermark bei Herzog Karl die katholische Restauration beförderte. Es geschah wie gewöhnlich zugleich mit Confiscationen, Exil und schweren Züchtigungen jedes Widerspenstigen. Karl wird in päpstlichen Breven als „festeste Säule des Christenthums" gar sehr belobt, erhält von Papst Gregor XIII. sogar beträchtliche Geldsummen geschenkt, er ist der Vater des spätern Kaisers, Ferdinand II., unter welchem der dreißigjährige Krieg ausbrach, und der Schwiegervater von vier Monarchen, auf welche das Augenmerk von Malaspina gerichtet wurde, von Philipp III. von Spanien, von König Sigismund III. von Polen, von dem Herzog von Toscana und von Sigismund Báthory, dem Fürsten in Siebenbürgen.

Als etwas früher (1582) Churfürst Gebhard, Truchseß, Erzbischof von Cöln, eine Frau nehmen und reformirt werden wollte, war es wieder der Nuntius Malaspina gewesen, welcher nach Cöln kam, die Vertreibung des Abtrünnigen veranlaßte und immer strenger die „professio fidei" verlangte. Er huldigte jener Ansicht, in Sachen der Religion sei keine Gnade und Nachsicht zulässig; die wahre Gnade sei ungnädig zu sein; um Viele zu retten, müsse man sich nicht scheuen, einen oder den andern zu entfernen. Doch kehren wir zu Clemens VIII. zurück. Sein Nepote Pietro Albobrandini erweist sich sehr gewandt, wird Cardinal und 1603 allmächtiger Minister; ihm gegenüber vertritt der Cardinal Farnese die spanische Partei Die Schwester Pietro's, Signora Olimpia, und des Papstes Beichtvater, der gelehrte Baronius, treten auf Frankreichs Seite, welches Pensionen zahlt. Gegen die Türken wollte der Papst 12,000 Mann an der Donau aufstellen und 1½ Millionen Scudi liefern. Es war Weniges davon zur Ausführung gekommen, als Papst Clemens VIII. am 5. März 1605 verstarb; die französische Partei wählte mittelst Aboration Leo XI., — er steigt sechsundzwanzig Tage später in's Grab. Nun entsteht die Frage, wer hat die wenigsten Feinde, und nicht, wer die meisten Verdienste? — gleichwohl wird der französisch gesinnte Borghese, 16. Mai 1605, als Paul V., gewählt, ein früherer unbeugsamer, rechthaberischer Advocat, indeß sittenrein, pflichtenstreng und oft majestätisch freundlich; er erläßt Bücherverbote, und, da er durch die erweiterte Jurisdiction seiner Nuntiaturen überallhin Befehle kundgiebt und keine Gesetze und Verordnungen dulden will, welche in Widerspruch mit Concilien oder canonischen Rechtssätzen stehen, so wuchern überall gegenseitige Beschwerden hervor. Die Jesuiten sind seine Helfershelfer, denn, wie Bellarmin sagt, müsse der Geist das Fleisch leiten und zügeln und nicht umgekehrt. Es geschieht dies voll Härte und mit dem Geiste unermeßlicher Herrschsucht. Gegner werden hierdurch erweckt und zu Sonderplänen getrieben, zumal in den Karpathenländern wird der päpstliche Einfluß gebrochen und der „Türkenzeit" widerwillig neuer Vorschub geleistet. Unmittelbar vor den Thoren der päpstlichen Macht lehnt sich Venedig auf gegen ihre gewaltsame Dictatur. In der Behauptung seiner staatlichen Freiheit, mit den scharfsinnigen Waffen seines Staatsconsultors Paul Sarpi, wird Venedig am 17. April 1606 feierlich excommunicirt, wogegen freilich die machtbewußte Republik einfach von ihren Geistlichen Gehorsam fordert, oder dieselben zu entfernen droht. Der Clerus gehorcht; nur Jesuiten, Theatiner und Capuziner machen eine Ausnahme und wollen das Interdict behaupten. Es trifft jene das Exil. Mit diesen neuen Wirren schließt für uns die Zeit, welche ihre tiefen Schwingungen unmittelbar vor und nach dem Jahre 1600 bis nach Siebenbürgen, nach der Moldau und Walachei verpflanzt hatte. Der Plan, die Türken zu vertreiben, den Protestantismus und die griechische Religion zu unterdrücken, war in den Karpathenländern für mehrere Jahrzehnte zu Grunde gegangen. Kaiser Rudolph's Politik hatte dazu mitverholfen, unzuverlässig in Mitteln und Zielen, gebrochen durch unselige Unglücksfälle in der Herrscherfamilie, unfähig, der Türkenzeit das Ende zu gebieten, unfähig, den österreichisch-ungarischen Staat, trotz mancher Glückserfolge, in die Neuzeit, weder des Absolutismus, noch der constitutionellen Freiheit, hinüberzuführen. Eins oder das Andere schien nöthig, Eins und das Andere mißlang.

VI.
Zeitgenössische Monarchen.

Unter den zeitgenössischen Monarchen vor und nach dem Jahre 1600 sind es vornehmlich die Habsburger, welche das größte Ansehen seit der Zeit Karl's V. genossen. Mit dessen Bruder Ferdinand zweigte sich die österreichische Linie ab, während die spanische in Karl's Sohn Philipp II. die Fortsetzung fand.

Die österreichische Linie spaltete sich mit den Enkeln Ferdinand's wieder in drei Zweige. Es hatte nämlich Maximilian II., als er leider allzu früh im 49. Jahre seines Lebens (1576) verstarb, drei Söhne mit drei Successionsberechtigungen hinterlassen: Rudolph in Oesterreich (den Kaiser Rudolph II.), Ferdinand in Tyrol und Karl in Steiermark, Kärnten und Krain. Da Ferdinand von Tyrol, mit Philippine Welser vermählt, in seinen Söhnen, dem Markgrafen von Burgau und dem Cardinal Andreas von Oesterreich, seine Herrschaft nicht fortsetzte und die übrigen Brüder Rudolph's und Söhne Maximilian's II., nachdem der eine, Mathias, als Kaiser Mathias II., auch kinderlos verstorben war, sowie nachgehends die etwa näherberechtigten Erzherzoge auf die Thronfolge verzichteten, überkam die österreichischen Erblande Ferdinand, Herzog von Steiermark, Sohn des oberwähnten Herzogs Karl, welcher selbst reich mit Kindern gesegnet war, von denen eben jener Erstgeborne der nachherige Kaiser Ferdinand II. gewesen ist. Seine Schwestern, Karl's Töchter, wurden, die eine, Margaretha, an den König von Spanien, Philipp III., verheirathet, die andre, Marie Christine, an den Fürsten von Siebenbürgen, Sigismund Báthory, die dritte, Anna, und nach ihrem Tode ebenso die vierte, Constantia, an Sigismund den III. von Polen, und endlich die fünfte, Maria Magdalena, an den Herzog von Toscana. Die Mutter dieser Prinzessinnen ist Marie von Bayern, Erzherzog Karl's fromme Gemahlin, gewesen, wodurch die Häuser Bayern und Oesterreich in

Verwandtschaft gekommen waren. Noch früher, als dies geschah, gelangten österreichische Erzherzoginnen an die Höfe von Paris und Madrid. Von Kaiser Maximilian des II. Töchtern war nämlich die eine, Anna, an Philipp II. vermählt und Mutter von dessen Nachfolger, Philipp III., eine andere, Isabella, lebte in kurzer Ehe mit Karl IX. von Frankreich, ohne selbst die Gräuel der Bartholomäusnacht mit verschuldet zu haben. Die Wittwe Maximilian's, Maria, begab sich mit ihrer dritten Tochter, Margaretha, nach Madrid, woselbst diese erst im Jahre 1633 verstorben ist. Kaum eine dieser frommen, tugendhaften, meist jedoch bis zur selbstquälerischen Bigotterie verzogenen Frauen, hatte ein besonders freundliches Loos erfahren; fast am kläglichsten lebte die Königin Margaretha an dem Hofe der spanischen Etiquette, an der Seite eines fast blödsinnigen Monarchen (Philipp III.), von welchem sie sich nach Gratz zurücksehnte, wo es ihr selbst als Klosterfrau besser gefallen würde. Von Maximilian's Söhnen treten, neben Rudolph und Mathias, am meisten hervor: der fünfte Sohn Albrecht, später Cardinal von Toledo und, nachdem er auf die geistlichen Würden verzichtet hatte, Eidam König Philipp des II., dessen geistesstarke Tochter Isabella derselbe zur Gemahlin erhielt, — dann Maximilian, welcher gegen Ende des 16. Jahrhunderts Tyrol und Elsaß verwaltet hatte, einst für Polen, dann für Siebenbürgen zum Herrscher ausersehen, wozu er aber die entschiedene Neigung keineswegs bewährte; dieser Erzherzog war Vormund der steirischen Prinzen und verzichtete zu Gunsten Ferdinand's auf die Nachfolge nach seinen Brüdern. Trotz dieser nahen Verwandtschaftsbande sind die Höfe in Madrid und Prag, in Gratz, München, in Polen und Siebenbürgen, und wohin die Habsburger kamen, in keiner innigen Verbindung, doch allerdings befreundet, bis sich endlich feindselige Strebungen gegen einander bemerkbar machen, und sogar zwischen den Brüdern Rudolph und Mathias der Bürgerkrieg entfesselt wird. — Wie ist es so gekommen? —

Rudolph war in spanischer Weise erzogen (6 Jahre hatte er bis 1570 bei Philipp II. zugebracht), Mathias in deutscher; jener anfangs friedlich, bequem, voll gelehrter Kenntnisse, mit entschiedner Neigung zu Künsten, namentlich zur Malerei, Schnitzarbeiten, chemischen Untersuchungen, sehr angeregt durch Sammlung von Kunstgegenständen, kostbaren Gemälden, Juwelen, Mosaik, Kuriositäten, übermäßig ergeben der Astrologie und Alchymie, begierig, aus den Sternen die Stellung des Horoskops zu erfahren, dabei phlegmatisch, eigensinnig und von strenger katholischer Richtung, seit etwa 1600 entschieden geisteskrank, voll Furcht vor Mönchen, die ihn morden könnten, unzuverlässig in Wort und That, und zugänglich einer ganz unwürdigen Umgebung, beherrscht sogar durch einen ehemaligen Juden Lang, welcher als Kammerdiener sich unbeschränkter Gunst erfreut und so, wie auch Andre in Rudolph's Umgebung, schamlos Bestechungssummen erpreßt; — Mathias, in der Jugend fast schwärmerisch angelegt, ehrgeizig und wenig haushälterisch, in beschränktern Kreisen seiner Neigung lebend und der Staatsaufgaben eines Herrschers bei weitem mehr sich bewußt, entschlossen das Ansehen des kaiserlichen Hauses, welches Rudolph gefährdet, aufrecht zu erhalten. Rudolph hatte ein natürliches Verhältniß zu Tochter seines Antiquars Strada, von welcher ihm sechs Kinder geboren und nahezu wie Prinzen erzogen wurden; einer zumal hat in wahnsinniger Gier den Vater tief gekränkt, Marchese Julius, in Krumau, wo er seine Geliebte, eine Barbierstochter, in kannibalischer Weise ermordet, ohne daß er anders als wie ein Kranker behandelt wurde; wahres Glück ist dieser Unehe des Kaisers nicht entsprossen. —

Ueber welche Mittel konnte damals die Machtpolitik Oesterreichs gebieten? Sie sind (nach Gindely's Mittheilung) überraschend gering gewesen für einen König von zwei Reichen, wie das damals viel größere Böhmen und das freilich fast nur auf ein Drittel seiner Größe geschmälerte Ungarn darstellten, dazu die österreichischen Herzogthümer ob und unter der Enns! In der königlichen und erzherzoglichen Staatsgewalt, welche der Monarch als persönliches Herrscher-Recht ausübte, war er, fast so sehr wie ein Privatmann mit seinem Vermögen, unbeschränkt; doch diese Staatsgewalt reichte nur so weit, bis da wo die gleich zu achtenden bereits überlebten „Ständefreiheiten" den eignen Wirkungskreis behaupteten. Das Gleiche war der Fall im deutschen Reiche, wo mehr die Ehrenrechte des Kaisers, als reelle Machtbefugnisse, seine Stellung bezeichneten. Der kaiserliche Reichshofrath hatte als eine oberste Justizbehörde und ein eigner Staatsrath die kaiserlichen Hoheitsrechte auszuüben und erstreckte also seine Competenz über die Erblande des Monarchen hinaus in das Reichs- und Lehnsgebiet des gewählten Staatsoberhauptes von Deutschland. Der Reichshofrath umfaßte 31 Mitglieder, deren Gehalt von 600 bis 2000 Gulden sich abstufte. Für die innern Reiche besorgte aber der Hoffriegsrath die gemeinsame Angelegenheit der Armee und der Kriegsführung, welche sich in Ungarn eigentlich nur auf die Grenzfestungen bezog, wo der oberste Kriegsherr unbeschränkte Militärbefugnisse ausübte. Der Hoftkriegsrathspräsident hatte 1500 Gulden Gehalt und mit je 600 Gulden sollten sich die andern fünf Hofkriegsräthe genügen lassen. Eine oberste Hofkammer verwaltete, mit besondern Kammern in den einzelnen Provinzen, die Einkünfte des Landesherrn. Der Hofkammerpräsident bezog die bescheidene Summe von 1200 Gulden Gehalt und neun Mitglieder waren mit je 800 Gulden entlohnt. Zu diesen drei höchsten Behörden kam (in oft überwachender Stellung) der geheime Rath hinzu, gewöhnlich mit dem „Obersthofmeister" an der Spitze als Präsidenten. Die geheimen Räthe fungiren wie Minister und umfassen auch die Kanzler, darunter sind nicht minder Ungarn vertreten. Von besonderer Wichtigkeit war ferner das kaiserliche Gesandtschaftswesen. In Madrid und Rom bezog der Gesandte 9000 Gulden, in Constantinopel 12,000 Gulden und in Venedig 6000 Gulden. Andere bleibende Gesandtschaftsposten gab es nicht; zeitweilige Nuncien und Commissäre vertraten ihre Stelle. Man sah damals an den Höfen diese Personen nicht eben gern; sie schienen meist Spione und für alle Malcontenten der Mittelpunkt der Verschwörung. Neben dem schon erwähnten obersten Hofmeister kommen noch vier oder fünf Hofwürdenträger vor, deren Gesamtaufwand 34,000 Gulden nicht zu übersteigen pflegte.

Die Leibwache des Kaisers erforderte mehr als 36,000 Gulden und bestand aus 130 Bogenschützen zu Pferd und 120 Hellebardieren; die kaiserliche Kapelle mit Predigern, Musikern und Almosenieren, erheischte etwa 10,000 Gulden; das Jagdpersonal über 5600 Gulden; die kaiserliche Kanzlei etwa 17 bis 18,000 Gulden; der Obersthofmarschall mit seinem Personal, welcher den Burgfrieden und die Hofgerichtsbarkeit besorgte, genoß über 16,000 Gulden Einkünfte; ähnlich waren der Oberstkämmerer mit der Wache in den Gemächern und der Oberstallmeister mit Pagen und Trompetern aus allen vier Nationen (Ungarn, Böhmen, Deutsche, Italiäner) bedacht, so daß sämmtliche dieser Auslagen, nebst dem Unterhalte des Hoflagers, den Gehalten für die Statthaltereien, für das Artillerie=Arsenal und für den Tribut und die Geschenke nach Constantinopel (im J. 1580) nur 613,380 Gulden ausmachten. In den ungarischen Grenzfestungen hielt der Kaiser 20,000 Mann und zu ihren Kosten von 1,500,000 Gulden brauchte man noch die deutsche Reichshilfe und hatte bei alledem eine Schuldenlast von 12 Mill. Gulden,

VI. Zeitgenössische Monarchen.

die mit 5 bis 15"/₀ verzinst worden sind, denn die Einkünfte der Länder, welche übrigens ihre sonstige Verwaltung aus Eignem bestritten, betrug nur 3 Millionen Gulden an Staatseinkommen. Dies befähigte kaum, eine Großmachtstellung aufrecht zu erhalten. Ebenso war Spanien tief gesunken. Trotz aller Steuererpressungen (selbst bei Handelsgeschäften wurde als verhaßte Verkehrssteuer die „Alcavala" erhoben) reicht das Geld nirgends hin; 1598 werden öffentliche Collecten veranlaßt, aber dabei wird „an Ehre mehr verloren, als an Geld gewonnen". Die verschiedenen Provinzen wollen ihre nationalen und die spanischen ihre castilianischen, baskischen, catalonischen „Freiheiten" behaupten. Philipp III. war der Mann nicht, um die Theile zu einem neuen Staatsganzen zu kräftigen und sein allmächtiger Minister Graf Lerma, Herzog und Cardinal, dachte an Friedenspläne, um ungestört der unbeschränkten eignen Herrschaft und der Bereicherung seiner Familie zu leben.

Der König, einfältig, bigott voll Gewissensscrupel, ist völlig abhängig von seinem Beichtvater und dem allmächtigen Minister, dem Günstling Lerma, welchem er gleich bei seiner Thronbesteigung das unerhörte Vorrecht ertheilte, daß dessen Unterschrift eben so giltig sein solle, wie die des Königs selbst, ja Lerma vermochte sogar der Gattin des Königs, der steirischen Margaretha, es zu verbieten, selbst in den vertrautesten Stunden mit dem Könige über Staatsangelegenheiten sprechen zu dürfen. Der König zeigt noch das meiste Interesse für das heilige Mysterium der unbefleckten Empfängniß der Engelkönigin Maria, welches Dogma er zur allgemeinen Anerkennung bringen möchte. Wichtiger als alle Cabinetsgeschäfte war ihm die Botschaft, irgendwo habe ein Marienbild geschwitzt und ein andres habe Blut geweint; höchstens der Landaufenthalt, etwas Jagd-, Würfel- und Ballonspiel erfreut den unschuldigen, vor seinen Sünden bebenden König; er fühlt sich sehr unglücklich, seinen Günstling Herzog Lerma (ursprünglich genannt Gomez de Sandoval y Rojas) entlassen zu müssen, weil der Beichtvater und der Jesuit Hieronymus es so verlangen, und betraut nun mit der Leitung der Staatsgeschäfte den Sohn desselben Lerma, den Herzog von Uzeda, doch noch vor dem Tode ruft er Lerma zurück und stirbt als „mustergiltiger" Sohn der Kirche. Lerma hatte 1612 mit seinen nächsten Angehörigen 700,000 Scudos jährliches Einkommen und weit über 6 Millionen Goldes zusammengebracht. Alles mußte durch Bestechungssummen erreicht werden! Indeß errichtet er selbst zwölf Klöster für

Männer und Frauen, schließt Frieden mit England, anerkennt factisch die Unabhängigkeit der Niederländer und betreibt, wo vor wenigen Jahrzehnten die Väter sich tödtlich gehaßt hatten, die Wechselheirath zwischen den Infanten und den Thronkindern von Frankreich, welche 1612 zu Stande kömmt, indem Ludwig XIII. mit der spanischen Anna von Oesterreich, der Infant mit Elisabeth von Bourbon vermählt werden. Weil er nun durch jenes Verhalten, gegen England und die Niederlande, Ketzern und Rebellen Souveränität gewähre, trat die unerbittliche Jesuitenpartei gegen den Günstling auf, der doch selbst als Cardinal der Kirche angehörte.

Das Rom der ultrapäpstlichen Partei kannte keine andere Berechtigung als die unbedingter Unterwerfung unter sein eignes Interesse. In Constantinopel, Rom und Madrid dieselben Züge despotischer Herrschaft.

Um zu alle dem noch ein Bild hinzuzufügen, gedenken wir des Königs Gemahlin und der spanischen Hofetiquette. An der Tafel der Königin stehen drei Damen, die Serviette zierlich über der Schulter. Will die Königin nun trinken, so winkt sie der ersten dieser Damen, diese der zweiten, diese der dritten und diese einem Mayordomo. Der Mayordomo winkt einem Pagen, der Page einem Diener im Zimmer. Dieser sagt halblaut: „Draußen", dann gehen sie beide hinaus zum Schenken. Einen bedeckten vollen Becher in der Rechten, einen vergoldeten Credenzteller in der Linken kehrt der Page vom Schenken zurück, bis an die Thüre begleitet ihn der Diener, bis an die Stufe der Mayordomo, die Dame endlich bis vor die Königin, wo sie beide niederknieen. Die Dame kostet das Getränk, doch nur, indem sie etwas davon in den Deckel schüttet und sich in Acht nimmt, daß sie denselben nicht etwa mit dem Munde berühre; — dann erst kann die Königin trinken, die Beiden, welche knieen, stehen auf, die Dame erhält den Becher, giebt ihn dem Pagen, welcher ihn auf dem Credenzteller wieder zurückträgt.

Granden und Ritter stehen dabei gewöhnlich angelehnt an einer Seite des Zimmers, und galante Mienen und Worte ergötzen Herren und Damen am Hofe; nur die Königin allein fühlt sich nach allen Seiten eingeengt wie eine Gefangene im goldnen Käfig. Was Wunder, daß ihr noch die Klosterzelle eine Zuflucht erschien und selbständiges Denken erstickt wurde.

So war die spanisch-österreichische Universalmonarchie, obwohl mit dem Segen der Kirche und der Freundschaft der Jesuiten begnabet, in Unfall gerathen. Eine neue Macht hob sich empor, das durch den Hugenotten Sully geleitete Frankreich, protestantische Staaten, wie England und die Niederlande, erstarkten in kräftiger Fülle. In Frankreich regierte das Haus Valois, welchem mit Heinrich IV. das von Bourbon nachfolgte. Genußsucht, Fröhlichkeit, Liebesintrigue, ritterliche und galante Abenteuer und Streitigkeiten, machten den Hof verlockend; Heinrich's II. Gemahlin, Katharina von Medicis, voll Wollustgier und Blutdurst, Stern- und Zeichendeutern vertrauend, Beichtvätern und italienischer Intrigue blind ergeben, bewandert in Liebestränken und Wunderarzneien, hielt 150 Damen am Hofe, jede zu Diensten der Ergebenheit bereit. Ränkesucht hielt man für Politik, sinnliche Ausschweifungen für Liebe, zierliche Redewendungen für Bildung, Gehorsam gegen den Clerus für Religion, die äußerlich in Formelwerk betrieben wurde und den innern Menschen verwildern ließ. Als Heinrich II. 1559 plötzlich starb, war die Königin-Mutter Regentin des frivolen Staates. Sie hatte vier Söhne, Franz, Karl, Heinrich und Franz Alençon, von denen die ersteren drei zu einer schmachvollen Regierung gelangten. Die königliche Nebenlinie in Navarra, die zwei Häuser Bourbon und Condé begründend, war protestantisch und hielt, zumal die tugendhafte Mutter Heinrich's IV., ernste Pflichterfüllung für sittliches Christengebot. Eine dritte Familie, gerade entgegengesetzt, vertrat den ultramontanen Katholicismus, die Herzoge von Lothringen, oder wie sie auch hießen, die Guisen. Von einem Renatus (René) von Lothringen zweigte sich mit dem ältern Sohne Anton die deutsche Linie ab; mit dem andern Sohne Claudius (Claude de Lorrain) kam die französische in Aufnahme. Der Sohn des Claudius war Franz von Guise; die Tochter Maria hatte als Gemahlin des schottischen Königs Jacob des V. zu ihrer Tochter Maria Stuart, welche an Franz von Frankreich vermählt wurde, eine kurze Zeit voll königlicher Herrlichkeit, eine andrer Sohn des Claudius war Karl, Cardinal von Lothringen, und ein weiterer Sohn, des Vorigen Bruder, Ludwig, Cardinal von Guise.

Von Franz von Guise, welcher als Oheim der Maria Stuart am Hofe eine hervorragende Rolle behauptete, und das Haupt der Katholiken mit seinen Brüdern, den beiden Cardinälen, gewesen, — (wie die Bourbons von Navarra, die Condé's und die ältesten Adelsgeschlechter, Montmorency und Coligny, an der Spitze der Hugenotten standen) — von diesem mächtigen und einflußreichen Franz von

Guise stammte ab: Heinrich, Herzog von Guise, und dessen jüngerer Bruder Ludwig, der Cardinal, beide 1588 ermordet, dann die Geschwister der vorigen, Karl von Mayenne und Katharina von Montpensier, voll tödtlichen Hasses gegen Heinrich III. — König Franz II., mit 15 Jahren (1559) König und der Maria Stuart vermählt, stirbt bereits den 5. December 1560, angeblich an Ohrengeschwüren; ihm folgt der Bruder Karl IX., Schwiegersohn des österreichischen Herrschers, Kaisers Maximilian II., dessen Tochter Isabella, Königin von Frankreich gewesen. Karl's Lieblingsneigung war es, Thiere zu martern. Mit der Partei seiner Mutter, Katharina von Medicis und mit den Herzogen und Cardinälen von Guise hatten sie Religionskriege geplant und betrieben, und sie waren es (zumal die Königin Mutter und der nachherige Heinrich III.), welche, als die Tochter der Katharina an Heinrich von Bourbon vermählt wurde, die entsetzliche Bartholomäusnacht, die „Pariser Bluthochzeit", plötzlich in Scene gesetzt hatten. Zwei Jahre nachher stirbt der vierundzwanzigjährige König, von Gewissensbissen gefoltert, an einer sonderbaren Krankheit; er, der Henker von vielen Tausenden von Hugenotten, schwitzte aus Augen und Ohren Blut und starb eines qualvollen Todes 1574. Nun kömmt der Mutter Lieblingssohn Heinrich III. zur Regierung, ein Wollüstling der frechsten Art. Bei Eröffnung der Ständeversammlung 1577 trägt er nach Weiberart diamantene Ohrgehänge und neben dem Schwert einen seidenen Beutel voll silberner Gefäße, die Wohlgerüche enthalten, an der andren Seite einen Rosenkranz aus elfenbeinernen Todtenköpfen; ein anderes Mal zeigt er sich mit Schooßhündchen, die er in einem Korbe gerne mit sich herumträgt, — ungeheuere Verschwendung entwickelt der schamlose Hof, wo bei Festen halbnackte Damen zur Bedienung erschienen, oder der König seine männlichen Schönheiten, die Mignon's, auf seinem Schooße sitzen läßt. Affen, Papageien, Andachts- und Wollustbilder kitzeln die Passionen des widerlichen Mannes, welcher alle Serailvergnügungen des Sultans überbietet. Wie heben sich neben ihm vortheilhaft hervor: die kräftigen Häupter der Katholiken und der protestantischen Hugenotten. Der fünfte Religionskrieg wüthete bereits gegen letztere, als auf Spaniens Antrieb die heilige Ligue, 1576, später der „geheime Bund der Sechzehn", 1588, gegen die Protestanten und Heinrich von Navarra gestiftet wurden. Die Sache der Reformation schien verloren; aber Heinrich, zweifelhaft der Erfolge, unentschlossen, ließ als Haupt der heiligen Ligue befürchten, sein Eifer werde nicht zuverlässig genug sein. Philipp II. hätte so gerne die Hugenotten das Haus Bourbon, völlig vernichtet. Wie wenn der herrliche Heinrich von Guise zur Königswürde emporgestiegen, um dem Ketzer, dem dritten dieser Heinriche, die Nachfolge für immer zu entziehen?! Diese Gedanken peinigten und durchglühten den Hof. Heinrich, der König, erschreckt, denkt deshalb an Aussöhnung mit seinem Vetter von Navarra=Bourbon, und — sonderbare Sache des Schicksals! — der Herzog von Guise und sein Bruder, der Cardinal, werden am 24. December 1588 mit Vorwissen des Königs, des Hauptes der heiligen Ligue, ermordet. Jetzt nähert sich Heinrich III. um so mehr an den von Navarra. Aergerlich schreibt der päpstliche Gesandte Morosini in seinem Berichte: König Heinrich III. bestehe gleichsam aus zwei Personen, er wünsche die Niederlage der Hugenotten und er fürchte sie ebenso sehr, er fürchte aber die Niederlage der Katholiken und wünsche sie dennoch, er glaube nicht mehr seinen eignen Gedanken, folge nicht mehr seinen Neigungen. Franz Alençon, der nächste Thronerbe, war auch verstorben; und als nun die Fanatiker den letzten Valois durch den Königsmörder Clement am 1. August 1589 erdolchten, die Rachgier des Mayenne gesättigt war, triumphirte, trotz aller entsetzlichen Bürgerkriege und Morde, doch nicht die „heilige Ligue", sondern es wird der Hugenotte Heinrich IV. König und erläßt, nachdem er selbst im Interesse des Staats als „Katholik" die heilige Messe am 23. Juli 1593 genommen hatte, am 13. April 1598 das „Edikt von Nantes" zum Schutze der Protestanten. Neue Intriguen sollten zum Ziele führen. Sie fanden ihre Nahrung in der Vermählung mit Maria von Medicis=Toscana im Jahre 1600, wohl derselben Prinzessin, welcher so gerne der siebenbürgische Fürst Sigismund Báthory die Hand gereicht haben würde.

Die erste Gemahlin des Königs, eine Schwester seines Vorgängers, besaß nicht das volle Herz des Königs, sie war aber eine der geistreichsten Frauen ihrer Zeit, und ragt sogar in der damaligen Literatur hervor. Diese Literatur zeigte bereits eine völlige Unabhängigkeit von den Dunkelmännern der Kirche. Montaigne's Versuche („Essay's"), die Satyre Menippée von Peter Pithou, Passerat und Anderen (1593) verspotteten mit den Pfeilen des Witzes und der Aufklärung die heilige Ligue, zumal den Herzog von Mayenne. Allenthalben sprühte ein blendender Geist gegen die finstern Mächte der Clerikalen. Welche Gegensätze stoßen da aufeinander! Folgen wir einem Historiker seinen Blick, wenn wir noch der Zeit dieses Monarchen in kurzen Zügen gedenken. Heinrich des IV. Gutmüthigkeit, Heldenmuth, Tapferkeit, Leutseligkeit und durchaus französisches Naturell machten, daß seine Leichtfertigkeit, seine sehr kostspielige und oft sehr verderbliche Nachgiebigkeit gegen seine Geliebten, sowie gegen deren Söhne und Verwandten in den Augen der Franzosen als verzeihliche Fehler erschienen. Dies würde jedoch nicht der Fall gewesen sein, hätte Heinrich nicht eine gute Eigenschaft vor Hunderten von Fürsten vorausgehabt. Er ließ sich nämlich durch nichts von seiner Zuneigung zu einem Minister und alten Freunde abwendig machen, welcher alle die Kenntnisse und Eigenschaften besaß, die dem Könige selbst mangelten. Das Meiste, was man an Heinrich rühmt, war unstreitig das Werk dieses Mannes, des Herzogs von Sully, Marquis von Rosny. Trotz der Vermählung Heinrich's mit Maria von Medicis-Toscana, welche stets von glaubenseifrigen Priestern umgeben und mit allen Feinden des Evangeliums verschworen war, traute man dem angenommenen katholischen Glauben des Königs nicht. Hatte doch er jenes Edikt zu Nantes erlassen, welches den Reformirten, den Hugenotten, seinen ehemaligen Glaubens- und Leidensgenossen, eine rechtliche Stellung gewährte. Heinrich hatte aber außer den Jesuiten und den ehemaligen Mitgliedern der katholisch-spanischen Liga noch viele Feinde unter den Großen, die er durch seine schlüpferige Weiberjagd tödtlich gekränkt hatte. Kaum daß er die dem Clerus blind ergebene Königin nach zehnjährigem Sträuben am 13. Mai 1610 krönen ließ (sie wurde dadurch erst recht die Vormünderin des neunjährigen Dauphin's Ludwig XIII.), so benützte schon am nächsten Tage der fanatische Ex-Mönch Franz Ravaillac ein Gedränge, um den König in seinem Wagen zu ermorden (1610).

Ein Geheimrath der Königin (bestehend aus dem Florentiner Concini, Stallmeister der Königin, jetzt Marquis d'Ancre, nebst seiner Frau, der ehemaligen italienischen Kammerfrau Galigaï, dem päpstlichen Nuntius, Pater Cotton, und dem spanischen Gesandten) übernahm zunächst die Bestellung der Regierungsgeschäfte; man gebrauchte das eingeschüchterte Parlament und ergebene Höflinge der Liguisten-Partei, entfernte die Minister Heinrich's, welche Frankreich in so kurzer Zeit emporgehoben hatten, und es begann unter der Regentschaft eine verschwenderische, unruhige Regierung, voll Kabalen und Intriguen, welche den Grund legten, um die Bourbo-

VI. Zeitgenössische Monarchen.

nische Herrschaft schon in den ersten Keimen ihrer Königsgeschichte zu verderben.

Als Heinrich IV. noch der haushälterischen Politik Sully's sich erfreute und, was so selten gut zusammengeht, Arsenale und Kassen sich füllten, als hervorragende Katholiken, wie für das Auswärtige sein Minister Villeroy und der Kanzler Sillery, den Staat leiteten und Frankreich zum raschen Aufblühn führten, den König mit dem Papst und scheinbar selbst mit den Jesuiten aussöhnten, da gehörten auch die Pläne, wie das gefürchtete Haus Oesterreich zu schwächen und die Türken zu vertreiben seien, zu den Lieblingsneigungen der französischen Hofpolitik.

Heinrich IV. wollte, abgesehen von Rußland, welches ihm „asiatisch" erschien, eine große europäisch=christliche Republik von 15 selbständigen Staatskörpern bilden, nach den drei großen Gruppen der Wahlmonarchien, der Erbkönigreiche und der Staatenvereine, wozu noch Ungarn und Polen hinzukommen sollten. Die Wahlreiche sollten sein: der Kirchenstaat unter dem Papste als Staatsoberhaupt, Deutschland unter dem Kaiser und die Republik Venedig unter ihrem Dogen. Zu dem neuen Kreuzheere sollte der Papst 10 Galeeren ausrüsten, 8000 Mann Fußvolk und 1200 Reiter, dazu 10 schwere Kanonen in's Feld stellen. Der Kaiser und die deutschen Reichsstände hätten ähnlich 10 Galeeren, 60,000 Mann Fußvolk, 20,000 Reiter und 50 Feldstücke zu liefern; Venedig aber 25 Galeeren, 16,000 Mann Fußvolk 1200 Reiter und 10 Feldstücke.

Die Erbkönigreiche waren ähnlich bedacht: Frankreich 10 Galeeren, 20,000 Mann Fußvolk, 4000 Reiter und 20 Feldstücke; ebenso viel Spanien und England (oder Schiffe zum Ersatze); Dänemark kam, in Rechnung mit Schweden und Polen zusammengestellt, zu einer gleichen Leistung. Das neu zu stiftende Königreich der Lombardei, mit Savoyen und Piemont, 6 Galeeren, 8000 Mann Fußvolk, 1500 Reiter und 8 Geschütze. Böhmen 5000 Mann Fußvolk, 1500 Reiter und 5 Kanonen; Ungarn 6 Schiffe, 1200 Mann Fußvolk, 5000 Reiter und 20 Geschütze. Als „Staatenvereine" endlich waren in Aussicht genommen: die helvetische Republik mit 15,000 Mann Fußvolk, 5000 Reitern und 10 Geschützen, die neue belgische Republik mit 12 Schiffen, 12,000 Mann Fußvolk, 1200 Reitern und 12 Geschützen, der italienische Staatenbund (ohne den Kirchenstaat und das päpstliche Neapel und ohne Lombardei) mit 8 Galeeren, 12,000 Mann Fußvolk, 1200 Reitern und 10 Geschützen.

So werde man gegen die Türken ein Kreuzheer in Bewegung setzen von 117 Kriegsschiffen, 220,000 Mann Fußvolk, 53,800 Reiter und 215 Geschützen, womit man die „orientalische Frage" lösen könne. Was Ungarn, das zu seiner Vertheidigung allzu schwache, beträfe, solle dies Königsgebiet ein Wahlreich sein. Den Monarchen desselben hätten jedesmal zu wählen die acht mächtigsten Potentaten, nämlich: der Papst, der Kaiser und die sechs Könige von Frankreich, Spanien, Großbritannien, Dänemark, Schweden und der Lombardei. Diesem Ungarn seien, um es zu stärken, das Erzherzogthum Oesterreich und die Grafschaften Steiermark, Kärnten, Krain einzuverleiben, nachher auch Siebenbürgen, die eroberten ungarischen Theile, Slavonien, Croatien und Bosnien. Aehnliches habe mit Polen zu geschehen, wobei man besonders an die Incorporirung der Moldau dachte. —

Was ist davon wahr geworden, um die orientalische Türkenfrage zu lösen?? Mit dem Dolchstoße des Königsmörders Ravaillac war auch dieser abenteuerliche Plan begraben. Soviel auch damals geschehen, die Türkei schien mächtiger als alle christlichen Reiche.

Es erübrigt uns noch ein kurzer Hinblick auf die meisten der obenerwähnten Staaten, welche nach Heinrich des IV. Ansicht zu „Europa" gehörten und mit dazu beigetragen haben, den Charakter jener Zeit zu bestimmen.

Wir sammeln dann die Strahlen, um ihren Brennpunkt in den Karpathenländern zu enthüllen.

VII.

Charakterzüge aus England, Schweden, Polen, Italien und der Türkei.

Während die früher erwähnten Staaten dem Jesuitismus ein Feld scheinbarer und wirklicher Eroberungen darboten, wo die Gegenreformation große Erfolge erzielte, aber das Staats= und Volksleben tiefe Schädigungen davon trug, suchte sich der Norden davon mehr frei zu erhalten. Es ist ihm aber keineswegs völlig gelungen. Die „ultramontanen" Parteien hatten überall Anhang und suchten sich der Staatsgewalt zu bemächtigen.

Als in England König Heinrich VIII. starb und sechs Gemahlinnen nach einander neben ihm die königliche Würde getheilt hatten, folgte, nachdem der ihm zuletzt geborene Sohn Eduard VI. (von der Gemahlin Johanna Seymour) nur kurze Zeit (1547—1553) als bevormundetes Kind regiert hatte, auf dem Throne nach: die Tochter der ersten Gattin (der Katharina von Aragonien), nämlich Maria, welche die Geschichte auch die Katholische und die Blutige genannt hat, da sie, 1554 mit Philipp II. vermählt, diesen bigotten und finstern Monarchen an Verfolgungswuth gegen die Protestanten noch zu übertreffen beflissen war; doch als sie 1558 starb, gelangte auf den Thron eine Halbschwester, die Tochter von Heinrich's VIII. geopferter schöner Gemahlin Anna von Boleyn, nämlich Elisabeth, die mit Recht eine „Gleißnerin" genannt wurde; sie stützte sich auf die protestantischen Parteien und hat während ihrer langen Regierungszeit, bis 24. März 1603, Manches von katholischer Verschwörung für Leben und Reich zu fürchten gehabt. Diesen Bedrohungen fiel zum Opfer die 1587 hingerichtete Maria Stuart. Manches that mit staatsklugem Erfolge Elisabeth, um das Inselreich zur Seemacht zu erheben und seine Stellung im Völkerconcerte sicherzustellen. Doch die spanische und päpstliche Haltung nöthigten sie zu einem guten Einvernehmen mit dem Erbfeind der Christen, dem Türken. Ihr Gesandter Berton war in der Schlacht von Kerésztes, als Freund der Pforte, anwesend und sah die Niederlage unserer Waffen ohne das Mitgefühl religiöser Theilnahme. Als nach Elisabeth Jacob I. von Schottland die Krone überkam und 1605 die von Päpstlingen und Jesuiten angezettelte Pulververschwörung, die spanischen Intriguen, entdeckt wurden, stieg in England der antipäpstliche Fanatismus so hoch, daß er nun selbst in den Fehler der Verfolgungssucht ausartete und bis heutigen Tages das Geschrei „no popery" (sprich: no polypöri = „kein Papismus") die Volksmasse erhitzt. Es ist aber diese Erscheinung nur ein Erfolg der jesuitischen Politik Roms, welches diese Gegenwirkungen hervorrief. Auf die Karpathenländer und seine Geschicke hat das Inselreich keinen andern Einfluß ausgeübt, als daß der englische Gesandte an der Pforte bei den Gunstintriguen, welche dort abgewickelt wurden, ebenfalls eine Rolle spielte — so war namentlich der obenerwähnte Berton ein Parteigänger von siebenbürgischen, moldauischen und walachischen Prätendenten. —

Weit mehr haben Schweden und Polen den Karpathenländern gegenüber in der Türkenzeit eine Art Interventionspolitik geltend gemacht. Beide standen damals in wechselseitigen Beziehungen. Als König Gustav Wasa verstarb, hatte er seine Söhne ernstlich vermahnt, dem protestantischen Glauben treu zu verbleiben, aber der mittlere, Johann, war mit einer polnischen Königstochter vermählt und hielt den Katholicismus für ein angemessenes Hilfsmittel, seinem Sohne Sigismund die Thronfolge in Polen zu versichern. Die Söhne Gustav Wasa's waren der Kronprinz Erich (Erich XIV.), Johann (Johann II.) und Herzog Karl (als nachheriger Erbfürst seit 1604, Karl IX.). Der erstere, Erich, wird von seinen Brüdern als Wahnsinniger in ein hartes Gefängniß geworfen und nach Johann II. folgt 1592 dessen Sohn, welcher als Sigismund III. bereits 1587 den Königsthron von Polen eingenommen hatte. — Nun spielt sich eine Familientragödie ab, reich an Verschwörungen und Bürgerkrieg, politischen Mordthaten und Hinrichtungen. Im Juli 1593 kam in Begleitung des Königs der päpstliche Ablegat Malaspina und der Jesuit Powinsky (Ponsevin) mit einem päpstlichen Geschenke von 20,000 Scudi nach Schweden. Karl dagegen verdammt auf dem Concilium zu Upsala Sigismund's Liturgie, man wolle keine Ketzerei, weder papistische noch calvinische. Zum Scheine beruhigen sich Jesuiten im theologischen Gezänke. Die

Huldigung geht vor sich. Indeß beide Länder wollten als ihr Recht behaupten, daß der König im Lande residire, die Schweden insbesondere aber dies, von jesuitischen Einflüssen befreit zu werden. Diese Stimmung benützte Herzog Karl, welcher Sigismund gerne verdrängt hätte. In der That wird der Oheim auch 1594, als Sigismund nach Polen zurückkehrte, in Schweden „Reichsverweser", schlägt den anrückenden Neffen 1598 in einer Feldschlacht, verfolgt mit blutiger Strenge Sigismund's Anhänger und wird 1604 als „Erbfürst" zur Krone berufen. Die Schweden waren hierbei auf's Tiefste empört, daß Sigismund beiden Parteien entgegengesetzte Eide geleistet habe. Schon 1595 waren Dankfeste gefeiert worden, daß Gott die Absichten und Ränke der Jesuiten vereitelt habe. Karl hinterläßt als Thronerben seinen nachher berühmten Sohn Gustav Adolf, den Helden des dreißigjährigen Krieges, bei welchem schon in frühester Kindheit die tiefe Abneigung gegen alle jesuitischen Umtriebe großgezogen, der Haß gegen Polen entflammt wurde. Auf dieser Grundlage baute sich später auf, was die reformirten Fürsten Siebenbürgens mit Schweden **gegen** das Königreich Polen, kriegerischer Eroberungspläne voll, mit einander verhandelten. Noch bevor dies im 17. Jahrhundert, namentlich unter den Rákóczy's, geschah, war in Polen tiefes Mißtrauen gegen Oesterreich wachgerufen, seit jener Zeit, wo Kaiser Rudolph's Bruder Maximilian als Thronprätendent gegen Sigismund in Polen aufgetreten war. Aus demselben Grunde schien auch der thronbegierige Báthory in Siebenbürgen bedenklich; indeß hatte der Fürst Sigismund Báthory an seinem gleichnamigen Nachbarfürsten, dem Könige Sigismund III. von Polen, einen **Schwager** und gleichzeitig auch an dem allmächtigen polnischen Reichskanzler **Zamoiski**, welcher eine Báthory geehelichet hatte. Obwohl nun die beiden Sigismunde und Zamoiski eifrige Förderer der jesuitischen Propaganda gewesen sind, gelingt es der polnischen Partei nachher — als Siebenbürgen sich von Kaiser Rudolph verlassen fühlte — auch dies Land in eine der **Pforte** zugeneigte Politik zu verstricken. Den päpstlichen und österreichischen Plänen gegen die Türkei trat Zamoiski **nicht** bei, sondern suchte insgeheim Maßregeln vorzubereiten, welche den Erfolg jener Machtpolitik vereiteln sollten. Im Innern aber ward gegen die Dissidenten, d. i. gegen Protestanten und griechisch Altgläubige, feindselig vorgegangen, indem sie, trotz Zusicherungen der Religionsfreiheiten, aus Hof-, Reichs- und Stadtämtern verdrängt und diese Stellen, wo nur möglich, mit

Jesuitenzöglingen aus den Collegien von Pultusk, Krakau, Grodno und Wilna besetzt und nur katholische Bischöfe in den Senat berufen wurden. Die Wladyken versuchten wohl im Jahre 1595 auch mit dieser Richtung durch eine „Union" sich zu versöhnen. Die Spannung und die Erbitterung wird aber immer ärger. Landboten stehen sich im Zwiespalt gegenüber. Nach Zamoiski's Tode schlossen sich die Protestanten an den Palatin von Krakau, Zebrzydowski; man bringt neben anderen mehr begründeten Beschwerden auch die Klage vor, gemeine Leute würden zu Bischöfen ernannt. Die ablige Insurrection (Rokosz) wird aber 1606 vom Könige gesprengt; der Bürgerkrieg bricht los; indeß — Zebrzydowski unterwirft sich; 1608 erfolgt eine Amnestie, aber sofort auch Beschränkungen der Dissidenten, die Jesuitenpartei behält die Oberhand und pflanzt neben katholischer Frömmigkeit und Glaubenseifer auch Haß und Gewissenlosigkeit in die Gemüther. Fast allenthalben wird die absolutistische Strömung des Staatslebens gegen die Hemmnisse abliger Vorrechte angestaut, oder auch losgelassen, damit zugleich Freiheitsbefugnisse hinweggeschwemmt. Beispiele bieten fast alle Länder; in Polen aber zeigt sich der Charakter jener Zeit besonders in dem Kampfe gegen die Dissidenten. Mitten im Frieden feierten die Jesuitenschüler den Himmelfahrtstag nicht selten damit, daß sie die Häuser der Protestanten plünderten, Personen mißhandelten, Kirchen erstürmten und sogar Leichen aus den Friedhöfen hinauswarfen. Todtschläge kommen vor und der Türke sieht verwundert, wie sich auch hier die christliche Religion an Menschenliebe und Gottesglauben versündigt. Wie nahm man es mit den christlichen Tugenden der Wahrheit und der Treue leicht, als die polnische Jesuitenpartei in Rußland die falschen Prätendenten unterstützte!? Nach Feodor des I. Tode, 1598, kamen, nachdem Boris Gudonow den Jesuiten Possevin und Comuleo Widerstand entgegengesetzt hatte, unter entsetzlichen Blutscenen als Usurpatoren zur Regierung: Otrepiew, genannt Dimitry I., unterstützt vom päpstlichen Nuntius Rangone und König Sigismund, dann Wasilji Iwanowitsch, Feodor's Sohn Peter, der polnische Iwan als Dimitry (Dimitry II.), der junge Ladislaus, des polnischen Königs Sigismunds Sohn, ein neuer falscher Demetrius, nämlich der Diacon Isidor, — als Gegenczaar der Sohn der Marina von Sandomir, Gattin Otrepiew's, des ersten Dimitry — die Polen in Kreml — bis erst 1613 mit Michael Feodorowitsch Romanow eine neue Dynastie beginnt, welche von einem

Oheime Feodor des I., von Nikitsch Romanow, abstammte und endlich den Jesuiten-Umtrieben und der polnischen Herrschaft ein Ziel setzte.

Wir werden später die Vorgänge in Siebenbürgen und Ungarn in's Auge fassen; sie sind ebenfalls ein Feld für die alle Länder und die Gesammtpolitik der Staaten umschlingende Gegenreformation gewesen. Welch' tiefes Elend folgte doch allenthalben nach den wüthenden Verfolgungen einer fanatischen Glaubensrichtung, einer traurigen Verblendung, welche überall im christlichen Europa Bürgerkriege entzündet hatte!?

In Italien schien wohl die Gegenreformation wenig Arbeit vorzufinden; um so reicher entwickelte sich das politische Intriguenspiel der Parteien, wobei die Kirche ihren eigenen Vortheil suchte. Niccolo Machiavelli, gestorben 1527, hatte die tiefsten Untersuchungen über die staatlichen Machtfragen der Höfe in Aufnahme gebracht; religiöse Angelegenheiten durften wohl skeptisch aufgefaßt werden, aber der pantheistische Philosoph Giordano Bruno, welcher dem Dominikanerkloster entflohen war, wird nach zweijährigem Inquisitionskerker im Jahre 1600 öffentlich als Ketzer verbrannt. Zeitgenossen jener Epoche vor und nach dem erwähnten Jahre zündeten den Völkern eine neue Leuchte der Erkenntniß an. Was die Reformatoren geschaffen, wirkte nach, die humanistischen Studien begeisterten ihre Jünger, die naturwissenschaftlichen Forschungen öffneten neue Wege, die Mathematik fing an, die „Astrologie" in die Astronomie hinüber zu führen. Damals lebten Tycho de Brahe (1546 bis 1601), Johann Kepler (1571—1631), dessen Mutter, als Hexe angeklagt, in Ketten stirbt; damals lebte Galilei (1564 bis 1642), dessen an das Fernrohr gewöhnte Augen im Kerker erblinden; damals wirkten der Romanist Cujacius (1529—1590), der erste Naturrechts-Philosoph Hugo Grotius (1583—1645) und andere Männer dankenswerther Vergangenheit, — aber in trübselige Zeitfesseln geschlagen. Der Venetianer Paolo Sarpi (1552 bis 1623) entgeht schwer den Dolchen seiner Feinde und schreibt mit spitzer Feder tiefe Wunden in das Fleisch seiner Gegner. Torquato Tasso, gestorben 1595, suchte den Glanz seiner unmittelbaren Vorgänger Sannazaro und Ariosto zu verdunkeln, und neue Gestirne der Dichtung gingen in andern Ländern auf, um den Himmel der Poesie zu erleuchten, Lope de Vega, Cervantes in Spanien (1547—1616) (der Don Quirote erschien zuerst 1605), Shakespeare in England (1564—1616), Fischart in Deutschland, ein Flämmchen nur, aber in weite Nacht hinausgetragen. Wer begeistert sich noch an den Namen und Thaten ihrer „Gegner", oder wenn der Personen von Inquisition und Autoritätsglauben und ihrer Zwinggewalt gedacht wird, wer empfindet nicht mit, was uns Montaigne (er starb 1592) in seinen „Essay's" vorführen wollte, womit dessen 1580 erschienene Lebensphilosophie die Gebildeten tröstete und seine Abhandlungen: „über die Ungewißheit der menschlichen Erkenntniß und Schwäche der Vernunft" die Nachdenkenden zur Mäßigung ermahnten?! Das niedere Volk war aber in die tiefste Abhängigkeit vom Herrenstande, in die drückendste Armuth, in die schwärzeste Unwissenheit versunken. Kaum irgendwo dachte man hier an Hilfe. In Italien hatte die „todte Hand" massenhaft Güter an sich gebracht und mit enormem Steuerdrucke die Armen heimgesucht. Diese und die politischen Verbannten, banditi geheißen, dann die entlassenen Söldnerschaaren der Condottieri schmolzen in ein Parteiwesen zusammen, welches bis heutigen Tages nicht aufgehört hat, ich meine das italienische Banditenthum, diese Frucht staatlicher Zerfahrenheit, diese Entartung des politischen Freiheitsdranges. Am Ende unsrer Zeit stand an der Spitze des Banditenthums im Kirchenstaate Alfons Piccolomini, Herzog von Monte Marciano, und befehligte mehrere tausend Mann Banditen. Papst Sixtus V. (1585—1590) war ihr eifrigster Verfolger, er hob ihretwegen das Asylrecht der Kirche auf und konnte doch den Feind vor den eignen Thoren nicht bändigen, während er Türken und Protestanten über den Haufen zu werfen gedachte! Gleichwohl umspannten seine Pläne die ganze Verkehrswelt jener Zeiten, vornehmlich war's aber die Gegenreformation und die Vertreibung der mohamedanischen Osmanen, welche die Cabinete bewegten.

So lenkt sich unser Blick wieder auf die Türkei. Wer regierte damals das mächtigste Reich in Europa, an dessen Sturz so viele Monarchenköpfe dachten? Es war ein ziemlich harmloser Mann, Murad III., ein Enkel jenes gewaltigen Suleiman des Prächtigen, unter dessen langer Regierung drei Großwessire von christlicher Abstammung die mächtigsten gewesen sind: Ibrahim, Rustem und Mohamed Sokolli, der Dalmatiner. Dieser letztere führte noch Murad auf den Thron im December 1574 und starb selbst hochbetagt fünf Jahre später, 1579 ermordet. Er war ein alter ego des Sultans gewesen. Unter Selim II. hatte er klug und

VII. Charakterzüge aus England, Schweden ꝛc. 75

energisch gewaltet, mit einer Macht wie der Kaiser selbst. Dieser Sultan war ein Säufer und verachtungswürdig, der Sohn Roxolanen's, welche es bewirkt hatte, daß der tüchtige Kronprinz Mustafa erdrosselt wurde, um ihrem Selim, dem andern Sohne Suleiman's, die Thronfolge zu verschaffen. Nach dem Gesetzbuche für Staatseinrichtungen „Kanunname" wurden die nicht zum Großsultan berufenen Prinzen ermordet, um allen Staatserschütterungen vorzubeugen. So wurden fünf Brüder bei Murad's Thronbesteigung erdrosselt — und als er am 16. Januar 1595 verstarb, 102 Kinder zurückblieben und Mohamed III. den Thron bestieg, sollen dessen 19 Brüder erwürgt worden sein. Nach Mohamed III. folgte Achmed I., als dritter Sohn des Vorigen, und regierte bis 22. November 1617. — Tartarenchane jener Zeit, von Mohamedgirai an gerechnet, welcher 1584 starb, bis Dschanibekgirai, der 1610 in der Krimm zu regieren anfing, gab es sechs, nämlich Islamgirai, Ghasigirai und der Nebenbuhler Fethgirai, dann Selametgirai und der erwähnte Dschanibekgirai bis 1623. Unter Murad III. wechselten (Manche wiederholt zur höchsten Staatswürde gelangend) das Großwessirat: Mohamed Sokolli, Achmed Pascha, Sinan Pascha, (dreimal abgesetzt: 1582, 1591 und 1595), Siawuschpascha, Osmanpascha, Mesidpascha, abgesetzt 1586, und Ferhadpascha, der Ungar, abgesetzt 1592.

Unter Mohamed III. wechselten zehn Großwessire: Ferhadpascha, 1595 hingerichtet; Sinanpascha, zum fünften Mal, Lala Mohamed Pascha, Ibrahim Pascha, abgesetzt 1596, Cicala Sinanpascha, im November 1596 abgesetzt, Ibrahim Pascha, dreimal abgesetzt, Chadim Hasan, abgesetzt 1598, Dscherrah Mohamed, Jemidschi Hasanpascha, 1603 hingerichtet, und Jauf Alipascha. Unter Achmed I. sind es fünf Großwessire: Lala Mohamed Pascha, der Eroberer Grans, Derwisch Pascha, hingerichtet 1606, Murad Pascha, Nassuhpascha, 1614 hingerichtet, und Damad Ogai Mohamed Pascha, 1617 abgesetzt. Dieser Wechsel zeigt deutlich, daß die Pforte ungewöhnlichen Pallastintriguen ausgesetzt gewesen ist; diese stammten fast alle aus dem Serail, wo die Frauen regierten, oder waren eine Folge von Janitscharen-Aufständen, indem diese Prätorianer bei dem Wechsel der Thronfolge und des Großwessirats mit reichen Geschenken bedacht wurden und ihre Gunst so häufig als möglich verkaufen wollten. Murad III. war zur Zeit seines Regierungsantrittes 28 Jahre alt, von Gestalt mehr klein und untersetzt, doch von angenehmem Aeußern, mit einer Adlernase, großen offnen, fast hervorquellenden Augen, röthlichem Bart und von zwei Muttermalen mehr geziert als verunstaltet, eine poetisch gestimmte Seele, etwas schwärmerisch, Freund der Wissenschaften, verständig, mäßig, gerecht, wohlwollend. Der kaiserliche Gesandte Ungnad sagt von ihm, er habe mehr eines Schulverwandten als kriegerischen Herrn Gebärde und Ansehn; — indeß, nicht diese gute Eigenschaften entwickelten sich immer mehr, sondern die schlimmen — ein böser Hang zur unmäßigen Weiberlust, genährt von der eignen Mutter, der Sultanin Walide, Nur-Banu (der Lichtfrau), — die Habsucht und der Geiz, wechselnde Laune und Vorliebe für Tanz, Musik, mystische Dichtung, alberne Possen der Zwerge, Stummen und Schalksnarren, für Uhrwerke, Bildnisse u. dgl., was stumpfe Sinne reizte, — Genuß von Opium, später von Wein, endlich Grausamkeit, Zorn, launenvoller Hang für allzu häufigen Wechsel in der gewährten Frauengunst, wobei endlich dem roth angeschwollenen Körper die fallende Sucht befällt und die geistigen Eigenschaften lähmt. Gleichwohl ehrte der in sich verderbende Sultan fünf Personen mit seinem besondern Vertrauen, vorerst die Sultanin Chasseki, des Thronfolgers Mutter, seine Frau Ssaffije, d. i. die Reine, eine Venetianerin aus dem Geschlecht der Baffa. Sie war ihrem Vater, dem Gouverneur von Corfu, geraubt worden und hat Jahrzehnte lang großen Einfluß am Hofe ausgeübt. Ein zweiter Günstling war der Sultanslehrer, der Chobscha Seabeddin, ein gelehrter Geschichtschreiber, dann der Dichter Schemsipascha, der „Falk der Bittschriften", welche ihm ungeheure Bestechungssummen einbrachten, sowie die Vertrauten, der Defterdar Oweis und der Kapu Aga, oder Obersthofmeister, Gasnefer, ein geborner Ungar, Oberster der weißen Verschnittenen. Gasnefer wird als kluger durchtriebener Mann geschildert, welcher den Sultan zu Vergnügungen, wie es die eigne Mutter that, anreizte, gleichwohl die Gunst meist nur dazu mißbrauchte, um selbst verschwenderisch zu leben. Diese fünf Personen bildeten, was man heutzutage die „Hofcamarilla" heißen würde; und je mehr Murad im Serail und am zusammengehäuften Privatschatze sich erfreut, in unersättlichem Durst nach Gold und feiler Frauenliebe, desto mehr bestimmen sie das Verhalten der hohen Pforte; Murad selbst war keineswegs ein Religionsfanatiker, er schützt das heilige Grab in Jerusalem vor der beabsichtigten Umwandlung in eine Moschee; nur ein Mann, der Scheich Hamsa, wurde während Murad's Regierung gesteinigt, weil er Jesus überschätzt habe; gleichwohl stiftet der Sultan drei Derwisch-Orden; der Verfasser des Königsbuches, der Schehnamedschi Lokman, erhält jährlich 400,000 Aspern, etwa 8000 Ducaten. Gelehrte und Dichter sind bei Hofe angesehen und werden reichlich beschenkt. Murad's Zeitalter ist die Blüthezeit türkischer Schönschreibekunst gewesen. Der Sultan selbst dichtet und doch freut derselbe Mann sich auch daran, Affen als Juden mit rothen Kappen herumspringen zu lassen, zu einer Zeit, wo im Serail die Jüdin Kira Stellen zu vergeben vermag. Eine Abirrung hatte er mit christlichen Herrschern gemein, den astrologischen Aberglauben. Als er 1578 eine Sternwarte bauen ließ, hielt man es für ein Zeichen des Verfalls, und der am 12. November 1577 erschienene Komet wurde so gedeutet, als habe er schon elfmal Böses angekündigt. Zuerst Abel's Tod, dann die Sündfluth, Nimrod's Tyrannei u. s. w. jetzt komme er zum zwölften Mal, um Herrschertod und Reichsumwälzungen anzuzeigen. So verkündete geheimnißvoll der Hofastrolog Tafieddin, während vielleicht gleicher Zeit Rudolph von Oesterreich ähnlichen Weissagungen der Sterne lauschte. Allerdings gerieth Manches in Verfall, besonders die Kriegsdisciplin der Janitscharen, doch mochte mehr als der Komet das hieran Schuld tragen, weil man zuerst unter Soliman den Janitscharen Weiber zu nehmen erlaubte, dann unter Selim auch ihren Söhnen Aufnahme gewährte und unter Murad Türken in das Corps eintreten ließ.

In späterer Zeit durften diese Prätorianer sogar Gewerbe treiben, daheim verbleiben und ihre Lücken wurden dann mit Zigeunern ausgefüllt. In ähnlicher Weise gerieth das Finanzwesen und die Lehnsmiliz in Verwirrung und Verfall, erschöpfte sich das Reich und verlor seine Uebermacht. Eine christlichen Staaten und zumal den romanischen Ländern eigenthümliche Quelle der Verarmung lag in den angehäuften Gütern der „todten Hand", welche in ähnlicher Weise auch in der Türkei bei den Moscheen vorgekommen ist (Vakufländereien). Die Türkei schien unter Murad den Zenith ihrer Größe erlangt zu haben, um dann mit dem zweiten Jahrtausend der Hidschret, welches sich 1592 erfüllte, wieder hinabzusteigen, wie dunkele Sagen befürchten ließen. Murad hegt in solchem abergläubischen Wahn selbst gegen den eignen Sohn Argwohn, läßt ihn gleichwohl als Statthalter regieren. Noch aber gebietet der Sultan so mächtig, daß er selbst von dem lange in Frieden lebenden Polen Tribut verlangt, 1589, und wenige Jahre später auch wirklich 100 Bündel kostbarer Zobelfelle und 100 prächtige Kleider zugesendet erhält; an den Großwessir gelangten nebst 12,000 Piastern fünfzig Zobelpelze. Zu jener Zeit (1591) überbringt auch der kaiserliche Reichshofrath Friedrich von Khrekwitz mit einem Gefolge von 50 Personen, außer dem gewöhnlichen Ehrengeschenke von 30,000 Ducaten für die Friedenserneuerung, herrliche Schmucksachen, meist von vergoldetem Silber, besonders Becken, Becher, Körbe, Krüge, Schüsseln, Flaschen, kunstvolle Uhren mit sich bewegenden Figuren u. dgl. m. Alle Vasallenstaaten senden Tribut und Geschenke. Ebenso erhalten Wessire und besonders des Sultans Eidam, der Admiral Kapudan Pascha Cicala, von Geburt ein Genuese, kunstvolle Uhren (wo ein Reiter den Pfeil abschießt, ein Mohr Doggen hält, ein Türke vom Löwen angefallen wird), Gold und Silbergeschenke zum Ergötzen der schaulustigen Orientalen. Als nachher Khrekwitz in Ketten geschlagen wurde, brach der, gewöhnlich auf acht Friedensjahre verschobene, Krieg bereits 1594 wieder los und ein neuer Feldzug begann. Die Karpathenländer waren der Schauplatz. Damals beherrschten die Statthalter von Ofen mehr als die Hälfte des Königreichs Ungarn und waren in schnellem Wechsel folgende gewesen: Oweispascha 1581, Ali Alaikoghli 1583, Sinan Pascha 1585, Ali Pascha 1587, Jusuf Pascha 1587, Sinan Pascha zum zweiten Mal 1587, Ferhad Pascha, 1588 erschlagen, Mustafa Pascha 1591, Hasan der Sohn Sokolli's 1593, Ssofi Sinan 1597, Michali-bschlit Ahmed Pascha 1598, Suleiman Pascha, 1599 gefangen, Mankirkuschi Mohamed Pascha 1601, Kasisabe Ali Pascha 1602, Boschnak Mustafa Pascha 1605, Ali Tirnakdschi 1609, welchem Seferpascha, Ali Pascha u. s. w. nachfolgten. Es gehörte zu den Regierungsmaximen, auch diese Statthalterposten bei dem geringsten Anlasse anders zu besetzen. Murad hatte seine Großwessire elfmal, den Mufti siebenmal gewechselt, unzählige Male die Damen und Sclavinnen, welche sich seiner Gunst erfreuten; nur die Sultanin Walide und die Sultanin Chasseki erhielten sich im höchsten Ansehen. Anfangs des J. 1595 träumte der Sultan Bedenkliches, sein vertrauter Waffenträger Saatdschi Hasan, d. i. Hasan der Uhrmacher, deutet das Traumgesicht auf nahen Tod. Da befiehlt der Großherr 52 Schafe zu opfern, 4 schwarze, 8 gesprenkelte und 40 weiße, begiebt sich nach dem Lustschloß Köschk am Meeresufer und statt Musik verlangt er das Lied zu hören, was also anfängt: „Bimarem ei odschel bu godsche beklo janümde", d. i. „Ich bin unwohl, komm o Tod, wache diese Nacht bei mir." Zwei ägyptische Galeeren fahren vorüber und begrüßen das kaiserliche Lustschloß mit Kanonenschüssen, von denen die Fensterscheiben zerbrechen. Sultan Murad liebte sehr das Hören solcher Kanonenschüsse; nun sprach er schwermüthig: „Sonst hat der Gruß der ganzen Flotte den Fenstern nichts geschadet, jetzt zerbrechen sie von diesen Galeeren. Ich sehe, mit dem Köschke (Lustschloß) meines Daseins geht es zu Ende" — und häufige Thränen überströmten Wangen und Bart. Murad starb im Januar 1595 und man rühmte ihm nach, daß auf seinen Befehl wegen Verdachts Niemand ermordet worden sei, als Zauberinnen und Sclavinnen, welche man ertränkte, weil zeitweilige Unvermögenheit des Sultans dem Nestelknüpfen dieser zur Schuld angerechnet wurde. Vierundzwanzig Stunden später werden schon neunzehn Särge der Sultanssöhne in die Moschee getragen, sieben schwarze Sclavinnen in's Meer geworfen und Mohamed, früher bereits Statthalter, besteigt den Thron. Vier Prinzen, Sultane geheißen, waren zur Thronfolge ausgebildet und außer dem Erstgeborenen im „Käfig" gehalten worden, wie dies später allgemein der Fall zu sein pflegte. Einer von ihnen, Mustafa, dichtet noch kurz vor der fatalistisch empfangenen Erwürgungsschnur die Verse: „Nassijemde Katibi kudret, ne jasdi bilmedüm, Ah kim bu gülscheni aalemde her gif gölmedüm", d. i.: „Ich weiß nicht, was das Loos mir auf die Stirn geschrieben. Ach, daß im Rosenhain kein Lächeln mir geblieben."

Mohamed III. ehrte, wie sein Vater, die Baffa nun als Sultanin Walide, d. i. Sultans Mutter, vertheilte reiche Thronbesteigungs-Geschenke, 136 Beutel zu je 10,000 Ducaten. Die Janitscharen erhielten 660,000 Ducaten; kostbare Winterpelze erhielten die vier Säulen des Divans, die Weffire, Kadiaskere, Nischandschi und Defterdare. 48 Millionen Aspern müssen an die mißvergnügten Sipahi's gezahlt werden, welche Ferhad Pascha's Sturz verlangen. Die Janitscharen zerstreuen die Sipahi's und bekommen dafür einen Nebensold von 100,000 Piaster. — Mohamed hat ebenfalls seine Günstlinge, besonders den Sultanslehrer, den Chodscha Seadeddin und den Bruder seiner Amme, Lala Mohamed Pascha. Er selbst war ein scheinfrommer Mann, dichtete Ghaselen und hieß sich selbst Adli, d. i. den Gerechten. Das äußere Ceremoniell wurde beachtet indeß Heer und Finanzen immermehr in Unordnungen gerathen und die Hinrichtungen noch häufiger werden. Dichter zieren den Hof, Bestechungen aller Art machen ihn verderblich für den Unterlieger. Mohamed war der Sieger in der Schlacht von Keresz-

tes, durch seines Chodscha klugen Rath; am Hofe war er nament=
lich seiner Mutter gegenüber schwach, leicht zugänglich dem Einflusse
höherer Naturen. Am 22. December 1603 verstarb dieser Sultan.
Ihm folgte der 14jährige Ahmed, edleren Regungen zugänglich;
Er läßt gegen das Gesetz seinen freilich blödsinnigen Bruder Mustafa
am Leben, will einen Menschen, der Steine nach ihm geworfen, für wahn=
sinnig erklären, ist gerecht, vom Volke verehrt, mehr der Jagd als andern
Vergnügungen ergeben, doch voll heftiger Unruhe und wankelmüthigen
Sinnes, wunderlich in Plänen, Absichten und Mitteln, Erbauer
von öffentlichen Denkmalen. Die alte Walide Ssaffije muß, als
Ahmed am 4. Januar 1604 den Säbel sich in Ejub umgürtet, am
Grabe des Fahnenträgers des Propheten, in's alte Serail zur Ver=
gessenheit sich zurückziehen. Ahmed wird mit großem Pompe be=
schnitten, ein Fest, wozu die Gesandten der fremden Mächte, als
zum höchsten Ceremoniell, eingeladen werden und beginnt eine Re=
gierung, welche wie die früheren den Charakter türkischer Zustände
an sich trägt. Zunehmendes Verderben, Soldatenaufstände, Länder=
aufruhr, Großes und Schlimmes, wie es Großwessire und das Serail,
das Glück und Unglück der Waffen, mit sich bringen.

Im folgenden Abschnitte wollen wir dem Kriegsspiele unser
Augenmerk zuwenden und hierbei Oesterreich und die Karpathen=
länder wieder auf dem Schauplatze der Geschichte finden, welche
eine wahre „Türkenzeit" gewesen ist.

Es handelt sich dabei nicht um einzelne Ereignisse — obwohl
wir auch solcher gedenken werden — als vielmehr um den Gesammt=
eindruck, welchen diese bunten Farbensplitter der Staats= und Cultur=
geschichte von Europa zurücklassen werden, um unser Auge für Licht
und Schatten der Völkerentwicklung zu schärfen, unser Urtheil
auch für die Gegenwart zu begründen.

VIII.
Sigismund Báthory und die Jesuiten.

In der Reihe der Fürsten jener Zeit ist der siebenbürgische Fürst Sigismund Báthory eine merkwürdige, fast räthselhafte Erscheinung gewesen. Dreimal hatte er dem Throne entsagt und dreimal ihn wieder bestiegen; allerdings etwas in der Geschichte Unerhörtes. Dieser Wankelmuth war sondergleichen, noch mehr die Geneigtheit der Siebenbürger, ihn immer wieder als Fürsten anzunehmen. Man wäre versucht, ihm deswegen eine herzgewinnende Größe zuzuschreiben; aber wie Jemand oft nur aus dem Grunde groß genannt wird, weil Andere vor ihm auf den Knieen liegen, so wurde auch Sigismund nur in der Verzweiflung anerkannt, weil Andere nicht einmal seines Gleichen gewesen sind. Dürfen wir uns in die Anschauungsweise jener Zeit versetzen, so hatte man wenig Ursache, sich seiner zu erfreuen.

Im Album Oltardianum heißt es zum Jahre 1573: „Die decimaquarta Februarii (also am 14. Februar 1573) wird gebohren Sigismundus Báthory Domini Vajvodae ex fratre filius" (Sohn vom Bruder des Herrn Waiwoden Stephan Báthory, des spätern Königs von Polen). Die Chronik setzt hinzu: „An diesem Tag haben rothe Tropfen geregnet zu Somlyó in der Zilágyság."

Sigismund stammte aus einer hochangesehenen Familie, deren Stammbaum auf einen Opos Bathor zurückgeführt wird, vielleicht aus dem deutschen Geschlechte der bayerischen Grafen von Wasserburg, welche mit Stephan's Gemahlin Gisela nach Ungarn gekommen waren. Opos habe im Ecseder Teiche einen Drachen getödtet und so den Beinamen Bátor*) von Ecsed, d. i. der Tapfre von Ecsed erhalten. Der Stamm theilte sich in zwei Linien, die Báthory von Bathor,

---

*) Auch die Turkomannen bechrten ihre Helden mit dem Namen Batur; es ist also ein türkisch-mongolischer Heros, welcher so genannt wird.

Ecsed oder Nyir und jene Báthory von Somlyó. Ein Báthory hatte mit Kinisi 1479 die Schlacht auf dem Brotfelde bei Broos gewonnen, dessen Vater Stephan war als oberster Landrichter in der Schlacht von Varna gefallen. Ein Enkel, der Palatin Stephan Báthory, spielt eine Hauptrolle im Zeitalter des Zapolya; er will die Ketzer verbrennen, läßt 1528 in Schäßburg plündern und brennen; ein Báthory ist hauptsächlich dabei interessirt, die Szekler 1562 hinrichten und ihrer Freiheit berauben zu lassen, wie dies unter Johann II., nämlich Johann Sigismund Zapolya, wegen eines Aufstandes geschehen war, welcher viele bis dahin freie Szekler zu Unterthanen der abligen Ungarn machte. So zählte also die Familie dreißig Jahre vor dem Jahre 1600 unter ihre Vorfahren einen Palatin, sechs Woiwoden, einen Bischof, mehrere Feldherren. Damals lebten drei Brüder Báthory: Stephan, der spätere Woiwode von Siebenbürgen (seit 8. Februar 1576 König von Polen), ein älterer Bruder Andreas, 1563 als Commandant von Großwardein gestorben, und ein jüngerer Christoph, welcher als Woiwode nachfolgte und den 28. Mai 1581 mit Tode abging, während Stephan selbst, der König von Polen, erst am 12. December 1586 das Zeitliche segnete. Stephan hatte keine Kinder, aber er liebte die seiner beiden Brüder. Andreas hatte drei Söhne hinterlassen, Stephan, Feldherr und Großwardeiner Commandant, den zum General erzogenen Prinzen Balthasar und den für den Priesterstand bestimmten Andreas, welcher auch schon in jugendlichem Alter vom Papst Gregor XIII. die Cardinalswürde erlangt, mit dem Titel des heiligen Adrian's, Coadjutor des Bischofs von Ermeland wird und dort 1589 das Bisthum überkam.

Balthasar und Andreas waren bis 1582 im Jesuitencollegium zu Pultusk (Pultowsko) erzogen worden. Der König hatte, sie wie Prinzen unterrichten lassen, dann auf Reisen geschickt, wo sich beide in Rom 1586 antreffen. Da aber ihr Ohm gestorben war, begiebt sich Balthasar bald zu seinem Vetter Sigismund nach Siebenbürgen. Sigismund war der Sohn von Christoph, Stephan's jüngerem Bruder, und hatte eine Schwester Griseldis, welche an den polnischen Großkanzler Johann Zamoisky verheirathet wurde. In seinem Testamente hatte der polnische König sein Silbergeschirr den obenerwähnten Prinzen hinterlassen, dazu dem Balthasar die Kroneinkünfte des Fogorascher Districts in Siebenbürgen. Wohl dachten 1587 die Vormünder Sigismund's daran, ihrem Mündel auch die Nachfolge in Polen zu verschaffen und noch einmal tauchte später,

VIII. Sigismund Báthory und die Jesuiten.

1593, dieser Plan auf; aber dort behauptet sich der **schwedische** „Sigismund", ja er wird sogar von Siebenbürgen mit Waffengewalt gegen Maximilian von Oesterreich unterstützt, indem ein Heer unter Balthasar Báthory, Johann Bornemissza und Albert Király zur Hilfe in Polen erscheint. Balthasar war offenbar, sowie sein Bruder, der Cardinal Andreas, von polnischer Gesinnung, und diese schien dem Hause Habsburg-Oesterreich nicht günstig gestimmt zu sein. Zamoisky zog es vor, mit der Türkei im Einverständniß zu bleiben. Dagegen sandte Papst Clemens VIII. zu Anfang des Jahres 1594 den Cardinal Andreas an Sigismund, um ein **Schutzbündniß** gegen die Türken, unter der Oberhoheit Kaiser Rudolph's, anzubahnen. Der päpstliche Gesandte Cumuleus, die Jesuiten, zumal Alfons Cariglia, hatten dies mit Rom verhandelt; dem Balthasar war ein Oberbefehl zugedacht, auch sollten die Prinzen das goldne Vließ erhalten. Der siebenbürgische Adel war aber ganz und gar nicht für einen Bruch mit der mächtigen Pforte, wohl auch Sigismund nur durch die Ueberredungskünste der Jesuiten und seines Günstlings Jósika dafür gewonnen. Bevor sich dies Alles abspielte, hatte bereits früher ein grelles Licht auf die Verhältnisse geworfen, was zum ersten Mal hier als **Jesuitenfrage** die Gemüther bewegte. Sigismund war zu jener Zeit, als in Oesterreich der Jesuiten-Provinzial Laurenz Magi, dann Szanto, auf Kaiser Rudolph Einfluß gewannen, von dem Jesuiten Johann Leleszi erzogen worden. Seine Vormünder aber, Géczi, Gálfi und Kovácsóczy, wollten, daß Leleszi entlassen und **Michael Brutus** zum Erzieher angenommen werde. Auch Sigismund's Oheim von mütterlicher Seite, Stephan Bocskay, war diesem Plane zugeneigt, sonst aber gehörten von den adligen protestantischen Ungarn Bocskay und Géczi zur österreichischen Partei und waren, ebenso wie auch die Sachsen, **antitürkisch** gestimmt. In Oesterreich begann zu jener Zeit auch der brüderliche Zwist der Erzherzoge. Rudolph hatte sich um das Schicksal **Maximilian's** in Polen nicht gekümmert, war seinem Bruder Mathias abgeneigt, weil dieser mehr zu den Niederländern als zu ihrem Verfolger Philipp II. von Spanien zu halten schien, und konnte auch dem Bruder **Ernst** nicht recht trauen, welcher in Nieder-Oesterreich und Ungarn wenig Erfolg aufzuweisen vermochte. **Maximilian** wird nachher Vormund der Prinzen in Steiermark und verwaltet seit 1595 auch Tyrol, **Mathias** erhält eine Bestimmung in Ungarn; alle überwacht vom Auge der Jesuiten. —

Damals schon war eine Partei in Siebenbürgen auf den oft besprochenen Plan zurückgekommen, einen österreichischen Prinzen als Herrscher in das Land zu bekommen, aber leider waren die Verhältnisse der Erzherzoge damals so beschaffen, wie einmal der Chronist (bereits zum 3. Februar 1575) bemerkte, daß Herr Andreas Rueber mit geheimer kaiserlicher Mission des Kaisers Maximilian an die Sachsen gekommen sei und zwar so: „Hat gebracht viel schöne Worte und leere Taschen."

Religionsfurcht vor Bedrückungen machte Viele erbeben und Joh. Fischart's Schriften von den „Jesuwidern, den Schülern von Ignatz Lugiovoll" und dem „vierhörnigen Jesuiten=Hütlein" waren bis dahin gedrungen und erweckten die Furcht in den Herzen. Andererseits kam so viel Botschaft vom Sultan, und wäre sie auch nur die gewesen, wie die Chronik zum 14. Juli 1576 bemerkt: „ist gekommen schöne Potschaft vom Türkischen Kaiser und hat gebracht Buzdugán und Fahnen für Báthory Kristof Vayda"; — es war genug, um die Gefahr zu erwägen, wie man von allen Seiten bedrängt sei, von zwei Kaisern (als Vasallenstaat) geschützt, die selbst im Kampfe mit einander stehen und im Innern Thronprätendenten, Religionsspaltungen und der Jesuiten „Proselytenmacherei", welche kein Mittel scheute, um selbst über Tausende von Leichen zum Ziele vorzuschreiten. Anfangs hatten in Siebenbürgen drei eigennützige Statthalter*) unter der Oberhoheit des Polenkönigs für Sigismund die Staatsregierung geführt. An ihre Stelle trat später der Großwardeiner Schloßkommandant Johann Géczi. Indeß dieser hatte 1588 sein Amt als Gubernator niedergelegt und starb bald darauf am 7. Januar 1589, sechzig Jahre alt, wobei der Chronist hinzusetzt: „Es waren viele ex Nobilibus so den Geczy beweinet und betrauert haben, allein Sigismundus Báthory soll frohlocket haben, denn er wusste, dass Geczy grossen Anhang im Lande hatte und vieles nicht approbirte, was dieser Sigmundus Báthory gewollet. Die Jesuiten haben ihm ein Epitaphium ge-

---

*) Es waren Kendi Sándor, Sombori László und Kovacsóczy Farkas der Kanzler, von denen eine ungarische Chronik vermeldet, sie hätten nur ihren eigenen Nutzen bedacht: „nem a haza de külőnjavak elömozditása ösztönzé e három férfit Erdélynek nagy kárára." (Im Uebrigen vergl. Fessler-Klein, Geschichte von Ungarn, 1875, 15. Heft, sowie das siebenbürgische Geschichtswerk von Alexander Szilágyi.)

macht, was Báthory nicht sonderlich approbirte, doch verschlucken musste, weil die Jesuiten ihm zu mächtig waren."

Diese nächsten Ereignisse wollen wir mit den Worten erzählen, wie Miles in seinem „Siebenbürgischen Würgengel":

„Als nun Sigismundus für sich selbsten frey zu regieren die Gewalt vom Gubernatore überkommen, haben alsbald die 3 Stände vnd Nationen diss gewünschte Gelegenheit ihr lang bey sich im verborgnen gehegtes Vornehmen dermahl eins werkstättig zu machen ersehen vnd den 10. Decembris im nahmen des gantzen Landes ihre Supplication an I. F. G. (Ihro Fürstl. Gnaden) lassen abgehen, vnterthänigst bittend, dass doch I. F. G. in dero Regiments Eingang zu erst dass jenige wolle Christlichst beobachten was zu Gottes majestätischen Ehren beförderlig sey: Solle nicht mit dem vnbedachten Sohne Salamonis, dem Roboam, seiner alter Raths-Herren Fürschläge verachten, vnd der junger vnerfahrner Leutte Rath sich gebrauchen. Reg. 12. Cap. 23 vers. Sondern der alten weiser Rathschläge mit dem König Joas dem Sohn Abasiae. 2 Reg. 11. Cap. 9. vers. anhangen vnd mit denselbigen alle fürfallende Landes Geschäfften entrichten: Bevorauss aber weil in diesen eüsserst-gefährlichen Laufften die hoch dringende Noth solches erfoddere, als flehetten vnd betthen Sie in demüthigster Unterthänigkeit, dass Jhro Fürstl. Gnaden aus eingesambten Gefallen seiner Raths Herren (wie sie denn im jüngst gehaltenen Partial-Land-Tag zu Enyetten den 20. October sich darin einwilligkligen erkläuret hatten) die Jessviter wolle abschaffen vnd gantz aus Siebenbürgen ausrawmen, weil vns dieselbe Gattung der Menschen gar vnbekand vnd beyde, Gott vnd den Menschen, verhast vnd feindseelig ist. Sie auch dartzu von männigklichen für Feinde des Vatterlandes aussgeruffen werden.

Wie nun diese Suplication Sigismundo erwelten Mitwoch eingehändiget worden haben I. F. G. durch H. Getzi vnd Volffgangum Kovachoczki Cantzlern selbe folgenden Donnerstag beantworttet, dass Ihr F. G. zwar Ihre Suplication übersehen vnd bester massen erwogen hetten: Weil es aber zu dieser Zeit ein vnbeqvemes Begehren sey vnd vill nothwendiger Geschäfften vorhanden seyen; Als solten sie bey hindansetzung dessen Handels andere Rath Schläge itzt für die Hand nehmen.

Darauftst aber wurden die 3 Stände sehr verbittert vnd

beschlossen keines weges von diesem Begehren abzustehen, sondern zu hand I. F. G. von newen zu ersuchen: Wie denn auch alsbald geschahe, in folgender Sollennischer gestalt".

Soweit Miles, und werden wir aus dessen Chronik das Weitere mittheilen, nur kurz hier eine kleine Bemerkung einschalten. Es hat nämlich ein Theilnehmer des Landtags vom Jahre 1588 die Vorgänge genauer aufgezeichnet, wahrscheinlich Albert Huet.*) Da findet sich nun folgende charakteristische Stelle:

„War denn zu dem Fürtrag und Botschaft zu Ihro Fürstl. Gnaden erwehlt der Herr des Adels**) samt denen ältesten etwa 20 Personen .... zwischen den Teutschen der Königsrichter aus Hermannstadt und Einer aus den 7 Richtern. Der Fürtrag, so schriftlich Ungarisch verfasset, war sehr lustig zu hören und zu lesen. Als nun solches verlesen war, traten die Botschaften von Fürsten heraus, welcher in des Hannes Schuller's Hauss in der grossen Stuben beym Tisch sass, und Herr Gubernator samt den Herrn Kendi Sándor und H. Wolfgang Kovaciotzi Kanzler auf der rechten Seite des Fürsten stunden, auf der linken Seite aber Herr Batori Boldizsár und Herr Galfi János und Peter Deak, Unterhofmeister. Und alssbald wir auss der Stube herauss anfingen zu tretten, weil zuvor drey Jesuiter daselbst in der Stube stunden beym Ofen u. ohne Zweifel auf die Botschafte gewartet haben, da tratten sie auch herfür bey den Tisch für Ihro F. G., welchen man alsbald eine Bank darsetzte, dann auch zwei Kämmerlinge da stunden und auf den Dienst warteten und die Jesuiter darnach sitzende ihre Entschuldigung und daneben auch Bitte um Protection fürgebracht haben." ....

Der Fürst und die Jesuiten waren also allein des Sitzes gewürdigt worden. Wir übergehen die weiteren Mittheilungen Huet's, welcher eingehend den Verlauf der Verhandlungen schildert und auch erwähnt, daß zwei ungarische Bischöfe sich mit den Ständen über den Ausweisungsbeschluß gegen die Jesuiten mitgefreut haben und lassen nun Miles das Wort nehmen, um uns den Inhalt der ständischen Beschwerde zu verdeutschen.

---

*) In kurz, „Nachlese" (Kronstadt 1840.), Seite 129 (vergl. Dr. Friedrich Teutsch, Monographie über Albert Huet).

**) Als Landesmarschall, Wortmann oder Stände=Präsident, fungirte Bánffi Boldizsár.

„Durchlauchtiger Fürst vnd Gnädiger Herr! Dero Fürstl. Gnaden beantworttung auff der Jessviter Sach ist vns kundig gemacht worden, in welcher Ihro Fürstl. Gnaden vns gnädigst lassen anmelden, dass in nächst gehaltnen etligen Partial Land-Tägen die Landes Stände über der Jessviter Zustanden vnnd Religion hetten auss einhelligem Rath beschlossen, dass man dieselbige solte verdulden; derowegen solten auch wir dabey beruhen dieses vnser begehren vorbey gehen vnd andere Geschäfften für die Hand nehmen; denn es seyen auch aus den Landes Ständen etliche vorhanden, so gleicher gestalt embsichklig von I. F. G. (Ihro Fürstl. Gnaden) betten (bäten) die Jessviter im Lande zu behalten. Weil wir aber sehen, dass damit des Vaterlandes vnd der Edelschafft Freyheit sehr geschwächet wird vnd in höchste Gefahr versetzet, als werden wir bezwungen diese Sachen was genawer zu beobachten vnd von ihrem Ursprung her zu besichtigen.

Von Anbeginn der hiehero gepflanzter Ungrischer Resspublic ist diss des Reichs Ungern Freiheit vnd Vortheil gewesen, welche sie denn folgender Zeit auch mit grossem Bluth-Vergiessen verthädiget vnd zu allen Zeiten vngekränket behalten haben, dass sie nehmlig von alle dem Jenigen was da zur wolfahrt vnd ersprösslichkeit des gemeinen Wesens gereichligen erschiene, aus volmächtiger Gewalt vnd vollkömliger Würdigkeit frey vnd vngehindert rathschlagen gekönt vnd vermögt haben. Welches hierauss zu sehen vnnd zu ermessen ist, dass sie ihre Fürsten immer mit freyer Stimm erwehlten, welche künfftige Zeit wider des Landes Willen vnd ohne dessen Einstimmung gantz nichts beständiges oder etwa beharliges beschliessen vnd bestellen gekönt: Und wenn sie auch gleich etwa so der Zeit gemess zu der Resspublic wolfahrt vnd des Vatterlandes bleiben aus hoch-dringender Noth verordnet hatten, stunde es ihrer eben auch vorher erzählter freyer Stimme vnd vorzug der Edelschafft frey dasselbige abermahl zu verändern, zu verbessern oder auch gantz abzuschaffen.

Diesen Vorzug der Freyheit nun haben wir von Anfang der gegründeten Ungrischer Resspublic biss auff den heuttigen Tag ob schon vnser Vatterland viller Veränderung vnd ausssplünderung unterworffen gewesen, vnverbrochen vnd vngeschänedet zu erhalten vns zum embsigsten befleissiget und wollen diejenige Kleynody der Freiheit auch künfftigen zu ewigen Zeitten, damit wir nicht aus vnserm Geschlächt geschlagene Kinder mögten erfunden werden, sondern villmehr vnserer Vätter Fustapffen mit Ehren nachfolgen, mit allen Kräfften verthädigen vnd möglichst beschützen.

Bey diesen also gestalten Sachen nun Gnädiger Fürst ob es schon bekannt ist, dass im nächst gehaltenem Landtag etwa von den Jesviten im Lande zu behalten beschlossen sey, jedoch können wir bey betrachtung vnserer uhralter Freiheit vnd der Edelschafft Vorzug diejenige Gemäche vnd Satzungen anders stellen, dadurch Gottes Lobe und Ehre ein gnügen geschehe vnd wir vnser Freythumb mögten rächen. Aus den Hystorien ist 's offenbahr, dass von Anfang her diese Manier ist behalten worden, dass wenn Fürsten aus nothzwang etwa zu vernewern bey sich im Sinne geführet, so haben sie stracks zu Anfangs einen allgemeinen Land-Tag beruffen vnd wenn dass Land seinen Willen und zustimmen darzu gegeben, da hat erst die ernewerung ihre Krafft vnd Fortgang überkommen. Auff diese Weg vnnd Weise hatte man auch in der Jesviter sollen fortfahren vnnd ehe man sie ins Land einführette, nothwendigerweise zuvor im allgemeinen Land-Tag davon rathschlagen, da man nehmlich verwichener Zeit noch für die Königin Isabella hereinkunfft in Siebenbürgen die Bäpstische Religion mit all ihrem Orden vnd Lährern aus dem allgemeinen Rathschluss des ganzen Landes fort musterte, darum kann ihr (der Jessviter) Beruff (wie sie fürgeben) nicht rechtmessig seyn. Derowegen muss man itzt achtung haben der voriger Zeit-Satzungen damit sie gäntzlich erhalten würden, bevorauss weil in den letzten Satzungen zu Weissenburg anno 1585 dieser Sachen endliche Abschneidung in den algemeinen bisshero noch nicht gehaltnen Landtag war fortgeschoben, dessen denn Vrtheil dieses ist: „Was die Religion anbelanget soll eben dieselbige Manier vnd Brauch gehalten werden in allen Punkten vnd Clausuln wie bisshero geschehen, soll auch in allgemeinen Land-Tägen nichts sonderliges angeordnet werden. Nun derowegen Gnäd. Fürst weil wir ingesambt hieher sind beruffen worden, erachten wirs für rathsam, was zuvor mit einem gewissen Beding von den Jesvitern beschlossen worden, anitzo zu verändern, bevorauss weil sie selbsten zu diesem Ursach gegeben, da sie sich in ihren Schranken nicht gehalten haben: denn sie haben nicht nur allein die Jugend in freyen Künsten vnterwiesen (dass denn ihr eigentliges Ampt war), sondern haben auch ihre Religion öffentlig vnnd allenthalben durch Gassen, Kirchen vnd Strassen durch ihre Weyh-Gänge (Proceſſionen) fort gepflantzet vnd zwar an denjenigen Oertherrn, da ihnen keine Vollmacht vom Lande zugelassen ist: denn auch zu Wardein haben sie S. Aegidi Kirchen, da man sonst eine reinere Lähre predigte, mit gewalt eingenommen, nicht die Jugend zu vnterweisen, sondern zu dem Ende ihre Lähre auszubreiten, haben das Creutz zum nachtheil der Bürgerschafft mit gewaffneter Hand vmbgetragen vnd einen grossen Aufruhr erwecket, dass wenn die darzu verordnete nicht bei Zeit auffgewachet hetten, wäre ein jämmerliger Lärm entstanden. Mit diesen sich noch nicht begnüget, sondern haben die nächstgelegnen Dörffer durchgelauffen, damit ihre Lähre desto weitter vnd breitter aussustreuen, das Hauss des Predigers zu S. Kozmann haben sie eingenommen denselben mit Vnrecht auss gestossen, die Bücher so er gehabt, zerrissen vnd ihn sampt den Einwohnern schändligen gehalten. Auch dass sie in Siebenbürgen ihr vorgeschriebne Gräntzen haben überschritten, ist offenbahr: denn gantz Zeckel-Land, die gegend vmb Neumark und Karansches sind sie nicht von villen (da zwar auch das nicht wider die gemeine Ordnungen wäre sollen geschehen), ja von niemanden dahin beruffen, auss eigenem Gefallen durchgewandert, nicht auss Vrsach die Jugend zu vnterweisen, sondern ihre Lähre je mehr vnd weitter ausszubreitten.

Wie rechtmässig aber vnd mit welchen Privilegien, dass sie ihre Güter besitzen, erscheinet auss denen im allgemeinen Land-Tag Anno 1556 geschlossne Artikeln allwo ausdrückligen verfasset ist, dass der Bischoffthümber Capitels Convents vnd Praepositus, wie auch andrer Geistliger Personen Gütter nicht denen sollten zugestellet werden, von welchen die Privilegia genommen sind: derowegen siehet Jederman, wie dasselbe Jhnen kan oder soll Beyfahl geben, was ihnen wider des Landes Ordnungen verliehen ist, dieweil solche Anhänke, Donatio oder Statutio, welche wider des Landes Satzung geschehen, keine

Krafft noch Bestand haben. Sie gleichwohl mit diesem noch vnvergnüget, haben nicht allein das Münster sampt allem Zugehör, sondern auch Sz. Mihály-Köve (genannt) mit den vmbliegenden Dörffern auch im Wardeiner Gebieth liegende vnd das Fiscum angehörige Dörffer eingenommen, woraus kläbrligen abzunehmen ist dass sie nach was höherm trachten. Darnach dass sie ihren vorgesatzten Zill vnd Schranken überschritten haben, ists klahr auch hieher, dass sie auch in Türkey gezohen vnnd die Wallachische Länder durch ihre Commissarios mit ihrer Religion zu reformieren sich vnterstanden haben. Welche Kühnheit vnd Vorhaben denn weil sie beym Türkischen Keyser nicht zu verhölen ist, welch Vnglück Sie vnserm Vatterland mögten zurichten, verstehet ein jegklich guttes Hertz. Demnach sie nun solches wider des Landes Ordnungen verübet haben, in was für Gefahr vnsere Freyheit durch Sie mögte können gebracht werden, geben vns Exempels vnd Beyspiehls gnug der Nachbahr Völker Verheerungen, in welchen Gebiethern so bald sie einen Fuss nieder können setzen, sie alsbald die schräcklig ste Bluth-Bader angerichtet haben. In Frankreich haben sie Bluth-verwanthe Fürsten auch mit Verletzung des eydlig versprochenen sichern Geleits zu den Waffen aneinander gereitzet, dass an einem Tage über 10,000 frommen Christen die Hälse entzwey geschlagen worden, davon dass Bluth wie rothe Bächer in Gassen geflossen. Denn wenn sie die jungen Printzen vnnd Herrlein vnterweisen, wollen sie nicht allein Meister in Geistligen, sondern auch in Weltligen Händeln fürnehmbste Raths Herren seyn, wie denn dem Portugaleser Könige (Sebastian) geschehen, der aus Zulass vnnd Anstiften des Bapsts den getroffnen Friedens Bund mit den Mauritaniern gebrochen vnd von ihnen zu kriegen wider dieselbige angehetzet worden, welche denn dem meyneidischen König nach erlegtem Heer biss auffs Haupt auch sein Leben genommen haben. Dasselbige können wir auch nicht vorbey gehen F. G. was wir mit Augen erfahren, müssen wir. (doch mit gunst Ew. Fürstl. Gnad.) herauss sagen, dass die Jesvitter nicht nur aus pflicht ihres Amptes, sondern auch sonsten zu jeder Zeit bey vnd vmb E. F. G. seyen: Vnd erfahrens offenbahr, so wir nur mit dem geringsten Worte etwas wider sie verüben, verleumden sie uns, als hätten wir damit wider I. F. G., hart gesündiget vnd beschweren mit solchen Affter Reden E. F. G. Ohren, dass sie E. F. G. Gunst vnd Gnaden vns verändern, ihre Catholische befördern, vnd vns verhast machen, dass wir uns keiner Sicherheit jemahls zu getrösten haben.

Newlig in einer zu Rom gehaltenen Oration und andern gewissen Schriften haben sie klährligen offenbahret, welcher Gestalt sie ihre Netze in Siebenbürgen ausgespannet haben, dass sie nehmlig die Jüngling von ihrer Vätter Hälsen wolten wegziehen vns mit vnsern Kindern ja mit vnsern erzogenen und mit vnsern eignen Netzen bestriken: Zu Clausenburg hatten sie eine Festung oder Hohe Schul wieder vns auffgerichtet: Welches daher zu ermessen ist, weil deren Schullen- jünger, die Edle Knaben alsbald zu den Waffen greiffen und haben nicht unlängst Ursach gegeben zu einer grossen Auffruhr, dannenhero wenn Gott nicht sonderlig dafür gewesen wär ein öffentlicher Mord entstanden wäre. Zu Cracaw haben nicht unlängst die Catholische Studenten ein Hauss, darin die Calvinisten pflegten zu lehren, bestürmet, mit Freude angezündet, die drinnen Begriffene alle erschlagen und alles zerstöhret. Gleich wie vor alter Zeit, als der Bapst auch in Siebenbürgen herschette, dass grösste Theill der Land-Güter in die Gewalt der Bischoffe, Mönichen und anderer geistliger Personen war kommen, können wir ermessen, dass vns solches auch itzt widerfahren kan. Sie bethören die Jugend und locken sie mit höchstem Eydschwur an sich, auch eignen dero bewegliche und liegende Erb-Güter ihnen selbsten zu und erschöpffen dass Land: Weil wir aber zwischen den 2 mächtigsten Keysern vns befinden, müssen wir deren einen mit Gaben und Geschenken ersänfftigen, den andern, so er vns überlästig ist, mit gewehrter Hand abtreiben, weil aber vnsere Einkommungen (Rente) jener einsamlet, ermangeln wir hierzu der Seelen derer Dinge. Vill übergehen wir J. G. F. nur mit stilschweigen, damit wir nicht E. F. G. Ohren damit beschwerlig seyen, denn mit was für unerträglichen Bürden sie ihre Unterthanen überladen, die sie für ein wenig Fleisch zu essen mit Fl. 12 abstraffen, und welche nicht nur von Christligen sondern auch von Weltligen Leutten zu verüben vnleidliche Tyranney dass sie an ihnen begehen, berühren wir itzt im geringsten nicht. —

Vbrigens bilden E. F. G. auch dieses vns für, dass etlige nicht geringes Ansehens Herren embsigklich bei J. F. G. anhielten vmb die freye Vbung der Catholischer Religion, was aber diese anbelanget, ist männigklichen bewust, dass noch von Anfang der reinerer hieher gepflanzten Religion immer etlige Catholische in Siebenbürgen sind gewesen, welche doch niemals für eine Universität sind gehalten worden, wie solches aus den in verwichener Zeit in algemeinen Land-Tägen geschlossenen Artikeln klährligen abzunehmen ist, dass nicht einer, oder auch mehr, sondern dass grösste Theill des Landes für eine Universität soll erachtet werden; derowegen wollen wir dieselbige als vnsere mit dem algemeinen Band der Gesellschafft verbundene, gebetten haben, dass sies vns zu gutt halten, weil wir sie für eine Universität nicht erkennen können, unterdessen wollen wir in keinem Theill ihre Gewissenheitten verbunden haben, sondern begaben sie villmehr mit höchster Freiheit. Dass aber E. F. G. vns ermahnen, man solle eine bequämere Zeit diesem Handel aussersehen: Können E. F. G. dessen eindächtig seyn, als wir Anno 1585 in öffentligem Land-Tag wie auch andern zusammen Kunfften vmb diese Sache flehetten, dass dieser gantze Handell in itzigten algemeinen Land-Tag wurde fort geschoben: Weil demnach nun derselbige güldinne Tag vns auffgegangen ist, so wir hieher beruffene vns hauffenweiss versamlet, damit wir nach dem Exempel vnsrer Vorfahren von dem Jenigen, für all andern zum nothwendigsten, was zu Gottes Ehren beförderlig ist, mögten beschliessen, zu wessen Bestättigung denn wir in diesem grossen Land-Tag wie E. F. G. sampt deren Hoch Vesten Räthen vor gnüglig erkennen und erachten.

Derowegen supplicieren wir an E. F. G. vnterthänigst vnnd embsigst E. F. G. stellen das Exempel des Durchl. Polnischen Königs (Stephani Báthori) für Augen, welcher wie er zum Siebenbürgischen Fürsten eingeweyhet wurde, ob er schon zuvor sich zur Catholischer Religion bekennete liess er doch zu liebe vnd gefallen der Landes Stände, wie lange er in Siebenbürgen regierte, die Mess-Pfaffen nicht zu, sondern hörte der reinerer Lährer öffentlige Predigten an: Dieses als E. F. G. Herrn Vatter Bruders Fussstapfen (so E. F. G. insonderheit geliebt und werthgehalten) folgen E. F. G. vnver-

ruckt nach, vnd erweisen seine lauttern Frömbkeit und Gnade
kegen vns mit vollziehung vnd einwilligung in dero Supplicanten
Begehren, damit auch vnsere Gewissenheitten dabey beruhen
mögen. Weil wir nun dieses eintzige Vornehmen haben, dass
wir nehmlich bey Vnverletzung eines jeden Gewissens die
Freyheit des Vatterlandes mögen beobachten, wie auch allem
einreissenden Vbeln möglichst stewren vnd wehren."

Wie nun diese Supplication I. F. G. durch Herrn Alberthum
Hueth Sachsischen Comitem vnd Stephanum Bodoni Thordens:
Comitem noch denselben Tag als oben-erwelten Donnerstag im
nahmen der dreyer Landes-Stände vnterthänigst einge-
händiget wurde, haben Selbige durch H. Wolfgangum Kovachoczki
Cantzlern vnd Johannem Galfi, Sie folgenden Freytag am Fest
S. Luciae beantwortet: „Dass nehmlig I. F. G. aus angebohr-
ner Miltigkeit zu liebe der Landes-Stände die Jesviter von
Wardein, Weissenburg, Clausenburg und Sz. Mihály Köve
(genannt) wollen zusammen ziehen und dieselbige ins Münster
(Monostor) oben Clausenburg beschliessen. Und solches thuen
I. F. G. ohne jemandes Beleidigung, massen dasjenige Erb-
Gutt auch nochmals dero Religions genoss-Geistligen sey zu-
gehörig gewesen." Aber diese Erklährung war den Ständen
vill schwerer, als dass sie dabey beruhen könnten, das man
noch von Wardein her mehr Jesviter in Siebenbürgen solte
bringen vnd dieselbige über einen Hauffen gleich wie ein festes
Schloss ins Clausenburger Münster versetzen. Derowegen entbieten Sie Sigismundo zu: I. F. G. wollen doch die gestrig
übermachte Supplication was genawer behertzigen und gnädiger
beantworten, denn die Landes-Stände seyen einmüthiglig entschlossen, so lange das geringste nicht von den nothwendigen
Landes Geschäfften für die Hände zu nehmen, bis man der
Jesviter Sache nicht gäntzligen entrichte.

Derowegen erklährte sich Sigismundus auss langerwognem
Rathschluss durch H. Volfgangum Kovachoczki Cantzlern vnd
Johannem Gétzi den 16. Decemb. folgender gestalt: „Demnach
wir vns für bestättigten Siebenbürgischen Fürsten erkanten
vermeinten wir, Ihr würdet, als die vns von Hertzen liebten,
bei vnserm gestern ertheiltem Bescheid in der stille beruhigen
vnd dasselbe was wir vnd vnsre Raths-Herren für rathsahmst
zu seyn erkanten im gutten auffnehmen vnd euch zu Gemüth

führen., wer der Jesviter Einkunfft in Siebenbürgen gestifftet habe vnd dessen Vrsacher gewesen sey? nehmlich vnsers H. Vatter Bruder der Durchl. Polnische König vnd weyland vnser geliebster Ernehrer vnd Pfleg-Vatter, dessen Ansehen denn etwas was bei Euch solte geltig seyn. Hierzu kompt auch das, so bei Euch denn ein grosses Auffsehen solt haben, dass die Jesviter Vns gleichsahm von Mutter-Schoss genommen vnd in freyen Künsten möglichstes Fleisses unterwiesen haben, vnd in gutten Sitten. Philosophischer Wissenschaft zu Vnsres lebens Wolfahrt zu vnterrichten sich lobwürdig bemühet haben, dazu hübsch zu reden vnd recht zu richten gelähret. Ehrbarkeit und Zucht zu erhalten nach der Phylosophen Regeln, zu des Landes Nutzen vnd Wolfahrt Vns angewiesen haben: Welches alles wenn Wirs bey vns selbst betrachten, erachten Wirs für billig nicht, dass Wir sie von Vnserer Seitten solten verstossen, sondern dass wir solches mit allerley Dankbarkeit vergelten vnd sie als Vnsers lebens Beschützer, Pfleger vnd Versorger mit aller Ehrerbietigkeit vmbfahen vnd solches ihnen reichligen vergelten solten. Demnach Wir aber sehen hierin des gantzen Landes einmüthigkliche Einwilligung, beruhen auch Wir in diesen Sachen, ob es schon Vnserer Würdigkeit zuwieder scheinet, jedoch empfehlen Wir Vns auch hierin ewrer Gewogenheit dass Ihr in alle dem, was zu Vnserm Willen, Ansehen, vnd des Landes Wolfahrt beförderlig ist, ihr gleiches fahls bereitte Dienste, vnd euren geneigten Willen durch die gebührlige Landes Stewre zu dessen heils Beförderung erklähren und darreichen werdet. Dannenhero können Wir nicht vnterlassen, dass Wir in diess ewr eröffertetes Begehren nicht solten einwilligen, von Vnsern Rechten dieses mahls abstehen vnd alle vnd jedwede Jesviter aus Vnserm Gebieth so wohl auss Vngern als Siebenbürgen innerhalb dem 15 Tag aussmustern vnd in Ewigkeit von hier aussszubleiben durch beschlossene vnd bekräftigte Land-Tags Artikel verweisen sollten." Wie dieses die drei Stände vernommen, hat das Land mit grossem jauchtzen vnd jubiliren in der Medwischer Kirchen aussgeruffen: Vivat illustrissimus Princeps Sigismundus Vivat Vivat.*)

---

*) „Dieses hab ich" (sagt 𝔐iles weiter) „kürzligen alhier wollen vermelden, keinem Catholischen (wie sie den gewöhnlichen Nahmen behalten)

zu einiger Verkleinerung, massen wir woll bewust, dass eben die Jenige Lähre nebenst den Vbrigen dreyen in Siebenbürgen durch öffentlich darüber geschlossnen Landes-Artikel ia Approbatarum Constitutionum Regni Transsilvaniae Partis primae titulo primo Articulo secundo Folio 3 angenommenen Relligionen gleicherweiss ihre freye Vbung vnd Ansehlige Bekenner hat: welcher derowegen wir eben darauff nicht zu schmählen, wie vnsere Confession zu ehren vi Vnionis Regni verbunden vnd verpflichtet seyn. Sondern nur einig warumenhero vnd was Ursachen wegen der Jesvitische Orden (welchen denn die Bäpstler selbsten an villen Oerthern wie eine Pest fliehen) aus vnserm Vatterland sey ausgewiesen worden, habe ich allhier kürtzligen den Handel mit seinen Vmständen wollen erklähren vnd kuntbahr machen." — —

Diese Proscription der Jesuiten wurde mit ausdrücklicher Bezugnahme auf die Landtagsbeschlüsse von 1588, 1607 und 1610 im Approbatal-Gesetze erstem Theil, Titel 3, Artikel 1, wiederholt und in dem Leopoldinischen Staatsgrundvertrage Siebenbürgens von 1691, welcher bei jedem neuen Regierungsantritte bis in dies Jahrhundert als Inaugural-Diplom erlassen wurde, bestätigt, freilich nur gegen das ausdrückliche Verlangen der Stände, die directe Ausschließung der Jesuiten zu bestimmen, bloß mit den Worten, „es solle in Angelegenheit der daselbst recipirten Religionen oder betreffs der Einführung irgend eines andern geistlichen Standes oder kirchlicher Personen, als wie sie bis jetzt dort bestehen, nichts geändert werden." — Siehe meine Siebenbürgische Rechtsgeschichte, erste Auflage, I. Bd., Seite 77 und 100, dann dieselbe, zweite Auflage, I. Bd., Seite 160 und Seite 339.

IX.
Das Jus ligatum. — Das gebundene Recht.

Johann Sigismund hatte also 1588 in die Vertreibung der Jesuiten gewilligt, aber sein Versprechen nur scheinbar gehalten. Am Hofe blieb sein Beichtvater und stille Rathgeber in Soutane und Attila, aus dem angegriffenen, rachedürstenden Orden. Dazu kam die politische Verwicklung mit der Pforte. Gegen den Sultan war Sigismund um so mehr eingenommen, als er 1592 der Pforte 100,000, dem Großwessir aber 50,000 Ducaten versprochen hatte, wenn ihm die polnische Krone verschafft würde. Indeß der Plan war vereitelt und ihm vom Großherrn auch die beabsichtigte Vermählung mit der Tochter des Großherzogs von Toscana durch einen Tschausch untersagt worden. Aber auch im Innern gährte es bedenklich. Der Adel wollte damals, wie so häufig im Mittelalter, auf Kosten Anderer leben. Seine Standesfreiheiten waren zumeist nichts anderes, als Loslösung von den Staatspflichten, welche man gerne auf Bürger und Bauern überwälzte. War doch der moderne Staatsbegriff damals noch unbekannt und lag das öffentliche Interesse im Kreise der Standesklassen, wie selbst heutzutage die magyarische Nation als solche das Vorrecht der eignen Selbstsucht*) als das Princip des öffentlichen Lebens zu behaupten vermag. So geschah es auch in Siebenbürgen und was diesem Klassenkampfe die Gehässigkeit nationaler Leidenschaft giebt, ist der Umstand, daß die „fruges consumere nati", die zum Genuß Geborenen, eben nur ein magyarischer Adel gewesen sind, die zur Arbeit Berufenen, die übrigen Nationen, Bürger und Bauern, vornehmlich aber die Sachsen. Auch hierüber lassen wir unsern Gewährsmann Miles in seiner Chronik sprechen:

---

*) Vergl. Vollgraff-Held, Menschen- und Völkerkunde, I. Bd., Frankfurt a. M. 1864 § 372, Seite 683—687.

IX. Das Jus ligatum, das gebundene Recht.

„Wie bald Sigismundus Bathori durch sich selbsten an-gefangen zu regieren, ist bald des Kindischen Regiments Nutzbarkeit in dem Land besonders vnter den vill bedrängten Sachsen gespühret worden: Denn nebenst den vill vngewöhnlichen Zinsen, so Sigismundus für sich selbst auspressen liess, waren auch die Privat Feind der Sachsen vnter den Edeln-Leutten nicht aussen, welche trotzig fürgaben: Billig könte vnd solte man die Sachsen zu allen Landes Lasten vnd Beschwernissen brauchen, massen sie nur Hospites, Adventitii, Inquilini, Gäste, Frembdlinge vnd Sättler & & in diesem Lande seyen, weil die Vnger vnd ihre Alt-Vätter, die Hunnen, der Sachsen Vorfahren hatten aussgejaget, dass nur dero Reliquien überblieben, müssten die heuttige Sachsen ohne Zweiffell nur aus Gnaden der Hunnen übrig blieben seyen; ihrer Arbeit desto besser (bevorauss weil sie meistentheils Handwerker) zu geniessen: Gleich wie es der Türk mache, wenn er ein Land überkähme, erschlüge oder führe er die beste Einwohner davon, vnd behielt nur den Pöffell zu ihrer Arbeit als leibeigne Vnterthanen. Also hätten's auch die Vnger in Siebenbürgen mit vnsern Vättern gemacht, derer Bluhm sie denn erschlagen oder ausgejaget, dass übrige Bawren Volk aber lassen verbleiben, vnd zu ihrer Arbeit hier sitzen vnd zwar auff ihrem — nunmehro mit dem Schwerd erworbnem Boden: Dannenhero die heuttige Sachsen von rechtswegen der Vnger „Peculium" (Eigenthumb) solten genennet werden, vnd von ihnen Usum fructum (nutz vnd fruchte) zu geniessen haben."

Der Sturm wurde wohl im Landtage durch eine kräftige Gegenrede des Königsrichters von Hermannstadt, Comes Albert Huet, einstweilen abgelenkt, aber die Tendenz blieb, und der Erfolg war eben der, daß außer der Tapferkeit im Reiterheere, einigen Hofdiensten und landwirthschaftlicher Inspection, der ungarische Adel auf allen Culturgebieten des großen Volks- und Staatslebens damals kaum in der Lage war, seinem Vaterlande nützliche Eigenschaften und fördernde Leistungen entgegenzubringen. Was in dieser Beziehung Werthvolles geschah, erfolgte in Siebenbürgen zu allermeist von Seite der Städtebewohner, also zumal der Sachsen. Sie waren es vornehmlich, deren Städte und Kirchenkastelle die Festungen des Landes gewesen waren, deren Kanonen das schwere Geschütz lieferten; sie und die Szekler, welche das Fußvolk beistellten;

diese und alle Unterthanen, meistens Walachen oder Romänen, welche die öffentlichen Lasten trugen. Die deutschen Feldherren und deutschen Regimenter, oder vom deutsch=österreichischen Solde gehaltenen Truppen und Grenzfestungen, die waren es ferner in erster Linie, welche den Krieg mit den Türken auszufechten vermochten. Der Adel spielte dabei kaum eine andere Rolle, als die Sipahi's der Os= manen; er lieferte tapfere Krieger zu Pferde, einen großen Theil der leichten Cavallerie, und verlangte Ehrenauszeichnungen aller Art, Donationen abliger Güter.

Es ging damals ein großer Mißmuth über den Adel durch alle Hofkreise. Ueberall war die Luft voll von Plänen des Abso= lutismus, wie man den Trotz und die Leistungsunfähigkeit, die territoriale Gewalt der Standesherren, zu brechen vermöchte.

Um nur ein Beispiel zu erwähnen, so hatte des Fürsten Vetter, Balthasar, einstmals einen beim Fürsten beliebten Höfling Jósika von Karansebes geschlagen, zwei Edelleute, welche sich des Vertrauens des Fürsten erfreuten, wegen einer vermeintlichen Ver= rätherei gegen ihn, den Gyulaj, auf dessen Gut Abafája und den sogar um die Person des Fürsten verdienten Gálfi in Huszt am 30. December 1593 ermorden lassen. Sigismund, und noch mehr sein späterer Nachfolger Gabriel Báthory — zu geschweigen vom kaiserlichen General Basta — hatten es wohl begriffen: mit dem Adel war es schwer zu regieren, noch schwerer den Türken zu widerstehen, dessen Staatsgewalt eben in der Omnipo= tenz des Herrschers beruhte! Dies Alles macht es erklärlich, wie der Despotismus, als Staatsraison eines Machiavelli, die Cha= raktermaske der Herrscherweisheit an sich tragen konnte. In Ungarn war es nicht besser. Die Italiener, so namentlich die venetianischen Gesandtschaftsberichte, schildern den Zustand erbärmlich. Lorenzo Contarini hält die Abligen für Räuber und in einem Be= richte von 1580 heißt es: Man könne die Herrschaft, welche der Adel in Ungarn über das Volk ausübe, nicht mit diesem Namen be= zeichnen, man müsse sie Tyrannei nennen. Es sei eine solche Verwilderung der Sitten in Ungarn eingetreten, daß man zwischen den Christen und den türkischen Eroberern kaum einen Unterschied bemerke; sie seien einander gleich in Tracht, Lebensweise und Ge= bräuchen. An und für sich, meint zwar Soranzo, wären wohl die Ungarn im Stande den Türken zu widerstehen, aber innere Kriege, allgemeine Verschlechterung und die Insolenz der Magnaten hätten

IX. Das Jus ligatum, das gebundene Recht.

das Land zu einer Ruine gemacht. Die Bewegungen, von denen Ungarn unablässig in Unruhe versetzt sei, bringe es unter das Joch der Türken. In der That, erst mit Hilfe der Deutschen konnte es davon befreit werden. Ueberall auf den Schlachtfeldern fiel der Oesterreicher, der Schwabe und Brandenburger, der Sachse und Bayer, ja der Italiener, Franzose und Pole, neben den Magyaren, um das Donauland von den Osmanen zu befreien. Solche Pläne faßte (allerdings durch Einflüsse von Rom hiezu bestimmt und angetrieben) Sigismund hundert Jahre früher, als sie, zumal nach dem dreißigjährigen Kriege in autocratisch regierten Staaten, die endliche Durchführung gefunden haben! Sigismund Báthory war ein Mann von angenehmem Aeußern, mit hoher Stirne, edlen Gesichtszügen, großen, wie es scheint, etwas hervortretenden, stechenden und unruhigen Augen, starker spitzer Nase, mit kurzgehaltenem, wohlgepflegtem Vollbarte, gekräuseltem, wolligem Haare, mehr magerer, als voller Statur; — durch die Jesuiten-Erziehung seiner Charakterfestigkeit beraubt, durch seine Bildung unzufrieden mit Volk und Sitten im Lande, durch seinen Muth verblendet und durch seine Phantasie in ein Wirrsal von Plänen verleitet. Die Herrschsucht wechselt mit der Liebe zum ruhigen Leben, der fanatische Glaubenseifer mit philosophischer Anschauung, der Argwohn mit dem Vertrauen, das Vertrauen mit der Grausamkeit; möglich, daß der gleißnerische Sigismund, in anderer Umgebung, an der Spitze eines großen Reichs, ein berühmter Herrscher, wie Elisabeth von England, geworden wäre, wahrscheinlich, daß er im Privatleben von Verbrechen sich nicht bewahrt haben würde. Er spielte mit dem Eide, wie es ihm die „Mentalreservationen" der Jesuiten erlaubten; er war oft nichts anderes als ein heuchlerischer Komödiant, durchblitzt manchmal von hochfliegenden Gedanken. Italienische Verstellungskunst, italienischer Sinn für den Effect, von Glanz und von Schatten, polnische Verschmitztheit, magyarische Abenteurersucht, deutsche Vorliebe für äußern Schein mit Titel und Würden, aber nicht italienisches Schönheitsgefühl, nicht polnische Zähigkeit, nicht magyarische Aufrichtigkeit und nicht deutsche Treue und nicht wahre Liebe zu Kunst und Wissenschaft waren bei ihm zu finden. Das Gute hatten die Erzieher zurückgedrängt, das Schlimme gepflegt, um den Zögling selbst zu beherrschen. Lassen wir, wenn auch einzelne Züge der Berichtigung bedürfen könnten, eine Chronik die weiteren Begebenheiten erzählen

7*

welche wir dann weiter zu ergänzen gedenken, aber vorerst mag ein Gewährsmann jener Zeit, Miles, im Sinne seiner Zeitgenossen sprechen.*)

Beginnen wir zur Charakterisirung jener Anschauungsweise mit den „Himmelszeichen", die Schreckliches verkündeten. Ich nenne bloß das Jahr zu der Begebenheit, wie nachfolgt:

(1572) „Die Pest fieng abermahl in Chronstadt hefftig zu grassieren vnd streiffet durch ganz Siebenbürgen. Thewre Zeit hat auch das villgeplagte Land erfahren. Auch haben etliche Astrologi einen newen Stern erfahren und observieret in Cassiopoeja, welchen sie vormahls nie gesehen, war von einer trefligen grösse und sehr hell, leuchtet in die 9 Monatt lang."

„Den 23 Septbr. wurd abermahl ein gross Wunderzeichen in Siebenbürgen gesehen: Als der Mond ganz voll war, hat man ein viereckigt Creutz durchaus klährlig darinnen gesehen, die Ecken am Creutz waren gantz roth, das übrige war gantz bleich anzuschawen.". . . .

. . „Im Januario (1575) wurden 3 Sonnen gesehen bey klahrem Himmel biss nach Mittag."

Zum Jahre 1577 beginnt Miles damit:

„Ein grosser abschewliger Comet wurde den 8 November gesehen vnd währet gantzer 50 Tage, worauff ein über auss grosse Kälte vnnd vnerträgliche Frost alsbald erfolget;" und später jagt er zum Jahre 1578: „Ein grossen Jammer vnd Elend so Siebenbürgen künfftigen zuständig war, deutetten auch noch mehr himlische Zeichen an: denn es wurden den 17 Februarii abermahl 3 Sonnen gesehen, so klährlig vom Auffgang biss zum Niedergang bestunden: Darauff kahmen vill Wasser-Fluthen, dass der Saamen im Felde vnd hernach dass Garten-Gewächs gantz verdurbe. Im Junio vmb Johannis geschahen vill Wolkenbrüche allenthalben, bevorauss vmb Thorrenburg herumb: Darauff kam ein überauss grosse Menge der Mäuse vnd zwar allen Menschen zu Wunder in so nassem Wetter,

---

*) Der „Siebenbürgische Würgengel" erschien allerdings erst 1670 von einem Mathias Miles, geboren 1639, aber dieser hat ohne Zweifel jenes Diarium benützt, von welchem eine andre Chronik Folgendes meldet: „1597 Die 17 Februarii moritur D. Joannes Milles alias Moser, er hat ein gar nützlich Diarium hinterlassen, so gar schöne historias enthält."

welche schwummen vnd doch nicht ersoffen, diese frassen alles auff, was vom Wasser überblieben."

Bei alle dem meldet nun der „siebenbürgische Würgengel":

„Christophorus Bathory Fürst in Siebbürg, stirbt den 14. May daselbst und bald darauf auch sein Gemahl. Diesem wurd in Regiment nach gewehlet sein eingebohrner Sohn Sigismundus, ein junger Herr von 9 Jahren. Welcher als er gebohren ward, hat er die rechte Hand voll Blutt mit sich zur Welt gebracht, auch zu dessen Geburths-Stund zu Wardein hat sich die Spitze des Thurms im Schloss geneiget vnd der vergüldete Knopf angefangen sich herunter zu senken und ist doch nicht gebrochen. Ein vnfehlbare Anzeigung der zukünftigen Vnruh in Siebenbürgen vnd des villen Menschen Bluts vnter ihm zu vergiessen wie denn der Aussgang folgend, der gnüge nach, erwiesen hat."

(1584): „Andreas Bathoreus wird auff anhalten Stephani Bathory Polnischen Königs vom Bäpstligen Stuhl zum Cardinalen erwehlet, welcher nach absterben Christophori Bathori das beste mit der Regierung dieses Landes gethan: Nun ers aber auss newer Ampts-Pflicht verlassen müssen. Derowegen wurden Sigismundi Kindheit halben dem Lande zu Gubernatore von Stephano Bathori fürgestellet: Alexander Kendi Hoffmeister, Volfgangus Kovachoczki Cantzler und Ladislaus Sombori. Diese 3 sollten gleichmässigen gewalt haben, Siebenbürgen zu regieren, vnd keiner ohne die andere 2 etwas können verrichten. Fürst Sigismundus wurd von kindligen Jahren an straks zu Bäpstischer Religion gehalten vnd ernehret vill Italiäner an seinem Hoff, welcher Sprach er auch fertig gelühret, dannenhero er etliche Landes Herren sehr erhoben vnd für andre geliebet so mit ihm von heimligen Sachen in Italiänischer Sprach Wort könten halten, welches dann auch H. Albertum Hueth Königs-Richtern in Hermanstadt nicht wenig verdient vnd beym Fürsten angenähm gemacht. — Auch in freyen Künsten hat sich Sigismundus sehr geübet, vnd so vill zugenommen, dass er ein treffligen Oratorem abgegeben, auch sonst ein feiner kluger vnd verschmitzter Herr gewesen vnd von Leibe so stark und kräfftig, dass er ein zimblichen Strick können zerreissen."

Im Jahre 1593 war es, daß Hasan, Statthalter von Bosnien, an der Kulpa von Ungarn und Deutschen geschlagen wurde und ein neuer türkischer, der „fünfzehnjährige", Krieg begann, welcher erst 1606 enbigen sollte.

Wir werden uns also nicht wundern, wenn wir in der Chronik weiter lesen:

(1593) „Am angehenden Jahr den 12. Januarii wurd umb 3 Uhr für Mittag ein erschräckliges Himmell-Brennen gesehen, auch Kriegsknecht wie sie sich mit Spissen und Schwertern in der Luft schlugen, auch zerissen und entwichen vill hohe Berge, dass an etligen Oerthen grosse Kirchen vnd starke Gebew unter sich sanken: Verkündigten sämptligen den erbärmlichen Zustanden, so Siebenbürgen zu nahette." —

„Den 28. November 1593 wurden abermal in der Luft fewrige Spiesse so kegen einander stritten in dickster Zahl. gesehen. Auch den 30. Tag (so beschreibt der Chronist die „Nordlichterscheinung") vill schräkliger und mehr als wie vor."

Dies war die Zeit, wo die Pläne gegen die Türken reisen sollten. Der Sultan hatte 1593 an Kaiser Rudolph einen Brief geschrieben, worin es nach der Chronisten Schreibweise hieß:

„Von des gantzen Erdreichs grossen Gottes Gnaden. Wir Amurathes des wahren Gottes Botschafft der Menschen und aller irdischen Gebiether ein Gebiether oder Keyser der gantzen Welt vnd aller Christen der grösste Ueberwinder und Verstörer. Dir Rudolfe entbieten wir alles Unglück, Tyranney und Verwüstung deiner Reiche, Leutte, auch dir mit villen deinen Mithülffern vnsrer Macht härteste Qual und grösste Plage ... wo dich nicht dein kleiner Gott, mit welchem du dich rühmst, wird erretten. Ich aber ein Herr auf Erden will dich vnd alle deine Mithülffer mit vnsern Waffen mit vnsrer grosser Macht und Gewalt zerdrucken, verstöhren und zernichten vnd mit einem grausamen Todt oder ewiger Gefängniss beladen, vnzehlige vill wegführen, dero kleine Kinder wie die saugende Hündlein lassen erschlagen — darauff richte nun du armer Mensch deine Gedanken". —

Diese diplomatische Sprache war keineswegs fein. Man ordnete dagegen zunächst ein „embsiges allgemeines" Gebet an und „ein Mittagsgebetläutten pro pace". Sigismund schickte an Sinan Pascha den Georg Ravazbi und Johannes Bolbogh und empfing den Tschauch Mohameb (früher Gregor Beresmarti geheißen) und den Sandschafbeg von Lippa (früher Paul Markházi genannt). Der Krieg fing an zu drohen.*) — Nun erzählt wieder Miles weiter:

(1594) „Wie nun die Siebenbürgische Herren im Julio die grosse Macht der Türken allenthalben her sahen verzageten sie an ihres Fürsten Hülff vnd damit sie diss arme Vatterland von dem äussersten Verderben mögten erretten, rathschlagten sie, wie sie entweder Sigismundum mögten fangen vnd tödten, oder ins Elend verjagen vnd abermahl dem Türken anhangen, ihn damit zu begüttigen. Welches, wie es Sigismundus durch heimliche Anzeigung Alberti Hutteri erfahren, ist er aus dem Land gewichen, und sich in Kövár beschlossen. (Es geschah den 27. Juli 1594.) Da hat die verrätherische Rott alsbald zum newen Fürsten Balthasarem Bathori, Sigismundi Vatter-Bruders-Sohn aufgeworffen und die Tartern, damit Sigismundo zu widerstehen ins Land geruffen, welche vmb Huszt und Kövár grewlig tobten: Unterdessen wurd auch Sigismundus von seinen Freunden zurück ins Land beruffen, welcher alsbald zu Clausenburg ankahm, dahin einen Land-Tag berieff und keine Anzeigung der entdeckter vnd ihm bewusster Verrätherey von sich gab: Da vermeinten seine Verräther, sie hetten ihn nur albereit in Korb beschlossen und wollten Ihn alda erschlagen. Aber die Jenige zu erschräcken, liess Sigismundus ein falsch Schreiben aussgehen, als hetten die Teutschen den Türken biss auff's Haupt in Vngern geschlagen, macht derowegen ein grosse scheinbare Frewd, liess alle Stück ablösen vnd sonst all Geschoss auf Mawren vnd Thüren lossbrennen, berieff darauf zum herrlichen Pangvett alle Landes Herren und im besten Trinken vnd Tantzen fallen eben zu der Stund (wie Albertus Sigismundo bestimpt) so die Verräther Sigismundum zu erschlagen fürgenommen hatten, ein hauffen Volcks hinein, fahen vnd binden der Verräther 14 vnd führen Sie in vnterschiedlige Gefängniss: Des Morgens (war der 29 Augusti) liess er der Fürnehmster Fünffen die Köpffe abschlagen, frühe vmb 5 Uhr, als Magnifico Alexander

---
*) Die Kriegsgeschichte in Ungarn theilt mit das erwähnte Geschichtswerk von Fessler-Klein.

Kendi, Johanni Iffiú, Gabrieli Kendi, Georgio Literati vnnd Johanni Forró. Diese hatten Sigismundo oft gerathen, dass er doch nicht so liederlig die Polnische vnd Türkische Bündnisse solte brechen, sondern solche wichtige Händel mit lang-vorher betrachtettem Rath angreiffen und nur an die vorigte Zeit Ferdinandi vnnd Johannis Primi gedenken, dass die Teutschen dass Land Siebenbürgen in höchsten Nöthen, da es nicht mehr aussbalten können, schändlig verlassen hätten: Johannes Bornemissza vnd Volfgangus Kovachoczki (wessen scharffe Stnne vnd gelährter Kopff auch wohl die Wahlen („die Wällischen") selbst in Italien wunder nam, wurden zu Kövár hingerichtet. Der arme new-gewehlte Fürst Balthasar Bathori wurd in Huszt (andere in Szamos Ujvár) auffgehenket."

So erzählt Miles die Begebenheit des Jus Ligatum, womit, ohne rechtliches Verfahren, der Hochverrathsprozeß sofort mit den befohlenen Hinrichtungen erledigt wurde*).

Nach Anderer Schriftsteller Angabe ist die Schuld der Geopferten noch weniger als erwiesen anzunehmen. Eine eigentliche Wahl des Balthasar hat niemals stattgefunden; wie die Verschwörung beschaffen gewesen sei, ist im Grunde unaufgeklärt geblieben. Nach einer weitern Quelle habe Sigismund am 27. Juli 1594 seinem Vetter Andreas geschrieben: „er wolle ein stilles Leben in Italien führen, auch Erzherzog Mathias beweine seine Lage, sehe keine Hilfe, er, Sigismund, aber wünsche seinem Vetter Balthasar das Fürstenthum zuzuwenden, habe mit diesem einen Vergleich abgeschlossen und sich den fürstlichen Titel, Erbgüter und 1200 Thaler Jahreseinkommen ausbedungen; so verlasse er denn Siebenbürgen, weder um des Widerwillens seiner Unterthanen gegen ihn, noch aus Furcht vor denselben, lebend oder todt, den Türken ausgeliefert zu werden, sondern, weil sein zur Ruhe geneigtes Gemüth die Menge der Geschäfte und die Gefahren des Türkenkrieges verabscheue." Bald ändert Sigismund diesen Plan, wenn er je ernstlich gemeint gewesen wäre, schickt Boten an seinen Oheim Stephan Bocskai nach Großwardein und an Andere, sucht ihre Hilfe an, weil er durch die Launen des Schicksals, noch mehr aber durch die Gottlosigkeit der Menschen so hintergangen worden, daß er in Gefahr sei, Leben und Regierung zu verlieren. Voll Verstellung schickt er den

---

*) Nebstbei zu vergl. das Geschichtswerk von Alexander Szilágyi.

IX. Das Jus ligatum, das gebundene Recht.

Commandanten von Huszt Caspar Kornis nach Klausenburg, an die Landstände; er habe sich deshalb entfernt, damit diese leichter einen einmüthigen Beschluß fassen könnten. Im Landtage erklärten sich sofort die Sachsen und Szekler, auch einige Adlige für ihn, endlich auch die Uebrigen. Man sendet ihm eine Gesandtschaft entgegen, Balthasar Báthori und Joh. Iffiu, seine Anverwandten; sie werden huldreich in Kövár empfangen; in Szamos Ujvár begrüßt ihn der Kanzler Kovácsóczy und der fürstl. Rath Alexander Kendi, endlich in Szamosfalva kömmt ihm der größte Theil des Adels entgegen. Als er nun am 8. August feierlich seinen Einzug in Klausenburg hielt, schien die Sache beigelegt; der Bruch mit den Türken wird einstimmig beschlossen; Sigismund ist gegen Alle freundlich und ganz unerwartet folgen dann die Blutscenen, welche Sonntags am 28. Aug. 1594 beginnen. Sigismund's Helfershelfer waren der Feldobrist Albert Király, die Truppenkommandanten Peter Dsukat und Joh. Fekete; sie nahmen gefangen die angesehenen Reichsräthe, Balthasar Báthori, Alexander und Franz Kendi, Joh. Iffiú den ältern, Stiefvater des Balthasar, den Kanzler Wolfgang Kovácsóczy, dann die Obergespäne und Feldobristen Gabriel Kendi, Johann Forro, Joh. Bornemißza, Johann Gerendi, Albert Lonay, ferner den durch Talente hervorragenden Jüngling Balthasar Cseszelitzki von Szilvás, den Edelmann Georg Szaláncsy, und den Fiscaldirector Gregor Litterati von Szt. Egged; endlich auch, aber mehr zum Scheine, Pancratius Sennyei und Georg Vas. Die Stände schickten sofort zwei bei Hofe angesehene Sachsen an den Fürsten, um die Freilassung der adligen Gefangenen zu erflehen, den Sachsengrafen Albert Huet und Joh. Scheiger oder Sigerus; doch schon 30. August werden Alex. Kendi, Joh. Iffiú, Gabr. Kendi, Joh. Forro und Gregor Litterati enthauptet, wobei Sigismund der Hinrichtung aus einem Fenster zusah; den erschreckten Ständen erwidert er, daß die Hingerichteten sein Verderben und seinen Tod beabsichtigt, ihm mit Gift, Dolch und Schießgewehr nach dem Leben gestellt und die Tartaren in das Reich zu bringen den Vorsatz gehabt hätten, welches er mit klaren Zeugnissen und ihren eignen Handschriften beweisen könne, — was jedoch niemals geschehen. Balthasar und Kovásjocjy wurden am 11. September 1594 in Szamos Ujvár ohne Verhör erdrosselt, ebenso am 12. September in Gyalu Franz Kendi und Joh. Bornemißza um's Leben gebracht. Dem Gerendi, Lonai, Cseszelitzki und Szaláncsy wurden die Güter abgenommen; die ersteren beiden nach Ungarn verbannt und Ladislaus Szalánczy, ein öfters an die Pforte gebrauchter Gesandter, öffentlich von den Soldaten niedergehauen. Stephan Báthory, der Bruder Balthasar's, floh zu Andreas, dem Cardinal, nach Polen, dort war schon 1590 Sigismund's Schwester Griseldis Zamoyska verstorben, und nun schien jeder Widerstand im Lande gegen den Willen des Fürsten gebrochen.

Endlich berichtet die Chronik weiter:

„Sigismund hatte der erschlagener Herren Gütter alle zu sich gezogen, dahero sehr reich geworden und in die sechsmahlhunderttausend Gulden gelöset. Hat aber nach ihrem Todt alsbald aus Eingebung seiner Bäpstischen Praeceptoren auch das Land in ihrer Religion wollen reformieren vnd die Augspurgische Confession abschaffen. Derowegen den fürnehm gelährten Mann H. Johannem Ungvári aus seiner Kirch zu Weissenburgk*) verstossen." —

Die Gegen=Reformation war im Anzuge.

Unwillkürlich läßt sich hierbei daran denken, wie der Fürst in Betrachtung jener Lage der allgemeinen Zeitgeschichte, wie wir dieselbe in den vorigen Abschnitten schilderten, seine unruhigen glänzenden Augen nach Spanien und Frankreich, Italien, Steiermark und Böhmen richtete, gierig, die Lorbeern jener Machthaber um die eignen Schläfen zu schlingen und als Mann und Fürst reformatorischer (absolutistischer) Erfolge von den Jesuiten (sie erschienen ihm als die Vertreter der modernen Richtung) gepriesen zu werden, sich in das Völkerconcert von Europa als eine weithin tönende Stimme einzuführen; — doch der vermeinte Accord löste sich in schrille Dissonanzen.

---

*) Das heutige Karlsburg.

X.
Bündnisse, Heirath und Krieg.

Seitdem Siebenbürgen von Ungarn sich losgetrennt, waren wiederholt Verhandlungen und Tractate abgeschlossen worden, um das Land an die rechtmäßige Krone zurückzubringen; ja um die Mitte des 16. Jahrhunderts hatte Castaldo (1551—1556) im Namen des Kaiser-Königs Ferdinand I. im Lande geschaltet und schien jener Großwardeiner Tractat mit Johann Zapolya von 1538 und der Vergleich mit dessen Wittwe Isabella von 1551 auf diese Weise eine Erledigung gefunden zu haben; indeß, da Oesterreich-Ungarn das Land gegen die Türken und die innern Umtriebe nicht zu schützen vermochte, kam 1556 Johann Sigismund Zapolya zur Regierung und bestieg bald hernach, als gewählter König von Ungarn, den siebenbürgischen Thron. Nach mehrfachen Verhandlungen kam mit dem Fürsten und den Ständen (ungarischer Adel, Sachsen und Szekler) einerseits, andrerseits aber mit dem Kaiser-König Maximilian II. wieder ein Vertrag zu Stande, der von Speyer-Prag vom J. 1571, wonach Johann Sigismund auf den Königstitel verzichten, nach seinem Tode die von ihm besessenen ungarländischen Landestheile an Maximilian fallen und der eventuell zu wählende Nachfolger als Fürst von Siebenbürgen dies Land zum „Woiwodal-Lehn" von der ungarischen Krone erhalten sollte. Dafür werde Maximilian von Oesterreich dem Johann Sigismund eine kaiserliche Erzherzogin vermählen, das Land gegen die Türken schützen und im Falle von des Fürsten Vertreibung diesem die Herzogthümer Oppeln und Ratibor übergeben. Der Vertrag wurde im Januar 1571 förmlich ausgewechselt. Als Johann Sigismund bald nachher, den 14. März 1571, sein junges Leben beschloß, kam indeß Stephan Báthory zum siebenbürgischen Fürstenstuhle. Der Vertrag blieb unausgeführt; aber keineswegs vergessen; zumal die Sachsen und die Jesuiten hatten, allerdings aus verschiedenen Gründen, daran ein Interesse.

In einem Briefe vom J. 1590, welchen der Sachsengraf, Comes Albert Huet, an den Fürsten Sigismund Báthory schrieb, finden wir eine bedeutsame Stelle, welche, wie andere Zeugnisse späterer Zeit, erkennen läßt, daß die lutheranischen Ketzer damals die große Gefahr nicht zu ermessen vermochten, welche als „Gegenreformation" auch sie bedrohte, oder, daß sie, wie es nicht selten heutzutage mit Recht geschieht, sich nicht veranlaßt sehen, die Trennung der Confessionen in der Ausschließlichkeit ihrer verschiedenen Standpunkte aufzufassen. Man dachte offenbar, wie damals selbst der Erzbischof Olahus, es könnten beide Confessionen sich mit einander wohl vertragen. Huet schrieb an Sigmund einen lateinischen Brief vom 25. Juli 1590, wo derselbe ihm bekannt giebt, daß er das geeignete Holz zum Orgelbau nach Weißenburg absende, freut sich darüber, daß dieser Fürst, nicht, wie die Unitarier, das Orgelspiel verachte und sagt weiter:

„Jetzt aber, wo Eure Hoheit die Zierde der Kirche gleichsam wieder in das Leben zurückrufen, bitte ich den allmächtigen Gott, dass Hochdieselben von Davidis Anhängern (den Antitrinitariern oder Unitariern, oder, wie sie auch hießen, Socianisten) auf keine Weise verführt, sondern in der unsern Gebräuchen ähnlichern Kirche erhalten werden; denn auch wir haben alte katholische Gebete, Orgeln, Evangelien nach katholischer Eintheilung, Heiligen-Feste, Exorcismen, Ohrenbeichte, Altar, Sacramente, Christi Gegenwart im heiligen Abendmahl, nicht ein blosses Zeichen wie die Calvinisten, sondern nach der Lehre des heiligen Augustinus ein sichtbares Zeichen der unsichtbaren Gnade." u. s. w. „Ausser der Aufrechterhaltung dieser und ähnlicher Dinge haben Ew. Durchlaucht noch nöthig, die Familie durch eine eheliche Verbindung fortzupflanzen. Dazu ist Hochderoselben rüstiger Körper und die gute Lebensweise geeignet. Sollten Ew. Hoheit in Ungarn eine Person von gleichem Range nicht finden, so müssen Hochdieselben nach Polen oder Oesterreich sich verfügen, wo es Princessinen von dem höchsten Range gibt. Doch in das, was meinen Horizont übersteigt, darf ich mich nicht einmischen, denn ich bin der geringste und ohnmächtige Diener Ew. Durchlaucht und Hochdieselben haben keinen Mangel an weisen und treuen

---

*) Vergl. darüber mein „Protestantisches Kirchenrecht" Seite 95 und „Siebenbürgische Rechtsgeschichte", 2. Aufl., I., S. 337 u. a. O.

Räthen. Es zweckt daher meine unterthänige Bitte dahin ab Ewre Hoheit möchten gnädigst geruhen, dieses Alles meiner Liebe gegen Hochdieselben zuzuschreiben"....— — —

Sigismund stand mit den Prinzen Ferdinand von Steiermark und Max von Bayern (welcher später 1609 die katholische Liga ins Leben rief) in allen jenen wechselseitigen Beziehungen gleicher Gedankenspiele, wie solche die Erziehung der Jesuiten und die Vorliebe für italienische Bildung bei allen dreien geweckt hatten, vielleicht nicht minder Geldunterstützungen, die vom Papste und dem Orden ihnen zu Gute gekommen sind; doch in der Thatkraft und der Gunst der Umstände waren sie sehr verschieden. Maximilian, bei allem Fanatismus doch ein staatskluger Autocrat, welcher, 1598 zur Regierung in Bayern gelangt, nur zwei Mal die Landstände (während einer 53jährigen Herrscherzeit) zusammenberuft, Heer und Finanzen in gute Ordnung bringt, wozu auch päpstliches Geld beigetragen hatte, und den dreißigjährigen Krieg erlebt. Ferdinand, nach seiner Art ein pflichttreuer Mann, hatte in Steiermark, Kärnten und Krain seit 1592 die Gegenreformation mit brutaler Strenge vollzogen; noch 1596 hatte er mit nur drei Katholiken das h. Abendmahl in Graz gefeiert — er wollte „Herr" in seinem Lande sein, — er legt zu Füßen des Papstes Clemens VIII. 1597 das Gelübde ab, die katholische Religion wiederherzustellen — und da er den Protestantismus als eine Wiederholung früherer Ketzereien betrachtete, welche keine Berechtigung hätten, sondern mit allen Mitteln müßten vertilgt werden, so fehlte es nicht an maßlosen Verfolgungen und Gewaltmaßregeln aller Art, Vertreibung und Einkerkerung der Protestanten (Auswanderer mußten überdies den zehnten Pfennig bezahlen), so daß er der infallibeln Autorität der römischen Kirche schon 1603 etwa 40,000 Communicanten vorführen konnte.

Die Schwester dieses Mannes war Sigismund's Gemahlin geworden. Lassen wir unsern Gewährsmann Miles zum J. 1594 das Wort führen. Er hat das Vorrecht der Mittheilung:

„Derowegen schickte Er noch ein ansehnliger Botschafft zu Rudolpho, geheimere Freundschafft und Bündniss mit dem Oesterreichischen Hause zu schlissen; darunter denn war Magnificus Stephanus Bocskai seiner Fraw Mutter Bruder, Albertus Hutterus Königs-Richter vnd Johannes Siegerus Rathsgeschworner aus Chronstadt. welche denn auff folgende Conditiones im nahmen Sigismundi Bathori den Friedens-Bund mit dem Römischen Keyser schlussen: 1) Begehrten Sie, dass Ihre K. Majestät das Land Siebenbürgen, Moldaw und Wallachey zugleich mit in Friedens-Bund solten einschlissen; 2) dass er mit dem Tittel eines Fürsten vnd Würden des Güldinnen Flüsses (wegen der heiligen Liga so im österreichischen Hause gebräuchlich) würde geziehret; 3) dass derjenige Bund mit der Hewrath auss dem Oesterreichischen Haus bestättiget, steiff vnd vnverbrochen in allen Vnfällen solte gehalten werden; 4) dass Ihre Keyserl. Majestät wöllen zur Zeit der Noth den Caschawer Capitayn mit seinem Kriegs-Volk in der Keyserliger Besoldung, den Feind abzutreiben, Ihm zu Hülffe schicken; 5) so das Vnglück Sigismunden so hart möge überfallen, dass Er aus Siebenbürgen verjaget, fortflüchtig müste werden, solte der Keyser ihm einen bequämen vnd sichern Orth einräumen, darinnen nach seiner Würdigkeit mit seinem Volck Hoff zu halten. 6) Auch wo die Siebenbürger alle aus dem Land verjaget würden, solten sie doch alle ihre sichere Gewahrsam in Vngern oder Teutsch-Land haben; 7) dass dieser Bund vnd alle dessen Conditiones solten von Ihrer Majestät selbst vnterschrieben vnd von allen Vngrischen Herren auch besiegelt werden." — —

Damals war es, wo man dem Stephan und Balthasar Báthory Hoffnung auf das goldne Vließ machte; diese aber und andre Magnaten sich getäuscht fanden und dann die Blutscenen des obenerwähnten „Jus Ligatum" stattgefunden haben.

Der erste Vertrag Sigismund's mit Rudolph kam am 28. Januar 1595 zu Stande, auch Sigismund von Polen sollte in's Einverständniß gezogen werden, ebenso die Woiwoden der Walachei und Moldau. Die Jesuiten kamen wieder in's Land; die eingeschüchterten Stände erduldeten den Bruch des Gesetzes, welches sie 1588 gegen den Orden durchgesetzt hatten. Die Sache der 1594 Hingerichteten wurde im April des Landtags 1595 verhandelt; die Stände sahen sich genöthigt die Ermordeten nachträglich zu verurtheilen; ja selbst Stephan Báthory, Nic. Gavai un Dionys Thamásfalvi, weil auch diese beabsichtigt hätten, den Sigismund wegzuschaffen oder an die Türken auszuliefern, oder zu ermorden, werden als Hochverräther erklärt, ihretwegen habe der Fürst fliehen müssen; diese Männer hätten das Schloß Fabsat von Truppen entblößt und sich auch andrer Verbrechen schuldig gemacht; selbst der Cardinal Andreas wurde des geheimen Einverständnisses beschuldigt und dessen Güter ebenfalls eingezogen. Manche Quellen

X. Bündnisse, Heirath und Krieg.

erwähnen, daß der Kanzler Jósika den Fürsten zu solchem Vorgehen angestiftet habe, besonders Balthasar Báthory und Franz Kendi seien der Rache dieses Mannes zum Opfer gefallen, ebenso nachher der Woiwode der Moldau Aaron, welchen Jósika in Vincz habe vergiften lassen.

In der Moldau hatte nämlich schon 1569 Vogdan den Plan gefaßt, sich von den Türken loszumachen und sein Land an Polen anzuschließen; dessen Gegenprätendent, der masovische Jvonia, wird 1571—1572 von den Türken zum Woiwoden eingesetzt, 1574 vertrieben und ermordet; es folgen dort nach: Peter der Lahme, 1577 von den Kosaken verdrängt, Johann Pabkowa Kreczul und wieder Peter, 1580 von den Türken abgesetzt, dann Jankul der Sachse, welcher mit dem Gelde seiner reichen Frau aus Cypern den Divan bestochen haben soll (1580—1584), er führt Streifzüge nach Pokutien und Podolien aus, wird vertrieben; es folgt Peter der Lahme zum dritten Mal (1584—1591), wo er resignirt und ein ehemaliger Stallknecht Aaron, durch Bestechung des Divans, zum Throne gelangt; 1592 von den Kosaken vertrieben und wieder eingesetzt, macht er sich als Verbündeter Rudolph's und Sigismund's verdächtig, ist grausam gegen die Bojaren, muß es sich gefallen lassen, daß die Türken aus zwölf Dorfschaften ein eignes Sandschak von Tehin oder Bender im J. 1592 ausscheiden, hält sich eine siebenbürgische Leibwache und vertraut einem ehemaligen polnischen Offizier, Namens Stephan Rezvan (welcher auch den deutschen Namen „Hofmann" führt), dessen Vater ein Zigeuner gewesen*), die Mutter eine Moldauerin. Dieser Rezvan war wohl, mit dem Logothet Opre, in die Pläne gegen die Türken näher eingeweiht. 1594 war der päpstliche Gesandte Comoleo bei Sigismund erschienen und es hatten Senney und Jósika in der Moldau und Walachei ihre Agentengeschäfte getrieben. Geringe Staatskunst reichte dazu aus. Klingende Ueberredung ist wirksam. Mit dem dortigen Fürsten und den Bojaren spielen sie das uns als Kinderspiel bekannte par und impar. Da fallen die Kosaken in die Moldau ein, erobern Jassy; Aaron flieht zu Michael in die Walachei und nun schließen sich beide Woiwoden an das Bündniß von Rudolph und Sigismund, gegen die Türken. Der polnische Kanzler Zamoyski konnte nicht dafür gewonnen werden; innere Uneinigkeit zerklüftet die Gemüther und die

---

*) Rezvan heißt übrigens tartarisch: Winzer.

Pläne; Aaron scheint unzuverlässig, wird 19. Mai 1595 gefangen und nach Siebenbürgen gebracht, wo er in Vinz im J. 1597 stirbt. An seine Stelle kömmt als Woiwod der Moldau der Zigeuner Stephan Rezvan 1595, er anerkennt als Oberherrn Sigismund von Siebenbürgen; an seiner Seite organisirt Caspar Kornis, der Obercapitän, die Streitkräfte der Moldau. Den 1. Juni 1595 schließt dies Land das Unterwerfungsbündniß mit dem siebenbürgischen Fürsten Sigismund.

Bereits früher hatten Verhandlungen mit Michael in der Walachei stattgefunden. Sie führten jetzt, wo Michael Aaron's Schicksal vor Augen hatte, zu einem Vertrag vom 20. Mai 1595 in Weißenburg. Sigismund sollte als Erbfürst der Walachei angesehen werden; die Bojaren dürfen sich jedoch einen plenipotentiären Statthalter als Vicewoiwoden wählen und von ihnen zwölf (darunter kein Grieche) den Divan bilden*). Zu den siebenbürgischen Landtagen sollten auch moldauische und walachische Deputirte erscheinen, das Landessiegel der Walachei sich in Siebenbürgen befinden u. dgl. — neue Eroberungen dem Sigismund gehören, Michael aber als Woiwode des Fürsten in der Walachei regieren.

Wie kam der tapfre Michael dazu, dies anzuerkennen? Seine Schicksale lassen die zwingende Macht der Umstände erkennen. Michael war der Sohn des ehemaligen Woiwoden Petraschko, sein Bruder, ein andrer Sohn des Petraschko, begegnet uns später als Peter der „Ohrring," Petrus Tschertscheli. Petraschko war, vielleicht vom Dwornik Sokul vergiftet, 1587 verstorben; es folgten rasch nach: der 1589 abgesetzte Michne, Stephan Surbul, der Taube, und Alexander, 1591—1592.

Unter Alexander lasteten die türkischen Bedrückungen so fürchterlich auf dem slavo-romänischen Volke der Walachen, daß selbst die

---

*) Es mag hier erinnert sein, daß in der Moldau der sogenannte Adel der „Mafilen" eigentlich aus den abgesetzten Würdenträgern (gewesenen Bojaren) bestand und die Classe der gemeinfreien Resesken verhältnißmäßig größer gewesen sein mochte als in der Walachei, wo auch früher die Isprawnik vorkamen. In der Moldau, zumal in den Marktflecken (tyrg), erscheinen Staroste als Aelteste, Watah als Amtsgeschworne und neben einem Schultus (Schultheiß) auch Gemeindevertreter Pârgari, so z. B. in einer Czernowitzer Urkunde vom 8. Februar 1599. In diesen Pârgari erkennen wir die siebenbürgisch-sächsischen Purgarones (Borger), wie diese auch in den von mir (im Archiv des Vereins für siebenbürgische Landeskunde) mitgetheilten „deutschen Rechtsdenkmälern" (von Reußmartt) vorkommen.

X. Bündnisse, Heirath und Krieg.

Ruhigsten von Haß bewegt und mit Verzweiflung erfüllt wurden. Kein Eigenthum war seines Herrn, keine Frau und kein Mädchen ihrer weiblichen Ehre, keine Kinder ihrer Eltern sicher, Alles schien der Willkür und der Leidenschaft türkischer Pächter und ihrer Günstlinge preisgegeben. Eine für die damalige Zeit ungeheure Schuldenlast von zehn Powar, d. i. von zeln Pferdelasten, etwa 3½ Tonnen Goldes, hatte das Land auf sich genommen und dafür zumeist das Vorrecht zugestanden erhalten, es solle kein Mohamedaner sich bleibend im Lande aufhalten; aber die Pächter der Schatzungen mußten angenommen werden, und diese mit ihrer Executionsmannschaft der Janitscharen, dann zeitweilige Streifzüge einfallender Horden; waren es, welche so entsetzlich die Moldau und Walachei darniederdrückten. Michael war damals Ban von Krajowa und suchte allen Erpressungen und Ausschweifungen der Eindringlinge entgegenzutreten. Es war in ihm eine Wallensteinische Natur, rücksichtslos in der Wahl der Mittel, die Menschen beherrschend durch überlegene Gaben, energisch, überaus tapfer und schlau, doch abergläubigen Einwirkungen, persönlicher Eitelkeit zugänglich, in Wort und That unzuverläßig, geschickter Feldherr, liebevoller Gatte und Vater, patriotischer Gesinnung, nach seiner Weise, zugethan und doch maßlos hart, roh, und ohne tiefern moralischen Halt. Auf zwei Klassen scheint er am meisten Einfluß geübt zu haben, auf die „Roschii" genannten Bewohner, welche als Militär ausziehen mußten und ihrer rothen Milizkleidung diesen Namen verdankten, und auf die „Megjiasch", welche von ihren Landgütern Zinsen zahlten, beide aber persönlich frei waren und sich theils dem Kleinadel, theils dem Bürgerthum vergleichen lassen. Michael, der Ban von Krajowa, wird, dem Woiwoden Alexander verdächtig, gefangen und soll hingerichtet werden, aber der Staatsbeamte, welcher das Henkeramt führt, erschrickt vor dem majestätisch-wilden Blicke des Gefesselten; es gelingt den Bojaren, die Begnadigung zu erwirken. Michael entflieht nach Siebenbürgen zu Sigismund Báthory (1591), erhält durch des Prinzen Balthasar Fürsprache Empfehlungsschreiben an Sinan Pascha, worin Báthory ihn zur Fürstenwürde vorschlägt, auch schrieb seinetwegen Sigismund an den englischen Gesandten Eduard Barton. Michael nimmt in Constantinopel Gelder auf, besticht Sinan und andere Große und erlangt, durch die Klagen andrer mißvergnügten Bojaren unterstützt, Alexander's Absetzung. Der Sultan läßt nun Michael als Woiwoden in die Walachei einführen. Alexander wird, als er in Constantinopel, scheinbar hiermit zufrieden, nach dem

Fürstenstuhl der Moldau trachtet, strangulirt, und nun regiert Michael in der Walachei vom J. 1593 bis 1601, unter mannigfachen Schicksalen, bei welchen er den Zunamen der „Tapfere" verdient. Zunächst geräth er über seine türkischen Gläubiger in Verzweiflung. Tartarendurchmärsche verwüsten das Land. In kleinen Kämpfen erprobt sich der Held. So kömmt es zum Jahr 1593, wo Rudolph's Heere in Ungarn wieder siegreicher zu werden beginnen. Papst Clemens VIII. schickt den Archidiacon Cornelius de Nona nach Moskau, um die Russen gegen die Türken zu bewegen; in den romänischen Fürstenthümern thun dies zumeist die Emissäre aus Siebenbürgen, vornehmlich Stephan Jósika und Pancratius Sennyei. Georg Palaticki übernimmt die Aufgabe, Serben und Bulgaren aufzuwiegeln, daß sie das türkische Joch abschütteln. Michael schickt seinen Klutsar Radul nach Siebenbürgen und den Stolnik Stroje Buseskul an Aaron, und zwischen den drei Woiwoden kommt schon im November 1594 ein Bündniß zu Stande, obwohl man erfahren hatte, daß Raab gegen Ende September 1594 an die Türken übergegangen sei. Gesandte an die Kosaken (Ladislaus Popel von Lobkowitz und Dan. Prinz), um diese von den Einfällen in die Moldau abzuhalten, scheinen wenig ausgerichtet zu haben. Aaron erhält deshalb siebenbürgische Truppen und ebenso Michael, zu welchem unter Michael Horváth und Stephan Békes 2000 Mann stoßen. Mitte November (ben 13.) werden hierauf zu Jassy und Bukarest alle Türken überfallen und erschlagen. Michael hatte damals seine Gläubiger eingeladen; diese waren, vertrauend, im Hause des Vestiar versammelt, welches angezündet und mit Kanonen beschossen wurde. Im Gemetzel, welches nachfolgte, sollen 2000 Türken gefallen sein. Aehnliches geschah im Giurgewo (Tschurdschu), so daß etwa 4000 Türken das Leben meuchlings verloren. Im ganzen Lande wurde diese Säuberung nachgeahmt. Nun entsteht ein wechselvoller Krieg, wo Aaron mit Andr. Bertsényi gegen Akierman und Kilia, Michael bei Giurgewo siegreich vordringen. Ein Kabiasker wird ausgesandt, um den Woiwoden zu fangen, ein Emir, um 10,000 Ducaten Entschädigung zu fordern. Rückzug Michael's und Ueberfall des Kabiaskers, sind die nächsten Ereignisse. Da erhält Michael Succurs. Der tapfre und kriegskundige siebenbürgische Feldobrist Albert Király bringt ihm báthoreische Truppen, und nun wird wieder zur Offensive vorgegangen, am 10. December 1594 und im Januar 1595 glücklich gekämpft, die gefrorene Donau überschritten, bulgarische

Städte wie Flock, Droschik und Dristra erobert und große Beute gemacht. Der Sultan ernennt hierauf Bogdan, den Sohn des Jankul, von der Moldau zum Woiwoden und schickt zu Michael's Vertreibung den Achmet Pascha und den Tartarenchan der Krimm ab. Michael's Truppen behaupten auch gegen diese das Feld, besonders in der siegreichen Schlacht am 26. Januar 1595, wo abermals reiche Beute gemacht wird. Diesen Augenblick glaubte Sigmund geeignet, um mit Rücksicht auf sein Bündniß, die Theilnahme seiner Truppen und der Loslösung von der Pforte, sich selbst den Titel beilegen zu lassen (wie es in Zuschriften an ihn geschah): „König von Siebenbürgen und Rascien, Woiwode der Moldau und Walachei" (Transsilvaniae et Rasciae rex, Moldaviae et Valachiae voivoda). Michael hat seit der Zeit den Argwohn gefaßt, man wolle ihn und sein Land zum Vasallen erniedrigen; gleichwohl machte er zum bösen Spiele gute Miene, um seiner Zeit auch diese Verpflichtungen abzuschütteln. Der Sultan ernennt abermals in der Person des Stephan einen Gegenfürsten, aber Albert Király und Michael bringen siegreich vor und es fallen Turtukui, Braila und Nicopel in ihre Gewalt. Nun entschließt sich die Pforte, die romänischen Fürstenthümer türkischen Statthaltern, sogenannten Kaimakamen, zu überlassen. Mitte Mai des J. 1595 wird für die Walachei Mohamed Pascha, das „Schlachtmesser" (Saturdschi Mohamed Pascha), zum Kaimakam ernannt. Indeß Michael behauptet sich standhaft.

In seinem Siegeslaufe überrascht ihn die Nachricht von dem Schicksal des Aaron, Woiwoden der Moldau, welcher gefangen nach Siebenbürgen abgeführt und an seine Stelle Rezvan eingesetzt wurde. Michael schickt an Sigismund den Metropoliten Euthymius, den Dwornik Nitre und den Logothet Demeter, sowie andere Gesandschaftsmitglieder; so wird am 20. Mai 1595 jener oberwähnte Staatsvertrag abgeschlossen, wodurch die Walachei die Oberherrschaft Sigismund's anerkannte, dafür aber Schutz gegen die Türken zugesichert erhielt. In der That empfängt auch der siebenbürgische Abgeordnete Palaticius von Michael den Eid der Treue für Sigismund, und so sehr hoffte man auf die Zugehörigkeit dieser Karpathenländer, daß auch das walachische Banat von Krajowa aufhören, dafür aber der siebenbürgisch-ungarische Ban von Lugos als der von Severin (Szörény), (sowie ehemals) seine Verwaltungs- und Vertheidigungs-Befugnisse über die kleine Walachei erstrecken

8*

sollte. Wie Michael die Walachei, so hatte auch Rezvan die Moldau dem Sigismund als „Vasallenstaat" verbunden.

Im Juni desselben Jahres werden von den gemeinschaftlichen Truppen der drei Karpathenländer, denen sich Kosaken anschließen, die anrückenden Tartaren zurückgeschlagen. Die Pforte rüstet ein neues Heer unter Sinan Pascha von 100,000 Mann. Sigismund Báthory aber, im Vorgefühle eines neuen Königthums, denkt an Heirath und glückliche Eroberungskriege. Eine Erzherzogin als Frau sollte ihn dem kaiserlichen Hofe, denen von Spanien und Polen als Anverwandten verbinden; er den kühnen Flug als katholischer Monarch beginnen.

Heiraths- und Kriegs-Angelegenheiten, die Zurückberufung der Jesuiten füllen das Jahr 1595.

In der Deputation unter der Führung Stephan Bocskay's, welche die Erzherzogin Marie Christina von Steiermark für Sigismund verlangte, befand sich auch der nachherige in der Sachsengeschichte berühmte Michael Weiß aus Kronstadt; derselbe schreibt in seinem Tagebuche: „Der Fürst hätte gerne des Herzogs Tochter in Florenz geheirathet, lässt sich aber zu Maria Christina bereden, welche aber nicht schöner war. — Der exitus war zum höchsten Spott denen Consultoribus (Rathgebern)"; und von Sigmund setzt er hinzu: „seine unbesonnene virtus (Tapferkeit) habe Vielen geschadet". Weiß bemerkt auch zu demselben Jahre, in welchem Graf Harbeck wegen der Uebergabe von Raab hingerichtet wurde: „desselben Grafen, Oberst in Szakmár, bin ich Zeitlang Secretarius gewesen"; den siebenbürgischen Feld-Obrist Király Albert, welcher mit den Unsrigen 14,000 gegen Sinan Pascha am 23. August 1594 ausgezogen sei und 70,000 Türken bekriegt habe, nennt Weiß einen „optimus dux", einen der besten Feldherren. — Maria Christina ist, den wenigen Angaben nach zu schließen, nicht sehr schön gewesen, mochte aber hübsch und freundlichen Gemüths sein.*)

In einer Chronik des Oltard lesen wir folgende Nachricht:

„1595 Die 13 Augusti werden mit vieler und grosser Pomp abgehalten die nuptiae inter Sereniss. Principem Sigismundum et Sereniss. Mariam Christiernam Caroli Archi Ducis Austriae, Styriae, Carinthiae filiam. Serenissimus princeps hat

---

*) Vergl. Fessler-Klein, IV. Seite 29.

ein schön roth samptenes Kleyd, Serenissima aber ein derley blaves angehabt. Es sind auch gar viele stattliche Herren mitgewesen, alle in reicher Kleidungs Stucken, nur Magn. D. Stephanus Bochkayus avunculus Serenissimi war gantz schwarz und hatte nur auf dem Dollmán eine guldene grosse Ketten mit viel Edelgestein und sonstigem Geschmeid." Der päpstliche Nuncius hatte das Paar eingesegnet.

„Eodem Anno hat Fürst Sigismundus Báthory auf Anstifften derer Jesviter die grosse Dumkirch in Weissenburg, durch List und Gewalt derer Jesviter occúpiren lassen, auch dort Hoch Ambt halten lassen und in persona selbst mit vieler Ceremonie und Flaussen ministriret. Die Lichter haben hintzu getragen der Apostata Szilvasi János, ehedems Pfarrherr zu Zazwaros, D. Cancellarius Stephanus Josika, Marcus Benknerus Coronensis und viele andre mehr." —

Kaum waren die Hochzeitsfeierlichkeiten beendet, so rief schon der Schlachtruf an der Grenze. Michael hatte aus der Walachei seine Frau und seinen Sohn nach Hermannstadt geschickt, um dort sicher zu sein; mit nur 8000 Mann eine Zeit lang den Uebergang der Türken über die Donau abgewehrt. Mitte August des Jahres 1595 muß er zurück weichen. Sinan Pascha bringt in fünfzehn Heerhaufen vor, Bukarest und die Residenz Tirgowist müssen ihm überlassen werden. Die Türken befestigen Bukarest, verwandeln dort eine Kirche in eine Moschee und theilen ihr Heer unter Ali Pascha von Trapezunt, während Sinan selbst den Michael verfolgt und ihn mit 6000 Janitscharen und 6000 Fußsoldaten angreifen läßt. Indeß schon sind einige siebenbürgische Truppen herbeigeeilt, Michael mit seinen tapfersten walachischen Heerhaufen vertheidigt sich äußerst muthvoll, ja die Christen erobern — nach einem glücklichen Vorstoß von 200 Kosaken und 200 Siebenbürgern, welche im türkischen Heer eine Bresche öffnen — sogar ihre elf verlorenen und noch vier türkische Kanonen und mehrere Fähnlein, darunter ein grünes, und nöthigen die Türken zum Rückzug, wobei drei Pascha's fallen und selbst Sinan in einen Sumpf geräth. Indeß Michael muß wieder in's Grenzgebirge entweichen und weitere siebenbürgische Hilfe anflehen. Sein zusammengeschmolzenes Heer steht in Stojnescht. Sigismund hatte gleich nach der Hochzeit den Benedict Mindszenti, den Vicecomes der Szekler, Balthasar Bogati, und den Wolfgang Kornis dem Michael zur Unterstützung entsendet. Die Sachsen und Szekler werden aufgeboten, Soldtruppen geworben. Alles soll sich im Lager bei Zeyden, unweit Kronstadt und des Törzburger Passes, versammeln. Als Báthory in's Lager kommt, sind etwa 14,755 Mann versammelt, als man aber den Szeklern die Wiederherstellung ihrer alten Freiheiten verspricht, versammeln sich von diesem streitbaren Volksstamme allein 24 bis 28,000 Mann tapferer Krieger, allerdings in mangelhafter Ausrüstung. Dagegen schicken die Sachsen gut geordnete Mannschaften von jaculatores (Schützen), unter persönlicher Anführung des Sachsengrafen Albert Huet und anderer erprobter Männer, darunter von Hermannstadt tausend schwarze, von Kronstadt tausend blaue, von Mediasch tausend grüne und von Bistritz tausend rothe Uniformirte; hierzu kommen 2000 Mann der fürstlichen Hauptwache, sowie die Großwardeiner (wahrscheinlich in Tokay angeworbenen) 800 Haybuken, ferner 1600 kaiserliche Cataphracti (Gepanzerte). Es waren dies die von ihrem schwarzen Kuraß sogenannten schwarzen schlesischen Reiter unter Albert Raibitz. Ferner 300 mit zwei Schilden bewehrte Kosaken, dann 300 wellische Truppen, 75 florentinische Reiter unter Silvio Piccolomini und 200 italienische „Banditen". Der Woiwode der Moldau, Stephan Rezvan, bricht sich, die Tartaren umgehend, Bahn durch die Polen und führt ein Hilfscorps herbei von 2400 Mann Fußvolk, 800 Reitern und 22 Kanonen. Sigismund hält die Heerschau ab und es werden 2000 Reiter, 32,000 Fußsoldaten und 33 große Geschütze, sowie viele Pulverwagen in der Hauptarmee vorgefunden. Vom Adel waren Wenige erschienen, sie hielten sich zu Kriegsdiensten in der Offensive nicht für verpflichtet. Günstig lauteten die Nachrichten aus Ungarn, wo Kaiser Rudolph's Heere bei Gran und Wissegrad siegreich gewesen waren (2. Sept.), desto ungünstiger aber aus der Moldau, wo der polnische Kanzler Zamoyski einen Gegencandidaten des Stephan Rezvan, den Jeremias Mogila, auf den Fürstenstuhl erhebt, in Folge dessen Rezvan mit dem größten Theile seiner Truppen dorthin zurückeilen muß. Die Tartaren bedrohen aber wenigstens die Flanke nicht, denn glücklicherweise sind diese von Kosaken und „Moskauern", wie die Russen genannt wurden, damals angegriffen. Im September, nachdem das Lager bei Zeyden drei Wochen aufgeschlagen war, gelingt die Vereinigung Sigismund's mit Michael und Albert Király; diese hatten noch 8000 Mann und 22 Kanonen, aber ihr Heer war durch Deserteure gelichtet worden. In siebenbürgischen Chroniken finden wir manche zerstreute Notizen, so zum September des Jahres 1595:

X. Bündnisse, Heirath und Krieg. 119

„Ist Sigismundus Báthory wider den Sinan Passa gezogen und seine Thaber (tábor) 3 Wochen lang bei Zeyden gehabt. Den 19. September lägert sich Sigismundus abwärts bei Türtschvest (Törzburg). Den 4. October sind die schwarzen Reuter von Zeyden bei Türtschvest gethabert." Nochmals werden gemustert 2000 Reiter, 32,000 Infanteristen und ein Artilleriepark von 53 Kanonen. Der Jesuit Valentin berichtet an Alfons Carilli, auch im Lager mache die Bekehrung Fortschritte. Das vereinigte Heer rückt siegreich über die Dumbovitza; schon am 5. October 1595 wird Tergowischt, dann am 18. die befestigte Stadt Bukarest zurückerobert und Sinan's großes Heer gegen die Donau nach Giurgewo (Tschurdschu) zum Rückzuge gedrängt. Michael ließ im Vollbesitz der Macht seiner Grausamkeit freien Lauf, so werden nach der Zurückeroberung von Tergowischt Alipascha und Kodschibeg gespießt und langsam am Feuer gebraten. Sigismund schwelgt in den kühnsten Erwartungen. In der That gelingt es, die zurückziehenden Osmanen in Verwirrung zu bringen. Als ihr Vortrab die Donaubrücke betrat, wurde dort von den mit Gefangenen hereneilenden Truppen die Sclaventaxe, Pendschik genannt, abverlangt; es entsteht eine Stockung, Michael schießt die Brücke zusammen und nun beginnt ein furchtbares Schlachtgemetzel, welches die Donau roth färbt. Es war am 27. October (oder nach andrer Angabe am 8. November) 1595, daß hier die Siebenbürger, bestehend aus Szeklern und Deutschen (Sachsen und Schlesiern), und die Walachen einen der größten Siege gemeinsam gegen die Türken erfochten. Die Wurzel der „Renner und Brenner" wurde vernichtet; 5000 Türken fielen, 6000 beladene Wagen wurden erbeutet und 5000 christliche Gefangene befreit, die Donaubrücke bei Giurgewo zerstört. Der geschlagene Sinan Pascha stirbt nachher am 3. März 1596 in Constantinopel. Im November wird nochmals zwischen Sigismund und Michael der frühere Vertrag erneuert und es sagt darüber die Chronik des Kronstädter Rectors Filstich: „Als der Bathory nun sattsam erfahren die Klugheit und Tapferkeit des Michael, lässt er ihm die ganze Walachei mit sammt ihren Einkünften; er reiste aber von hier nach Siebenbürgen. Auch hat er zu der Zeit als er dem Michael zu Hilfe gezogen, eine Armee nach Lippa, Janowa (Jenö) und andre Städte gesendet, welche sie hart angegriffen haben." — Sigismund kehrte mit 50 Kanonen zurück. Sein Feldherr gegen das türkische Ungarn, Gregor Borbély, hatte Facsed, Lippa und Jenö eingenommen. Der siebenbürgische Fürst konnte mit Stolz auf das glückliche Jahr 1595 zurückblicken. **Heirath und Krieg** waren, wie es schien, die Vorboten eines ruhmvollen Glanzes, welcher ihn die polnische Königskrone konnte vergessen, eine neue gewinnen lassen. Minder glücklich waren Diejenigen, welchen er seine Siege mit verdankt hatte. Die Walachei hatte, trotz des Rückzuges der Türken, an diese 20,000 Menschen verloren, welche in die Gefangenschaft geschleppt wurden; den Szeklern wurde das Versprechen, ihnen ihre Freiheit wiederzurückzugeben, nicht gehalten; sie wurden wieder in die Unterthänigkeit versetzt, oder wie Weiß in seiner Chronik zum Jahre 1596 sagt: „Machet man die Zekler wiederum zu Unterthanen, denn der Adel zwang Sigismundum dazu, wurden heftig prosequirt, viele gehenkt, viele niedergehauen". Aehnlich äußern sich auch die ungarischen Chroniken jener Zeit[*]).

Schlimm genug erging es dem Verbündeten Stephan Rezvan, dem Woiwoden der Moldau. Der von polnischer Seite eingesetzte Gegenfürst Jeremias Mogila behauptet sich in der breitägigen Schlacht bei Czoczowa (Suczawa=Areni) mit den polnischen Hilfstruppen gegen die Tartaren, schließt mit diesen Frieden; und schlägt hierauf Rezvan's heranziehende Heerhaufen. Er nimmt Rezvan gefangen, läßt dem Armen zuerst die Nase abschneiden und ihn dann lebendig auf den Spieß ziehen und beginnt mit dieser Mordthat die neue Herrschaft in der Moldau, welche derselbe von 1595 bis 1607 führt; er war von Zamoyski in's adlige Polengeschlecht der Gelita adoptirt worden. Ein Bruder des Jeremias war Georg der Metropolit, seit 1596 ebenfalls polnischer Indigena, ein anderer Bruder Simeon Mogila, der Feldherr, nachher Woiwode, von welchem mehrere Kinder abstammten, unter welchen die Söhne Michael und Gabriel Woiwoden werden, der letztere 1617 auch von der Wa-

---

[*]) In einer derselben heißt es: „sok székelyeket is kik miután Zsigmonddal Havasalföldéből gyösedelmesen hazatértek vala, ismét jobbágyokká tétettek" und an einer andern Stelle: „1595 ben szent kereszt napján adá meyg a király Báthory Zsigmond a székely nemzetnek (II. János alatt 1562 ben elvesztett) régi szabadságát, és csak karácsonyig tarta (hielt sein Versprechen nur bis Weihnachten) mert felfuvalkodván nem viselék magokat jámborul." Weiterhin Daten in Graf Mikó, „történelmi adatok", Graf Kemény im Uj magyar muzeum, 1854. 1855; dann G. Neugeboren und Benigni „Transsilvania" u. a. O.

lachei; endlich selbst ein fünfter Sohn Simeon's, nämlich Moyses, welcher nach seiner Vertreibung als Erbherr von Wielkvoczy den polnischen Adelsverband annimmt, ein vierter Bruder des Jeremias hieß Stephan, dessen Enkel Miron nachmals zur Woiwodalwürde gelangte. Die Töchter des Jeremias wurden an vornehme Polen verheirathet, an einen Potocki und Andere. Der von den Türken dem Mogila gegenübergestellte Bogdan, Sohn Jankul des Sachsen, muß dem neuen Herrschergeschlechte weichen. —

Die Wandlungen des Glücks entrollen sich.

XI.
Wandlungen des Glücks.

Nur das Jahr 1595 war ein glückliches zu nennen; der letzte Kreuzzug verschiedener Nationen gegen die Pforte schien begonnen und ein glückverheißendes Ende schwebte vor den Augen der Mächtigen; nun folgen Wandlungen, die das Entgegengesetzte früherer Hoffnungen und Pläne zu Tage förderten. Anfangs waren Kaiser Rudolph und Sigismund geneigt, die Ermordung Rezvan's an Jeremias Mogila und an den Polen zu rächen; aber der Papst Clemens VIII. bewirkte nicht unschwer den Aufschub bis nach dem Türkenkrieg. Schwere Contributionen des Landes unterstützten des siebenbürgischen Fürsten Unternehmungen, welcher zu Anfang des Jahres 1596 die Staatsverwaltung an seinen Oheim Stephan Bocskay und den Sachsengrafen Huet übergab und zu Kaiser Rudolph nach Prag reiste, wo er am 4. Februar eintraf. Hier überfielen ihn die Blattern und seine neuen Pläne wurden einstweilen verschoben. Was mochte auch des Fürsten Gemüth bewegen, daß er an den Kaiser das Fürstenthum abzutreten gedachte? Motive und Ansichten sind nicht völlig aufgeklärt. Zunächst schienen die beiden Ehegatten nicht zusammenzupassen. Maria Christina habe (wohl ein Werkzeug in den Händen Anderer) Sigismund überreden wollen, klösterlich zu leben und des Segens der Kinder zu entbehren. Die Jesuiten schmeichelten ihm damit, er möchte doch das unruhige Fürstenthum abtreten, sich von seiner Gemahlin scheiden lassen und dafür vom Papste den Cardinalshut, vom Kaiser ein schlesisches Herzogthum (Oppeln und Ratibor) annehmen, was ihn zufriedener machen werde. Weiß sagt in seinem Diarium: „Eodem anno 1596 im Januario als Sigismundus aus Zwang die Zeckler wiederum zu Unterthanen machet, reiset er in eigner Person nach Prag zum Kayser, will ihm das Land übergeben, da solches seine Herren vermerken, so mit ihm waren, hielten sie stark bei ihm an, er solle es nicht thun, hätten aber nichts bei ihm ausgerichtet, wenn nicht Kayser Rudolphus ihn mit vielen argumentis et suasionibus, ja gleichsam mit Gewalt, zurück genöthiget und getrieben hätte."

Sigismund ließ auch wirklich zur Probe den Cardinalsanzug anfertigen und betrachtete sich wohlgefällig in demselben, aber Kaiser Rudolph war, wie jene Chronik-Mittheilung richtig angiebt, dem Plane nicht geneigt und übergab ihm zunächst nur das versprochene, von Philipp II. erhaltne, goldne Vließ, um die Eitelkeit des Mannes zu befriedigen. Der Krieg gegen die Türken sollte zunächst fortgesetzt werden. Sigismund hätte lieber die schlesischen Herzogthümer, 50,000 fl. Rente, für den Fall der Scheidung aber den Cardinalshut, das Olmützer oder Breslauer Bisthum vorgezogen und dann gerne Siebenbürgen einem königlichen Erzherzoge überlassen, wie es Rudolph für gut befinden würde. Als er nun an den Pocken erkrankt war, stellten ihm Rudolph's Astrolog das Horoskop und ebenso in Siebenbürgen der Mathematicus Michael Siglerus aus Kronstadt und sie weissageten: „Dass des Fürsten Glück in $\alpha z\mu\eta$ stünde, würde er genesen, würde es absteigen vnd abnehmen, jedoch noch für seinen Ende ein was güttiges Glück empfinden." Als Sigismund im März 1596 nach Siebenbürgen zurückgekehrt war, sollte er mit Erzherzog Maximilian und General Tiefenbach gegen Temesvár vorrücken. In Ungarn hatte sich Manches geändert. Der Sultan Murad und der Großwessir Sinan Pascha waren gestorben, der religiös-abergläubische Wohamed III. war sein Nachfolger und ihn trieb der Scheich Muhijeddin, der „Wiedererwecker des Glaubens", in das Feld. Dort hatte der (bald nachher gestorbene) kaiserliche Oberfeldherr Fürst Mansfeld und die ungarischen Generale Franz Nadásdy und Niclas Pálfy, Siegeserfolge errungen, Gran war gefallen, Hatvan, Wissegrad und andre Orte waren erobert worden. Die christlichen Truppen, aus aller Herren Kriegscontingenten herbeigeführt, umfaßten ein oft so zuchtloses Gesindel, daß namentlich über die Rohheit der Wallonen und der ungarischen Hayducken selbst die Türken erstaunten und zur Milderung der Sitte mahnten. Sie, die Mohamedaner, hatten in den Städten die Alterthümer, Kirchen, Bilder geschont und die Orte rein gehalten, jetzt erfolgten von Christen Schandthaten an den Ueberwundenen, so gräulich als nur die Bestialität sie ersinnen mochte. Verstümmlungen der Kunstschätze, Beraubungen an Gut und Habe waren alltäglich und Unflath bedeckte die bis dahin geschonten Plätze,

Ein neues türkisches Heer wird ausgerüstet; Ibrahim ist sein Oberfeldherr; erschreckt sucht Michael wieder die türkische Gunst. Die Sultanin Mutter bewirkt einen Aufschub, denn mit dem, was auf der Sultanin Walide, „**der hohen Wiege der Herrschaft, der Muschel, der Perle des Chalifats**, Fürbitte geschehen, habe es — so spricht der Sultan — sein Bewenden." Gegen Ende September 1596 erscheint der Padischah selbst vor Erlau, wo die zügellosen Wallonen meutern. Erlau fällt und Sigismund soll auf diese Nachricht ausgerufen haben, „dass er vor Gott protestiere, nicht Schuld zu haben an dem vielen vergossnem Blut, sondern alleyn die Langsamkeit der Teutschen sei zu beschuldigen." Tiefenbach zumal scheint einer jener unglücklichen österreichischen Generale gewesen zu sein, welche ihre Stelle nicht dem Feldherrntalente verdankten und alle Erfolge auf's Spiel setzen. Bald darauf kam es zur **Entscheidungsschlacht** von Keresztes (23.—26. October 1596). In Erlau bleibt der von Fünfkirchen gebürtige Geschichtschreiber Petschelli Aali als Defterdar, und seinen Mittheilungen verdanken wir nähere Aufschlüsse. Den ersten Tag wurde, so berichten osmanische Quellen, trotz des Löwenmuthes der Türken der Dschaaferpascha, der Verschnittene (ein Ungar), von der christlichen Uebermacht unter Erzherzog Mathias und Sigismund Báthory geschlagen mit einem Verluste von 1000 Janitscharen, 100 Sipahis und 43 Kanonen. Der Sultan fängt an zu verzweifeln und denkt an den Rückzug, aber sein Chobscha Seadebbin bestimmt ihn auszuharren; indeß wieder siegen die Ungarn und Deutschen, indem sie das türkische Heer in Verwirrung bringen und 109 Kanonen erobern. Sie glauben sich des Sieges gewiß und fangen bereits an regellos zu streifen und zu plündern. In dieser Stunde der Gefahr, wo nach der heiligen Schrift des Islams „**die Herzen in die Kehle steigen**" sprach der Chobscha zu Mohamed III.: „En nassr maaess. ssabr we iune maael usri jesren." „Daß der Geduld der Sieg harret und Schwerem Leichtes folgt". Es wird das äußerste Mittel versucht, und Gott verläßt nicht seine „Gläubigen". Mohamed umhüllt sich nämlich mit des Propheten Mantel, der heiligsten Reliquie aus dem Schatz der Sultane, und hält sich zur heiligen Fahne. Schon tanzten die Christen auf den eroberten Schatzkisten, da bricht Cicala mit der Reiterei hervor, sie sprengen die feindliche Cavallerie, 20,000 Mann, in die Sümpfe; die Flucht der Christen wird allgemein und es fallen unter den Säbelhieben der Türken und Tartaren 50,000 Feinde. Die Türken erobern die Kriegskasse mit 10,000 Stück Ducaten und 97 Kanonen. Während der Großwessir Ibrahim die Fliehenden verfolgt, ernennt der freudig erregte Sultan den Cicala=Pascha zum „Großwessir". Dieser aber trifft sogleich strenge Maßregeln gegen diejenigen, welche feige das türkische Heer verlassen haben. Manche von diesen Verfolgten „Firari" (Flüchtlinge von Keresztes) haben nachher in Asien die Fahne der Empörung aufgepflanzt; auch der Chan Chasigirai wurde abgesetzt, ja selbst Sinan=Cicala, der Sieger, weil bei dessen Einkehr in Istambul es der Sultanin Walide mißfiel, daß man ihren Eidam Ibrahim vom Großwessirate entfernt habe.

Mohamed feiert einen glänzenden Einzug in die Hauptstadt des Reichs. Die Verwalter der Moscheen empfangen ihn mit Rauch= fässern. Geistliche und Laien brechen in den Ruf aus: „Langes Leben und Glück." Die Knaben rufen im Chor: „Amen". Es lassen die Zünfte es nicht am pomphaften Aufzuge fehlen, ebenso die Arbeitsleute des Arsenals, die zahlreichen Derwische! Die zur Thron= besteigung glückwünschenden Perser, wissenschaftlich und fein gebildete Männer, breiten 500 Ellen reicher Stoffe aus unter des Sultans Pferdehufen und überreichen ihm sieben herrliche Pferde mit silbernen Ketten. Venedig bringt reiche Geschenke; der Sultan von Fez über= reicht ein Kästchen mit Juwelen; der englische Gesandte Berton war mit in des Sultans Lager bei Erlau; der französische Gesandte redet türkisch und bringt reiche Geschenke, verspricht eine Hilfs= flotte gegen Spanien; aber was die Begeisterung auf's Höchste steigert der Scheriff von Mekka überbringt den Grabüberzug der Kaaba von dem Grabe des Propheten auf einem Prunkkameele. Die Luft erzittert von Freudenrufen; viele Juden und Christen werden davon so ergriffen, daß sie den Finger in die Höhe strecken, um Moslemin zu werden. Während dies geschieht, verzeichnet ein siebenbürgisch= sächsischer Chronist in sein Diarium die Schlacht von Keresztes mit den Begleitworten: „vnd dieses Vnheils Vrsach haben selbst die Türken gesagt, dass Gott den Christen dieses Vnglück zugeschickt von wegen der vnmenschlichen Thatten vnd Tyranni= scher Grawsamkeit halben, so sie bey Eröberung des Schloss Hatvan getrieben, den alda haben die Teutschen die Türkische Jungen und Jungfrawen lebendig geschunden aus der Jungfer Brüsten vnd Knaben Geyllen oder Hoden Schub-Säcken gemacht vnd sonst vnerhörte Tyranney getrieben. Diess sagten die Türken habe Gott geräche an seinen Christen."

Es war eine entsetzliche Zeit herangebrochen. Die Christenheit war vor Schreck anfangs wie erstarrt, besonders aber Sigismund betäubt von der Wandelung des Glücks; auch sonstige Anzeichen schienen darauf hinzudeuten, daß wieder die Türken die Oberhand gewinnen würden. Michael hatte sich ihnen genähert; die Moldau war ein Vasallenstaat von Polen und dieses hielt mehr zur Pforte als zu Kaiser Rudolph, ebenso die wegen der Jesuiten aufgeregten Länder Frankreich und England; selbst im eignen Heere waren Meutereien vorgekommen, besonders von den schrecklichen Wallonen, welche in Alba's Geiste aufgewachsen waren; der ungarische Abel in Siebenbürgen hielt mehr zu den Türken — und endlich was war in Papa geschehen?

Die Wallonen hatten Papa übergeben, „weil ihnen das Monat=Geld nicht stracks ausgerichtet". Das Schloß wurde nachher wieder von den Christen erobert, die Verräther gefangen gesetzt und „mit unerhörter Peinigung bis in den Tod abgestraffet worden." So sagt Miles: „Theils sind sie in verstorbene Ross eingenähet worden, da denn die Würmer aus beyden Leibern in der Hitze zusammen erwachsen vnd also in höchster Marter ihren Geist auffgeben müssen. Theils sind lebendig eingegraben worden, dass nur der Kopf ob der Erde herausgestanden, den haben sie mit eysern Kugeln zerschnellet, nachmals die Hunde lassen zerreissen." — —

Den Oberbefehl in Ungarn übernahm der Wesir Mohamed Saturdschi als Serdar (1597), wird aber bei Waitzen geschlagen, wie er sich entschuldigt deshalb, weil der Tartarenchan noch nicht angekommen sei; die Türken verlieren noch einige feste Plätze; neue Hoffnung der Christen; ja 1598 wird auch Raab von ihnen (von Schwarzenberg und Pálfy) erobert und Großwardein gegen die Türken behauptet. Der Seraskier Saturdschi muß nachher, wie schon früher erwähnt, sein Unglück durch den Tod büßen. Kanischa war wohl durch die Meuterei der Franzosen und Wallonen verloren gegangen, welche Deutsche und Magyaren überwältigt hatten; doch Schwarzenberg belagert die Empörer; nur 600 von ihnen gelangen bei dem Ausfalle bis nach Stuhlweißenburg, wo sie 10,000 Ducaten Lohn erhalten und dienen nun der Pforte. Sie waren die grausamsten im türkischen Heere. Als sie einstens gefangne Kosaken und

Russen am Feuer braten, erwiedern dieselben, sie thäten es, weil ihre Brüder so gemartert worden seien von Ungarn und von Deutschen. — Während dieser Vorgänge, die bis zur Belagerung von der türkischen Hauptstadt Ofen führten, hatte Michael wieder neuen Muth gefaßt und war bis Nicopel vorgedrungen; 600,000 Aspern sollte er der Türkei als Tribut zahlen; aber als angeblich dies Geld Dimo überbringt, bergen die mit rothem Tuch behangenen Tributwagen Kanonen, mit welchem der Verschnittene Hafis Mohameb Pascha geschlagen wurde; so siegte Michael. Als später Dimo 1600 nach Constantinopel kam, wurde er trotz seiner Rolle als „Gesandter" wegen jener unvergessenen Verrätherei „an die Haken" geschlagen; Michael aber hatte schon damals mit Ibrahim Verhandlungen angeknüpft, um die Woiwodschaft aller drei Karpathenländer zu erhalten. Was that aber Sigismund? Er war mit sich selbst uneins, keines festen Planes fähig. Anfangs hatte er wohl wieder das Waffenglück versucht. Seine Truppen unter den Befehlshabern Stephan Jósika, Albert Király und dem Sachsen Jeremias Theilisch sollten Temesvár den Türken abnehmen. Die Belagerung begann; aber als der Sachse Theilisch mit seinen Leuten Bresche geschossen, waren die ungarischen Generale, wider alles Vermuthen, beim Pascha zum Bankett in der Festung eingeladen und der Sturm mußte unterbleiben. Jósika verlor Mannschaft und Pferde, die andern wurden zurückgeschlagen. Der Türke frohlockte, aber die Siebenbürger und die Kaiserlichen sahen in Jósika einen Verräther, trotzdem behält Sigismund den zweideutigen Mann als seinen Kanzler und unterhandelt mit seinen Höflingen, Bocskay, Kornis, Jósika, ob er wohl das Fürstenthum „abtreten" solle und nicht diese es „übernehmen" möchten?! Im Jahre 1597 reist er wieder nach Prag, seiner frühern Neigung nachgebend; der Hof in Siebenbürgen wird vom geheimen Plane nicht verständigt. Der österreichische Bischof Khlesel, des Erzherzogs Mathias Vertrauter, um seinen Rath angegangen; man will den Erzherzog Maximilian zum siebenbürgischen Vasallenfürsten erheben, doch dieser zögert; die Angelegenheit, so oft sie auch später auftauchte, hat niemals an ihm einen opferbereiten Anhänger gefunden, doch ungarische Kleider zu tragen war er bereit! Es werden deshalb Gesandte zu weiteren Abmachungen entsendet; die kaiserlichen Ansprüche werden vom Wardeiner Bischof Martinus Pethe und Adam Gallus Poppel vertreten; die päpstliche Einmischung vom Jesuiten Alfons Carilli, Sigismund Grafen von Thurn und dem eignen wällischen Hofgesinde des Fürsten Báthory fortgesponnen, — von Báthory selbst, welcher — den Cardinalshut, die schlesischen Herzogthümer, die Ehescheidung, 50,000 fl. jährlicher Rente, das Breslauer oder Olmützer Bisthum — als seine Wünsche herumträgt.

Unerquickliche chaotische Zustände treffen das Land. Genug, daß sich kein vollkommen freies Einverständniß abspielt. Man erwartete kaiserliche Truppen; aber der Kanzler Jósika schrieb Briefe an den Kaschauer General Christoph Teuffenbach, um diesen abzuhalten, denn es schien rathsamer — und vielleicht seinen eignen Wünschen nach dem Fürstenhut zuträglicher, wenn er statt des Fürsten das Land als „Gubernator" verwalten möchte, bis sich Báthory überzeugt habe, ob ihm die schlesischen Herzogthümer auch gefallen würden. Der Brief erregte im kaiserlichen Lager großen Argwohn; indeß kommen statt der versprochenen Truppen und des Erzherzogs Maximilian als kaiserliche Gesandte zur Uebernahme des Landes nach Siebenbürgen: der Wardeiner Bischof Stephanus Zuhai, der Vicepalatin Nicol. Istvánffy und der kaiserl. Rath Dr. Bartholom. Pezzen, welche sammt und sonders — Báthory und den Ständen gar wenig behagen.

Auf Antrieb der kaiserl. Commissäre wird Jósika verhaftet; wohl bitten bei Sigismund die Stände durch Albert Huet und Franz Teke für den Kanzler, doch wird derselbe (bei weitern Verdachtsgründen der nächstfolgenden Zeit) nachher in Szathmár enthauptet und nur der ablige Hof in Gerend verbleibt für Jósika's Wittwe und Kind. Mit Michael, dem Woiwoden der Walachei, schließen die kaiserl. Commissäre ein Freundschaftsbündniß und versprechen dem Tartarenchan Alipe Gerai Gazi 50,000 Gulden, um Frieden zu erhalten. Die Stände sehen sich gezwungen, einen ihnen abgenöthigten Treuschwur für Kaiser Rudolph zu leisten, und Báthory überläßt das Land den kaiserlichen Commissären, wie ein Mensch, der mehr der Verzweiflung als dem Verstande folgt. Der Landtag war in Weißenburg (Karlsburg) abgehalten worden, doch nicht in der Kirche, sondern im fürstlichen Pallaste; nur die Vornehmern werden bewaffnet eingelassen, 600 blaue Hoftrabanten umringen den Pallast mit brennender Lunte, und nun wird am 23. März 1598 der Tauschvertrag bekannt gemacht und der Eidschwur am 4. April abverlangt. Den 10. April 1598 legte Sigismund die Regierung nieder; die Commissäre aber sollen ihm einen Rythmus nachgerufen haben: „Heute ist der vierte April — Man schickt den Narren, wohin man will." Deshalb sagt auch ein Schriftsteller von ihm: "Uebrigens benahm sich Sigismund, als er 1598 nach Schlesien ging, wie ein Mann, der alle Voraussicht verloren. Er übergab sein Land, obgleich die Commissäre weder die 5000 Thlr. seines Jahrsgehalts, welche zuerst bezahlt werden sollten, noch Anweisungen auf Kaufleute mitgebracht hatten. Er nahm ferner alles Geld, welches in den Kassen vorräthig war, mit sich, ließ Documente und Briefe des Archivs verbrennen, sowie das Gold und Silber an Kleidern, Zierrathen und Waffen abreißen und verschleuderte, vernichtete oder vernachlässigte die kostbarsten Reste früherer Zeit." Andre Schätze hatte er seinem Oheim Bocskay und dem Klausenburger sächsischen Kaufmann Em. Bogner zur Aufbewahrung übergeben, das für die Truppen bestimmte Geld mitgenommen und war mit drei Wagen am 13. April nach Oppeln aufgebrochen. Vergebens hatte sein Vetter, der Cardinal Andreas, ihn durch einen eignen Boten (Mathias Sylla) aufzuhalten und vom Plane abzubringen versucht. Indeß wieder zauderte der erwartete Maximilian. Sigismund sah bald, wie die Chronik besagt, "daß er für Gold Blei eingetauscht habe"; später hat der Fürst dem Melithi geklagt, statt der 50,000 Ducaten Rente habe er bloß 8000 erhalten, denn die meisten Dörfer seiner Herrschaften waren anderwärts verpfändet, der fürstliche Pallast gleiche dort einem siebenbürgischen Pferdestall, der Boden sei unfruchtbar, kein fischreicher Teich, Wälder ohne Jagdhetzen, auch habe er weder den Cardinalshut, noch einen Bischofssitz erhalten und nur leere Versprechungen bekommen, deshalb habe er sich selbst helfen müssen.

In Siebenbürgen war man auch höchst unzufrieden; wie so oft hatten die kaiserlichen Commissäre kein Verständniß für ihre Aufgabe, für die Verhältnisse des Landes. Man lebte — ein trauriges Kennzeichen österreichischer Staatsmänner — nur von einem Tag in den andern, ohne sich die Partei zu gewinnen, welche für das Kaiserhaus und den Staat eine dauernde Bürgschaft gewähren konnte. Um den Parteigänger Kaspar Kornis zu befriedigen, hatte man den vielvermögenden Oheim des Fürsten, Stephan Bocskay, von der einträglichen Commandantenstelle in Großwardein entfernt und nicht einmal die Sachsen in ihren bescheidenen Erwartungen befriedigt; denn Siebenbürgen sah sich mehr als sonst auf die eigene Hilfe angewiesen, oder, wie es in Chroniken heißt, "von den Teutschen verlassen." Zwanzig Porten mußten einen ausgerüsteten Kriegsmann stellen; rücksichtslose aussaugende Contributionen wurden erhoben, und man wußte gar nicht, wer eigentlich das Land regiere". Deshalb sagt Miles „im siebenbürgischen Würgengel" zum Jahre 1598:

„Derowegen stund Siebenbürgen in aüsserster Gefahr, weil es kein gewisses Haupt noch Fürsten hatte, weil auch dessen Vntergang vill ungewhnliche Zeichen und Fürbotten andeütteten. Denn fast aufeinander geschahen 2 schräckliche Mondfünsternüss, auch an der Sonne eins so abschewlig, dass es den hellen Mittag fast in die dunkelste Nacht 2 Stunden lang verfünsterte. Auch schickte Michael Wayd ein zweiköpffigt gebohrnes Kalb der Fürstin Maria Christierna vnd Commissariis zu Wunder in Siebenbürgen."

Sigismund's vertrauter Kammerdiener Emericus Szixai räth dem Fürsten, wieder nach Siebenbürgen aufzubrechen; dieser entsendet vorerst nach Prag an Kaiser Rudolph den vornehmen und gelehrten jungen Mann Sigismund Sarmassághy, um dort 80,000 Gulden für den Fürsten zu erheben; es werden auch 20,000 Ducaten ausgezahlt; der Oheim Bocskay hört mit Vergnügen, daß dem Neffen der gethane Schritt reue, es gelingt ihm, den Bischof Demeter Naprági (welcher nachgehends an Jósika's Stelle Kanzler wurde), den Wolfgang Almási und den Sachsengrafen Albert Huet für den Plan der Rückkehr des Fürsten zu gewinnen. Dieser, hievon verständigt, schickt seinen Vertrauten Benedict Mácsobi voraus, eilt ihm („gegen den Stephanstag") verkleidet nach und trifft indem Sarmassághy ihm stracks nachjaget, am 20. August 1598 in Klausenburg ein, gerade als dort seine Gemahlin Maria Christierna auf der Heimreise die Stadt zu passiren gedenkt. Die beiden Gatten sind alsbald versöhnt und mit Erstaunen und Entrüstung vernehmen die kaiserlichen Commissäre in Weißenburg (Karlsburg), was sich Unerwartetes zugetragen habe. Den Commissären fehlen alle Mittel, ihre Herrschaft zu behaupten, indeß Sigismund nochmals den Ständen feierlich die Vertreibung der Jesuiten zusichert, mit Eiden sich dem Lande verbinden will und, da er alle Schuld auf die Verführung durch die Jesuiten schiebt, auch wirklich von den Ständen wieder als Landesfürst angenommen wird. Eine Chronik sagt hierbei: „das Land ist zufrieden, der Keyser auch, obwohl ihm der Spott verdriesslich war." Maria Christierna erfreute sich nicht lange

XI. Wandlungen des Glücks.

des neuen Glücks, der Fürst wird ihrer überdrüssig; der Kaiser, erzürnt, giebt an Basta, den kaiserlichen General, einen ehemaligen Trommelschläger, und an den Woiwoden Michael den Auftrag, wider Siebenbürgen loszubrechen. In der Weiß'schen Chronik heißt es: „Also schicket Sigismundus des Keysers Commissarios Stephanum Zuhay Episcopum Varadiensem, Nicolaum Istvánffi, Bartholomaeum Petz utriusque juris Doctorem aus dem Land." — „Diese Zeit über, dass Sigismundus also im Lande ist, besoldet der Keyser Mihály Vajda stark, dieser hielt ein gross Volk deswegen, weil man dem Sigismundo nicht aller trauen kann."

Miles hingegen erzählt in seinem Tagebuche: „Damals aber hielte Sigismundus seine Gasterey in Hermannstadt mit Hrn. Alberto Hueth, da auch ville Zeichen des fürstehenden Vntergangs geschahen, denn kurz zuvor, ehe Sigismundus in die Stadt gelangte, erschütttelte ein grawsames Erd-beben gantz Siebenbürgen, vnd darauff entstunde solch ungestümmer Wind aus dem Thalmischer Gebürge herfür, dass er in vnd ausser der Hermannstadt Menschen vnd Vieh aufflhube, wegführte vnd mit grosser Ungestümme zur Erden niederwarff (ein Fürboth des Michael Waydens, so von dannen herfür gebrochen) auch wie man am lustigsten sollen seyn vnd das grosse Koch-Hauss auf dem grossen Ringk auffgeschlagen und gantz fertig gewesen, kompt eben dieser starke Wind vnd führets mit grossem Brausen vnter die Lügenbrück, die dickste Pföst vnd übrigen Baw reist er von der Erden aus, zerbrichts vnd zerreists in kleine Stück vnd führets davon. Erst verursachte der Wind dicke Wolken, darauss es blitzt und donnert mit Hagel vnd stetswährigen Schlossen und Donner-Keullen als solte der jüngste Tag einbrechen, darauff kam ein dicker Platz-Regen, dass kein Mensch dafür konte bestehen. Zu Weissenburg hats vill schindelne Dächer vnd Schor-Stein weggeführet, die Fürstlige Ross-Ställe gantz aus der Erden gerissen, vnd zu Bodem geworffen: Die Hirten auff dem Felde oder Strassen Leuthe hats hin vnd wieder vmbgeführet, vnd letzlig in die Weite weg geworffen. Etlige gantze Heerde Schaaf hat der Wind in Mörisch gestürtzet vnd verschlungen, vill hohe Bäume hats mit Wurtzeln aus der Erde gerissen vnd weggeführet vnd hielte fast nicht über eine Stunde an. War ein Fürboth nach aller verständiger Ausslegung eines vhrplötzligen schräckligen Vbels, wie es denn auch bald bey Sigismundi beendigtem Fürstenthumb an die Thür klopffte."

Sigismund will einen neuen Abtretungsvertrag abschließen und schickt an den Kaiser seinen Oheim Bocskay, den Kanzler Napragyi und den Sachsen Luc. Traufchner, welchen es auch wirklich gelingt, obwohl Bocskay nicht freundlich empfangen wurde und mit tieferem Groll gegen den Kaiser und den Fürsten erfüllt wurde, am 6. April 1599 einen neuen Vertrag abzuschließen, in welcher Staatsurkunde auch die Aufrechterhaltung der Landesverfassung und Entsendung eines nahen Anverwandten als kaiserlichen Statthalter versprochen wurde. Während dies schwierige Geschäft die Gesandten vollziehen und dem Fürsten, sowie nach ihm seiner Wittwe, Trebnitz und Leitmeritz versprochen werden, dagegen der Sultan unfreundlich gestimmt blieb und mit Schimpfworten und Drohungen Sigismund's Gesandte abwies, hatte bereits Sigismund, an dem glücklichen Erfolge verzweifelnd, das Fürstenthum Andern angetragen, endlich auch seinem Vetter, dem Cardinal Andreas Báthory, dem Bruder des von ihm hingerichteten Balthasar. Ebenso hatte Sigismund alle etwa feindlich Gesinnten zu gewinnen gesucht. An Erzherzog Maximilian, welcher bereits früher ungarische Kleider sich hatte anfertigen lassen und in Kaschau weilte (wie der Chronist sagt „furchtsam", da er in Polen zum König erwählt, traurige Erfahrungen dort gemacht), werden Gabriel Haller und Luc. Traufchner entsendet, um des Fürsten Entschuldigungen vorzubringen; an Michael ging Stephan Bobonì ab und der walachische Woiwode hatte auch 2000 Curtäner dem Sigismund zugesendet; die Großwardeiner, wegen jesuitischer Gewaltthaten erbittert, sollten versöhnt werden — „**nur die falschen Rathschläge der Jesuiten hätten es verschuldet, daß sie gekränkt worden wären**"—, indeß die sieben ungarländischen Gespanschaften, welche bisher zu Siebenbürgen gehörten, hielten sich an den Kaiser=König Rudolph; — den Stephan Ováry und bald neue Gesandte schickt er mit Geschenken an den Mehemed Pascha, welcher ihm Friedenszusicherungen macht. — Gerade diese **verschiednen** Gesandtschaften und Anerbietungen erregen aber allenthalben Argwohn; eine Partei ist durch die andere bedroht und **welcher** wird Sigismund eigentlich anhangen? Während Sigismund so bei den früheren Verbündeten an Gewicht und Ansehn ver=

liert, steigt das des Woiwoden der Walachei. Michael war es gewesen, welcher 1596 den Tartarenchan aufgehalten hatte und sich im Lande zu behaupten wußte, er hatte glückliche Streifzüge bis tief in das türkische Bulgarien unternommen und hatte so reiche Beute nach Hause gebracht, daß man eben so sehr über das staunte, was dort in langen Jahren an Raub und Vorrath angehäuft worden war, als darüber, was nun wieder abgenommen sei. Der geringste Stallbube soll Werthsachen, welche 100 Ducaten zu schätzen gewesen, mitgebracht und jeder 85 Thaler noch als besonderes Geschenk erhalten haben. Im December 1596 war Michael in Weißenburg gewesen, man hatte pomphafte Lustbarkeiten veranstaltet und neue Verabredungen getroffen, fürchtete man doch, die Polen hätten den Türken Hilfe versprochen, wenn i h n e n die Moldau und Walachei abgetreten würden. Seitdem war Michael darauf bedacht, an Kaiser Rudolph einen S c h u t z h e r r n zu gewinnen; 1597 wird der Ban Mihalsche an den Kaiser nach Prag entsendet; zugleich erhält aber Michael auch vom Sultan eine rothe Gnadenfahne; er l a v i r t, erklärt sich schließlich für einen „k a i s e r l i c h e n V a s a l l e n R u d o l p h ' s", umsomehr als 10,000 Servier ihn zum Fürsten ausriefen und g e g e n die Türken sich erhoben. Michael wirbt Truppen, darunter auch 6000 Schlesier, erhält von Prag aus Löhnungsgelder; als aber in Siebenbürgen die kaiserliche Politik so außerordentlich unzuverlässig erscheint, wendet sich Michael wieder an den Sultan, welcher ihm die E r b f o l g e verspricht, und Michael wird am 21. Juli 1597 von einem angesehenen T s c h a u s c h zum „W o i w o d e n" eingeweiht, sucht Einverständniß mit Jósika, um die Abtretung Siebenbürgens an den Kaiser zu hintertreiben, gedenkt den Jeremias Mogila aus der Moldau zu verdrängen und wiegt sich in hochfliegenden Plänen einer völlig immoralischen Trugpolitik, wie sie jedoch damals fast in ganz Europa als S t a a t s k u n s t angesehen wurde. Als Sigismund das Fürstenthum abgetreten, änderte auch Michael seine Beziehungen; wieder huldigt er dem Kaiser und der u n g a r i s c h e n Krone am 9. Juni 1598 und schließt als „Michael, Woiwode der T r a n s a l p i n i s c h e n Theile des U n g a r i s c h e n Reichs und Rath Seiner K a i s e r l i c h = K ö n i g l i c h e n Majestät," einen Unterwerfungsvertrag, wonach er und sein Sohn lebenslang Vasallen des Kaisers sein sollten. Als aber Sigismund zurückgekehrt war, suchte dieser neue Verbindungen mit Michael. In Ungarn triumphirten die kaiserlichen Waffen, besonders unter Schwarzenberg, wieder, und

Sigismund hatte allen Halt verloren; — er sehnt sich aus dem Getriebe der Parteien, aus den Schlingen der Jesuiten.

Die Unterhandlungen mit Andreas Báthory führten zum Ziele, denn der Cardinal hoffte auf diese Art seine und der Brüder Familiengüter wieder zurückzuerhalten. Der Jesuit Stephan Cabovi (Kabos) hatte die geheimen Verhandlungen geführt. Im Februar 1599 sah sich der Landtag in Mediasch genöthigt, eine neue Abtretungsurkunde zu genehmigen. Wohl verlangten die Stände „man möge sie vom vorigen gezwungnen Eid freisprechen", und wie eine Chronik hiervon sagt „den sie mit Widerbellung ihres eignen Gewissens verwichner etlicher Monaten müssen ablegen". — Man hatte früher von Rudolph „Schenkaschi" 50,000 Reichsthaler und Revenüen, Güter und Auszeichnungen verlangt; jetzt hat das Land dafür aufzukommen. Sigismund und seine Gemahlin erhalten bedeutende Jahrgelder und sonstige Zusicherungen, Andreas das Fürstenthum, die Familiengüter und die „Schuldloserklärung" seines als Hochverräther ermordeten Bruders Balthasar.

Maria Christina, 24 Jahre alt, begiebt sich, von Balthasar Bornemißza, dann vom Jesuiten Alfons Cariglia (Carilli) begleitet, bis Grätz und dann in das Kloster Hall, um noch mehr als zwanzig Jahre in resignirter Zurückgezogenheit zu leben, glücklich, ihre Unschuld bewahrt zu haben. Sigismund aber unternimmt eine große Reise, um die Welt kennen zu lernen. Die Wandlungen des Glücks überläßt er im nachfolgenden Trauerspiel seinem Vetter, dem Cardinal-Fürsten Andreas Báthory von Somlyó. Ueber diesen Regierungswechsel im Jahre 1599 sagt eine Chronik:

„Zu dieser Zeit fielen dem Báthory Sigismund solche Gedanken ein, die weder ihm noch seinem Lande zuträglich waren. Ein Kluger, wie man sagt, findet den Weg in einem Lande, wo er niemals gewesen; aber ein Unverständiger verliert den Weg, wo er auch bekannt ist. Also auch Báthory war nicht zufrieden mit seiner Aussöhnung mit dem Kaiser und mit der Wiederherstellung der Allianz mit Michael, sondern er fiel auf noch bösere Gedanken, den Michael zu verlassen und Siebenbürgen den Türken zu unterwerfen. Er konnte aber dies nicht bewerkstelligen wegen des harten Eidschwurs, den er dem Michael geleistet, dass nämlich, so lange er Fürst von Siebenbürgen bliebe, dem Türken nicht gestattet werden solle, festen

XI. Wandlungen des Glücks.

Fuss in diesem Lande zu fassen. Daher dachte er auf eine andre List, so dass er seinen Bruder (...Vetter...) Andreas zum Fürstenthum berief, der sodann mit den Türken ein Bündniss machen sollte und somit den Michael hinter's Licht führen." — Das nachfolgende Trauerspiel betitelt sich in der That: „Fürst=Cardinal Andreas von Siebenbürgen und Michael, Woiwode der Walachei."

---

*) Nebstbei verweise ich bezüglich dieser Abschnitte nach anderer Richtung auf jene magyarischen Quellen und Arbeiten, welche Fessler=Klein in seinem Geschichtswerke über Ungarn anführt; dann bezüglich benützter Chroniken auf die „deutschen Fundgruben" vom Grafen Joseph Kemény, fortgesetzt von Dr. Eugen von Trauschenfels und andere derartige Mittheilungen, zumal des Vereins für siebenbürgische Landeskunde. Vergl. auch Dr. Georg Daniel Teutsch, Geschichte der Siebenbürger Sachsen, 2. Auflage, Leipzig 1873, und dessen „Abriß der Geschichte Siebenbürgens", 3. Auflage.

XII.
Fürst Cardinal Andreas Báthory und Michael, Woiwode der Walachei.

Der Cardinal Andreas war seiner Erziehung und Gesinnung nach mehr ein Pole als ein Magyare, aber nicht so päpstlich gesinnt, daß er ein Verhältniß zu der Pforte verabscheut haben würde. Er liebte, wie ein echter Kirchenfürst des prassenden Roms ruhigen Lebensgenuß und war mit der Welt wenig vertraut, er fürchtete und hoffte, er zauderte und überstürzte gewöhnlich das, was besser anders zu behandeln gewesen wäre.

Sigismund konnte schlauer sein, Menschen und Zustände eher erkennen und benützen, aber er war noch weit weniger als der Cardinal edler Regung fähig. Als sich beide Fürsten in Hermannstadt begrüßen, heuchelt Sigismund Reue über den Tod des Balthasar; „gottlose Schmarotzer hätten davon die Schuld zu tragen". Man verhandelt nun Allerlei. Es wird da um Vortheile gefeilscht, daß man erstaunen muß, wie wenig zu jener Zeit der Adel Muth bewies, das allgemeine Landesinteresse zu wahren. Es sind Mittheilungen erhalten, woraus man Rückschlüsse machen kann. So schreibt Sigismund an Andreas:

— — — — — „Aus Ueberdruss meiner jetzigen Bürde lege ich die Regierung nieder, nicht aus Feigheit oder Furcht, sondern aus Verlangen nach Ruhe und aus Verachtung eitlen Ruhmes und eitler Ehre. . . . . Ergänze du durch deine Tugenden und Emsigkeit dasjenige, was man an mir vermisst hat, damit das Volk, welches dich aufnimmt und gerne annimmt, in dir den Vater des Vaterlandes und den Schöpfer seiner dauerhaften Wohlfahrt erkennen möge. Du wirst das Land und die Stände in Ordnung bringen, du wirst Siebenbürgens alten Glanz herstellen, du sollst über Krieg und Frieden entscheiden, du sollst Steuern, Zölle, Zehnten, Urkunden und Beamten bestimmen, beurtheilen und aufheben. Du sollst die Obergespane, Schloss- und Besatzungs-Commandanten, Heerführer, Soldaten leiten, richten und regieren; in deinen Händen soll alle Macht des Landes sein".

Andreas bestürzt habe erwiebert: „er wolle sich nicht dem Hasse des mächtigen österreichischen Hauses aussetzen, ein mittelmässiges Loos ziehe er einem hohen, dem Sturze und einem dem Hasse Vieler ausgesetztem Stande vor; vor allem habe er wenig Hoffnung, dem schon im Grunde erschütterten und bedrängten Lande aufzuhelfen. Von den Deutschen, den Türken und von den Walachen, welche das Land zu verwirren hofften und wünschten und alle ihre Anschläge und Kräfte auf dessen Besitznahme richten, drohe Gefahr". . . . „er wolle auch nicht ohne Polens Zustimmung von seinem Platze dort weggehen." u. dgl. Indeß den 20. Februar 1599 ist Andreas in Klausenburg und begiebt sich Sigismund nach Hermannstadt. Bocskay, von allen Seiten gedrängt, dann jene Legaten an Kaiser Rudolph, „kaum der Gefangenschaft in Ungarn wegen des Verdachts falscher Berichte an den Kaiser" entgangen, erheben wohl ihre warnende Stimme, oder wie die Chronik sagt, sie bringen Beschwerden bei Sigismund vor: „dass er wieder den Friedens-Handel, so allbereit glücklicgen angefangen, beym Kaiser würde zernichten — mit zum zweiten mal vermerter Beleidigung Rudolfs," „er brandmarke sich und Siebenbürgen und bringe das ganze Land ins Verderben, er bereite den Gesandten Schimpf und Lebensgefahr." „Hierauf verbergte Sigismundus den Fuchs abermal meisterlig" — . . „er wolle sich brüderlich versöhnen, wenn aber Andreas es wolle verhindern, werde er den Cardinal fangen und gebunden dem Kaiser überschicken, wenn dieser es beim Pabst verantworten wolle". Die Legaten glauben dann, dem „vermummten Schreiben". Sigismund hatte auf dem Landtag zu Medaisch: „nur aus jeder Gespanschaft die Obristen Comitem und 3 vornehmbste Edelleute, auch von Sächsisch Städten nur die Obristen Ampts-Verwalter sampt 3 Raths-Herren berufen", aber zugleich 4000 Mann seiner Truppen in der Stadt versammelt. Dort klagt er im März 1599 auch seine Armuth, und die Stände (wohl eingedenk des Blutbades in Klausenburg, wo das „Jus ligatum" seine Opfer gewählt hatte) übergeben ihm das in Hermannstadt in Sachsenhut aufbewahrte, dem Land verpfändete, kostbare Kreuz, dessen Werth auf 80,000 Gulden geschätzt wurde. Er selbst nimmt, weil die sächsische Nations-Universität gegen die verlangte Uebergabe von Bistritz energisch protestirt, statt dieser Stadt andere Schlösser und wechselt diese wieder gegen Déva um, obwohl dies mit seinen Einkünften dem eignen Oheim Bocskay zugewiesen war. Andreas sollte ihm jährlich 24,000 Gulden bezahlen und den Zehnten aus einigen Wein-Dörfern des Mediascher Stuhls überlassen. Die Stände waren von alle dem sehr überrascht. Viele glaubten, Sigismund habe etwas Andres vor, als er zeige, Andre vermeinten den Entschluß seinen häufigen Krankheiten zu schreiben zu müssen; die Wankelmüthigen erschreckt er damit, er lasse sonst einen andern Mann zum Fürsten wählen, nur Kaspar Kornis und Georg Ravazdi waren nicht für die Wahl, sie wurden aber durch Andreas eidliche Verpflichtung beruhigt, er wolle an Niemandem Balthasar's Tod rächen. Am 30. März erfolgte nun die Huldigung, indem die Stände nach dem von Pancratius Sennei vorgesagten Eidschwur die Unterthanenpflicht für Andreas übernehmen. Die beiden Fürsten hatten vor den Ständen eine bei den Magyaren so sehr beliebte oratorische Comödie abgespielt; sie fahren hierauf zusammen im „Careth" nach Weißenburg. Andreas sollte nun regieren; Sigismund nimmt seinen Weg über Polen zu seinem Schwager, dem obersten Kanzler Zamoscius und von da nach Preußen, nicht ohne feierliche Versprechungen, daß Maria Christina ihre Morgengabe von 100,000 Gulden erhalten solle und die Einkünfte des Fogarascher Districts von 14,000 Gulden. Er zahlt auch wirklich hiervon 2000 Gulden und verläßt das Land seiner unerschöpften Intrigue. Andreas schickt nun Gesandte, zumal Geschenke kostbarer Art an den Tartarenchan Alipe Gerai und zum Temesvárer Pascha; diese aber fallen in auflauernde Feindeshände des Freibeuters Déli Marko, welcher davon silberne Prunkgefäße an Basta einsendet. Der Cardinal-Fürst hält ebenso wenig dem „reformirten" Bocskay seine Zusagen. Dieser begiebt sich verdrossen nach Ungarn, um dort neue Wendungen abzuwarten. An den Kaiser sendet Andreas den Nicol. Bogathi und soll er hier Folgendes geschrieben haben: „Weil Allermächtigster Kaiser dieses neue Ereigniss, welches sich jetzt zwischen mir und dem Fürsten Sigismund ergibt, Euer Majestät vielleicht verdächtig sein könnte, so will ich Euer Majestät nicht länger in Zweifel lassen, damit die

Gnade Euer Majestät uns nicht der Theilnahme an irgend einer
Schuld, oder eines boshaften Vorhabens verdächtig glauben möge.
In den frühern Zeiten sind wir mit dem Fürsten Sigismund,
wegen dem Mord in der eignen Familie, uns todfeind gewesen;
durch welchen grossen und langen Hass wir nicht nur Gott,
den Urheber der Eintracht und brüderlichen Liebe, beleidigten,
sondern auch befürchten mussten, dass die so vielfach gereizte
Feindschaft endlich zu unserm oder des Vaterlandes Verderben
ausfallen dürfte. Jetzt, Allergnädigster Kaiser, gehe ich mit
brüderlicher Liebe gerufen, zu meinem Vetter. Sigmund, nicht
um das gute Einvernehmen zu stören, worin er mit Euer Majestät und der ganzen Christenheit steht, sondern um die Liebe,
welche ich der brüderlichen Gütigkeit schuldig bin, durch meinen
Umgang und meine Gegenwart zu befestigen. Sigismund, der Fürst
von Siebenbürgen, weiss es, die Grossen dieser Provinz wissen es,
und ich glaube, Allermächtigster Kaiser, auch Eurer Majestät
ist es nicht unbekannt, dass ich niemals wider das Bündniss gewesen, welches Eure Majestät mit dem Fürsten Sigismund gegen
die Türken, die Feinde der ganzen Christenheit, geschlossen
haben. Ich bin, wenn nicht der erste, doch der zweite gewesen, welcher selbst persönlich Sigismund vor einiger Zeit zu
diesem heilsamen, aber auch mit Schwierigkeiten verbundenen
Unternehmen aufgefordert und angeeifert hat und auch jetzt
wünsche ich nicht diese Gesinnung und Meinung aufzugeben
oder ihn davon abzubringen. Ich suche keine Vergrösserung
an Vermögen und Macht, wozu ich mich unfähig fühle, denn
ich finde, dass auch diese Verhältnisse, wohin mich mein bester
königlicher Oheim gestellt hat, meine Kräfte übersteigen. Ich
habe für besser gehalten, Grosser Kaiser, diese Pflicht der Liebe
und Versöhnung zu erfüllen, als das Herz dessen, welcher mich
brüderlich zu sich beruft, durch Verweigerung der Liebe und
Zurückziehen mir zu entfremden. Wir haben uns genug dem
Grolle und Hasse überlassen. Ich will alle Beleidigung, welche
mich bis jetzt nicht zu Grunde richten konnte, vergeben, denn
ich habe eingesehen, wie unrecht ich handelte und welch' ver-
derbliches sündhaftes Beispiel ich gab, indem ich die eigne Beleidigung mehr berücksichtigte, als die brüderliche Liebe und
die Ruhe des Vaterlandes, und ich habe, bester Kaiser, die
Aussöhnung um so freudiger ergreifen zu müssen geglaubt,

um in dieser einstimmigen und aufrichtigen Vereinigung, wenn es erforderlich ist, den Befehlen Eurer Majestät desto bereitwilliger dienen zu können." An Michael schickt Andreas den Kaspar Kornis, welcher aber — wie einige Quellen vermuthen lassen — den Woiwoden gegen den Cardinal aufreizte, statt ihn zu gewinnen; bald nachher gehen an Michael neue Legaten ab: Georg Ravasdi und Nicol. Vitéz, und sie bewegen den Woiwoden, mit zehn seiner vornehmsten Bojaren am 14. August auf das Evangelium einen heiligen Eidschwur der Treue zu leisten, wo sich dieselben für Andreas verpflichten, wenn er die Türken bekriegen wolle. An Basta entsendet der Fürst den Caspar Kornis.

In einem spätern Briefe soll der Fürst-Cardinal Andreas an den Kaiser Rudolph geschrieben haben:

„Fehlen kann Jedermann, aber auf seinen Fehlern beharrt nur der Thor. Und fürwahr, wenn die Menschen ihre Entschlüsse nicht nach den Umständen ändern sollten, so würden sie sich mehr schaden, als nützen; denn da Gottes Allmacht die Menschen nicht gleichförmig regiert, sondern verschiedenen Veränderungen unterwirft, so werden wir nicht so sehr durch unsern Willen, als durch die eiserne Nothwendigkeit gezwungen, dem Fingerzeige Gottes zu folgen und bei veränderten Umständen neue Entschlüsse zu fassen. Die Lage der menschlichen Dinge gleicht einem Kreise; und weil der Fürst gleichsam in einem beweglichen Rade am Steuerruder des Staates sitzt, so muss er sich auf die Seiten wenden, wohin ihn der Nutzen und das allgemeine Wohl des Staates ruft. Wir sehen aber auch in unsern Siebenbürgen, und sehen dies zu unserm grössten Schmerze, dass dies Rad in seinen schnellen unvermutheten Umwendungen öfters abweicht, und müssen die Eindrücke dieses Rades in unserm Staate von Zeit zu Zeit durch Hemmungen in die Ordnung bringen, besonders da wir täglich neue Zufälle wahrnehmen, welche uns nicht immer auf einem Sinn bleiben lassen; auch sehen wir bei allen Dingen die äussersten Enden der Veränderung unterworfen, während die Mitte meist still und ruhig und gleich dem Mittelpunkte des Kreises unbeweglich ist. Daher darf sich Niemand wundern, dass auch diese an das Ende der Christenheit gegen die Türken hingeworfene Provinz, nach den Angriffen des benachbarten Feindes, von Zeit zu Zeit neue Entschlüsse fasst. Wenn wir auch in der Mitte der Christenheit lebten, würden wir durch Sicherheit der Lage und Entfernung des Feindes gedeckt, gewiss nicht so vielen Mühseligkeiten und so vielem Verdrusse ausgesetzt sein. Was können wir aber jetzt, da uns die Umstände und unsre Lage der Macht der Türken bloss stellen, anders thun, als nach den Zeitereignissen neue, zu unserm Heil dienende Entschlüsse zu fassen? Auch gereicht die Aenderung der gefassten Entschlüsse zu keinem Vorwurfe, sondern blos die Ursache der Veränderung, und wenn Jemand, welcher bei guten Absichten sich geirrt hat, seine Gedanken auf etwas besseres und heilsameres richtet, so verdient er nicht nur keinen Tadel, sondern vielmehr Lob." .... So wird die Hinneigung zu den Türken damit weiter angedeutet und entschuldigt, daß Andreas im Verlaufe dieses Schreibens sagt: „Und dies Alles, Allermächtigster Kaiser, ist nicht deswegen geschehen, um Eure Majestät zu beleidigen, oder die Christenheit in Gefahr zu bringen, sondern um wo möglich unser Vaterland unversehrt zu erhalten. Dieser Wunsch der Erhaltung des Vaterlandes, Weisester Kaiser, treibt uns auch jetzt zu Eurer Majestät, an dessen Macht wir uns durch ein anständiges Bündniss anzuschliessen wünschen, und die Klugheit Eurer Majestät wird am besten beurtheilen, wie sehr dies für Eure Majestät und uns vortheilhaft ist." .... „Denn wir halten es für Frevel, die Heiligkeit jener Verpflichtungen und jenes Bündnisses, welches wir in früheren Zeiten auf die von Euer Majestät gegebene Veranlassung geschlossen haben, im geringsten zu verletzen, und uns mit dem Verbrechen des Abfalls zu beflecken, wenn nur, Grösster Kaiser, die Güte Eurer Majestät unsre Wünsche und Bitten nicht zurückstösst."

Es ist ungewiß, ob Kaiser Rudolph dieses Schreiben jemals erhalten hat. —

Andreas, wieder beruhigt und doch zugleich vertrauend, schickt immer wieder Gesandte an Michael. — Nach Polen geht an den König Sigismund III. Gabriel Banffi und der Hermannstädter Stephan Hahn oder Kakas; dem Woiwoden der Moldau, Jeremias, will sich Andreas dadurch verbinden, daß sein Halbbruder Ifsiu des Jeremias Tochter ehelichen sollte. Nicolaus Bogathi soll auch dem Papste Botschaften überbringen; er begegnet dessen Ablegaten, dem Bischof von Caserta, Germanicus Malaspina, welcher nach Siebenbürgen kommt, und Bogathi, später auch Hahn-Rakas, begeben sich zum Kaiser nach Prag und dann nach Pilsen, obwohl die Landes-Räthe Caspar Kornis, Balthasar Bornemißza und Franz Alardi die „größten Abmahner von der deutschen Freundschaft" waren. Den ehemals gefangenen Tschausch Huszaim, einen an ihn abgesendeten alten gebildeten Türken, hält Andreas gut, und war derselbe auch früher durch einen „ehrlichen Arrest" geehrt gewesen; Andreas sucht auch von der Pforte „conditiones" zu erhalten. Indeß zieht sich das Unwetter zusammen. Michael nimmt, wie eine Chronik sagt, „alle verlauffne Kriegsgurgeln" an, erhält von Rudolph 70,000 Gulden, welches Geld durch Siebenbürgen geht, und Andreas läßt es geschehen, daß in den sächsischen Städten vom Woiwoden Kriegsproviant angekauft und über die Grenze geführt wird, ja er selbst schickt dem Woiwoden Kriegsleute zu, die ungarischen Helden Georg und Johann Makó, Franz Lugasi und Soldschaaren, denn er traut dem Michael, daß es einen Feldzug nach Thracien gelte. An den Kaiser Rudolph hatte der Woiwode Michael den Bojar Sztoika Abalevi entsendet und empfängt selbst immer neue Boten von Andreas.

Mit Bezug auf diese Vorgänge erzählt ein Historiograph, indem er des 14. April gedenkt, wo Michael und zehn der vornehmsten Bojaren beschworen hatten, die alten Verhältnisse der Freundschaft zu erneuern, wenn nur der Fürst-Cardinal sich nicht vom Kaiser losreiße, sondern den Türkenkrieg gemeinschaftlich fortführen wolle: es habe Andreas auch den Titel und das Wappen der Walachei in den seinigen gleich bei seinem Regierungsantritte mit aufgenommen und Michael sich zur Vasallenpflicht verbunden. Warum aber Michael Treu und Glauben sobald gebrochen habe? Davon führt die Filstich'sche Chronik folgende Veranlassung an: „Michael stand nicht gut mit dem Polnischen Kanzler Zamoscius, dessen Schwager Andreas Báthori war, noch mit dem Woiwoden der Moldau, Jeremias Mogila, der Creatur jenes Kanzlers, welcher seine einzige Tochter einem Halbbruder des Cardinals Andreas Báthory, Johann Iffiú, zur Gattin versprochen hatte." — — „Als Jeremias von der Erhebung des Andreas zum Fürstenthum Nachricht erhielt, schrieb er an denselben und trug ihm eine Allianz an, um mit vereinten Kräften den Michael zu dethronisiren und ihn, wenn er in Güte nicht seinen Fürstenstuhl verlassen wollte, mit gewaffneter Hand zu überfallen, ihn zu fangen und so den Türken auszuliefern. Dieser böse Rath gefiel sehr wohl dem Andreas Báthori." (?) Wie immer nun dies gewesen sein mag, Thatsache bleibt es, daß Andreas an Jeremias zu Heirathsverhandlungen den Johann Nagy, und an die Türken Nic. Gavai und Franz Bubai, zuerst nach Belgrad, dann nach Ofen an Ibrahim Pascha, Schwager des Sultans, entsendet hatte, welcher sie nach Constantinopel weist. Der Tschausch Hussaim überbringt die Glückwünsche, ein geistvoller, bescheidener und mäßiger Mann. Mit ihm Mustafa der Fischer. Man verabredet zehnjährige Tributerlassung u. a. m., die Forderung aber, Lippa und Jenö bei Siebenbürgen zu belassen, kann nicht bewilligt werden, da die Türken niemals friedlich einen Ort abtreten dürfen, wo eine Moschee errichtet ist. Michael, welcher an den kaiserlichen General Basta seinen Vertrauten, den Bojaren Sztojka, nach Kaschau abgeschickt hatte, nahm besonders aus der Anwesenheit des Tschausch Hussaim in Weißenburg Veranlassung, den Andreas bei Kaiser Rudolph zu beschuldigen, daß er zu den Türken abfallen wolle und wieder, wie eine Quelle besagt, gebrauchte er „denselben Fuchs" bei der Pforte, um den Cardinal zu beschuldigen, er wolle Siebenbürgen an Kaiser Rudolph bringen. An Andreas aber schickt er die Bojaren Domian Visztern und Breda, welche freien Durchzug für Michael's Armee erbitten sollten. Dies endlich macht den Cardinal sehr unruhig, und zu diesem Ende wurde der Reichsrath und fürstliche Erzhofmeister Pancratius Sennyei an den Woiwoden Michael abgesendet, welcher von diesem in seiner Residenz Tergowist, während er mit Zusammenziehung der Truppen beschäftigt war, unter großen Ehrenbezeugungen und mit geheuchelter Freundschaft empfangen wurde. Sennyei verlangte, der Woiwode solle den Cardinal-Fürsten nicht zwischen Hoffnung und Furcht schweben lassen und das üble Gerücht, welches sich bereits nicht nur in Siebenbürgen, sondern auch auswärts überall verbreitet habe, durch eine offene Erklärung zu Boden schlagen, damit die Siebenbürger keine Ursache hätten zu besorgen, daß sie während den Friedens- und Freundschafts-Unterhandlungen mit dem römischen Kaiser von daher Feindseligkeiten bedrohen möchten, woher solche am wenigsten zu befürchten sein sollten.

Auf dies Verlangen sagte der Woiwode: „ich sehe, dass ich unter einem unglücklichen Sterne geboren bin, da mein Fürst, der Cardinal, nicht einmal meinen Eiden trauen kann, ob er gleich unter allen seinen Schutzgenossen schwerlich einen treuern und gehorsamern Menschen als mich haben wird. Wie undankbar, unmenschlich, gottlos und pflichtvergessen müsste ich aber sein, wenn ich Siebenbürgen, welches mich immer mit väterlichem Wohlwollen aufgenommen hat, wenn ich den Fürsten Sigismund, welcher mich aus dem Rachen der Türken gerissen hat, wenn ich die andern Siebenbürger, welche mich als einen Flüchtling und mit Freundschaft und Freigebigkeit behandelt, gepflegt und beschützt haben, jemals hintansetzen und nicht deren Loos, Glück und Unglück mit ihnen theilen sollte?

Was ich aber dem Fürsten Andreas, meinem gütigsten Schutzherrn, schuldig bin, weiss ich sehr gut, indem derselbe mich nicht blos in seinen Schutz, Treue und Liebe aufgenommen, sondern auch seiner innigsten Vertraulichkeit gewürdigt hat. Und welche Verbindung kann inniger und gerechter sein, als diejenige, welche durch ein gleiches Loos, denselben Feind, die Nachbarschaft, gleiche Bestimmung und Aemter und gleichsam Gemeinschaft im Glück und Unglück geknüpft werden. Dieses Alles hat sich mir so sehr eingeprägt, dass, wenn ich solches einmal vergessen könnte, das Leben mir eine Bürde sein würde und ich mich jeder zeitlichen und ewigen Strafe werth hielte. Denn wenn die Ehrfurcht gegen Fürsten durch Gehorsam, wenn Treue, gemeinschaftliche Verbindung, wenn gute Nachbarschaft durch gegenseitige Dienste aufrecht gehalten wird, so weiche ich hierin in Ansehung meiner Verhältnisse gegen den Fürsten Andreas Niemandem. Was wäre aber meine Herrschaft und welchen Gefahren ausgesetzt, wenn ich von allen Seiten mit Feinden umringt, mich von Siebenbürgen trennen sollte? Dies wäre nichts anders, als wenn ich mir selbst das Schwert in das Herz stiesse und mich wehrlos und gleichsam leblos allein dem Feinde zur Beute hinstellen wollte; da ich bei diesen Neuerungen nicht einmal das durch gleiche Abstammung verwandte Moldauische Volk auf meiner Seite habe und versichert bin, dass ich mehr Treue, Sicherheit und Schutz bei Ausländern als unter meinen Landsleuten finden kann. Daher habe ich beschlossen, nicht durch die Feindschaft mit den Siebenbürgern, sondern durch deren Freundschaft und gutes nachbarliches Einverständniss mir hier mein Reich zu gründen. Diese meine Verhältnisse sieht der Fürst-Cardinal selbst ein und ich muss mich desto mehr wundern, wie er mich im Verdacht haben kann, dass ich ihn feindlich angreifen wollte, wozu mir, wenn ich auch den Willen hätte (was ich jedoch von ganzem Herzen verabscheue), alle Macht fehlt, da ich mich auf fremde und schwache Hülfe stütze, wie der Fürst und jeder andre hinlänglich überzeugt sein kann. Daher bitte und beschwöre ich den Kardinal, meinen Herrn, bei allen Pflichten der Schützlinge gegen ihren Beschützer und bei allen Heiligen, was die Menschen mit Menschen verbindet, aus seinem Herzen allen Argwohn zu vertilgen, alle Sorgen fahren zu lassen und sich diesfalls nicht mehr Kummer, als mir Betrübniss zu machen. Er soll dem Eide desjenigen Glauben schenken, dem er auch ohne Eid Zuversicht angedeihen lassen könnte." — Diese Worte mischte er mit Thränen, als Anzeichen seines Kummers und Unglücks, daß es mit ihm dahin gekommen sei, daß ihn ein christlicher Fürst, der Urheber seines Glücks, in Verdacht der Untreue habe. Und damit zur Ueberzeugung des Fürsten Andreas nichts fehle, wiederholte er unter Verwünschungen seine Eide und wünschte, wenn er mit Trug umginge, wenn er seine Versprechungen und die mit dem Fürsten eingegangenen Verträge nicht von ganzer Seele und allen Kräften aufrecht erhielte, alle Strafen der Hölle auf sich. „Gott solle ihn soweit verfolgen und in solches Elend bringen, dass er gezwungen würde seinen Hunger durch das Fleisch seines Sohnes und seinen Durst durch dessen Blut zu stillen."

Andreas, von Natur und durch religiösen Aberglauben geneigt, solche Verwünschungen als Zeichen wahrer Behauptung hinzunehmen, war leichtfertig genug, dem treulosen Nachbar und seinen gleißnerischen Lügen zu vertrauen. Er besorgt einen prächtigen Todtensarg und ein schönes Grabdenkmal für seinen Bruder Balthasar und schlägt selbst Nägel in die Ausschmückung derselben ein. Andreas denkt zugleich in künstlerisch-frommer Anwandelung an Errichtung von Altären, an Kirchenbauten u. dgl. m.; vom Aranyos-Flusse will er durch den italienischen Ingenieur Genga einen Wassercanal nach Weißenburg (heutigem Karlsburg) ableiten lassen; er fängt in beschaulicher Ruhe Forellen und liebt die gute Tafel. Nochmals schickt er, durch neue Gerüchte aufgeschreckt, den Caspar Kornis an Michael. Dieser schlägt vor, des Andreas Bruder Stephan Báthori möchte nach dem Rothenthurmpaß kommen, dort wolle er seine Frau und seinen Sohn Petrajchko als Pfand übergeben, was jedoch nicht angenommen wird. Auch ein angesehener Kronstädter, Christoph Hirscher, soll in Michael's Interesse den kaiserlichen Hof Rudolph's besucht haben. Von Andreas aber sagt Weiß: „Noch in diesem Jahre trachtet der Cardinal de reformatione ecclesiarum et religionis aller Oerter in Siebenbürgen. Item dem Sigismundo nach dem Leben. Item beginnet er Mariam Christinam zurück zu hohlen zu einem Ehegemahl." —

So verging der Sommer des Jahres 1599. Andreas, nur in Absendung von Legaten thätig, Michael aber in kriegerischer Vorbereitung. Sein in Florest versammeltes Heer weiß nichts von seinen Plänen. Da tummeln sich „Curtaner, Kosaken und Beßlianer" (so hieß man die türkischen „Waghälse", tolle Reiter), da wird von den ungarischen Offizieren Stephan Turcsáni, Georg Makó, Joh. Tamasfalvi, Gregor Kiß, Joh. Zindi, Georg Horváth, Peter Ribai, Stephan Péterházi, Francz Lugasi, Demeter Nagy und von ihren Gefolgsleuten der Eid der Treue abgenommen und sofort nach Siebenbürgen vorgerückt, wo eben Malaspina den Fürsten nochmals für das kaiserliche Bündniß bestimmt hatte und Mustafa und Hussaim weggeschickt worden waren. Rudolph scheint nachsichtig und versöhnlich, will Sigismund's Verträge aufrecht erhalten, ja dem Cardinal die Erbfolge sogar der weiblichen Nachkommenschaft versprechen. In Weißenburg sollten die Stände sich für Kaiser Rudolph erklären; gleichwohl rüsten der kaiserliche General Basta in Kaschau und Bocskay in Ungarn, im Einverständniß, auch gegen Andreas, den von allen Seiten bedrohten Cardinal-Fürsten von Siebenbürgen. Früher war er durch die ihm zugesendeten Michael Bán, Georg Rätz und Georg Palatitz versichert worden, Michael bitte nur um freien Durchzug über Siebenbürgen nach Bulgarien, jetzt wieder wird dem Cardinal gemeldet, der Woiwode wolle dem Fürsten Andreas die Walachei überlassen, deshalb komme er und die angesehenen walachischen Familien mit ihren Angehörigen auf vielen Wägen, um von Kaiser Rudolph in Ungarn neue Aufenthaltsorte zugesichert zu erhalten. In der Walachei selbst waren Michael's Mutter, die sich in das Kloster Kosia begiebt, der Logothet Thedosius und Michael's Frau gegen den beabsichtigten Verrath. Die letztere soll ausgerufen haben: „Mit welchem Rechte greifst du ein Land an, welches Gott, die Natur und die Hände der Menschen durch so viele Berge und Städte von deinem Reiche getrennt haben." Die beiden Frauen erinnerten ihn an die Dankbarkeit für die Báthory's, an seine Versprechungen und an den Schimpf des Verraths, welche seine Schutzheiligen Nicolaus und Michael verabscheuen würden. Der päpstliche Ablegat Malaspina schickt, um Michael aufzuhalten, den Szekler Thomas Csomortáni ihm entgegen.

Vergebens! — unheilvoll wälzt sich das Verderben an die Grenze von Siebenbürgen. —

Neue Maschen knüpft das Netzwerk der geheimen Politik, welche in damaliger Zeit die Herren der Cabinete, die geistlichen Rathgeber, knüpften. Ueberall säeten sie Wind und ernteten überall Sturm. Die Fürsten waren ihre Diener, die Völker aber ihre Opfer.

XIII.
Die Schellenberger Schlacht.

Der in Weißenburg (Karlsburg) versammelte Landtag, berufen auf den Tag des h. Lucas (18. October 1599), hatte, nach des Cardinals Absicht oder Zulassung, die Bestimmung, nicht nur für Kaiser Rudolph sich zu erklären, den Türkenkrieg zu berathen, sondern auch Bocskay vorzuladen und auf die Klagen Stephan Báthory's, betreffs der Güter des Balthasar gegen Caspar Kornis, Georg Ravazdi und Andere, accusatorisch vorzugehen. Sigismund Báthory schreibt zu jener Zeit, „er sei nun des Herumreisens müde und wolle sich ruhig niederlassen." Andreas antwortet beruhigend, „er möge den Ruhm meiden, denn der Blitz komme aus der Höhe". Kaum zwei Tage war der Landtag versammelt, so scheucht die Versammlung die Schreckenskunde auf, Michael sei unweit Kronstadt über den Bodzauer Paß eingebrochen und seine Truppen hätten schon das Gut des Johann Beldi verwüstet. Der vom Kronstädter Richter Valentin Hirscher entsendete Sachse hatte wohl die Botschaft gebracht, man sähe Polen in der Bodzau schwärmen, doch stand im Briefe nichts von Michael's Einbruch. Erst die verspätet vorgebrachten mündlichen Nachrichten des Boten erschrecken Caspar Sibrik, den Befehlshaber der Leibgarde. Niemand hatte sich des Ueberfalls versehen, wohl aber waren fortwährend beunruhigende Gerüchte herumgetragen worden und hatte Johann Maro geschrieben, „die Begierden Michael's seien größer als dessen Rücksicht auf Gott und sein gegebenes Wort." Mit ziemlicher Schnelligkeit rückt Michael vor; er entsendet an die Szekler den Georg Makó, Joh. Tamásfalvi, Stephan Harali und Stephan Dömös, sowie Georg Rátz, um sie zu bewegen, das schwere Joch abzuschütteln und zu ihm zu stoßen, welcher ihnen die verlorne Freiheit wieder geben wolle. Die Csiker verlangten die Schleifung der Várhegy'er Festung, und als dieses ihnen bewilligt wurde, stellen sich etwa 1000 Szekler in Michael's Lager, um gegen den Cardinal zu

XIII. Die Schellenberger Schlacht.

kämpfen. Die Kronstädter kamen mit einigen Lieferungen von Heeresbedarf (Pakroßen = Koßen) u. dgl. über die Noth des Tages, aber die auf dem Marsche liegenden Dörfer werden meist angezündet und geplündert, das Vieh abgeschlachtet, Kaufleute, denen der Vortrab, polnische Reiter, begegnet, werden niedergehauen — wie ein gleichzeitiger Bericht sagt: „sie machen alle caputh", ihre Waaren geraubt. So wälzt sich am 25. October die Armee mit den vielen Familienwagen der Bojaren, ihrem Bagagetrain und dem für den Raub mitgenommenen Gefährte in die Thalebne von Hermannstadt. Im sogenannten „Rohrseifen" zwischen Talmatsch und Heltau lagerte der Woiwode sein Heer. Michael führte nicht Krieg, sondern überlistete; er siegte nicht, er erdrückte; er kämpfte nicht, sondern verwüstete, er unterwarf sich Siebenbürgen nicht durch die Tapferkeit seiner Leute, sondern durch Ueberfall und Raub. So schnell auch Michael vorwärts eilte, die lange Wagenreihe hatte doch den Vormarsch etwas verzögert. In dieser kurzen Zeitfrist von zehn Tagen gelang es den Eilboten der Regierung und der Stände dennoch ein Heer zusammenzubringen, welches sich um Hermannstadt sammelte, das Aufgebot an die Szekler, mit dem fünften Mann auszurücken, bleibt freilich wirkungslos; das blutige Schwert wird herumgetragen, der Adel und zusammengeraffte Truppen eilen zum Heere. Bauern werden aufgeboten und mitgeschleppt. Zum Oberkommandanten war Caspar Kornis auserwählt, ein Mann, von welchem man vermuthete, er sei dem Cardinalfürsten nicht recht zugethan und pflege vielleicht mit Michael geheimes Einverständniß. Zu gleicher Zeit rückt durch den Rothenthurmer Paß Baba Noak herein, ein, wie damalige Berichte besagen, „berühmter Räuber" mit 6000 Haiducken und vereinigt sich mit Michael. Der Krieg lodert auf. Der Cardinal Andreas wendet sich vorwurfsvoll an den päpstlichen Legaten Malaspina: „er rufe Gott und alle Heiligen zu Zeugen an, daß er die Schuld nicht trage, man habe ihn treulos in diese Gefahr gebracht." Isaac Eseithi begiebt sich zum Woiwoden, um ihm nochmals zu vermelden, er möchte doch seine Armee zurückführen, der Cardinal habe mit Kaiser Rudolph ein Bündniß geschlossen, sie wollten lieber beide Heere gegen die Türken vereinigen. Auf beiden Seiten besteht die Kerntruppe aus Magyaren. Michael's Gattin, Florica, mahnt ab, am Mittwoch, als am griechischen Lucasfeste, sich in eine Schlacht einzulassen. Wenn Michael's Blick über die Rothenthurmer Grenze hätte das Kloster Argisch und Kosia erschauen können, so hätte er zu sehen vermocht, wie in einem derselben des Woiwoden Mutter, Theodora, für den Frieden betete. Es werden Geiseln gewechselt und ein Vergleich versucht. In des Cardinals Lager gehen ab der Bojar Breda und der Postelnik Gregor Gligoraska; in des Woiwoden bei Talmatsch stehenden Zelte Moyses Székely und Melchior Bogathi. Michael aber macht harte Friedensbedingungen, er schützt vor, Andreas brauche nur Ausflüchte, er, der Woiwode, habe sein Land der Türken wegen verlassen müssen und wolle sich mit Rudolph's Heere verbinden. Der Fürst-Cardinal gelobe Treue dem Kaiser Rudolph, zahle 100,000 Gulden Kriegskosten-Entschädigung, überlasse das Fürstenthum wieder dem Sigismund und kehre zum geistlichen Stande zurück, wozu ihn, der mehr geeignet sei den Gottesdienst zu besorgen, als die Waffen zu führen, sowohl seine Religiosität, seine Eigenschaften und Sitten, als auch sein Oheim, der König von Polen, bestimmt hätten. Der päpstliche Legat Malaspina versucht auch ein Einverständniß zu pflegen, er wird aber ehrenvoll bis nach der Schlacht hinter das Lager Michael's in sichere Obhut geführt. Es war der 28. October 1599. Beiderseits wird nun Kriegsrath gehalten. Die Ansicht des Sachsengrafen Albert Huet wird verworfen, welcher wohl den besten Rath dahin gab, unter den Mauern der gut befestigten Stadt den Feind zu erwarten und das eigene Lager mit einer Wagenburg zu umgeben. Man müsse nach Umständen noch Verstärkungen heranziehen und dürfe nichts auf's Spiel setzen, denn im Falle des Sieges würde man nur unnütze Waffen und die Leichname der Gebliebenen erbeuten, im Falle der Niederlage aber das Reich verlieren; Michael könne sich nicht lange halten, seine Truppen würden sich leicht zerstreuen, da sie aus Ungarn, Szeklern, Polen, Kosaken und Walachen bestehen, welche wenig zusammenhalten; so habe Matthias bei Breslau die Macht der Könige von Polen und Böhmen gebrochen. Vergebens! — Michael rückt gegen Heltau und Schellenberg vor und lagert kaum eine Stunde weit von Hermannstadt. Die Siebenbürger wollen es auf eine offene Feldschlacht ankommen lassen. Em. Szikfai hat für die Sicherheit des Fürst-Cardinals zu sorgen. Die siebenbürgische Armee war auf der „Borgerwiese" gelagert; zwischen Hermannstadt und Hammersdorf wird sie nun auf die rechte Seite des Cibins geführt; Reiter schwärmen sorglos aus, um zu fouragiren. Der Cardinal aber steigt zu Pferde und hält angeblich eine Anrede an die Truppen-Commandanten, welche uns so erhalten ist: „In welcher Lage wir und der Staat sich befinden, seht ihr, der Woiwode, unser Schutzgenosse, welchen wir uns durch die stärksten Eidschwüre, durch Wohlthaten, Wohlwollen und Freundschaftsdienste verpflichtet hatten, hat mit Zerreissung der Bande des göttlichen und menschlichen Rechts einen gottlosen Krieg gegen unsre Vermuthung mit uns angefangen, wobei kein Zweifel ist, dass er hierdurch Gott, dessen heiligen Namen er so treulos missbraucht hat, mehr beleidigt als uns, die wir gegen ihn alle Pflichten der Menschlichkeit erfüllt haben. Wenn daher Gott fromme Handlungen sieht, wenn ihm Gerechtigkeit nicht missfällt, wenn unsre Schutzheiligen, die himmlische Mutter Gottes, die Ungarn noch nicht verlassen hat, wovon alle Gläubigen fest überzeugt sind, so ist zu hoffen, dass dieser zügellose Walache, dieser treulose wilde Feind, welcher einen so grossen Theil unsres Landes mit Feuer und Schwert verheert hat, dieser Barbar, die gewisse Strafe seiner Treulosigkeit erleiden wird. Wenn aber auch die schwere Hand des Schicksals, welcher keine menschliche Klugheit ausweichen kann, schwer auf uns liegt, so haben wir doch den Trost, dass wir bei Beschützung unsres Vaterlandes, unserer Freiheit, unsrer Wohnungen, Gott und den Menschen unser Leben opfern, womit wir uns um eben diese undankbaren Feinde verdient gemacht haben. Diesen Dank spendet Euch, tapfre Landsleute, Derjenige, welchen ihr aus dem Rachen Sinan Pascha's entrissen, in Freiheit und in sein Vaterland wieder eingesetzt habt. Welcher, wenn er nicht durch Euch gerettet worden wäre, jetzt in den Kerkern der Türken elend verschmachten, oder in einem Winkel der Welt als ein Verbannter herumirrend kümmerlich sein Leben fristen, oder aber in Constantinopel an einem eisernen Haken aufgehängt, den Türken zum angenehmen Schauspiele dienen würde. Denn dieses Ungeheuer eines Menschen hat auch das Fürstenthum der Walachei, wie ihr wisst, nur durch die Fürsprache des Fürsten Sigismund bei dem türkischen Kaiser erhalten. Dieser, in Schlamm geborene Barbar, nicht zufrieden durch unsere Wohlthaten den Fürstenstuhl der Walachei, dessen er nicht würdig war, bestiegen zu haben, strebt auch nach unserm Reiche und sinnt auf dessen Verderben. Wir haben eine Schlange an unserm Busen gepflegt, deren Gift uns tödten soll, einen jungen Wolf mit unsrer Milch gesäugt, den die Wuth zu unsrer Zerfleischung bewaffnet. Wenn die Erde nichts Schlechteres trägt als einen undankbaren Menschen, so kann man mit Recht glauben, dass auch vor der Gerechtigkeit Gottes nichts verabscheuungswürdiger erscheinen werde, als Undankbarkeit; denn dieselbe hebt nicht nur alle Gerechtigkeit auf, sondern zerstört auch alle menschliche Verbindung von Grund aus; der Undankbare macht Gott selbst, die Quelle der Güte, sich abgeneigt, dass er ihm nichts Gutes mehr zukommen lässt. Soll dieses gottlose, aller Strafen würdige Haupt uns verspotten, auf unsern Tod und unser Verderben denken und die nämlichen Fesseln und Sclaverei, aus welcher wir dasselbe erlöset haben, uns anlegen wollen? Soll dieser, welcher nicht werth war, dieses schöne Land mit den Spitzen seiner Zehen zu berühren, daraus einen Viehstall seiner Lüste und Schändlichkeiten machen? Welcher, nicht eingedenk seiner dunklen unehrlichen Abkunft, sich nicht scheuet, nach der Herrschaft über die Ungarn zu streben; er, dessen Brüder und Anverwandten noch jetzt in den Eichenwäldern der Walachei die Schweine hüten oder Ziegen melken, welcher theils seine noch wie Böcke stinkenden Landsleute, theils aus allen Winkeln des Erdkreises Vatermörder, Giftmischer, Betrüger, Mörder, Strassenräuber und ihm ähnliche Eidbrüchige, kurz den Abschaum aller Länder unter die Waffen gegen uns versammelt hat und mit List auf Tod und Verderben seiner Wohlthäter sinnet, an deren Gräbern er in tiefster Ehrfurcht knieen sollte? Wollt ihr diesen mit so grosser Schande gebrandmarkten, mit so vielen Treulosigkeiten befleckten Walachen über Euer Leben, Euer Vermögen, Euer Hab und Gut herrschen lassen? Sollen wir dessen Joch und Tyrannei ertragen? Diesen Verräther göttlicher und menschlicher Gesetze, welcher mehr einem wilden Thiere, als einem Menschen gleicht, auf unsern Nacken treten lassen und nicht vielmehr aus allen unsern Kräften und mit Aufopferung unseres Blutes und Lebens sobald als möglich aus unserm Vaterlande vertreiben und hinausstossen? Auch sind die Waffen der verworfensten Nation (so läßt man damals den Cardinal häßlich genug sprechen, oder denkt sich in die Anschauungsweise der Zeit) nicht zu befürchten, welche den Ungarn seit vielen Jahrhunderten zinspflichtig und dienstbar gewesen ist. Dieses sind die elendesten Menschen aus der

XIII. Die Schellenberger Schlacht.

Sclaverei und gleichsam von den Gassen genommen, welche, wenn sie sehen, dass sie mit Männern und ihren Herren zu thun haben, nicht blos durch die Waffen, sondern auch durch die Furcht vor ihren Herren überwunden werden; gegen welche man vielmehr Ruthen, Prügel und dieserlei Werkzeuge knechtischer Furcht gebrauchen, als das Schwert ziehen und nicht wie Feinde mit Waffen bezwingen, sondern wie Sclaven mit Peitschenhieben züchtigen sollte. Wohlan also, tapfere Feldherren und Soldaten! leistet unsern Bitten und Beschwörungen dasjenige, was ihr von selbst Euch und Eurer Tapferkeit leisten würdet. Nicht lasst diese von Euch bisher mit so vielem Muthe erhaltene vergrösserte und bereicherte Provinz unter die Herrschaft eines schändlichen Volkes sinken. Jetzt liegt in Euren Händen und auf Euren Schultern das Wohl des Vaterlandes und Eurer Familien, so wie Lob und Ruhm." —

Der Woiwode hielt ebenfalls an sein Heer eine Ansprache und, falls den Quellen (zumal bei Wolfgang Bethlen) zu trauen ist, habe es in diesem „Armeebefehle" geheißen: „sie sollten berücksichtigen, wie feindselig die Siebenbürger handelten, wie sie alles Göttliche und Menschliche in Unordnung brächten, wie sie mit ihren Eidschwüren und Fürsten nach Belieben spielten und dieselben verwürfen und weder gegen Gott Treue, noch gegen die Christen Aufrichtigkeit, noch mit irgend ihren Freunden irgend einige Verträge beobachteten. Es sei also kein Zweifel, dass Gott dieses nicht rächen würde. Der Sieg, welchen der Himmel uns durch unsere Tapferkeit verspricht, wird Euch, Soldaten, allen zum Vortheil gereichen und Beute bringen. Die Feinde selbst werden Euch den seit langer Zeit schuldigen Sold zahlen, und es wird keiner so geizig und habgierig sein, dass Siebenbürgen nicht alle seine Wünsche und Hoffnungen reichlich befriedigen sollte. Auch darf Euch, tapfre Kameraden, diese Armee keine Furcht einjagen, wie der Befehlshaber so ist auch der Soldat; jener ist einer, weder im Frieden noch im Kriege zu gebrauchender Priester, welcher höchstens in Büchern gelesen hat, was der Krieg sei, übrigens Hitze und Staub, blitzende Schwerter, Beschwerden des Krieges und Gefahren zu ertragen, Schlachten zu ordnen, die Pflichten eines Feldherrn zu erfüllen und dergleichen zu ordnen so wenig versteht als ein zur Spindel gewöhntes Weib. Was? die Kriegserfahrenen

Helden, seine Landsleute, auf deren Tapferkeit er und Siebenbürgen sich verlassen konnte, hat er theils wegen ihres Alters aus den Kriegsdiensten entlassen, theils zu uns, in unsere Dienste und Armee geschickt und Siebenbürgen hat durchaus keine Vertheidiger und keine Fürsten. Daher scheint dasselbe, sich seiner Schwäche bewusst und ohne Vertrauen auf seine Kräfte den Muth aufgegeben und Euch selbst die Ruthe gereicht zu haben. Wohlan also, Soldaten, seid guten Muthes und tapfer und folgt dem frohen und Euch günstigen Glücke dahin, wohin Euch der Ruhm und die Hoffnung auf grosse Reichthümer führen. Ihr werdet bald sehen, dass Euch der gehoffte und sichere Sieg nicht fehlen wird." Hören wir jetzt wieder einmal den biedern Miles, welcher in seinem „siebenbürgischen Würgengel" erzählt: „Da nun Michael vnserer Armee ansichtig wurd, gantz ohne Ordnung zertrennet daher ziehen, schickte er zuhand zwei Compagnien Pohlen ihr entkegen, vnd folgte denen mit dem hellen Hauffen auff dem Fuss nach, zu stunds wurde auch die Lufft gar rauch vnd stauberisch. Damit aber Andreas sein Volk desto behertzter mache, ritt er bey alle Fähnlin vnd liess den meineidischen Friedens Brief, welchen Michael durch den Ravasdi und Vitéz ihm zugeschickt hatte, fürlesen und sagen." —

Die Stellung der beiden Armeen ist uns überliefert und gewährt uns, sowie der ganze Verlauf der Schlacht, einen nicht uninteressanten Einblick in den Charakter jener Zeit.

Kaspar Kornis führte den Oberbefehl über das siebenbürgische Heer, welches sich in mehrere Haufen getheilt hatte, die man indessen als zwei Treffen, Centrum und die Reserve, unterscheiden kann. Zwischen beiden Treffen stand das Centrum, und die ganze Aufstellung hatte einen rechten und einen linken Flügel.

Die Reserve, welche im Hintertreffen stand, umfaßte das Aufgebot aus den Comitaten, das Heer der „Gespanschaften". Hier waren manche vornehme Reichsräthe und Obergespäne mit ihren Contingenten aufgestellt. Pancratius Sennyei, als der den Vorzug habende Commandant, Benedict Mindszenti, Stephan Tholdi, Georg Ravaszdi, Stephan Bodoni, Johann Iffiú, Balthasar Kornis (Sohn des Oberbefehlshabers Caspar Kornis) u. a. m. In der Nähe links hatte Andreas seinen Platz genommen; er hatte den Cardinalsanzug abgelegt und ein purpurfarbenes Kleid nach militärischen

XIII. Die Schellenberger Schlacht.

Schnitte angethan und war bewehrt mit Kriegshelm, Panzer und Schwert, ritt auf einem herrlichen Rappen und ließ neben sich ein Fähnlein oder „Cornetchen" führen, von welchem der groß ausgeführte Buchstabe A. fernhin leuchtete. Es umgaben ihn vertraute Höflinge und Hofbeamten, wie Emerich Szikszai, Stephan Csáki, Georg Palatitz u. a. m. Als die Schlacht begann, ritten diese mit Andreas auf einen Hügel der Hammersdorfer Berganhöhen welche sich östlich von Hermannstadt, nahe der Stadt, in kaum einer Stunde Entfernung, erheben, während südlich von der Stadt in der Ebene die Truppen sich begegnen. Von dort beobachteten Jene den Verlauf des Gefechts, ohne daran selbst theilzunehmen. Vor dem erwähnten Hintertreffen hielt mit dem Centrum die Verbindung Andreas Sybrik, der Hofcapitän, mit 400 auserlesenen Reitern und den widerwillig mit herbeigeschleppten sächsischen Bauern aus dem Unterwalde (aus dem Müllenbächer und Reußmärkter, wohl auch Mediascher Stuhle). Manche von diesen hatten wehklagend die auf den Basteien stehenden Stadtleute angerufen, „man möchte sie in die Stadt aufnehmen". Vor diesem Mitteltreffen war links die fürstliche Leibgarde von 600 blauen Soldtrabanten aufgestellt, befehligt von Mathäus Bernsith und Franz Thuri; rechts aber schlossen sich an das sächsische Aufgebot von 800 Stadttrabanten unter dem Kronstädter Hauptmann Georg Arabi die Truppen des dortigen Flügel-Commandanten Stephan Lázár's. So waren hier Centrum und linker Flügel vereinigt.

Als Succurs derselben stand in der Nähe der fürstlichen Soldsoldaten ein Hilfscorps adliger Reiter, etwa 500 Mann unter Peter Huszár und Stephan Tahi, als ihren Anführern. Die Flügel, welche sich seitwärts hielten, waren: im Vordertreffen rechts das Corps des Moyses Székely, bestehend aus 1000 ungarischen und 300 polnischen Reitern, letztere mit Bogen, Pistolen und Schwertern. Die einzelnen Abtheilungen dieser Mannschaften (als des rechten Flügels im Vordertreffen) befehligten folgende Unter-Commandanten: Franz Lévai, der Szekler Thomas Csomortáni und Thomas Beb. Im zweiten Treffen hielt die Fühlung mit Andreas Sybrik ein andrer Flügel, welcher vom Lugoser Ban Andreas Barcsai befehligt wurde; unter und neben ihm Adlige, dann Hoftrabanten und Festungssoldaten, welche Franz Thúri, Nic. Zalasdi Melchior Bogáthi befehligten, ferner jene erwähnte Abtheilung unter Stephan Tahi, angeschlossen dem Reiterhaufen des Commandanten

Huszár. Das einheitliche Ober-Commando des Kaspar Kornis scheint ziemlich gefehlt zu haben. So kömmt es, daß die ganze Schlacht in Einzeltreffen zerfällt, welche bald der linke Flügel des Stephan Lázár, bald der rechte des Moyses Székely, oder im Centrum Petrus Huszár, oder aus dem zweiten Treffen der Ban von Lugos, Andreas Barcsai unternehmen, und sich ihnen benachbarte Corps mehr oder weniger anschließen; es entstehen so Kämpfe in Trupp und Haufen nach dem Impulse der Heerführer, wie es der Augenblick mit sich brachte.

Die walachische Armee des Michael war ganz ähnlich aufgetheilt, aber doch weniger zersplittert. In der Mitte hielten die magyarischen Kerntruppen, geworbene Leute vom Kriegshandwerk, unter Georg Makó und dessen Capitänen Franz Lugasi, Demeter Nagy, Georg Horváth, Michael Gyulai, Wolfgang Noák. Den rechten Flügel hielt Baba Noák mit seinen Freibeutern, den linken bildete die thrazische und rascische Reiterei, meistens Serben und Bulgaren, befehligt vom einäugigen tapfern walachischen General Lecagga. In der Reserve aber, das Centrum beschützend, stand Michael mit den Bojaren und ihren Gefolgsleuten, welchen 1000 Szekler zugetheilt waren, flankirt einerseits von polnischen Kosaken, andererseits von walachischen Reitern (Kurtanern, Beslianern). Das Feldgeschrei war „Jesus".

In beiden Armeen waren die Kanonen spärlich aufgetheilt und bald hier, bald dort verwendet.

Die walachischen Kanonenkugeln fliegen zu hoch, und obwohl von siebenbürgischer Seite Daniel Zalasdi — von Geburt ein Romäne oder Walache, aber von Sigismund in den ungarischen Adelstand erhoben — überläuft (trotz lahmen Fußes) und dies Bestürzung erregt, beginnt die Schlacht mit einer glücklichen Wendung für Andreas. (In späterer Zeit gelang es, diesen Zalasdi zu fangen, welcher geviertheilt auf hohe Spieße gezogen wurde.) Jetzt sieht Mancher in dem Ereigniß der Fahnenflucht und des Heerverraths eine schlimme Vorbedeutung. Baba Noák rückt gegen Stephan Lázár und Georg Arabi vor, aber es gelingt den dort postirten Ungarn und Sachsen die Angreifer völlig zurückzuschlagen; da stürzt sich Makó mit den ungarischen Kerntruppen Michael's in's Gefecht und fesselt den Sieg an seine Fahnen. Lázár selbst, der siebenbürgische Flügelcommandant, fällt mit den Worten: „Ich sterbe gern, um nicht dem undankbaren Priester zu

XIII. Die Schellenberger Schlacht.

dienen, welcher mich feindselig meines Amtes und meiner Würde beraubt hat." Während so der siebenbürgische linke Flügel von Makó geschlagen wurde, ereilt dasselbe Schicksal auch den rechten, unter Moyses Székely, welcher von der Reiterei des Michael geworfen wird. Die Walachen erobern die große Heeres-Fahne, an deren Seite die Fahnenträger fallen: Thomas Görög, Stephan Széplaki und Theodor Kolbász. Nun war die Zeit für das Centrum gekommen. Peter Huszár eilt zur Hilfe und drängt die feindliche Reiterei zurück; die Thracier fangen an zu fliehen. Die Schlacht ist wieder hergestellt. — Der linke Flügel unter Arabi, das sächsische Corps, hält Stand, der rechte sammelt sich wieder. Da bricht Michael mit seinem ganzen Mitteltreffen hervor, fängt unvermuthet den siebenbürgischen Obercommandanten Caspar Kornis, welcher aber, vor der Wuth der Feinde beschützt, Schonung erfährt. — Dies bringt die Siebenbürger in völlige Verwirrung, aber ihr Hintertreffen steht noch fest. Jetzt schien die langwährende Schlacht (es war 3 Uhr Nachmittags) von dem Walachaner-Heere gewonnen; die gefangenen siebenbürgisch-ungarischen Edelleute Georg Ravazdi, Caspar Bolyai u. a. werden den Szeklern vorgeworfen, welche sie niedermetzeln. Andreas glaubt, seine Sache sei verloren und wendet sich zur Flucht. Da ergreift der Lugoscher Ban Andreas Bartsai das Commando. Das zweite Treffen rückt in die Schlachtlinie; ebenso die sich wieder sammelnden Reiter-Corps des Moyses Székely, Stephan Tahi und Peter Huszár. Ein glänzender Reiterangriff gelingt. Die ungarischen Schaaren stürzen sich todesmuthig in den Feind, sprengen dessen Reihen, indem sich Lanzenreiter in die Mitte der Walachen, Serben und Rascier wie ein Keil hineinstürzen, Kanonen und Fahnen werden erobert und die kaum siegreichen Truppen müssen fliehend sich gegen die Heltauer Gebüsche zurückziehen. So nehmen die Siebenbürger „den Rain", die Walachaner suchen den „Schuppich Wald" auf. Wäre nun die Reserve aus den Comitaten nachgerückt, hätten die Hermannstädter einen Ausfall gemacht, es wäre wohl die Schlacht zu gewinnen gewesen. Das verschwundene A am Cornet des Fürst-Cardinals scheint aber die Bedenklichkeit und Unentschlossenheit der Reichsräthe hervorgerufen, ihre Thatkraft und derer in den Mauern gelähmt zu haben. Ganz anders Michael. Er mochte wohl seit 9 Uhr, wo das Gefecht sich entwickelt, den sogenannten „Mächelsbächel" (Michaelsbächel) besetzt haben; jetzt stürzt er selbst sich den Fliehenden entgegen. Mit Drohungen und

Schlägen bringt er seine Offiziere und Soldaten zum Stehen, zwei Capitäne durchbohrt er mit eigner Hand, endlich soll er dabei in Worte ausgebrochen sein, die (nach der lateinisch geschriebnen Ueberlieferung) also lauten: „welche Feigheit, Soldaten: welch' ausserordentliches Beispiel von Schrecken! mit welchem Gesicht lasst ihr den erhaltenen Sieg aus den Händen? Wo ist meine Armee, die früher Bulgarien verheert, die Truppen des Karaman und Amhad vernichtet und die Walachei mit fremder Beute bereichert hat? Warum erstarren jetzt eure Arme, schwinden eure Kräfte, warum ist euch der Muth entfallen und was das Schändlichste ist, warum suchen eure bewaffneten Hände bei den wehrlosen Füssen Hilfe? Triumphirt ihr so über das eroberte Siebenbürgen und füllt ihr so eure Häuser mit dessen reicher Beute? Warum steht ihr nicht und warum zieht ihr nicht den gegenwärtigen Ruhm dem ewigen Schimpfe vor?"

Trotz dieser mit Flüchen und Schlägen begleiteten Worte sammelte sich der fliehende Haufen mit Michael selbst erst auf einer entfernteren mit Gestrüpp bewachsenen Anhöhe, wohin die verfolgenden Reiter nicht so schnell nachkommen konnten. Einzelne Haufen füllen die ganze Gegend zwischen Hammersdorf, Hermannstadt, Schellenberg, Westen, Talmatsch und Heltau, so dass hiernach auch die Schlacht verschieden benannt wurde. Sie fiel aber auf Schellenberger Hattert vor. Die polnischen Reiter Michael's ersahen die Schwäche des Reiterangriffs, stürzten sich in gleicher Weise, als es jene gethan, in die aufgelösten Reihen, drängten sie, den Schewisbach übersetzend, trotz tapfrer Gegenwehr zurück, und was endlich den Tag zur Entscheidung brachte, die bei Báthory dienenden Polen gingen über, um sich mit den jenseitigen Polen Michael's zu vereinigen, da sie nach der unbesonnenen Entfernung des Andreas die siebenbürgische Sache (und ihren Sold) für verloren ansahen und sich den bessern Theil der Beute nicht wollten entgehen lassen. Da verzweifelten auch die Siebenbürger mit dem sinkenden Tage. Bartsai hielt wohl Stand und übernahm den Oberbefehl, doch dachte man schon an den Rückzug. Gleicherweise herrschte aber auch im feindlichen Lager jenseits des Schewisbaches Unordnung und Schrecken. Da sollen die ungarischen Heerführer Michael's zusammengetreten sein, ihre Fahnen gesammelt haben und nach Zamocsius (Szamosközi) also gesprochen haben: „es wären noch nicht alle Hoffnungen und Kräfte verloren. Man sollte den Feind wieder angreifen und den bis noch ungewissen

XIII. Die Schellenberger Schlacht.

Sieg in einen sichern verwandeln. Es sei nicht zu verzweifeln, sondern sogleich die ganze Sache zu Ende zu führen. Kameraden", sagten sie, „folgt uns, nicht sowohl zum Kampfe als zum Siege. Soll unser grosses Heer der Handvoll Siebenbürger unterliegen? Sollen unsere tapfern Gefährten nicht gerächt werden? Soll dieser priesterliche Feind die Ursache unsrer Schande sein und uns nicht vielmehr Ruhm verschaffen?"

Da, so erzählen allerdings ungarische Gewährsmänner, habe Demeter Nagy eine zurückgelassene Kanone des Lázár, womit dieser den Baba Noák verfolgt hatte, auf die Truppen des Cardinals losgebrannt, um nochmals die Schlacht zu erneuern; indeß nicht die Báthoreischen, sondern die walachischen Truppen Michael's seien davon zurückgewichen (?!) und allgemeine Ermattung habe beide Theile zum Rückzuge genöthigt. Es war 7 Uhr Abends. Die Siebenbürger hatten gegen Wind und den auf sie wirbelnden Staub und Pulverdampf gekämpft, welchen viele zusammengetriebene sächsische Bauern dazu benützt hätten, um sich zu verlaufen, oder von ihren Stammgenossen an Stricken über die Stadtmauer in die Stadt ziehen zu lassen.

Michael's Ansprache an die zur Nachtwache rüstenden Truppen sei, wird erzählt, etwa dieses Inhalts gewesen: „Soldaten, weil ich noch einige Merkmale des Trostes und Sieges sehe, so halte ich für rathsam, diese Nacht im Lager zuzubringen. Diese kurze Zeit ist zur Erholung und Sammlung neuer Kräfte zu benützen. Mit Anbruch des Tages ist der Kampf zu erneuern und die letzte Hand ans Werk zu legen. Dass wir den Sieg haben, bin ich, in der Zuversicht auf eure Tapferkeit, Soldaten fest überzeugt."

Beide Heere lagerten, gewärtig des feindlichen Ueberfalls, — die Siebenbürger mit dem Plane, den Rückzug anzutreten. Da erscheinen plötzlich zwei Ueberläufer in ihrem Lager, der Thracier Abraham Rátz und Johann Sipos mit der Nachricht, der Woiwode bereite sich voll Bestürzung zur Flucht, möchten doch die Siebenbürger alsbald den Feind überfallen, man würde ihn sicherlich in die Walachei zurückschlagen. Ihre Aussage findet wenig Glauben; die Meisten rüsten schon zum Aufbruche und mit dem Morgengrauen steht das siebenbürgische Lager verlassen. Rátz und Sipos beobachten diesen Vorgang, beladen sich mit Beute und kehren zu Michael zurück. Hier entstand nun große Freude und alsbald feierten sie den

Sieg des 29. October (es war ein Freitag gewesen), indem sie plündernd bis an die Stadtmauer vordrangen. Michael hatte 32 Kanonen, viel Kriegsvorrath und Gepäck erobert. Er zog vorsichtig, Kundschafter aussendend, indem er den Angriff auf Hermannstadt vermied, nach Weißenburg (Karlsburg) und überließ die Wahlstätte der Todten, etwa 3000 Siebenbürger, darunter 300 Sachsen, und andererseits vielleicht nahe 2000 Gefallene von Michael's Heer, den Hermannstädtern, welche zwischen Schellenberg, Hermannstadt und Heltau (am „Rain", von dem Schewisbache wenig entfernt) ein großes und tiefes Grab eröffneten. Hierher wurden die Leichname größtentheils zusammengetragen und in die ungeheure Grube, Freund und Feind, versenkt und weil dies Riesengrab nicht alle fassen konnte, so legte man sie weiter untermischt mit Rasen, schichtenweise zusammen, stets mit dem Kopfe aneinander und schaufelte über sie einen großen Hügel, welcher sich auch jetzt den Blicken zeigt, ob wir nach Schellenberg oder Heltau fahren. Er steht da wie ein großes Grenzzeichen der Gemarkung, der Nachwelt zur Erinnerung der Schlacht von Schellenberg am 29. October 1599.*) Andreas floh in die Gebirge, zunächst über Leschkirch, durch den Rothberger Wald, gegen Udvarhely und wollte über die Moldau nach Polen zurückkehren. Anfänglich betrug seine Begleitung etwa 100 Mann, darunter sein Halbbruder Johann Iffiú, der fürstliche Stallmeister Nicolaus Bortakuti, der Waffenträger des Cardinals, Franz Romány, die Edelleute Joh. Gerendi, Johann Bélbi und dessen Sohn Paul, Georg Palatitz, Thomas Csomortáni, Nicolaus Zalasdi, Nicolaus Mikó, Thomas und Emerich Betz, zwei Lázár's, Stephan Fekete, Mich. Karatson, Caspar Pálosi, Franz Geréb und der Jesuit Stephan Kabos (Kabovi).

Andreas sammelte auf seiner Flucht noch manche Szekler Edelleute in Udvahely, denn er fürchtete die Feindseligkeit der Bauern. Schon bringt bis in diese Gegenden des Michael Befehl, „den Andreas zu fangen oder zu tödten; die ihm Vorschub leisteten, würden hingerichtet werden." Der Fürst-Cardinal reiste nun langsamer. Am 3. November trifft er bei Szt. Tamás ein. Der katholische Szekler Blasius Oerdög rebellirt das Volk gegen den verhaßten Báthory. Ein Schwarm von etwa 800 Szekler Bauern greifen die Edelleute an; es entsteht ein Kampf, und als manchen Pferden die

---

*) In der Generalstabskarte irrigerweise als „Türkenhügel" verzeichnet.

XIII. Die Schellenberger Schlacht.

Sehnen der Kniescheiben durchgehauen worden, ein furchtbares Gemetzel. Viele Edelleute werden entweder getödtet oder zerstreut, verfolgt und gefangen. Nur Csomortáni erreicht die Moldau. Andreas flüchtet sich mit immer Wenigeren. Den verwundeten Stephan Fekete verbirgt er noch mitleidig mit Baumzweigen; verspätet sich dabei und wird todmüde nach kurzer Rast bei einer Schäferhütte im Grenzgebirge, am Orte Naskalat, eingeholt und von Blasius Oerdög und seinen Genossen meuchlerisch hingemordet. Der Fürst-Cardinal war mit edler Würde den Streichen seiner Feinde erlegen. Triumphirend schnitten diese ihm nicht nur das Haupt ab, sondern auch den Finger mit dem Bischofsringe. Schon am 8. November war der Kopf nach Weißenburg gebracht worden, dann auf Michael's Befehl auch der Rumpf und auf den Rath des Logofet Theodosius, des walachischen Kanzlers, wurde Andreas nun feierlich bestattet mit demselben Sarge und in demselben Grabdenkmal, woran er selbst für seinen Bruder Balthasar gearbeitet hatte. Vorher hatte der päpstliche Legat, Bischof Malaspina, durch den Maler Nic. v. Kreta Bildnisse des Gemordeten anfertigen lassen, um sie an den Papst und an den Kaiser Rudolph zu überbringen. Was Letzterer dabei geäußert, ist uns unbekannt geblieben; der Papst aber verhängte über alle Szekler (die Csiker sind sämmtlich katholisch) den Befehl, hundert Jahre an dem Tage, an welchem der Cardinal ermordet worden sei, die schwere Schuld durch Fasten abzubüßen. Von Kaiser Rudolph wurde Michael am 20. November 1599 zum kaiserlichen Rath, Statthalter und Oberbefehlshaber in Siebenbürgen ernannt.

Lassen wir zum Nachspiel der Tragödie Miles einige Begebenheiten selbst erzählen. Er sagt: „Wie bald dass Gerücht von Michaelis Sieg ins Land ausschallete, haben sich zuhand die Wallachen vnsres Landes zusammenrottieret vnd heimlig auch öffentlig der Edler Leütte Gütter und Höffe auffgeschlagen vnd vill ihre Herren ermordet als Franciscum Tekei Comitem Thordensem, Ladislaum Boronkai vnd andre mehr vnd dass zwar aus abgetrawmbter Einbildung weil sie nun mehro ihres Geblüths einen verwanthen Fürsten hetten, sollten auch sie, die Wallachisch-schellmische Tölpell über ihre Edelleut herrschen."

„Wie Michael nun zu Weissenburg den 1. November einzohe, kam ihm Demetrius Napragius daselbstiger Bischoffe mit allen seinen Geistligen entkegen vnd entpfieng ihn mit einer schöner Glücks-Wüntschung eines langwehrigen Lebens, vnd befriedigten Regiments; Er ritte ein köstligen hechtgraw Dobrishan im Einzug vnd liess für Ihm 8 schöne Türkische Haupt-Ross her führen, mit Gold vnd Sammet ausgerüstet, hatte auch sich selbsten in Kayserlicher Pracht gekleidet, also dass auch seine Schuhe mit Edelgestein vnd Perlen gesteckt waren, über sich hatte er ein güldinn Stück mit schönen Zobeln ausgefüttert hangen, auff dem Kopf eben dergleichen Ungrischen Huth mit vill farbigen Plumaschen, hinter ihm folgten 8 Türkische Trompeter mit ihrem Geheull, darzu er denn auch die Trummeln also liess rühren, auch so vill Türkische Schalmeyer vnd 10 zigeinische Geyger; Nebenst ihm lieffen 8 seidinne Leiiffer daher mit vergülten Helle Parthen, hart vmb Ihm her kamen die Boyeren vnd führnehmbste Kriegs Obersten da man auch die Bathorische Fähnlein führte; Also zohe Er ein zum S. Georgen Thor. Im fort traben fragte Michael wo er solte einkehren? Antwortet Bodoni: In des Fürsten Andreae Pallast. Darauff wurd Michael gantz entrüstet, sahe ihm sawr zu vnd sagt: „Noch Fürstens! Haben wir ihn denn nicht überwunden?" Vnd könnte sich fast nicht enthalten, dass er Bodonium nur des einigen Wortes wegen in der Stell erschlug."

(1600.) „Hernach liess Michael Johann Iffiú des Fürsten Bruder nach Deva führen, ihm durch Georgium Rácz ein Mühlle-Stein an Hals henken vnd sampt den grossen Fuss-Eysen in Mörisch vnter das Eyss stecken, dass er nicht mehr gesehen worden."

„Nachdem übette des Waydens Volk im Lande allenthalben grosse Tyrannei, raubten, brenten vnd schlugen öffentlig tod nach belieben, schonten weder Kinder, weder Männer noch Weiber, schändetten die Jungfern an öffentligen Orthen: Pfarrer vnd Schuller wurden in Kirchen für den Altaren erschlagen. In Summa Rauberey war der Anfang und Ende dieses Regiments."

„Dero wegen berieff auf anhalten und flehentliges Bitten der Landes-Herren, diesem Vnheil etwas zu steuhren Michael einen Landtag 1600 im angehenden Januar nach Weissenburgk. Dahin kamen auch Ihrer Kays. Maj. Legaten als Stephanus Bocskay, David Ungnad (vormahls gewesener Magnificus Rector der Wittenbergischen Universitaet zu des Herrn Philippi

XIII. Die Schellenberger Schlacht.

Melanchthonis Zeitten) vnd Petrus László vnd begehrten Siebenbürgen in Ihrer Kays. Majestät devotion regiert zu haben: Erhielten aber ein tölpisches Bescheid von dem barbarischen Fürsten als hette er das Land gäntzlich mit seinem Schwerd den Türken abgenommen. Darnach supplicierten alle Stände Ihnen ihre Freyheitten vnd Privilegia zu erhalten: Darauff denn Michael sehr entrüstett seines Säbels Knopff am Griff erfasste vnd sagt zu den Vmbstehenden: „Sehet ihr Siebenbürger mein Privilegium". Vnd ob schon alle Laster diese Bestien gantz eingenommen hatten, dass Er von keinen Rechten, noch Zucht oder Ehrbarkeit wuste, jedoch war er allhier etwa geneigter den Sächsischen Geistligen, davon etwa die Kriegs-Knecht im Zaum zu halten: Liess derowegen bei Leibes Straff im Land-Tag aussruffen, dass niemand hinführo mehr solte brennen. Niemand solt den Geistligen etwas leydes thun, Sie nicht berauben, noch zu Herbrig bei Ihnen einkehren, doch bestund auch dieses nicht lange."

„Den 28 Februar und 18 Tag Martij wurden von Morgen biss zu Abend drey klahre Sonnen gesehen. Vnd diese vnmenschlige Menschen haben diesen gantzen Winter über grewlige Tyranney geübt. Michael liess den Marck Vajda Hunyad in grund verbrennen, dannenhero wie streng im obgesagten Landtag das Rauben auch verbotten war, jedoch weil es der Herr selber trieb, folgten ihm auch seine Unterthanen stattlig nach. Zur Grosser-Aw haben sie den Pfarrer Matthiam Heintium genommen und Wallachen so ihm vormals wohl bekannt gewesen, einen grossen Zimmermanns-Bohrer in Rückgrad hinein gezwungen, nachmals ein Strick daran geknüpft und ihn also daran in die Sacristey auffgehenket, dass er alda sein Leben jämmerlig beschlossen. Nachdem haben sie für den Wald einen gelährten schwachen Mann Johannem Mallendorfium ganz nackt aussgezogen vnd mit Michaele Scharkangero, zugleich Pfarrer für den Wald in die Schewren gestellet vnd sie zu dröschen gezwungen, welches den Schelmen hefftig gefallen, dass sie höhnisch darüber gelacht. Haben alle Dörffer für den Wald ausgeplündert, verbrent vnd biss auff die Bein ausgezogen. Auch die Fürstlige Begräbnisse zu Weissenburg eröffnet, vnd alles Gold, Silber vnd dergleichen Schmuck weggeraubet, die nackte Knochen oder Körper wieder eingeschorren."

XIII. Die Schellenberger Schlacht.

Dies war die Schlacht von Schellenberg, welcher noch jedes Jahr daselbst kirchlich gedacht wird, und ihre unmittelbaren Folgen sind die eben geschilderten gewesen. Das Jahr und das Jahrhundert war blutig zu Ende gegangen; ein neues öffnet sich mit **Mord und mit Verderben.***)

---

*) Vergl. Carl Neugeboren in „Transsilvania"; Hatvani's (Horváth's) Mittheilungen in Brüssel. Okmánytár; Történelmi-tár; Engel, Geschichte der Walachei; dann andererseits hier benützt Geschichtswerke über die Türkei, so von Hammer, von Zinkeysen und Andern, dazu erwähnte zum Theil in den „Deutschen Fundgruben" veröffentlichte Chroniken u. a., ferner bekannte Geschichtswerke, namentlich jenes von Wolfgang Bethlen. —

XIV.
Michael, Basta und Sigismund.

Nachdem Michael die Herrschaft in Siebenbürgen angetreten und den Rathschluß oft erwogen haben mochte, wie die drei Woiwodschaften in seiner Hand zu einem neuen königlichen Karpathenreiche zu umfassen seien, von Czernowitz bis Orsowa und von der Theiß bis zum schwarzen Meere, ohne sich wohl dabei das römische Dacien vor Augen zu halten und ein „Dacoromänien" gründen zu wollen, mußte vorerst in Siebenbürgen das neue Regiment gekräftigt werden. In einem Edicte vom 29. November 1599 giebt er den Szeklern ihre alte „Volksfreiheit" zurück und sucht auch die sächsischen Städte und die Geistlichkeit, sowie Einige vom Adel, sich geneigt zu machen; ebenso läßt er es nicht an Unterhandlungen mit dem Kaiser und den Nachbarstaaten fehlen; indeß seine Politik blieb roh und ungerecht und er verrieth als Staatsmann die Fehler seiner sehr mangelhaften Erziehung und die Laster seines gewissenlosen Zeitalters. Als er am 11. Februar 1600 die Zusicherung der erblichen Nachfolge der „Statthalterschaft" in der Walachei erhalten hatte, erwartet er fast ungestüm kaiserliche Subsidiengelder, denn „sonst könne er die Waffen auch gegen den Kaiser kehren und ihm zeigen, daß es ihm nicht an Leuten fehle"; in der That macht er durch Mich. Török Eröffnungen an die Pforte über die Lehnstreue zum Sultan, und von Polen wünscht er, es möge nicht den Jeremias Mogila in der Moldau unterstützen; diesen selbst sucht er aber dadurch einzuschläfern, daß er eine Tochter desselben für seinen Sohn Petraschko verlangt; zugleich läßt er Sigismund Báthory wissen, er wünsche ihm seine Tochter Florika zur Frau zu geben, dann ihm Siebenbürgen zu überlassen und nur Kronstadt und Fogaras zu behalten. Während dieser Pläne kommen die kaiserlichen Commissäre David Freiherr von Ungnad und Michael Zekel nach Weißenburg. Sie pflegen mit ihm Compactenverhandlungen und erstatten

Berichte an den Hof, aus welchen sich ergiebt, daß sie bereits tiefes Mißtrauen gegen ihn hegten; auch der Papst Clemens hatte sich entschuldigt, er könne ihm kein Geld schicken, fordere ihn aber auf, „sich zum Katholicismus zu bekehren und gegen die Türken zu kämpfen". Michael pflegt bei den Verhandlungen, welche meistens der Dolmetsch Armin Péter vermittelte, und auf die Einfluß nehmen die höfischen Einbläser und Denuncianten, oder (wie es statt Spion heißt) der „Spey" Vitéz Miklós und andere Kundschafter (wie Carlo Magno, die Ragusaner Marini und Muralbo), ferner das Ohr des Woiwoden belagern der fürnehmste siebenbürgische Rath Kornis, dann Balthasar Bornemißza, Alardi, der angesehenste walachische Botengänger Stojka, Kanzler und Stellvertreter des Logotheten, endlich nicht minder der Freibeuter=Hauptmann Baba Novak und wer sonst am Hofe etwas galt, — Michael pflegt bei diesen Verhandlungen mit Seufzen, Thränen und Verwünschungen seine gleißnerischen Betheuerungen glaubwürdig zu machen. Die kaiserlichen Gesandten bemerken darüber: „aber Gott siehet sein Herz" und voll Verdacht vermuthen sie „Gift unter dem Honig" gleichwohl hält man dies für „erlaubte Kriegslist", so sehr war in Lug und Trug das Zeitalter verdorben. Da heißt es an einer Stelle dieser Berichte:

„Dem H. Waida hat über alle Mass wohlgefallen, dass wir nebst Gott die Victori gegen den Cardinal billig ihm retribuirt et ut vindictam in perjuros efferirt haben, wie er dann mit Loben, Rühmen und seine Redlichkeit Erhebungen nicht zu sättigen ist."

Wieder an einer andern Stelle: „Viel aber besser wäre es dass er hinnen und draussen mit Guettern contentiret werde. Diesen Rathschlag hat uns der Botschkai auch geben noch im Novbr. (1599) vor dem Nuncio Malaspina, der ihn adprobirt wie ich Ungnadt aus Carol den 27 Now. E. Maj. es hab gehorsambst zugeschrieben."

Es ergiebt sich, daß Csáki István bereits dem Woiwoden zu referiren weiß, was sich von Schicksalsfügungen gegen den unglücklichen Kaiser Rudolph ergeben habe und wie das Bündniß mit ihm den Boden verliere? (Der unglückliche Kaiser verfiel damals in eine seine Regierung schwer schädigende Geisteskrankheit und stand mit seinen Brüdern auf sehr gespanntem Fuße.) Auch der Türkenkrieg konnte für die Pforte günstige Wendung nehmen, Sigismund in's

Land kommen. Daher zögerte Michael mit seinen Entschlüssen. Die kaiserlichen Commissäre schreiben am 23. April 1600:

Wir sehen a. g. Khayser u. Herr dass er Waida uns nur zu einem Deckensalch und zum Schatten hier (Weißenburg) liess, die Siebenbürger in einer Opinion auch was Hoffnung und darneben Sorg zu erhalten, als wollte E. M. das Land cediren, damit sie dieweill nicht rebellirten spe ducti noch unter E. M. christliche Regierung zu khommen welcher Gestalt wir mehr zu spat als E. M. und uns zu Ehren hir wären."

Weiter lesen wir in einer Chronik: „Darauf der H. Waida abermal einen Gesandten mit viel schönen Worten und Cumpimenti (Complimente) zu den Jeremias (Moldauer Woiwoden) abgefertigt, ihn mit Worten aufzuziehn, dass er sich seines feindlichen Angriffs, der doch schon in procinctu ist, desto weniger besorg" ...... „wie ihm dann die Arglistigkeit in militariter aliquid resolvendo, exsequendo et hostem vadendo nicht mangelt und zwar ein jeder Kriegsherr diese Tugendt ihm (sich) in dem Kriegswesen wünschen soll."

Balthasar Bornemißza dachte schon im April 1600 daran, es möchte Basta mit etwa 5000 Mann in's Land kommen. Während so im Lande die Gemüther schwanken, ist Michael's Ruf weithin in die Nachbarländer gedrungen, ja Michaels Siege schienen so ruhmvoll, daß Türken und Tartaren in die Walachei einwanderten und sich taufen ließen; der Papst schreibt ihm schöne Briefe und Kaiserhöfe sind ihm zugeneigt. Michael übrigens war den Báthory's nicht völlig feindselig, denn er empfängt gerne Briefe von Stephan Báthory (Istvän de Somlyó) und gedenkt sogar mit Sigismund neue Vereinbarungen zu treffen; doch ist er ungewiß, auf wen er sich am meisten verlassen kann. Der walachische Woiwode weiß wohl, daß im Lande selbst ihm Niemand wahrhaft anhange, er haßt den kaiserlichen General Basta mit dem Grauen, wie vor einem Nachegespenst, er fürchtet die wankelmüthigen Polen, die unzuverlässige Moldau, die erwürgende Türkei, er verzweifelt an den Hilfsmitteln des Papstes, an den Tendenzen des römischen Kaisers, er wiegt hin und her Vortheil und Gefahr, und wie man den Erfolg zu fesseln vermöge. Doch nicht minder theilen die kaiserlichen Commissäre Befürchtungen, und es geht aus ihren Berichten hervor, was sie selbst von dem Woiwoden halten:

1) daß Michael sehr eitel sei (er wechselt täglich schöne Kleider und läßt sich gerne über die „Victori" loben);

2) daß er aber verhaßt ist und die Siebenbürger dem Sigismund anhängen;

3) daß er unter kaiserlicher Oberlehnsherrlichkeit die drei Woiwodschaften: Moldau, Walachei und Siebenbürgen nebst angrenzenden und zu erobernden Theilen Ungarns (fünf Gespanschaften mit Huszt und Wardein) für sich und seine Erben behalten will, Siebenbürgen bloß als Gubernator aber erblich mit eignem letzten Instanzenzuge (de non appellando) und lehnsherrlichem Vergabungs=Rechte;

4) daß er mit Basta (in welchem er einen Ueberwacher sieht) im tiefen Hasse steht;

5) daß er Treuschwüre und Betheuerungen brauche, um den Feind in Sicherheit zu wiegen, so in der Moldau, und (charakteristisch) setzen die Commissäre hinzu: „es sei jedem Kriegsherrn diese List zu wünschen";

6) daß er sich schwer beklagt, wie Rudolph ihn hilflos lasse, gute Zeit und Gelegenheit verloren gehe (Michael will Geld und erhält es nicht);

7) daß die Siebenbürger wünschen, man solle Michael mit Gütern in Ungarn und mit Geld belohnen, aber nicht mit dem siebenbürgischen Fürstenthume (wegen des Gleichgewichts), sie fürchten Unterdrückung; sie besorgen, wie es in einem Briefe des Kornis heißt, „daß man die siegreichen Waffen gegen die Protestanten kehren werde." „Schaut woll auf, sofern der Röm. Khayser wider den Tyrkhen den Sigh haben wirdt, so wollen Ihr Kays. Majestät über die Khetzer, dieselben in Ungarn und Siebenbürgen zu vertijlgen." Man habe den Wunsch:

8) Erzherzog Maximilian möchte ins Land kommen; aber nur mit 2000 Mann, dann werde Michael und die Stände gehorchen; es sei

9) große Noth an Proviant;

10) Michael habe nur 20,000 Schützen zu Fuß und 8000 Reiter — u. dgl. m.

Endlich bricht Michael gegen die Moldau auf, er hält strenge Kriegszucht; so heißt es in einer Kronstädter Chronik zum Jahre 1600:

„Am 27 tag Juny kompt Michel Wayda in Cronstadtt vnd nach 3 Tagen lest er zwei Wolachen richten vnd lest sie auff dem mark liegen, weil sie in den Gärten etliche Personen gehayen (gehauen) hatten, der kirschen halben."

So rückt Michael in die Moldau ein und verkündet nun, er wolle seinen Freund Rezván rächen. Veranlassung zum Feldzuge hatte er umsomehr, als Jeremias und die Polen die Absicht hegten, den Bruder des moldauischen Woiwoden Simeon Mogila auf den Fürstenstuhl der Walachei zu erheben. Michael dringt in musterhafter Kriegsordnung — nach einer gegen Mogila bei Suczawa gewonnenen siegreichen Schlacht — bis Chotschim vor (welche Burg nach Kostin's român. Chronik „niemzi" [Deutsche] erfolgreich vertheidigten) und läßt vor diesem Schlosse den Bojaren Udra und die Freibeuter Deli Markó und Baba Noak, um selbst Suczawa (damalige Hauptstadt der Moldau und Bukowina) anzugreifen, welches ihm auch der polnische Commandant Trzaska übergiebt. Jetzt stand Michael auf dem Gipfel seiner Macht, er schien wirklich alle drei Karpathenländer unter seinen Scepter gebeugt zu haben. Aber drohende Wolken thürmen sich gegen ihn von allen Seiten. Die Polen wollen nichts von der Vertreibung des Jeremias wissen; die Kosaken und die Festung Chotschim kann Michael nicht für sich gewinnen; in Siebenbürgen droht der Abfall des Landes und seine ungarischen Feld-Obristen, wie Moyses Székely, den er mit dem walachischen Commandanten Murza in der Moldau zurückläßt, der junge Gabriel Bethlen und andre Flüchtlinge in der Moldau sind für Sigismund Báthory gestimmt. Die moldauischen Bojaren, welche zu ermessen wußten, daß das vergebliche Vordringen von Michael's Truppen bis nach Podolien und Rothrußland für sie in jedem Falle Gefahren zur Folge haben könne, verlangten Michael's Sohn Nicolaus zum Woiwoden; doch Michael erwiedert, jetzt sei dieser noch zu jung und übergiebt das Land vieren seiner Generale zur Interimsregierung: dem Hetman Udre, dem Vestiar Andronik, dem Armasch Sawa und dem Spatar Negru. Er eilt nach Weißenburg, wo sich Rudolph's Gesandte befinden; diese legen ihm nahe, „er möchte sich mit der Moldau und Walachei begnügen lassen, Siebenbürgen aber ihnen für den Kaiser übergeben"; doch der siegreiche Woiwode schickt den Caspar Kornis und den Logothet Theodosius mit der Bitte an den Kaiser Rudolph, „dieser möchte ihm das Land anvertrauen, er wolle dafür Temesvár erobern". Nochmals lacht der Schimmer des Glücks. In der That, es huldigen ihm die Stände am 20. Juli 1600 und der kaiserliche Gesandte Barthol. Petz anerkennt ihn als

„Locumtenenten in des Kaisers Namen" und überbringt ihm Sub=
sidiengelder. Zu gleicher Zeit empfängt aber der Woiwode „dreier
Länder" auch von der Pforte einen Bestätigungs=Ferman.
Michael reist dem Aga bis nach Kronstadt entgegen und empfängt
ihn mit vieler Pracht und Auszeichnung. Unter dem Donner der
Kanonen küßt er die türkische Fahne und umgürtet sich mit dem mitge=
brachten Schwerte. Nach der Moldau entsendet er als seinen Va=
sallen den Marcus, Sohn des Petruwod, mit dem Bojaren Preba
Buseskul zur Seite. Jetzt reist immer mehr der Argwohn der kaiser=
lichen Gesandten zur vollen Höhe; Basta liegt auf der Lauer; die
siebenbürgischen Edelleute und Städte können kaum den Augenblick des
Abfalls erwarten. Vom Kaiser Rudolph verlangt Michael, „man solle
ja nicht den Basta ihm vorziehen, sondern ihm und seinem Sohne
die Woiwodschaft in Siebenbürgen belassen, die deutsche Reichsfürsten=
würde ertheilen, dann die Städte Großwardein, Nagy=Bánya, Huszt
übergeben, ihm jährliche Kriegssubsidien auszahlen und falls er, Michael,
gefangen werden sollte, ihn von den Türken auslösen, und bleibe er
vertrieben, ihm 100,000 Thaler Jahrgeld auszahlen". Dies Ver=
langen und alle Anzeichen, wie der Woiwode nur nach eigner Herr=
schaft gierig strebe und den Adel vollends vernichten werde, bringt
endlich den Entschluß zur Reife, Michael zu stürzen; nicht etwa bei
Kaiser Rudolph selbst, welcher sich solchen Staatsangelegenheiten gegen=
über indifferent verhält, sondern zunächst bei dem siebenbürgischen Adel.

Dieser schreibt an die sächsische Nationsuniversität am 2. Sep=
tember 1600: (übersetzt) „Es ist Ihnen wohl bekannt, wie der Waiwod
Michael, seit seiner Ankunft in Siebenbürgen durch Vernichtung
unsrer alten Freiheiten und Gesetze und durch ungewöhnliche
Erpressungen und Bedrückungen uns und das ganze Land zu
Grund gerichtet habe. Auch haben Sie des Wüthrichs grüss-
lichen Entschluss erfahren, den sämtlichen Adel vom Kleinsten
bis zum Grössten, ebenso auch die ungarischen Söldner und
die Vornehmern aus den Städten, niederhauen zu lassen. Wir
wissen zuverlässig, dass er sich von der Treue gegen Seine Majestät
den Kaiser lossagen will. Wir wollen daher als wahrhaft Getreuen Sr. Majestät mit Ihnen zugleich seinen fürchterlichen
Absichten bei Zeiten uns entgegenstellen, diesem gemäss haben
wir mit unsrer ganzen Reiterei und unserm Kriegsvolk hier
bei Thorda auf dem Kreuzfelde das Lager bezogen. Ein
guter Theil von den ungarischen Reitern des Waiwoden stösst

zu uns, eine beträchtliche Anzahl Sekler wird sich zu uns schlagen, besonders die aus den Aranyoser Stuhle; von den übrigen Seklern hoffen wir dasselbe. Seiner Majestät dem Kaiser haben wir den Zustand der Dinge gemeldet; der Kaiserl. Kaschauer General ist mit einem beträchtlichen Heere in diese Gegend eingerückt. Da wir in den verflossenen Zeiten alle das Wohl und die Erhaltung dieses armen Landes bezweckenden Angelegenheiten mit Ihnen einverständlich geleitet haben, und Ihnen ebenso wie uns diese schreckliche Verwüstung und Zerstörung empfindlich wird, so bitten wir Sie freundschaftlichst, dass auch Sie in diesen gefährlichen Zeiten mit Ihren Kriegsvölkern und Kriegsrüstungen ohne Verzug sich bereit halten und dieselben ohne Aufschub zu uns aufbrechen lassen möchten. Es wird uns dadurch unter Gottes Beistand gelingen, das Land vom entsetzlichen Joche und von den unerträglichen Lasten zu befreien. Sollte Sie aber der Woiwod wegen Kriegsvolk oder Auslieferung von Kriegsrüstungen unter dieser Zeit angehen, so willfahren Sie ihm nicht, sondern schaden Sie ihm, des gemeinen Besten wegen, so viel Sie nur können . . . . Gegeben im Lager bei Thorda, den 2. September 1600." (Archivs-Nummer 1486).

Der Aufruf fand beifällige Aufnahme. So schreibt der Mediascher Magistrat eilig an den Comes Albert Huet, nachdem die Universität alle sächsischen Stühle und Distrikte sogleich aufgefordert hatte, Folgendes am 9. und 10. September 1600 zurück: . . . „Dem lieben Gott sei Lob Ehre und Dank gesagt, dass einmüthiglich die Sache soll angegriffen werden, da dann wir uns sämmtlich nicht sparen wollen, damit wir aus der Hand des blutdürstigen Tyrannen erlöset mögen werden. Thun aber hieneben Euer Namhaft Weisheit freundlich bitten, dass wo etwa Volk von den Zekeln (Szeklern) dahin kommen wird, dieselbige wolle E. N. W. (Euer Namhaft Weisheit) auf das fleissigste vermahnen, dass sie eingedenk seyn des lieben Vaterlandes und neben uns wider den schändlichen Tyrannen aufstehen, in gewisser Hoffnung und Zuversicht: sie werden eben auf diessmahl ihr altes Freithum bekommen". . . . . „Euer Namhaft Weisheit Schreiben an uns wegen des allerlöblichsten Propositi und Consèns wieder den grausamen Wüthrich und Tyrannen, den walachischen Pharaonen, haben wir empfangen und mit höchster Freude und Ergötzlichkeit verstanden. Der allmächtige Gott, der allen imperiis Mass, Ziel und gewisse terminos setzt, wolle auch gegenwärtiger Tyrannei zu ihrem letzten Ende helfen und unser liebes Vaterland erretten"..........

Am 11. September berichten die Kronstädter, „dass sie wohl dem Verheiss auf das behendeste nachkommen wollen, indess seien die Sekler bei 400 Mann in die Bodzau eingefallen, denen sie vorerst müssten Widerstand leisten." — Die Hermannstädter führen ihre Waffen schon am 7. September gegen walachische Heerhaufen und schlagen am 11. September die zahlreichen Truppen des Kulcher Rabul, welcher Michael zu Hilfe heranzog, in die Flucht. An die Szekler schrieb Huet, Namens der sächsischen Nations-Universität: „Vor allen Dingen möchten sie sich des Glückes erinnern, dessen sie in vorigen Zeiten, mit den Ungarn verbunden, genossen hätten. Sie wären im Besitz alles Guten, hätten eine schöne gesetzliche Ordnung und könnten Gott den Herrn mit ruhigem Herzen verehren. Sie möchten die jetzige Zeit mit der vorigen vergleichen und endlich einsehen, wohin es mit ihnen schon gekommen sei und wohin es noch kommen könne unter der Verwaltung des Woiwoden Michael, der auf Rechnung des römischen Kaisers dieses Land überkommen habe, aber nach der Hand dem Kaiser nicht zurückgeben wollte, sondern alle Kunstgriffe dazu anwende, die ungarische, szeklerische und sächsische Nation aufzureiben und dies schöne Land mit Walachen anzufüllen. Dieses bemerkend habe der römische Kaiser den Kaschauer General-Kapitän mit 8000 bewaffneten deutschen Fussgängern hereingeschickt und ihm überdiess den Stephan Báthory von Ecsed und Stephan Báthory von Somlyó mit etwa 8000 Ungarn beigegeben. Der Adel habe vom Kaiser den Befehl erhalten, Mann für Mann zu insurgiren und zufolge seiner Treue zur Erhaltung dieses Vaterlandes gegen den Waiwoden sich zu erheben. Den Hermannstädtern sei gleichermassen aufgetragen worden, diesem gemäss sich zu verhalten. Weswegen die zwei Nationen, die Ungarische und Sächsische, sich verbunden hätten und Mann für Mann gerüstet stünden. Bei Thorda, wo bereits die Deutschen eingetroffen seien, stehe der Adel mit dem gemeinen Volke der sieben Comitate bewaffnet. Die Einwohner des Aranyoser und Maroser Stuhls hätten ebenfalls aus Anhänglichkeit an den Kaiser und an das Vaterland die Rache aus ihrem Herzen verbannt und mit ihrer Macht sich mit uns vereiniget und wollten mit uns leben und sterben. Zu ihnen sei Georg Mako wieder gestossen und zu den übrigen Capitänen 1800 Reiter, die zuvor im Solde des Waiwoden Michael gestanden wären. Auch die Kosaken hätten zur vereinigten Fahne geschworen und seien bis jetzt wohl auch dahin gekommen. Sie möchten daher zugleich mit den Sachsen im Interesse des Vaterlandes für die Freiheit desselben kämpfen und alle feindseligen Walachen und Raitzen niedermetzeln. Thäten sie dieses, so böten sich ihnen folgende Vortheile dar:

1) gleiches Verhältniss und gleiche Freiheit mit dem Aranyos'er und Maros'er Stuhl;

2) Verzeihung und Vergessenheit aller bisherigen Vergehungen und Beleidigungen;

3) Aufrechterhaltung ihrer Gesetze und guten Ordnungen;

4) Beistand und Schutz durch Bewaffnung jedes Sachsen, sobald der Feind aus der Walachei oder aus der Moldau sie überfallen sollte. . . .

Wenn sie aber dieses Anerbieten nicht annehmen würden, so werde die sächsische Nations-Universität:

1) durch die Kronstädter ihre Wohnungen sogleich verbrennen, ihre Weiber und Kinder über die Klinge springen,

2) durch den Leschkircher und Schenker Stuhl sie im Rücken, durch die Hermannstädter von vorne angreifen lassen und der Mediascher und Schässburger Stuhl auf die Flanken stellen und dann vom Glücke erwarten, wessen der Sieg sein werde". . . . .
(Instruction vom 10. September 1600; Archivs Nummer 1478.)

Hierdurch wohl mit veranlaßt, wagten die eingeschüchterten Szekler keinen Zuzug in das Lager von Michael, welches dieser zu Mühlbach aufgeschlagen und noch am 14. September Droh- und Forderungsbriefe an die Hermannstädter erlassen hatte. Auf dem Landtage werden indeß Michael's Abgesandte und bevollmächtigte Commissäre „der Klutschar Radul und der Ban Mihalze hinausgeworfen". Es war das Signal zum Aufstande. Basta selbst hielt scheinbar noch am 14. September zum Woiwoden, wendet sich aber nachher den Siebenbürgern zu. Der Adel und die Sachsen hatten 12,000 Mann mit 4 Kanonen zusammengezogen, dazu stieß Basta mit 6000 ungarischen und deutschen Truppen. Schon früher hatte Michael diese schicksalschwere Wendung geahnt und, um sich über Künftiges wahrsagen zu lassen, versuchte er Orakel mit Wachsfiguren, dann ließ er je sieben Knaben mit einander kämpfen, die eine Partei sollte die ungarische, die andere die der Walachaner sein; doch die erstere blieb Siegerin. Bedenkliche Zeichen voll übler Vorbedeutung. Der Woiwode sammelt 22,000 Mann Walachen, Szekler und geworbne Freibeuterschaaren. — So kömmt es endlich den 18. September zur entscheidenden Schlacht von Miriszlo, wo die Siebenbürger unter ihrem Feld-General Stephan Csáki, verbunden mit den Kaiserlichen unter Basta, einen glorreichen Sieg davontrugen, und Michael's Truppen unter deren vorzüglichen Generalen Radul und dem einäugigen Leccaga in die Flucht schlugen. Die zum Succurs hereneilenden Szekler werden bei Vell zurückgeschlagen. Michael nimmt einen verheerenden Rückzug mit Mord und Brand bei Mühlbach vorbei über Leschkirch, Fogaras, das Burzenland in die Walachei (nur im Großschenker Stuhle allein werden von seinen Truppen 800 wehrlose sächsische Bauern todtgeschlagen viele Höfe bleiben verwüstet und werden später von nachsiedelnden Romänen übernommen), — während das säumig nachfolgende Heer der Sieger bei Hermannstadt am 24. September lagert und selber die befreundete Gegend so verwüstet, daß Csáki einen Anführer der ungarischen Haybucken mit dem Strange hinrichten lassen mußte. In der Walachei werden dem Woiwoden neue Kriegshaufen zugeführt von seinem Sohne Petraschko und Baba Novak. Den 9. September 1600 hatten übrigens die Kronstädter den Petraschko über die Grenze zurückgeschlagen. Jetzt schickt Michael Gesandte, ja selbst die Gattin und den Sohn als Geißeln (welche nach einem andern Berichte von den Kronstädtern gefangen wurden) und sucht Versöhnung mit den Siebenbürgern. Einer seiner Boten, der früher erwähnte Zalasdi, wird hingerichtet. Michael's Frau und Petraschko nach Fogaras in ein ehrenvolles Gefängniß abgeführt. Aus Siebenbürgen vertrieben, hatte nun Michael in der Moldau einen schweren Stand. Die polnischen Truppen und die zaporogischen Kosaken bedrängen seinen Vasallen Marcus und gewinnen am Serethfluß (15. Oct. 1600 bei Teleshin) die Schlacht gegen Michael. Die Siebenbürger verwehren zwar durch ihren Unterhändler Csáki den Siegern den gewünschten Durchzug durch Siebenbürgen, trotzdem gelingt es jenen, Michael bei Plojescht zu ereilen, dort, sowie am Argisch, nochmals in die Flucht zu schlagen. Die Polen und Kosaken hatten bei Plojescht 95 Fahnen erobert. Michael, welcher den Brüdern Buseschkt die Regierung des Landes übergeben, eilte nach Crajowa. Die Bojaren Buseschkt finden es aber angemessen, mit den Mogila's zu unterhandeln. So wird Simeon, der Bruder des Jeremias, als Woiwode angenommen. Er vertreibt den Nicolaus und besteigt in Tergowischt den walachischen Fürstenstuhl. Die Moldauer und Polen hausen fürchterlich im Lande. Michael hatte, schneller noch als gewonnen, alle drei Karpathenländer verloren und weilte versteckt im Grenzgebirge. — Die Stimmung in der Walachei wird bald lauter und lauter für seine Berufung. — Die drei Buseschte erklären sich abermals für Michael. Dieser nähert sich dem Vulkan-Passe, um nach Hátszeg zu gelangen. Der Woiwode hofft auf kaiserlichen Schutz; er muß, um durch Siebenbürgen reisen zu können, dem Caspar Kornis durch Baba Noak ein Geschenk von 2000 Ducaten übersenden und begiebt sich nun mit dem alten Ban Mihaltze zum Kaiser nach Prag; doch, vorerst am 25. December in Wien angekommen, hat er in dieser Stadt nach der Hof-Entschließung des Kaisers zu verbleiben. In Siebenbürgen war mittlerweile die Verwirrung auf's Höchste gestiegen. Wieder wußte man nicht, wer und wie Jemand in Siebenbürgen zu regieren habe? Im Februar 1601 wurden als Verräther gefangen genommen, die man für Michael's Anhänger hielt, besonders Senney, Kornis und, wie eine Chronik sagt: „Babonibek (Baba Noak) des Michel Wedtt Capitan „dieser ist alda zu Clausenburg sampt einen Serbischen Pfaffen auff dem markt gebroten worden und also jemerlich ihren lohn empfangen."

Basta hatte das Land verlassen weil es ihm nicht genügende Winterquartiere zu bieten vermochte — und Sigismund kam über Bistritz in das rath- und hilflose Siebenbürgen. Sein Aufenthalt war immer für die sächsischen Städte sehr empfindlich. Als er am 6. März 1599 in Kronstadt verweilt hatte, „mit seiner Frau Fürstin samt villem folk" — „verzeret er auf die Sibentausend gulden". Theurer zahlte Bistritz seine Gastfreundschaft für Báthory an Basta. Sigismund wird zum dritten Mal von den Ständen als Landesfürst angenommen und eine Chronik setzt hinzu: „27 tag Marty hat Báthor Sigmundt widerumb angefangen zu regieren in Siebenbürgen."*) Michael

---

*) Joh. Borontai hatte Sigismund in einem Briefe so entschuldigt, daß ihn verwirrt hätten: „a sok külömb külömbféle tanácsi és assentatorok. . Mene Opoliában és elcserélvén a Szép országát egy hitvány tartományért, kit akkoron mi Erdelyick a cseréléshez képest nem Opuliának hanem Inopiának mondunk vala", wonach er statt Oppeln nur Inopia bekommen habe.

erlangte, diesen Ereignissen gegenüber, wieder die kaiserliche Gunst, schon im März 1601; ja der Kaiser redet davon, er wolle Michael's Tochter Florika heirathen. Michael wirbt mit kaiserlichem Gelde von 100,000 Ducaten ein neues Heer, und Basta erhält den Befehl sich mit ihm, seinem Gegner, zu vereinigen, um gemeinschaftlich Sigismund aus dem Felde zu schlagen. Michael hatte Geschenke erhalten und die Zusage des Gouverneurpostens in Siebenbürgen. Vergebens schickten nachher die Siebenbürger eine Deputation, (Comes Balthasar Bornemisza, den Hermannstädter Bürgermeister Lucas Enyetter, Gallus Lutsch, Lucas Traufchner und von den Szeklern Joh. Derfi) an den Kaiser mit der Bitte, daß der Kaiser entweder den Erzherzog Maximilian herabsenden, oder eine Fürstenwahl gestatten möchte. Bevor die Gesandtschaft zurückkehrte, hatten schon mancherlei Wahlumtriebe stattgefunden, war bereits der gleißnerische Sigismund, ungeachtet der anfänglichen Protestation der Sachsen, nochmals zum Fürsten erklärt. Endlose Verwirrung, Nationalitätenhaß und Bürgerkrieg bedrohten das in Parteien zerklüftete Land. Sigismund suchte polnischen und endlich den nur wenige Jahre früher so schnöde aufgekündigten türkischen Schutz; er sammelt ein Heer, zumeist Moldauer, Polen und Tartaren, läßt sich aber in neue Unterhandlungen mit Kaiser Rudolph ein. Sigismund hatte zwei Monate in Kronstadt zugebracht, um sein Volk zu bekleiden und auszurüsten, und eine Chronik sagt hierbei: „aber die Hermannstädter bleiben mit den Teutschen, dass also die Städte wider einander hartzen (harcz = Krieg) und streiten".

Die kaiserliche Armee unter Michael und Basta bestand aus 10,000 Mann Infanterie, 8000 Cavallerie (Deutsche, Ungarn, Walachen und Kosaken), die siebenbürgische des Sigismund Báthory war 35,000 Mann stark, befehligt von Moyses Székely, türkische Truppen für Sigismund im Anzuge und selbst die abtrünnigen Szekler halb gewonnen. Es kommt am 3. August 1601 zur Schlacht von Goroszló. Basta und Rotthal siegen mit Michael vereinigt, vollständig, und es sollen da 10,000 Siebenbürger gefallen und zerstreut sein; 130 Feldzeichen und 45 Kanonen gingen von ihnen verloren. Sigismund flieht zu Mogila in die Moldau und verweilt in Botuschan und Nyamcz, nimmt aber mit sich Michael's in der Gefangenschaft befindliche Frau und Sohn und schickt diese mit Csáki an die Tartaren, von denen er Hilfe erfleht. Die armen verrathenen Opfer Florika und Petraschko sind beim Tatarenkhan der Krimm

XIV. Michael, Basta und Sigismund.

ausgeliefert worden. Diese Zeit ist gemeint, wenn wir in einer Chronik lesen: „Die 13 Augusti hat H. Básta und der Michael Vayda den Sigismundum Báthory bei Goroszlo geschlagen. Sigmund ist nur verkleidet entkommen, ist jedoch bei Thasnád durch den Sebesz Pál eingeholt worden, so aber Sigismundus den Säbel gut zu führen gewust, hat er sich gerettet und ist entflohen." Wilder Krieg durchraste die wieder in Flammen aufgehenden Thäler Siebenbürgens. — Michael, gestützt auf kaiserliche Versprechungen, rühmt sich, „ihm gebühre das Land, denn einmal habe er es allein erobert; jetzt aber dazu mitgeholfen, so wolle er auch mehr als Basta und selbst der Kaiser darin commandiren". Basta beschließt nun, den alten Groll im Busen zur Wuth angefacht, den Untergang des Nebenbuhlers und läßt ihn — da aufgefangne Briefe Michael's an den Pascha Sinan Sofie dies rechtfertigen konnten — am 19. August 1601 in seinem Zelte durch den Wallonencapitän Jacob de Beauri und dessen Leute überfallen und ermorden, auch der alte Ban Mihaltze wurde zu Tode gemartert. So starb Michael, nur 43 Jahre alt, ein Mann von vielen ungewöhnlichen Eigenschaften, eine rohe Heldennatur, wie einstens Hunyadi und Kinisi, von allen walachischen Romänen vielleicht der größte Mann ihrer traurigen Geschichte, doch durch die Verhältnisse in eine Bahn von minder edler Art hinabgedrängt und in dem Pfuhl der Verhältnisse versunken. In der Walachei sind die Buseschti siegreich gegen Simeon Mogila, und die Bojaren wählen dort zum Woiwoden den Georg Radul, oder Radul Scherban Bessaraba, wahrscheinlich einen Eidam Michael's, Sohn des Radul, welcher zu Tergowischt den Fürstenstuhl besteigt. Eine sächsische Chronik meldet den Tod Michael's mit den Worten: „1601. 20. August wird Michael Wedtt mit dem Basthy görg vneins des geschos wegen, welches sie vom Sigismund bekommen hatten und wird von Basty görg seinen Dienern blötzlich durchstochen."

Wieder ein andre Aufzeichnung sagt: Die 19. Augusti ist der Tyrann Michael Vayda bei Thorenburg (Torda) durch Zekell Ambrosch und Nagylaki Ferencz, so ihn beim Kopf gezogen, niedergeschlagen worden und hat folgendes Epitaphium bekommen:

Hic jacet ille ferus Latro merus et Nero verus
Cajus atrox, Dacus, scelerum Lacus, ille Valachus,

Hac qui transibis, bis terque cacabis et ibis
Condigne adsperga pulchrum bono odore Sepulchrum."

Basta rückt gegen Csáki vor, Anfangs September 1601, in der Richtung nach Hermannstadt, wo damals der báthoreische Feldherr (kaum daß Basta weiter gegen Kronstadt zog) die Umgegend mit Mord und Brand verwüstet. Ungarn und Tartaren schleppten auch viele Gefangene weg in die Sclaverei, so besonders Knaben von Neppendorf bei Hermannstadt; — das benachbarte Hammersdorf, die Vorstäbte von Hermannstadt, wurden mehrmals abgebrannt. Massenhaft strömten die Bauern deshalb in die Städte und lagerten auf den öffentlichen Plätzen unter den Säulengängen der sogenannten „Ringe"; in Hermannstadt hielten Sonntags unter den geschlossenen Stadtthoren die Dorfpfarrer ihre Predigt für die Geflüchteten, da die Kirchen die Gläubigen nicht zu fassen vermochten. General Basta, Freiherr von Sult, wüthet, wie ein spanischer Feldherr gegen die Niederländer, so in dem niedergeworfenen Siebenbürgen. Seine Soldaten, besonders die belgischen Wallonen und magyarischen Haybuken, verübten namenlosen Gräuel, so auch in dem vom Februar bis April 1602 bedrängten Bistritz, wo gefangenen Bauern die Hirnschalen abgelöst wurden, um sich am Erfrieren der Verstümmelten zu erfreuen, und was sonst noch viel andres Schreckliches zu berichten wäre. — Ebenso thun es aber andererseits die báthoreischen Truppen. Die mancherlei Art rohen Kriegshaufen, oft selbst Befreundeten gegenüber wie ein zuchtloses Raubgesindel, erfüllten das ganze Land mit Jammer und Elend, daß selbst die Türken über so unerhörte Grausamkeiten, über so endlosen Frevel an Lebendigen und Todten, erstaunten und zur Eintracht ermahnten. Sigismund, für sich bedacht, giebt seine Getreuen der Willkür des Gegners preis und denkt wieder an Unterhandlungen. Die Jahre 1601 bis 1604 bezeichnen diese Schreckenszeit des Basta. Ich will sie mit kurzen Anführungen aus verschiedenen Chroniken schildern. Da heißt es im Januar 1602 an einer Stelle: „zu Klausenburg hätten arme Kinder von verstorbenen Eltern gegessen"; — „Katzen und Hundt wurden als gute Speis betrachtet. Korn hat in Klausenburg 20 Gulden der Rompt (Kübel) gekostet, in Kronstadt aber nur 6 Gulden 10 Denar".

Nößner schreibt in seiner Chronik zum Jahr 1604: 16. Martii. „In diesem Jahr haben sich die Leutte selbst an die Pflüge gespannt ihrer 8 an einen Pflug und geackert und gesäet weil sie nicht Zugvieh gehabt, sind zu Rosenau an einem Tag 11 Pflüge ausgegangen".

In den erwähnten Jahren wiederholen sich häufig die Berichte über ungewöhnliche Theuerung, wie Menschen Leichname verzehrt haben, wie Menschen statt des Viehs sich eingespannt und geackert haben, man nannte solche Pflüge die „Basta'schen", und wie Mord, Brand und Verwüstung die unglücklichen Landschaften Siebenbürgens erfüllten. Indeß kehren wir zu unseren Begebenheiten zurück. Sigismund erhält im August 1601 die Zusicherung des türkischen Schutzes, und als er nun wieder in Siebenbürgen eingebrochen war mit Polen, Kosaken, Moldauern, Basta aber, mit dem Jesuiten Marietti an der Seite, im Lande befiehlt, da bricht der Krieg wieder an allen Enden los. Endlich 1602 am 2. Juli bei Weißenburg geschlagen, übergiebt der Fürst, welcher im Schlosse Déva weilte, nochmals sich und das Land dem kaiserlichen General und bedingt sich zum Unterhalt eine Jahres-Rente von 50,000 Ducaten aus und „Lobkowitzische Güter" in Böhmen. Diese Zeit charakterisirt auch der Brief Basta's, welchen er an Huet und den Hermannstädter Magistrat (25. März 1602) geschrieben hat:

„Edle ehrenveste und wohlweise Herren! Es wundert mich, dass ihr meine drei Schreiben nicht empfangen habt; es ist nichts weniger, denn dass der Sigismundus mit grosser Demuth und Unterthänigkeit Friede begehrt hat. In welchen aber ich (ohne Ihro Kaiserliche Majestät Willen und Resolution) nicht eingehen will, sondern habe sein Begehren Ihro Kaiserliche Majestät berichtet und erwarte in Kurzem darauf seinen Bescheid. Mittlerweil aber habe ich von ihm Pfand genommen, als nämlich den Szentpáli János, Harinnay Miklos und Gyeröffy János, welche bei mir verbleiben werden, bis der Bescheid von Ihro Majestät kommen wird. Werden nun Ihro Kaiserliche Majestät den Frieden annehmen, so sollt ihr vergewissert sein, dass man euch daraus nicht excludiren oder lassen wird, sondern soll euer wohl gedacht werden; wird aber der Krieg continuiret, so wollet auch gar nicht zweifeln, dass man euch verlassen werde, sondern seit gutes Muths und Herzens, denn es wird in Kurzem zu einem glücklichen Ausgang gerathen. Wollte auch, dass ihr mit dem Csáki handeln solltet, damit ihr einen von euch zu mir schicken könntet, mit welchem ich handeln und tractiren könne. So wollet also diesem nachkommen, denn ich zweifle nicht, dass euch abgeschlagen werden solle von gedachtem Csáki. . . . Sollte euch aber wissend sein, dass in diesem Beschluss und Tractat wir mit dem Fürsten Sigismundus also concludirt und beschlossen haben, dass ihr sammt allen euren Bürgern und Inwohnern frei und sicher ohne alle Verhinderung aus und ein, wo ein jeder will, gelassen werden sollet, wenn nun dieses von ihnen nicht also gehalten werden soll, wolltet's mir berichten, damit ich gebührlicher Weise diesem zuvorkommen könne; denn es wäre nicht billig, dass man dieselben, so Ihro kaiserliche Majestät so grosse Treue und Beständigkeit, wie ihr gethan, erzeigt habe, verlassen solle; derwegen wenn ihr dies mein Schreiben bekommt, so könnt ihr dem Sigismundus schreiben und von ihm begehren zu wissen seine Intention und Meinung und nach denselben mich berichten." —

Sigismund schloß abermals seinen Separatvertrag mit Kaiser Rudolph und verließ endlich das unglückliche Siebenbürgen; der widerspenstige Adel aber versuchte unter der Anführung des Moyses Székely v. Simenyfalva den verhaßten Basta zu stürzen. Zum Jahr 1601 sagt eine Chronik, „ist zum Herrn Georgio Basta gekommen als Beichtvatter der Jesuit Pater Marietti, so allein gewusst, was massen Kaiser Rudolphus mit Sigismundo Báthory über Siebenbürgen verhandeln will, dieser P. Marietti hat viel Noth über uns Sachsen gebracht, hatt wollen alle Pastores eliminiren lassen, allein Gott hat uns gnädigst geschützet und nicht verlassen." Im Jahre 1602, bemerkt ein andrer Chronist, „habe Marietti in Kronstadt confisciren und verbrennen lassen, die Thesen, welche der Meschner Pfarrer Johann Robner in seiner zu Klausenburg abgehaltenen Disputation mit den Jesuiten veröffentlicht und triumphirt habe". So kündigte sich das neue Zeitalter der Gegenreformation an, aber wilder Krieg ließ noch nicht auch diesen Kampf zur vollen Lohe entbrennen. Es stand schlimm genug im Lande. Die fortdauernden Kriege hatten die Mehrzahl der siebenbürgischen Häuptlinge zu Freibeutern gemacht, für die Eid, Gehorsam und Treue nur fast leere Worte waren. Es war eine Türkenzeit der schlimmsten Art.

XV.

Kaiser Rudolph. — Türken und Bocskay in Siebenbürgen.

Wenn der Glaube, welcher den Menschen mit der Kirche und dem Himmel verbindet, das Herz mit der Lauterkeit einer edlen Gesinnung erfüllt (mag er aus den Confessionen des Christenthums, des Mosaismus, oder des Islams, oder aus einer geläuterten philosophischen Anschauung entspringen), so ist er eine Vorbedingung und ein Ergebniß für die Aufgaben unserer menschlichen Bestimmung, welche eben in der wohlthätigen Liebe zum höchsten Wesen und zu den Mitgeschöpfen der Natur ihren schönsten Beruf erfüllt, wenn aber die „Glauben" genannte Anschauungsweise das Gemüth dahin bewegt, gerade diesen Beruf der Liebe völlig zu verleugnen, so nimmt die religiöse Gefühls- und Geistesrichtung die Natur eines vulkanischen und dämonischen Triebes an; es ist wie ein unheilvolles Gift, welches die Wahrheit in Wahn verwandelt, den lebendigen Eifer in Leidenschaften verkehrt und den Haß statt der Liebe walten läßt. Tugend und Moral fallen in den falschen Gesichtswinkel der Tendenz. Wie oft hatten die Lehren der Jesuiten einen solchen Aberglauben zu Tage gefördert, diese Haßtugenden ihren Jüngern anerzogen. Gewiß haben zu der Entwicklung falscher Grundsätze auch andere Factoren Veranlassung gegeben. Mußte man doch in den Türken den Erbfeind der Christenheit, den eroberungssüchtigen Nachbarstaat bekämpfen, wähnte man doch (und das Zeitalter drängte zu diesem Wahn), daß der Protestantismus die ständische Opposition, die Gottlosigkeit, erhöhe und stärke, und man wollte eins in dem andern darniederbrücken. Dazu kam der Grundsatz, welcher Katholiken und Protestanten zu gleicher Ungerechtigkeit hinriß, der Fürst als „Herr der Gegend" könne und dürfe auch die Gewissen beherrschen. Die Religionsfreiheit wurde als ein Territorialrecht angesehen. Wie wenig war man allerorten und aller Stände befähigt und geneigt, die Persönlichkeit des Einzel=

nen, das allgemeine Staatsbürgerthum, zu verstehen und zur Geltung zu bringen. Wie gering schätzte man die Güter echter Cultur. Selbst im Verkehre der Staaten beginnt jetzt erst der Grundsatz gleicher Behandlung sich Bahn zu brechen. Bis zum Jahre 1600 pflegten die Türken nicht ebenbürtige Unterhandlungen und schlossen keinen Frieden; Kapitulation, Waffenstillstand oder Tribut wurden verlangt, und wie es wohl hieß: „vom immer siegreichen Sultan dem immer besiegten ungläubigen König von Wien allergnädigst gewährt." Erst 1606 werden gleiche Titulaturen gebraucht, Vollmachten ertheilt und Friedensverträge mit übereinstimmendem Texte zugestanden.

Es war aber auch ein hart Ding, mit den Osmanli's zu verkehren. Die Protestanten haben niemals auf des Sultans Hilfe gerechnet, bis sie in Ungarn durch allerlei Verfolgungen dazu gezwungen wurden. In Deutschland aber stellten sie ihre Contingente demselben Kaiser, welcher ihre Confession nicht anerkannte. Die Franzosen, Engländer, Venetianer, Polen, obwohl der Mehrzahl nach christkatholisch, haben wiederholt Bundesgenossenschaft mit der Pforte nachgesucht, und schon Franz I. von Frankreich, welcher die evangelischen Bewohner seines Reichs mit martervollem Tode belegte, hatte eine Botschaft an Soliman's Hof (gegen die Habsburger) entsendet.

Wie kräftig hinwieder hatte Luther gegen die Türken gepredigt und seine Anhänger es ihm nachgethan. Da heißt es in einer seiner meist gelesenen Reden an einer Stelle: „Sperrst du dich und willst nicht gehen noch reisen, wohlan so wird dich's der Türke wohl lehren, wenn er ins Land kommt und thut dir, wie er jetzt vor Wien gethan hat, nämlich, dass er keine Schatzung noch Reise von dir fordert, sondern stecket dir Haus und Hof an, nimmt dir Vieh und Futter, Geld und Gut, sticht dich zu Tode, — wo dir's noch so gut wird — schändet und würget dir dein Weib und Tochter vor deinen Augen, zerhacket deine Kinder und spiesset sie auf Zaunstecken. Und musst dazu, was das Aergste ist, solches alles leiden und sehen mit bösem verzagtem Gewissen, als ein verdammter Unchrist, der Gott und seiner Obrigkeit ungehorsam gewesen ist, und führet dich sammt ihnen weg in die Türkei, verkauft dich daselbst wie einen Hund, dass du dein Lebelang musst um ein Stück Brod's und Trunk Wasser's dienen, in stetiger Arbeit,

Tag und Nacht mit Ruthen und Knitteln getrieben und dennoch keinen Lohn und Dank verdienen. Und wo ein Sturm soll geschehen, musst du der verlorene Haufe sein und alle Arbeit im Heer thun. Ueber das kein Evangelium hören, nichts von Christo und deiner Seele Seligkeit lernen."

Dasselbe Schicksal, „kein Evangelium zu hören", drohte auch den zahlreichen Protestanten in Oesterreich, Ungarn und Siebenbürgen. Hätten die Jesuiten nicht die Staatsmacht in den Dienst ihrer „Gegenreformation" eingespannt, nimmer hätte ein Bürgerkrieg in jenen Ländern stattgefunden, es wäre der dreißigjährige nicht nachgefolgt, und es hätten nicht lange Jahrzehnte verfließen müssen, um endlich Oesterreichs Waffen siegen zu lassen, — ja ohne jene Störungen der fürchterlichsten Art hätte sich ein kräftiges deutsches Bürgerthum schon damals bis nach Siebenbürgen hin entwickelt und alle Karpathenländer zur Gesittung, zur Ordnung und Freiheit unter Oesterreichs Scepter geführt; nimmer wäre dies Scepter ohne jenen Schergendienst genöthigt gewesen, an die Fänge des preußischen Aars abzugeben, was es selbst zu führen berufen war: die Leitung der geistigen Hochwacht, die Ordnung freiheitlicher Staatsentwicklung, die Stärkung des deutschen Bürgerthums in Mitteleuropa. Ja, ohne die „Gegenreformation" der Jesuiten und die hieran sich schließenden Kriege wäre der später nach Amerika abfließende Lebensstrom viel früher dem Donaubecken bis zum schwarzen Meere, den Karpathen bis zu den letzten Ausläufern gegen Sereth und Pruth, zugeführt und längst der gegenwärtig wüthende Nationalitätenstreit einem edleren Kampfe um die Güter höherer Cultur zugewendet worden. Das Jahr 1600 war der Wendepunkt dieser Geschicke. Wohl hatte Ferdinand schon früher in Steiermark, Kärnten, Krain seine Decrete erlassen: „1598 gegen die lutherischen Prädikanten", „1599 war der evangelische Gottesdienst bei Leib- und Lebensstrafe verboten, die zur Auswanderung Gezwungenen müssen den zehnten Pfennig bezahlen", u. dgl. m. Solche Edicte finden 1599—1603 Nachahmung in beiden Oesterreich, 1602 auch in Böhmen, dann in Ungarn und Siebenbürgen. Solche Edicte waren es gewesen, welche in den Niederlanden der spanischen Soldateska die Zügel gelöst hatten; fanatische Wuth führte den Religionskrieg und vollendete die beispiellose Verwilderung der Landsknechte, zumal der Wallonen. Kein Zweifel, um das Jahr 1600 und nachher haben christliche Soldaten die türkischen an Bestialität übertroffen. In einem Briefe spiegelt sich dies ab, welchen wir hier hervorheben wollen.

Am 10. September 1600 schrieb der Großwessir Ibrahim, welcher strenge Mannszucht hielt, einen Brief an Erzherzog Mathias nach der Eroberung von Kanischa: „Ruhm grösster christlicher Fürsten, Auserwählter der Besten des Volkes des Messias, Schlichter der Geschäfte des nazarenischen Gemeinwesens, welcher nach sich zieht die Schleppe des Ansehens und der Pracht, welcher besitzt die Beweise des Ruhms und der Macht, Herzog Mathias, dessen Ende glücklich sein möge! . . . . . . Als wir gegen Kanizsa kamen, fanden wir so viele von Euren Schlössern leer, und nachdem mit Gottes Gnade Kanischa's Festung beseitigt sein wird, ist's unsre Absicht, auf Euren General loszuziehen und denselben ebenfalls zu schlagen. Kurzum Herzog Mathias, und des Königs Majestät! Bei den vier heiligen Schriften, beim Pentateuch, Psalter, Evangelium und Koran fordre ich Euch auf, Mir zu sagen, in welcher Schrift, in welcher Religion es erlaubt sei, die Kinder und Väter der Unterthanen einander gegenüber öffentlich zu schänden und ob die Vertragsbrüchigen wir sind oder Ihr. . . . Bei Gott und beim Evangelium und beim heiligen Geiste des Herrn Jesus beschwöre ich Euch, schickt einen Eurer Bekannten hieher, dass er die abgebrannten Schlösser, Vorstädte und Brücken besichtige, sich selbst überzeuge, welchen Schaden und welche Grausamkeit die armen Unterthanen erlitten . . . Die Länder sind die verlobten Bräute der Herrscher, können wir wohl ruhig zusehen, dass Ihr mit Euren Streifzügen auf diese Weise unsere Länder schändet." — —

So schrieb mahnend der Türke an den Christen wiederholt, um der Barbarei der Soldateska entgegen zu wirken. — Wir sind wieder mitten im Türkenkriege. —

Der Tartarkhan erhält von Kaiser Rudolph 10,000 Ducaten und ist deshalb für den Frieden gestimmt; auch der Statthalter von Ofen, Muradpascha, unterhandelt. Am 10. Juli 1601 stirbt der Großwessir Ibrahim, ein Mann von christlicher Abstammung. Der Debstler Hasan wird Großwessir und Oberfeldherr in Ungarn, in Kanisza wird vom Erzherzog Ferdinand Terjaki Hasan, d. i. Hassan, der „Opiumesser", belagert; es gelingt diesem Pascha, den religiösen Muth zu entflammen und mit List und durch die Gunst der Umstände einen bedeutsamen Sieg zu erringen, indem die Türken 42 zurückgelassene Geschütze, 14,000 Musketen, 99,000 Kugeln, 10,000 Zelte erbeuten und 6000 Gefangene machen. Zur Ehrenauszeichnung darf fortan der Aga der Janitscharen in Kanisza eine goldne Kette mit einer Platte tragen, woran sich der Thorschlüssel befindet. Die Türken erobern auch Stuhlweißenburg (29. August 1602), doch ein Aufstand der Sipahi's muß durch die Janitscharen gedämpft werden, — so wogt es hin und her, in Kampf, in Sieg und Niederlage. Der Religionskrieg giebt plötzlich den Türken die Oberhand, und sie können ihre Schwäche verdecken, während die Oesterreichs offen zu Tage liegt.

Oesterreich und das Kaiserthum waren in große Gefahren gerathen. Ein kurzer Rückblick muß uns bis zum Jahr 1578 vergönnt werden. In einer heftigen Predigt des Josua Opitz gegen die Jesuiten war der Ingrimm der herrschenden Klassen erregt worden; 1578 „mußte" eine katholische Procession Störungen erleiden; da verlangte der Jesuitenprovinzial Magius die Ausweisung des Opitz sammt Gehilfen und am 21. Juni 1578 erfolgt der Befehl. Seit dieser Zeit war die kirchliche Reaction darauf bedacht: die Protestanten von Staats- und Stadtämtern zu verdrängen; Bücherconfiscationen, Verweisung der evangelischen Geistlichen erfolgten, und den gutgesinnten Gläubigen wurde die Prüfungsformel vorgelegt: „Glaubst du, daß alles wahr ist, was die römische Kirche in Lehre und Leben festsetzt? Glaubst du, daß der Papst das Haupt der Einigen Apostolischen Kirche ist"? Durch neue Schulordnungen wird in diesem Sinne auf die Jugend gewirkt, doch umsomehr regt sich die Opposition in Städten und bei dem Adel, umsomehr pochen sie auf ihre „Freiheiten und Gerechtsame", und der geistliche Zelotismus entzündet sich auf beiden Seiten.

Rudolph schauderte vor diesem Fanatismus. Er wußte, daß der Papst und die Kirche Roms die Bartholomäusnacht mit Jubel begrüßt hatten, daß Heinrich III. von Frankreich, daß der Oranier in den Niederlanden diesem Fanatismus zum Opfer gefallen waren, daß Mörder von der Kirche gesegnet waren, welche gegen die Elisabeth von England entsendet wurden — und sein Gemüth umdüsterte wohl noch manches andere Geheimniß der spanischen Inquisition, der jesuitischen Reaction. Soll er vielleicht auch ein

Opfer werden, oder lieber ein Werkzeug sein, um sich Leben und Herrschaft zu erhalten??!

Solche Gedanken scheinen sein zur Schwermuth und zum Argwohn geneigtes Sinnen tief bewegt zu haben; es bildet sich bei ihm eine tiefe Melancholie aus, die endlich in Wahnsinn übergeht. Mit Entsetzen bemerkt seine Umgebung die Anzeichen periodischer Verrücktheit, seit dem Jahre 1600 immer häufiger. Er fürchtet vor Allem, daß ihn ein Mönch ermorden wolle, er faßt einen Widerwillen gegen alles religiöse Treiben, es giebt Stunden, wo er den Teufel herbeiruft, „daß sich dieser seiner bemächtigen wolle"; er versenkt sich in alchymistische und astrologische Träumereien, er wähnt „daß ihn die Kapuzinerpredigten des Laurenz von Brindisi peinigen," obwohl er sie gar nicht hört, denn er verläßt das kaiserliche Schloß nicht; nur den Garten besucht er, wo ihn gedeckte Gänge beschützen. Vom Fenster aus beobachtet er die vorgeführten Rosse, deren Anblick ihn etwas zerstreut. Dazu kömmt die Angst, vom Throne gestürzt zu werden, denn man beginnt von seiner Thronentsagung zu sprechen, man legt ihm nahe, weil bei seiner Gemüthsstimmung die wichtigsten Staatsgeschäfte ruhen, er möchte den erwählten römischen König zum „Coadjutor" annehmen, die Räthe Rumpf und Trautson jedoch, welche diesen Plan vorlegen, werden vom erzürnten Kaiser vom Hofe gewiesen; der mährische Oberstmhofmeister Carl von Lichtenstein und der Geheimrath Barvitius berufen. Die Höfe interessiren sich für die Frage der „Nachfolge"; die Minister Rudolph's sind Bestechungen zugänglich; der arme Kaiser ahnt die Unzuverläßlichkeit seiner Räthe und fällt nun bald in's andre Extrem, lieber seinen Kammerdienern, Secretären, niederen Hofbeamten das Ohr der Einflüsterung zu leihen, diesen Huld und Gnade zu gewähren, besonders dem Kammerdiener Lang, dem Secretär Hannewald. Vor allen weiß der spanische Gesandte Clemente die Situation zu benützen. Man denkt am spanischen Hofe (das heißt Graf Lerma für Philipp III.) daran, den mit der Isabella, Tochter Philipp's II. vermählten und kinderlosen Erzherzog Albrecht für den Nachfolger Rudolph's erklären zu lassen, damit Spanien wieder Karl's V. Monarchie unter dessen Scepter vereinige; — doch muß der Plan bald wieder aufgegeben werden. Die Stimmung der Erzherzoge ist mehr für den nächstberechtigten Thronerben, für den Erzherzog Mathias, Statthalter in Ungarn. Gegen diesen wendet sich nun der kaiserliche Groll. Waren doch beide Brüder Gegensätze;

Rudolph spanisch und gelehrt erzogen, Mathias deutschem und ungarischem Wesen zugethan, beide aber in ihrer Art herrschsüchtig. Rudolph scheint seinem Bruder selbst die Erfolge in Ungarn mißgönnt zu haben und belastete ihn nicht ungern mit Maßregeln, welche das kaiserliche Regiment verhaßt machten. Allerdings war es sehr schwierig, dies Land gut zu regieren. Obwohl es seine Existenz vorzüglich deutschen Waffen und deutschem Bürgerfleiße, zumal deutscher Geistesarbeit, ganz wesentlich mit verdankte und ohne diese leichthin völlig zu Grunde gegangen wäre (damals und noch heutzutage), so wünschte Ungarn (es sind immer nur einige hundert ablige Familien darunter zu verstehen, die man alleweil verletzte und stets wieder auf Kosten Anderer zu versöhnen trachtete) — so wünschte also dies Ungarn doch, die deutsche Regierung möchte niemals erstarken; aber die Furcht vor den Türken begehrte zugleich die deutschen Waffen. So war das Land ein Reich, wo auf dem Schlachtfelde nicht nach Recht und Sitte gefragt wurde, sondern wer mit Erfolg und Sicherheit die Macht behaupte, und das aufrechterhalte, was man „avitische Verfassung" hieß und damit den eignen Familien-Vortheil vermeinte. Diesen Vortheil mit jener vorgeschützten „Constitution" zu decken, dabei auch echten Freiheitsdrang, patriotische Tendenz hiemit zu verbinden, hatte das österreichische Regiment, wenig zielbewußt und auf Soldaten- und exclusiv katholisches Kirchen-Wesen dressirt, seinen Gegnern nicht allzu schwer gemacht. Dazu kam nun der religiöse Zwiespalt, dann Basta's unheilvolles Vorgehen in Siebenbürgen; — schienen doch Stadt und Land nur Contributionswerkzeuge, die Schraube ohne Ende! „War Alles verarmt, so konnte man um so leichter herrschen"! Als sich daher Rudolph 1603 mächtiger fühlte — (Sigismund Báthory und Moyses Székely waren beseitigt) —, da befiel ihn fast ein Rausch von Thatenlust, er wollte die günstige Lage ausbeuten, sich seiner mißtrauischen Familie und dem gährenden Reiche gegenüber als eigenmächtiger Herr zeigen.

Die Successionsfrage, der Sultan, die protestantische und ständische Opposition, alle sollten gebrochen, die „Türkenhilfe" erzwungen werden. Hierzu reichten aber die Geldmittel nicht aus, und war die Unbeständigkeit des ungarischen Adels zu befürchten. Der unglückliche Kaiser, dem Leben entfremdet, verfehlte gänzlich Wege und Mittel und bereitete das Verderben vor, welches ihn selbst verschlingen sollte.

Schon hatte er in Böhmen gegen die längst anerkannte evangelische „Brüderunität" ein Mandat mit Todesdrohungen erlassen, aber nicht auszuführen vermocht, in Ungarn seit 1602 keinen Palatin ernannt, Gespanschaften und Bisthümer ohne Vorstände gelassen, Reichswürden an Ausländer verliehen, keine königlichen Entscheidungen gefällt; deutsche Befehlshaber, von Jesuiten und verdächtigen Rathgebern instruirt, verkündigten ihre Machtsprüche. Der General Graf Belgiojoso nimmt den Evangelischen mit Gewalt die große schöne Kirche in Kaschau weg; gleich geartete Ereignisse erschüttern das ganze Land; Erzherzog Mathias muß in des Kaisers Namen die „völlige Restitution der katholischen Kirche" verlangen; evangelische Prediger werden verbannt, Protestanten verfolgt, und als sich der ungarische Landtag beschwert, wird ganz willkürlich und unerhört den 21 Gesetzartikeln desselben ein 22. aus eigner Machtvollkommenheit, wie zum Hohn, hinzugefügt, welcher die früheren abgethanen Gesetze zu Gunsten der „katholischen Religion bestättigt" und Alle, welche religiöse Gegenstände in öffentliche Verhandlungen einflechten, mit Drohungen belegt. So wurden gegen sich selbst mitten im Türkenkriege die „Malcontenten" in Waffen gerufen. Der reformirte Bocskay, bisher eminent kaisertreu, übernahm die Führung.

In Ungarn hatte sich mittlerweile Manches geändert; dem Großwessir Jauf Ali war Lala Mohamed mit dem Großsiegel nachgefolgt; Waizen und Gran werden 1604 belagert, Erzherzog Mathias giebt die Belagerung von Ofen und Lala Mohamed Pascha die von Gran auf. Tartaren verwüsten das Land; Kaimakame werden geköpft und zwischen alle dem spinnen sich auch Unterhandlungen wegen eines Friedensschlusses, da die Türkei zugleich freie Hände gegen asiatische Empörer gewinnen will. Schon 1601 hatten Franz Nabásdy, Doctor Pezzen, dann verschiedene andere Zwischenträger Vergleiche versucht. Im Jahre 1605 drängt Alles zum Abschlusse. Die Erzherzoge hatten Mathias zum „Coadjutor" gewünscht; Soldzahlungen an die Truppen verlangt, denn es mangelte in den Kriegskassen an Geld, und dies machte den Widerstand besonders schwierig. Bis 1606 hatte der Krieg bereits 16 Millionen Schulden verursacht; die regelmäßigen Einkünfte waren aber nur drei Millionen Gulden. Wohl hatten die österreichischen Stände für die ungarischen Grenzfestungen 536,000 Gulden bewilligt, waren der Papst, Spanien, das römische Reich deutscher Nation, selbst Frankreich um Subsidien an=

gesprochen worden; Frankreich hatte nichts gewährt, Spanien wollte Mannschaften auf eigne Kosten ausrüsten und 200,000 Gulden beisteuern, das Reich versprach 30 einfache Römermonate jährlich, wovon aber die volle Summe von 1,600,000 Gulden niemals sicher und pünktlich eingegangen ist; die italienischen Lehnsträger zahlten 1603 und 1604 etwa 200,000 Kronen. Ebenso viel hatte Ungarn verheißen, oder den Unterhalt von 2000 Mann zu Fuß und 2000 Mann zu Pferd, dabei trafen dasselbe Contributionen und ungezählte factische Leistungen und Erpressungen aller Art, zumal unter dem Titel von „Ehrengeschenken". Alles dies konnte die finanzielle Calamität nicht aufhalten. Lala Mohamed schließt, nach verschiednen Vorgängen auf dem Schauplatze der Kriegsgeschichte, mit Bocskay einen Präliminarvertrag, ähnlich wie es einst mit Zapolya geschehen war.

Die kaiserlichen Kriegsvölker unterliegen. Vor Gran bewirken nach der Annahme der „Gläubigen," die Gebete des Scheichs der Derwische, des Terdschiman Scheichi, eine günstige Wendung für die Türken; Gran und Neuhäusel werden erobert. Bocskay's Truppen hatten mit dazu geholfen; schon schwärmen diese bis nach Mähren, wo die eigenen kaiserlichen Truppen, nicht verpflegt, auf das Schrecklichste hausen. Ein Schrei der Entrüstung und des Jammers erhob sich durch alle Provinzen, die Türken aber tituliren Stephan Bocskay als „König von Ungarn". Da nach der Zusammenkunft der Erzherzoge in Linz diese den wahrscheinlichen Thronfolger Mathias zum Coadjutor verlangen und den Familienvertrag vom 25. April 1606 abschließen, will der verwirrte Kaiser abdanken, doch wendet er seinen Blick auf Maximilian, später auf Leopold, den Bruder des steirischen Ferdinand. Der spanische Gesandte San Clemente berichtet die traurigen Vorgänge an den Hof und setzt hinzu: „Es ist nichts wie Betrug und Angst, die den Kaiser so sprechen lassen." Der Madrider Hof wird endlich ebenfalls für Erzherzog Mathias gestimmt.

Dieser soll auch den Frieden mit den Türken und mit Bocskay verhandeln. Am 14. Juni 1605 hatte Bocskay als Gesandte den Korláth und Kekedy an die Pforte geschickt und aufgegriffene deutsche Knaben zum Geschenke, welche zum Spotte mit Bischofshauben bekleidet wurden. Er erhält das Ahdname, den ihn zum „Fürsten" erhebenden Vertrag, und noch mehr — die Pforte überreicht ihm am 11. November 1604 eine Krone im Werthe von 3000 Ducaten.

Der Padischah erläßt ihm den Tribut auf zehn Jahre, dann soll Ungarn später nur 10,000 Ducaten zahlen.

Es war die Zeit der Friedensschlüsse von Wien und Sitwa=Torok unterhalb Komorn. Der neue König von Ungarn, Bocskay, küßte des Großweffirs Hand, und er, der ehemals dem römischen Kaiserhofe so treu ergebene Mann, sagte, „er sei des Padischah Diener und biene ihm nicht wie mit Geld gekaufte und übel behandelte Sclaven aus Furcht, sondern durch seine Gnade ihm verbunden von ganzem Herzen mit Freude und Liebe."

Der Doppelfrieden vom Jahre 1606 wurde, wie eine Unterhandlung von ebenbürtigen Gegnern, nach europäischer Gesandtensitte, abgeschlossen. Nicht wie früher, wo niedrige Hofdiener des Sultans Geheiß verkündigten, sondern mit Intervention der Großweffire geschah die Vertragschließung, zuerst von Bocskay mit Mathias in Wien, dann von den Türken in Sitwa=Torok, wo Mollard, Thurzo und Andere, als kaiserliche Bevollmächtigte, das Wort führten. Die Friedensbedingungen sind bekannt; nächst dem Hauptzwecke selbst handelt es sich um „Garantien" gegen die Beschwerden der Stände und der Protestanten, welche ihnen feierlich zugesichert werden. Aus diesen Friedensschlüssen gingen Siebenbürgen und das österreichische Ungarn selbständiger hervor, als bisher der Fall gewesen, zugleich suchte man in Verfassungszuständen eine Gewähr gegen die Willkür der Machtträger am Hofe und lehnte sich abermals an die Pforte. Im Sitwa=Toroker Vertrag vom 11. November bestimmte der sechste Punkt die Gültigkeit der Wiener Verträge zwischen Mathias und Bocskay, im elften Punkte verpflichtet sich „kaiserliche Majestät ein= für alle Mal 200,000 Gulden Ehrengeschenk an den Sultan zu schicken." So endete ein vierzehnjähriger Krieg, welcher wie ein letzter Kreuzzug der Christen begonnen hatte und erst unter Eugen von Savoyen, hundert Jahre später, die für die Karpathenländer entscheidende Katastrophe erlebte. Mathias war für den Kaiser Plenipotentiär in Ungarn; er hatte dem Bocskay Siebenbürgen und angrenzende Comitate überlassen müssen; es war nunmehr „ungarische Politik" geworden, daß dies Land ein „protestantischer" Fürst regieren müsse, damit das angegriffene Ungarn dort Schutz zu finden vermöge; Ungarn selbst sollte in drei Theile abgetrennt sein, österreichisch, türkisch, siebenbürgisch, damit es im Gleichgewicht dieser Mächte stets eine Bundesgenossenschaft für den eignen Vortheil zu finden im Stande wäre. Stephan Illesházy, Valentin Druget von Homona, Chr. Thurzo, Michael Czobor und Andere bestimmten, was der Adel als „nationale Politik" anzusehen habe. Mährer und Oesterreicher hatten chevor für sich einen Waffenstillstand mit den Ungarn abgeschlossen. Der Staatsverband war völlig gelockert. Rudolph dagegen vermag kaum durch „Heirathsprojecte" die damit Bedrohten zu erschrecken; er möchte dem 1586 geborenen Erzherzog Leopold eine Nachfolge zu= wenden und zürnt dem eigenen Bruder, da er fürchtet, dieser trachte nach der ungarischen Krone. Der unglückliche Kaiser reizt den ge= haßten Mathias durch lieblose Behandlung zum Aufstande, macht er ihm doch den Vorwurf, dieser habe ohne Zustimmung der kaiserlichen Ein= willigung Siebenbürgen ganz lüderlich dem Bocskay überlassen; — da= gegen beschwert sich Mathias, der Kaiser habe ihn selbst bei Tisch vor Gästen einen „Schelm" gescholten, „wohl hätten ihm die Ungarn die Krone angeboten, er sie aber zurückgewiesen". In der That, es mußte Mißstimmung auf allen Seiten erregen, daß es nur dem feilen Kammer= diener Philipp Lang gelungen war, die „Ratification des Friedens= schlusses" vom Kaiser zu erreichen, daß aber dieser gleichwohl die Auslieferung des Originaltextes an die Türken verbot. Bei der Pforte wieder machte der Mufti ähnliche Schwierigkeiten, und es entsteht ein diplomatischer Krieg über die „Ratification", bis man wieder auf der erwähnten Grundlage den Waffenstillstand für zwan= zig Jahre abschließt. Geistvolle Männer stehen dem Erzherzog Mathias zur Seite, Bischof Khlesl, Cavriani, Krenberg und Andere; die Abneigung der Brüder wird geschürt, ist's doch ein offenes Ge= heimniß, daß der Kaiser, geisteskrank, an Wahnsinnsanfällen leidet, er springt Nachts auf mit dem Degen in der Hand, wähnt sich verfolgt und fürchtet, der Bauch sei ihm umgekehrt worden. Er ist unzugänglich allen Vorstellungen der Erzherzoge. Die dy= nastische Familie, das Reich, leiden furchtbar unter diesen Zuständen der Zerrüttung.

Schon sechs Wochen nach dem Friedensschluß stirbt Bocskay, wie Einige vermutheten, an Gift. Die Pforte wünscht Homonay zum Nachfolger, ein neues Bild entrollt sich vor unseren Augen, auch die Welt hatte sich etwas verändert; vier „Elemente des Vergnügens" waren immer mehr in sie hereingezogen, vier „Polster des Genusses", um mit den Türken von der Sache zu sprechen, hatten sich vor der Welt ausgebreitet, aber, wenn wir lieber den Gesetzgebern als den

Dichtern trauen wollen, waren es vielmehr vier „Säulen des Zeltes der Ueppigkeit", vier „leibhaftige Minister des Teufels". Diese vier, der Schmähung allerdings mehr als des Lobes würdigen „Elemente" heißen inniggesellt: Kaffee, Tabak, Opium und Wein. Der Kaffee und der abscheuliche Tabak zumal waren neue Luxusartikel. Während so mit dem neuen Jahrhundert moderne Diplomatie und Cultur die asiatischen Türken beleckt, dagegen wallonische Rohheit und römische Hinterlist bis in die Karpathenländer vorbringt, löst sich manches Gefüge der europäischen Politik, werden die drei Vasallenstaaten der Karpathen wieder in das Bereich ihrer eigenen Sonderpläne zurückgewiesen, und nicht ein einziges Denkmal der Cultur verkündet ihnen lautredend die **Fürsorge der verlorenen Regierung.** —*)

---

*) Zu mehrerwähnten Quellen und Nachschlagsbüchern sind hier vornehmlich Gindely's Geschichtswerke als mitbenützt zu erwähnen, besonders dessen „Rudolph II." (Prag 1863 u. 1865); Moritz Ritter's Gründung der Union (Briefe und Acten) u. a. zu geschweigen. S. weiter Fessler-Klein IV. S. 66—71, dann Illésházy's „Tagebuch" u. a., welche ausführlichere Mittheilungen enthalten.

XVI.
Siebenbürgen zur Zeit des Stephan Bocskay.

Wenden wir unsern Blick nach Siebenbürgen, so haben wir zurückzugehen bis zu jener Zeit, wo nach Sigismund's Abdankung zumal der Adel sich allenthalben bedrängt erkannte. Da erkühnte sich, so schien es den Feuerköpfen, Moyses Székely de Szemeria, der Feldgeneral, das Vaterland zu erretten, magyarische Racen- und Adelsherrschaft herzustellen, wie ähnlich auch jenseits der Leitha geplant wurde, ständischem Trotze und echtem Freiheitsdrange das Panier des Vaterlandes voranzutragen.

Basta hielt wiederholt Postulatenlandtage und schien dem zügellosen Walten seiner Räuber- und Mörderbanden Einhalt thun zu wollen; doch vergebens. Zu den Gräueln der unerhörten Verwüstung gesellte sich eine Hungersnoth, welche die Verzweiflung des Landvolks so sehr zu Raserei und Wahnsinn steigerte, daß selbst der Todten Leib aufgezehrt wurde. In der Walachei muß sich wohl Radul Scherban für Kaiser Rudolph erklären, weil er den Prätendenten Simeon Mogila zu fürchten hat. Radul's General Räz unterhält Verbindung mit den kaiserlich Gesinnten, besonders mit den sächsischen Städten in Siebenbürgen. Moyses Székely wartete nur auf die Gunst des Augenblicks, erhielt von der Pforte auch wirklich ein auf seine Familie vererbliches Fürstendiplom und rückte, vom Temesvárer Pascha Bectas und von Gabriel Bethlen unterstützt, über die Grenze.

Neuer Bürgerkrieg. Székely errang bald Vortheile, täglich wuchs die siebenbürgische Heeresmacht, besonders durch den zuströmenden Adel und beutelustige Szekler; Basta wurde bei Dées geschlagen; da suchte Székely als „Woiwode und Graf der Szekler" Rudolph's Bestätigung an und Friedensvergleiche mit den sächsischen meist zu Basta haltenden Städten.

Doch in des Kaisers Namen, sowie eigener Beutegier nachfolgend, überstiegen walachische Heerhaufen das Grenzgebirge bei Kronstadt, verstärkten sich durch szekelerische Zuläufe und die Truppen des heranrückenden Rabul. Am 6. Juli waren die Vortruppen Székely's gegen Kronstadt herangerückt, 2500 Mann und ein Corps von Husaren. Rabul Wayda führte mit sich 5500 Mann, darunter großen Theils ungarische Hayducken und raitzisches Kriegsvolk aus Serbien. In dem Treffen zwischen Neustadt und Rosenau fallen Makó György und Jmecs Mihály; manche Edelleute werden von den Szeklern niedergehauen. Am 8. Juli erscheint Moyses Székely bei Helsdorf zwischen Marienburg und Kronstadt. Er führte mit sich 4000 Tartaren, 1000 Türken, 4000 ungarische Husaren und eine große Anzahl von Edelleuten. Die Kronstädter müssen ihm Kriegs-Contribution geben und 150 Trabanten ablassen; doch erreichen sie wenigstens, daß ihr „Jurament" verschoben wird. Am 17. Juli 1603 ging die entscheidende Schlacht für Székely verloren. Dreitausend seiner Anhänger blieben im leichenvollen Felde, welches sich bis an die Papiermühle vor Kronstadt erstreckte. Der Kopf des Moyses Székely wird in die Stadt gebracht und aufgesteckt, mancher Edelmann ausgeliefert, doch gelingt es, einige loszukaufen. So löset Michael Weiß den Allia Farkas ein, „um diesen vornehmen jungen Mann nicht dem Basta übergeben zu lassen". Rabul Wayda und sein Kriegsvolk blieben vier Monate im Burzenlande, die Einwohner werden schonungslos behandelt, die Hayducken wollen sogar die friedlich gesinnte Stadt plündern; sie rauben den Städtern 3000 Rosse, überhaupt werden mehr als 100,000 Stück Vieh verzehrt, oder als Beute meist in die Walachei getrieben.

Basta und der kaiserliche Commissär Kraußeneck eröffneten den Landtag zu Déva am 5. September 1603 mit der charakteristischen Frage: „ob die Stände Gnade oder Gerechtigkeit verlangten?" Damals soll sich Basta so geäußert haben: „Ich sehe, daß ich an der Spitze von Menschen stehe, welche weder die Freiheit, noch die Unterthänigkeit ertragen können, welche sich einer angebornen Verkehrtheit bedienen, beweinenswerth als Geisteskranke, welche die Gnade ihrer Fürsten mißbrauchen. Weder Lohn noch Strafe kann sie in Pflichttreue erhalten. Denn, was sie auch jetzt betrifft, haben sie sich durch ihre Untugenden zugezogen. Nicht der Zorn des Siegers hat die Vaterlandssöhne vertilgt, aber der durch ihre Unbesonnenheit aufgestachelte Krieg. So ist bei ihren fortwährenden Rebellionen Siebenbürgen in eine so schreckliche Verwüstung gekommen.

Mögen sie frei ausgehen (da nämlich Basta die bereits be=
schlossenen Hinrichtungen aufschob) und den Lohn des Ge=
horsams und der Treue gewärtigen; wenn sie dies nicht
zufrieden sind, wird es an der Gelegenheit der Rache
nicht fehlen." Die Stände hatten nämlich auf jene verfängliche
Frage geantwortet: sie verlangten Gerechtigkeit. Es schien, als wenn
fast alle dem Henkerbeile verfallen sein sollten; doch begnügte sich der
unbeschränkte Machthaber, nachdem schon früher Edelleute gefangen
gesetzt und einige aufgehängt worden waren, die Königsrichter
von Klausenburg und Broos hinrichten zu lassen und einige harte
Maßregeln zu treffen. Allen denen, die zum Landtag gekommen,
wurde „das Leben und der fernere Besitz ihrer Güter gelassen, aber
eine Quarte ihrer Einkünfte sollte gegen gestattete Einlösung an den
Fiscus fallen." Die Güter aller derer, welche untreu erschienen, sollten
confiscirt werden; Zoll=, Dreißigst= und Zehnt=Gefälle an Korn und Wein
sollten an eine zu errichtende „kaiserliche Kammer" abgeführt werden;
alle untreu vermeinten Städte sollten durchaus „zum römisch=katho=
lischen Glauben gezwungen" werden, ihre Schlüssel dem Militär=
commandanten abliefern, ferner keine Vollmacht haben, Richter und Raths=
männer ohne Bewilligung des Gouverneurs zu wählen; insonders hatte
Kronstadt 80,000 Gulden, Klausenburg 70,000 und Bistritz 60,000
Gulden Strafe zu erlegen und mußten die Klausenburger ihre große
Pfarrkirche, Pfarrhaus und Schule, für das geschleifte Jesuiten=Col=
legium der Gesellschaft Jesu einräumen. In das gefährlich schei=
nende Kronstadt rückte am 27. September 1603 jener Feldobrist Jac=
ques Baurin ein, welcher die Ermordung Michael's geleitet hatte.

Derselbe wollte sofort das hinterlassene Vermögen des verstorbenen
Valentin Hirscher einziehen, weil dieser zu Michael und Székely ge=
halten habe, es gelingt, besonders der Intervention des Mich. Weiß,
schwer, das Verhalten des Mannes „mit der Noth der Stadt" zu
entschuldigen. Geldforderungen andrer Art mußten geleistet werden
und 1605 berechnete Kronstadt seine Auslagen auf 365,000 Gulden,
eine damals ungeheuere Summe. Da schreibt M. Weiß in sein
Diarium: „Um solches wusste der fromme Kayser Rudolphus
nicht, dass seine Völker nicht defensores, sondern devastatores
und devoratores waren." Siebenbürgen war auf's Aeußerste er=
schöpft, so daß die Landleute, ihres Zugviehs beraubt, sich selbst vor
Pflug und Karren spannten und dies den „Basta=Wagen" nannten.

Die Regentschaft Siebenbürgens übernahmen Basta und zehn

kaiserliche Räthe, darunter die fremden Herren: Mich. Burghaus, Paul Kraußeneck, Georg Hoffmann, Karl Imhoff, Graf Kapreolis u. A., dann Pancratius Senney und der Sachsengraf Albert Huet, der Sachse Rhener u. A.

Das bis auf's Tiefste erschütterte Land schien endlich einer **Grabesruhe** theilhaftig werden zu können. Hatten wohl die Jesuiten es bereits im Blutstrome der Bürgerkriege erreicht, was man damals in fanatischen Kreisen äußerte: „**Machen wir die Ungarländer zuerst arm, dann aber um so leichter katholisch**". Doch von Neuem lebte das Recht der „Fürstenwahl" auf und forderte, wie der Kampf um „Gewissensfreiheit", seine so unendlich schrecklichen Opfer. Nur einen Winter hindurch war Kaiser Rudolph's eigengewaltiger Feldgeneral in dem Besitze eines durch so entsetzliche Kriege, Pest und Hungersnoth, wie es schien, in gänzliche Ohnmacht gesunkenen Landes. Es lebte aber ein seltsamer Geist in diesen gebrochenen Gliedern, eines bessern Verständnisses würdig, aber auch einer staatsklugen Leitung bedürftig. Ein stolzes Gefühl persönlicher Kraft, trotziges Vertrauen auf Muth und Opferfähigkeit der Genossen, stetes Hoffen auf den Vortheil, die eingezognen Güter Anderer selbst zu erhalten und im Wechsel der Regierungen Einfluß zu gewinnen, hohe Reizbarkeit des Gemüths, aber auch Liebe zum Evangelium, Haß gegen fanatische Bedrückung von Außen, zeichneten die ständischen Nationen aus und unter ihnen vor allen den ungarischen Adel, welcher freilich dadurch oft zu einer Selbstüberschätzung und Verkennung der wirklichen Verhältnisse irregeleitet wurde. Dagegen waren die Sachsen zurückhaltender, vorsichtiger und erwägend, in der Vertheidigung ihrer Freiheit standhaft und gerne bereit, dem deutschen Kaiserhause den Weg zum Fürstenthume zu eröffnen; Kronstadt jedoch, in gefährlicher Nachbarschaft, nicht selten auf dem Sonderwege eigener Stadtpolitik. Bei den magyarischen Szeklern hinwieder zeigte sich die Empfänglichkeit für jene Freiheits- und Heimathsliebe, welche lieber den walachischen Nachbar, neben sich, als den ungarischen Adel, über sich, duldete, aber auch eine zu Markt getragene Kampf- und Beutelust und daher Theilnahme an fast jeder Art nahegelegenen stürmischen Angriffs, ohne rechte Wahl, ohne Ausdauer und Mäßigung, nicht zurückschreckend vor Mord und Brand, gierig nach Rache, nach Beute und nach Soldatenruhm; trotz alle dem auch die Bürgertugend des **Fleißes**, der den bürgerlichen Sachsen ähnliche Sinn für **Erwerb und schaffende Thätigkeit des Hauses**.

XVI. Siebenbürgen zur Zeit des Stephan Bocskay.

Weithin hatte sich protestantische Gesinnung überall im Lande verbreitet. Bocskay hatte verkündigt „er wolle das Evangelium wider die Jesuiten vertheidigen"; — Mehemet Bassa drohte, keinen Stein auf dem andern in den sächsischen Städten zu lassen, wenn sie nicht Bocskay anerkennen würden; ganz Ober-Ungarn war von Bocskay erobert. Die Sachsen völlig von den Kaiserlichen dem Feinde preisgegeben. Große Bedrängniß in Schäßburg, Mühlbach, Kronstadt. Ueberall Haybucken, welche rauben und niederschlagen. Da geht Joh. Schirmer an den Kaiser mit einem Hilfeschreiben am 4. Juni 1605; die kaiserlichen Commissäre unterhandeln einen Waffenstillstand und nehmen am 20. Juni 1605 Geleitsbriefe an.

Wie regte es sich daher mächtig in den leicht entzündlichen Völkern, nachdem in Ungarn die Protestanten beraubt und verfolgt wurden, als von dort her gegen Kaiser Rudolph II. der verlockende Ruf: „Religions- und Nationalfreiheit", die gepreßten Herzen begrüßte. Alle blutigen Lehren der jüngsten Vergangenheit waren vergessen; Bocskay, vom Türken am 19. October 1604 zum Fürsten ernannt, war im wieder entbrannten Bürgerkriege siegreich; die Malcontenten in Ungarn hatten die Szerencser Beschlüsse gefaßt: Bocskay's Ernennung zum Fürsten von Ungarn und Siebenbürgen, vollkommene Gleichheit und Glaubensfreiheit der katholischen und der beiden evangelischen Religions-Verwandten, Ernennung des Valentin Homonay zum Reichspalatin und Armeecommandanten. Mit Bocskay mußte, auf der Pforte Geheiß, Jeremias von der Moldau ein Schutzbündniß schließen. Die Moldauer rücken gegen Schäßburg, wo Georg Räß, ein General des kaiserlich gesinnten Radul Scherban, befehligte; indeß Bocskay schloß, trotz der hiedurch gestörten Hoffnungen des Simeon Mogila, am 5 August 1605, einen Vergleich und erneuert mit Jeremias den Schutzvertrag. Alte Leidenschaften waren wieder entfesselt. Kaiser Rudolph hatte sich um die Herrschaft gebracht. Ungarn, Szekler und bald auch die unwillkürlich mitgerissenen Sachsen huldigten einmüthiger und freiwilliger als je in den trüben Zeiten der heimischen Nationalgehässigkeit auf dem Landtage zu Medwisch, am 15. August 1605, dem neuen Fürsten, welcher auch zu Klausenburg die ottomanischen Reichsinsignien samt dem Athname erhalten hatte. Hermannstadt schlug einen Abdicationshalter in seiner Münzstätte mit dem bezeichnenden Wahlspruche: „Gott allein die Ehre" (Soli deo gloria). —

Sigismund Rákóczy wurde zum siebenbürgischen Landesstatthalter bestimmt. Bocskay ließ auf einem zehnfachen Ducaten der Inschrift einsetzen: „Für Gott und Vaterland" (pro deo et patria) und vereinigte zum ersten Male auf einem Thaler die drei Nationalwappen [Szekler: Sonne und Mond, Ungarischer Adler und sieben Sachsenburgen]*) zugleich mit den Symbolen des ungarischen Reiches. Kaum daß der Religionsfrieden zu Wien an 23. Juni 1606 beendet war, starb der selbst vom Gegner geachtete, von Ungarn und Siebenbürgen betrauerte Fürst den 19. Decbr. nach Einiger Vermuthung vergiftet, indem er noch in seinem Testamente den Valentin Drugeth von Homona den siebenbürgischen Ständen zur Nachfolge vorgeschlagen hatte.

Die Stände, ohne hierauf Rücksicht zu nehmen, wählten den dagegen sich fruchtlos sträubenden alten Sigismund Rákóczy de Rákosfalva, bisherigen Statthalter und des Prätendenten Homonay's Schwiegervater. Der Kaiser-König anerkannte ihn als rechtmäßigen Fürsten, gegen Abtretung der bocskay'schen Eroberungen in Ober-Ungarn, und selbst der Sultan war geneigt. Als neue Unruhe drohten (Homonay's Umtriebe), trat Sigismund Rácóczy freiwillig zurück (5. März 1608) und empfahl die Besetzung des siebenbürgischen Fürstenstuhls durch den, auch von Gabriel Bethlen unterstützten, Gabriel Báthory de Somlyó. Aus dieser Zeit wähle ich aus Chroniken einige Charakterzüge von hinlänglicher Bedeutung, um uns darin, wie in einem Spiegel, Land und Leute erschauen zu lassen. Lassen wir vorerst eine Schäßburger Chronik sprechen, dann andere Nachrichten von Zeitgenossen dieser Ereignisse.

In der Schäßburger Chronik heißt es: 1601. Den 3. August wurde Sigismundus Báthory, welcher zum dritten Mal zum Fürsten war angenommen, von dem Kayserlichen General Basta in der Szilágyság geschlagen, darauff kommen die Basta'schen Völker auch für Schässburg, fordern von der Stadt eine grosse Summa Geldes Rantion, stecken etliche Mayerhöffe an, bestürmen auch das Mühlgässer Thor. Damit die Stadt nun nicht ins äusserste Verderben gerathe, weil der Feind in grosser Menge vor derselben war, muss sie sich endlich

---

*) Gegenüber der sonst sehr geehrten, verbreiteten Meinung des leider verstorbenen Rößler über den Namen „Siebenbürgen" beharre ich auf meiner gegentheiligen Ansicht (siehe Oesterreich. Literaturblätter, Wiener Zeitung Nr. 14, 1857, und meine „Siebenbürgische Rechtsgeschichte" III. Band, Seite 244, Note.

durch eine grosse Summa Geldes rantioniren, bey welcher Gelegenheit die Stadt mehr als 50,000 Gulden Schulden gemacht. C. a. Mensis Novembris kömmt Sigismund aus der Molden, wohin er nach verlohrner Schlacht geflohen war, wieder zurück, weil Basta mit seinem Volk hinaus auf Zakmar gezogen war, samlet sich wieder um ein Heer wovon das mehrere Theil seines Volks auf Schässburg kömmt, unter dem Capitain Mako Georgj, welcher 1603 in Burtzenland von denen Radul Vada'ischen erschlagen worden.

1601. Tractiren soweit mit einander, dass sie in die untre Stadt eingelassen werden, weil sich die Soldaten mit einem Eid verbunden, niemandem an seiner Haab und Gut zu schaden. Nachdem sie sich etliche Tage stille gehalten, suchen sie Gelegenheit, wie sie mit List das Schloss oder die Burg einnehmen möchten. Jacobus Schnarde, ein alter Rathsherr, soll in Abwesen Consulis auch mit im Spiel gewesen seyn, weil der Burgermeister Andreas Goebel dazumal in Mediasch war, daselbst mit Sigismundi General Czáki Jstván zu transigiren, wovon man wohl einige Nachricht hatte, die Burger aber nicht glauben wollten. Ungefehr hatte der Haller Gabor Wein in der Burg, dieselbe daselbst zu behalten, weil nun der Haller es mit den Kayserlichen hielte, wolten des Sigismundi Soldaten des Hallers Wein heraushaben, bestellen auch die Wägen dazu, auf dass wenn die Burg-Thöre geöffnet würden, die Wagen mit dem Wein herauszuführen, das Kriegsvolk ungehindert in die Burg einfallen könnte. Als man am 14. Decembris in der Früh Kirchen ist, werden die Weine auf die Wägen geladen und zu dem vördern Thor geführet und als die Wägen mitten in das Thor gekommen, halten die Unger die Wägen in dem Thor stille, dass man das Thor nicht zuschlagen kann, darauff fallen sie mit grossen Hauffen in die Burg hinein, hauen das Stadt Volk nieder, fallen in die Häuser hinein, rauben vnd ziehen die Leute auf der Gassen nackteud aus.

1601. In dem ersten Tumult werden noch zwei Pfarherren niedergehauen Simon Czekelius, Pastor Nitthausenus und Lucas Vaistius Pastor Daliensis*), welche sich in die Stadt salviret

---

*) In Krauß „Tractatus", abgedruckt in Kemény „Deutsche Fundgruben", I., S. 175, heißt die Stelle dieser Chronik (welche ich aus einem mir gehörigen Mscr. entnommen) folgendermaßen: ... zwen Pfarrer, Simon Zekelius, Pfarrer

hatten; ein artiger junger Mann Michel Goebel wird auch niedergehauen vnd viel andere verwundet. Die Kozaken kommen am letzten zum rauben, haben aber gleichwohl das Beste bekommen; [denn sie haben grossen Reichthum in der grossen Kirche genommen von silbernen Kelchen, Messgewand, wie auch die 12 Apostel aus Silber in Lebensgrösse. Die Zekel blieben in der Burg vom 14. Decembris 1601 biss in den Julium des folgenden Jahres, hatten alle Häuser in der Burg und in der niedersten Stadt für sich ausgetheilet, weil sie der Meynung waren, dieselben immer zu behalten, nenneten Nemesvár (Edelmannstadt), erwehleten aus denen Edelleuten, den die Burger musten weichen, Albert Nagy, Vitéz Miklós*), Egri Georgy, welche in stat des Burgermeisters alles ordinieret. Dieses alles geschahe auf Befehl des Csáki István, aber ohne Fürwissen des Fürsten oder auch wieder seinen Willen. Der Fürst Sigismund war die Zeit zu Déva, hatte aber nur den fürstlichen Namen, denn der Csáki administrirte im Lande Alles nach seinem Wohlgefallen. Bald nach der Einnehmung der Stadt riefe man mit Schmeichelworten den Magistrat zusammen an einen gewissen Ort, als wollte man alles wieder gut machen, da sie nun beisammen kommen waren, wurden sie alle verarretiret auf Befehl des Csáki, etlichemal die Sentens über sie gesprochen, dass sie solten hingerichtet werden, seyn aber doch durch Gottes Güte erhalten worden, weil ihre Unschuld auch die Tyrannischen Hertzen zum Erbarmen beweget. Es hatte der Csáki einsmahls dem Palatidi Georg Befehl gethan, den arrestirten Magistrat bei der Nacht hinzurichten, Gott aber lenkete sein Hertz, dass er auch wieder seinen Befehl ihrer

---

zu Nethus und Lucas Bustius, Pfarrer zu Százbálya u. s. w. An mehreren anderen Stellen finden sich Tertabweichungen und bei Keméncy ausführlichere Darstellung. Vergl. die Chronica von Goebel und Wachsmann in des Graf Keméncy „Deutsche Fundgruben", II. Bd., S. 95.

*) Dieser Vitéz wird von Krauß (bei Keméncy) nicht genannt. Dagegen heißt ein Vitéz Ferencz, auch ebendaselbst Miclosch genannt, der „größte Lands-Verräther und Ew. Maj. Feind" im Berichte der kaiserlichen Commissäre an Kaiser Rudolph von 23. April 1600; siehe magyar történelmi-tár, III., Pesten 1857, Seite 153. Dagegen steht der Vitéz und andererseits obbezogenen Orts Simon Czikelius und Lucas Baescius in der Goebel'schen Chronica. Siehe diese ziemlich gleichlautende Chronik in erwähnten „Deutschen Fundgruben" von Graf Joseph Keméncy, Klausenburg 1840, II. Bd., S. 95.

verschonete und sie beim Leben liesse. Man sagt, dass in derselbigen Nacht der Csáki vor Unruhe seines Gewissens nicht habe ruhen können, da der Tag herbey gekommen und er verstanden, dass der Magistrat noch lebe, habe es ihn sehr get freuet. Der Burgermeister wurde in einem besondern Arresgehalten in Hannes Mann Behausung, der Königsrichter Georgius Bredt sturbe in dem Gefängniss, die übrige Magistrats Personen haben auch nicht lang nach dem Gefängniss gelebt, ausser Steffen Henning, welcher noch 1608 gelebet. Endlich ist der Magistrat frey gelassen worden, doch um Erlegung einer ansehnlichen Summa Geldes. Dem Csáki hat man vor ihre Loslassung gegeben Ung. Guld 8143 item Dukaten 100. Für den Raub hat man ihm auch gegeben von der Stadt Ufl. (Ung. Gulden) 7000 als der Basta mit seinem Volk in die Szilágyság hinausgezogen war. Kaum hat der Csáki von der Stadt genommen Cub. 613, ein Cub. hat zu der Zeit gegolten Ufl. 5, der gemoine Raub ist nicht zu schätzen gewesen, mehr als 500,000 Gulden ohne das Kirchen Gut, aus dem Stadt Aerario sind auch mehr als 3000 Gulden genommen worden."*) „Wie die Zeckel noch in der Stadt gewesen, haben sie auch etlichemahl ihren Gottes Dienst in der Kloster Kirchen gehalten; die Stadt Leutte aber hielten ihre Feyertäge traurig in denen Capellen. Der Pfarrer Petrus Surius musste auch hinwegweichen, der Prediger Mathias Goldner konnte noch mit vieler Noth zu Hause bleiben. . . .

1603. Waren von dem Basta 3 Compagnien teutsche Musquetir zur Besatzung gelassen worden in Schässburg u. p. Joan Koppa, Urban Bergmann und Fridrich Pettinger. Székely Moses kömmt vor die Stadt, als er aber eine abschlägige Antwort erhält, so belagerte er die Stadt, schlägt sein Lager an zweyen Örtern auff unter der Stadt bei Holdvilág und Epesdorff eines, das andere ober der Stadt bei Weisskirch d. 19. Juniy als die Feinde die Kuh Heerde der Stadt wegtreiben wollen,

---

*) Schäßburgs Bevölkerung mochte damals kaum mehr als 4000 Seelen umfassen (Kleinbürger). Der Raub hatte Alles genommen, was nur von Händen nach beliebter Auswahl getragen werden konnte. Die erwähnte Chronik ist in Kemény „Deutsche Fundgruben", Klausenburg 1839, abgedruckt. Das mir zu Gebote stehende Exemplar nennt den Verfasser nicht — ist ein Manuscriptband in 4°, mit andern Sammelstücken vereinigt.

fallen die Stadt Leutte ohne alle Ordnung hinaus ihnen den Raub abzutreiben, da sie sich aber zu weit hinausgewagt, kommen die Zeckel in grosser Menge, treiben sie in die Flucht, und blieben bis 60 Stadtleute bey der Hattertbrucken. Radul Vaida aus der Walachei schicket dem Ratz Georgi mit vielem Volk in Siebenbürgen den Kayserlichen zum Succurs, welcher sich bey Rosenau lagert, diesen zu verfolgen machet sich Székely Moses von Schässburg auf, wurde aber von dem Radul Vaida (der unter der Zeit auch selbst aus der Wallachei nachkommen war) d. 17. Juli bei Kronen unversehens geschlagen; Székely Moses wird selbsten in der Flucht mit einem Spiess durchstochen, der Kopf ihm abgehauen und auf Kronen gebracht.*) Da die Teutschen zu Schässburg den Sieg vernommen, ist grosse Freude unter ihnen entstanden."

(1604). Die Valoner, von welchen man vorhero in Siebenbürgen nicht gehört hatte und die Flämische Reuter werden von dem Basta hin und wieder in die Quartiere geleget, deren Geitz nicht hat können gesättiget werden. Den 21. Januar kömmt Caspar Gent mit einer Compagnie Valonen auf Schässburg; es war dieselbe nicht stärker als 53 oder 55 Mann, lagen alda biss in den Augustum, unter der Zeit hat man auf sie expendiret Ufl. 32000. Ein Fass neuer Wein hat gegolten Ufl. 100 et plus. Ein Fass alter Wein Ufl. 128 auch biss 132. Ein Cub. Korn Ufl. 5 Haber Cub. Ufl. 3. Das arme Volk musste es den Valonern und Flamischen Reutern schaffen, wodurch sie in grosse Armuth und Schulden geriethen. Capitain Salomon ist zu Trapold gelegen, auf seine Compagnie ist aufgegangen Ufl. 31,142. Franciscus Hensel zu Kisd auf ihn und seinen Soldaten Ufl. 38,561 Denar 50. Auf die Flamische blaue Fahne haben die Unserigen expendiret Ufl. 15,766 denn unsere Stuhls-Leutte mussten auch ausser dem Stuhl im Repser Stuhl contribuiren, Mehburg allein hat des Hensels Lieutenant in Kisd an Geld, Korn, Wein etc. contribuiren müssen

---

*) In einer andern Chronik heißt es: ...... H. A. ist eine solche Theuerung und Hungersnoth gewesen, dass sich auch die Menschen aneinander aufgefressen haben; allhier in Schässburg hat gegolten ein Cub. Korn Ufl. 10, zu Nösen fl. 24 auch bis 32. Zu Klausenburg fl. 40 ja 50, ein Fass Wein Ufl. 50, so zuvor nie gehöret worden.

Ufl. 7735. Erked mehr als 10,000 woraus zu erachten, wass auch andere Dörffer haben contribuiren müssen.

Da jedermann den grossen Unrath der Valloner sahe, hielt das Land bei deren Commissariis Paulus Krausenegk, Georg Hoffmann und Carl Im-Hoff, welche das Land im Namen des Kaisers gouvernirten, an, die Valonen aus dem Lande zu schaffen, welche denn auch solches zu thun versprachen, wenn das Land nur eine ansehnliche Summa herschiessen wollte, damit sie ihnen ihren rückständigen Sold auszahlen konnten, daher sich das Land bequemen musste (wollten sie dieser unanständigen Gäste los werden) denen Comissariis 100,000 Gulden auf des Kaisers ration darzuleyhen, wozu Schässburg auch 9000 Gulden contribuirt hat, für welche die Commissarii der Stadt und Stuhl Zehenden verschreiben, wie auch ein Jährlich Interesse Ufl. 7 pro cento. (nachher: Die Zahlung erwartet man noch".*)

Da die Commissarii das Geld haben, schicken sie das Kriegs-Volk auf Ungarn. In diesem Jahr war allhier Burgermeister Herr Valentius Scheser, mit welchem die Vallonen und Caspar Gent übel zufrieden waren, droheten ihm auch öfters den Todt. Gott aber bewahrete ihn." **)

—

Aus Bordan's Chronik: (1603). „Nachdeme Herr Anthonius Schirmer die grosse Noth und Gefahr der Sachsen in Siebbürgen zu Prag nachdrücklichstens demonstriret, hat er nit den begehrten Succurs allergnädigst von Ihro Kayserlich Mayestät erlanget, sondern zugleich die Kayserlich Gnade in Person vor sich und die Seinige erhalten, wie aus folgenden Donationibus erhellet: Rudolph der Ander von Gottes Gnaden erwählter Röm: Kayser zu allen Zeiten Mehrer des Reichs etc. Edle, Gestrenge, Liebe, Getreue! Ob dem Einschluss habt Ihr mit mehreren gehorsamst zu vernehmen, wass Antoni Schirmer von der Hermannstadt an uns gehorsamst

---
*) Erfolgte niemals.
**) 1605 wird in den Parteikämpfen jener Zeit die ganze Unterstadt niedergebrannt; das zur Hilfe gerufene Kriegsvolk des Ratz Georg hauset so wild in der befreundeten Stadt wie nur die Feinde zu thun pflegten; gleichwohl behält noch die so fürchterlich gequälte und ausgeraubte Stadt den Muth, dem Tyrannen Gabriel Báthory mit gewaffneter Hand den Einzug zu verweigern (1610).

gelangen lassen. So er Uns dann auch von Euch seiner Treu und darunter erzeugten Standhafftigkeit gehorsambst commendirt wird und wir auch sonsten nit ungeneigt seyn diejenigen, so in Unserer Devotion standhafftig verbleiben, mit Kayserlich Gnaden zu bedecken. Also haben Wir ihnen Schirmern zu Empfindung unserer Kayserlich Gnaden und Liberalität, eine guldene Ketten von 2000 Ducaten verehren lassen und bey nebenst auch gnädigst bewilliget dass er mit seiner gehorsambsten Praetension, so viel immer möglich, zu seinem Contento accomodirt werde. Euch hierauff gnädiglich befehlend, ihr wollet dieser Unserer gnädigsten Resolution also gehorsambst nachkommen, damit auch die Andern sehen und spühren mögen, dass wir die Uns erzeigte Treu und Standhafftigkeit unergänzt nit lassen, sondern dieselbe gebürlichen remuneriren. Darum vollziehet ihr Unsern gnädigsten Willen und Meynung und Wir sind Euch mit Gnaden gewogen. Gegeben auf Unsern Königlichen Schloss zu Prag den 15. Tag des Monath Martii Anno 1603. Unsrer Reiche des Röm. im 28. des Ungarischen im 31. und des Böhmischen auch im 21.

Rudolphus
m. p.
Ad Mandatum Sac. Cæs. Mattis
Proprium.
B. Poppens m. p.

Auf dem Rücken war diese Intitulation: „denen Edlen, Getreuen, Unsern Lieben, Gestrengen Georgio Basta Freyherrn Unsern Kriegsrath und Generalen in Siebenburgen, Michaelen Zeckel Khevendt Freyherrn zu Frydau, Unsern Rath und Obristen zu Szakmar, Hansen von Molart Freyherrn zu Reiwegg und Trasendorff, Unsern Kriegsrath und Obristen zu Comorn und Niklasen von Burckhauss zum Stoltz auff Schildberg und Jansdorff, Unsern Hofkammer Rath, Unsern nach Siebenbürgen Deputirten Commissarien." — —

1613. Eodem Mense Martio. Ist grosse Hungersnoth und Theuerung entstanden. Ein Kübel Frucht hat 10, 12 bis 15 Florenos gekostet. Die armen Leut haben Hunde, Katzen, Pferde gegessen und sogar die aufgehängten Leute vom Galgen abgeschnitten und weidlich verzehret. Mit Basta und dessen räuberischen Kriegsvolk ist alles Unglück nach Siebenbürgen gekommen. Auch haben die Sachsen den Petrum Aurifabrum nach Prag zum Kayser Rudolpho um Abhülff und Erlösung zu erhalten, abgeschicket, allein er hat nichts ausgerichtet, denn es hat ihn der Kayser Rudolphus, der aus Furcht immer sich eingeschlossen gehalten, niemals vorlassen wollen. Die Donaria und Munera sind durch die Hofleut acceptirt worden, allein mit dem Bescheyd und mit der Abhülff ist man auf einige Zeit schuldig geblieben. Das haben die getreuen Saxones nicht verdient, auch lange nicht glauben wollen, donec tandem eventus docuit, spem confusam recessisse . . . .

Die 17 Julii wird bei Kronen Zekell Moyses, der sich zum Fürsten von Siebenbürgen erhoben und Bekter Bascha durch Radulium Waiwodam geschlagen und erschlagen. Caesorum numerus circa 9000*).

1603. Die 11 Novembris haben die Wallonen Klein Schenken gottlos geplündert und den armen Leuten sogar die Kleider vom Leibe gerissen, was aber nicht zu wundern war, weil die Wallonen fast selbst nichts gutes auf dem Leib hatten. Lumpen suchten Lumpen.

1605. Die 25 Martii nehmen die Nobiles Medwisch ein, werden aber die sequenti durch Rácz Geörg hinausgejagt.

Die 7 Julii wird ermordet Johannes Glantz Germanus zu Fogarasch durch die treulosen Soldaten und das Schloss wird dem Julaffy übergeben. — —

Namens der Universität richtete Huet an den Adel vom 6. April 1605 folgenden Brief:

„Euer am 1. April aus dem Lager bei Pretai an uns erlassenes Schreiben haben wir erhalten und uns den Inhalt desselben wohl gemerkt, worauf wir Euch einstimmig der Wahrheit gemäss und mit ruhiger Ueberlegung eine Antwort ertheilten. Auf eure zu Vásárhely abgefasste Zuschrift, so wie auf das Schreiben des Herrn Joh. Petky, die wir beide zu gleicher Zeit erhielten, schrieben wir auch eine Antwort

---

*) Den 25. Juli 1603 bemerkt man in Kronstadt wie ein Geschmeiß von Mücken sich in Gestalt fast wie Schafe am Rauppenberg neben dem Thurm hin- und herjagen und setzt die Chronik hinzu: „wurde gedeutet auf ein grausames Säviren der Pest."

und sandten unsere Boten nach Mediasch und Schässburg, wo die Briefe unterschlagen wurden. Jetzt erfahren wir, dass man die Briefe nicht abgegeben habe, woran nicht wir, sondern Eure Zwistigkeiten Schuld sein mögen. Die Abschriften jener Briefe werden Euch in diesem Schreiben beigeschlossen wieder übersendet, woraus Ihr unsere guten Gesinnungen und Absichten ersehen könnet; ja ihr konntet auch da unsre Mitbrüder nach Beendigung der Universitätsversammlungen von Hermannstadt nach Hause kamen, erfahren, dass wir an Bocskay Männer abgeschickt haben und der Ruhe und des Friedens wegen in unserem armen zerrütteten Vaterlande der Union nicht abgeneigt sind. Indem Ihr dieses vernahmet, war es in Eurem Schreiben unnöthig, uns mit Drohungen und Vorwürfen, als Mitglieder der Landesstände, so schrecklich zu überhäufen und mit bewaffneter Hand, mit feindlichen Nachstellungen, mit Betrug und List unsere armen Mitbrüder, als Eure Nachbarn und Theilnehmer an Eurem Schicksale, die Euch als fromme Menschen beistehen, auf dem Felde in ihren Arbeiten zu stören und zu überfallen, ihre in den Städten und auf dem Lande befindlichen Castelle zu belagern, ihre Naturalien auf Wägen fortzuführen und ihr Vieh wegzutreiben, welches Alle Eure Leute zu Pretai, Hetzeldorf, Sáros und Allyos verübten; dessen Ersatz wir von Euch fordern, weil die Sünde nur dann erlassen wird, wenn das Gestohlene zurückgestellt wird. Man hat, was noch mehr ist, Schässburg mit List und Betrug umrungen, desgleichen Mediasch, theils durch schöne Worte, theils aber durch Herbeiführung des Strohes an die Thore der Häuser, sowie durch angedrohte Anzündung desselben eingenommen und zur Plünderung der Stadt standen die Szeckler Wägen, womit man nicht leer abziehen wollte, schon bereit. An andern Orten schlug man den Fässern den Boden ein und liess den Wein auf die Erde fliessen. Wenn nun Gott diese Arglist nicht geoffenbart hätte und dem geringen Volkshaufen nicht beigestanden wäre, was wäre aus uns geworden! Ihr sehet nun, wer die Schuld an dem Uebel und Unheil in unserm Vaterlande ist, wer das Schiff von unserm kleinen Siebenbürgen hin und her schleudert und beschädiget und was die Ursache ist, dass Ihr die durch unsere abgesendeten Boten auf unser Schreiben von Herrn Bocskai, als von Eurem selbst gewählten Oberherrn zu erhaltenden Antwort, nicht ruhig und gelassen abwartet, sondern eine Insurrection veranlasstet und uns in das furchtbarste Feuer stürztet. Ausserdem habt Ihr auch von Weissenburg den Andreas Székely mit mehreren Andern zum Plündern ausgesandt und durch die Briefe der Hofrichter Geschenke verlangt, z. B. Wein, Früchte, Speck, Salz, Schafe und Ochsen, nicht anders, als sässe der Fürst schon auf seinem Stuhle. Auch habt Ihr noch in Eurem an die Bauern und Hannen (Dorfsrichter) erlassenen Schreiben Eure Massregeln durch die Worte ausgedrückt: „Diess Alles sollet ihr anschaffen und bringen, sowie auch Tücher zu Hosen, wofern ihr ruhig ackern und eure Weinberge bearbeiten wollet". Wer hat gesehen und gehöret, dass man nun auch das Arbeiten freikaufen müsse? Wie es denn freilich nach dem alten Sprüchworte geschehen musste, indem der Sachse Christum mit Geld erkauft, der Ungar mit Gewalt genommen, der Walach ihn gestohlen hat. Obwohl ihr Euch über die Anwesenheit des fremden Volks und über die Gegenwart des Herrn Georg Rátz beschweret und beklaget, so scheint es doch, als hätten wir Euch früher schon, sowohl schriftlich als auch durch Boten, Nachricht von dem, ohne unsre Aufforderung, freiwillig aus der Walachei herübergekommenen Volke ertheilt, welches auch, da wir ihm den Eingang in unsere Stadt verwehrten, sich von da, um einen Dienst zu suchen, entfernte, und nur in der Folge von uns zur Vertreibung der Strassenräuber, zur Sicherung der Strassen und zur Abwehrung der Ueberfälle aufgefordert wurde. Herr Georg Rátz aber, unser und Euer Mitbruder, ein nützlicher Diener des Landes und treuer Anhänger Seiner Majestät des Kaisers, befindet sich gegenwärtig bei uns, war auch während der bei Mediasch vorgefallenen Schlacht hier in Hermannstadt und wird, wenn es die Noth erheischt, auch künftig, woran wir nicht zweifeln, seine Treue gegen Fürst und Vaterland an den Tag zu legen nicht unterlassen. Wünschet Ihr aber post festum den Abzug des Kriegsvolks, so liegt es an Euch, den Anfang zu machen und Euch nach Hause zu begeben, nicht aber noch mehr Elend und Noth über unser armes Vaterland zu bringen, woran Ihr auch jetzt Schuld seid, indem Ihr mit feindlichen Waffen erschienet. Und sollte es denn uns nicht auch freistehen, feindliche Waffen auf den Kampfplatz zu bringen? Auch ein kleiner Wurm sucht sich gegen seinen Feind zu wehren. Künftig sollet ihr die Fortsetzung unserer guten Gesinnungen und unseres nachbarlichen Verhaltens gegen Euch erfahren und von dem Antwortschreiben, welches unsere Abgesandten von Herrn Bocskai erhalten werden, in kürzester Zeit in Kenntniss gesetzt werden." .... — —

Indeß wie bald sahen sich die Sachsen genöthigt zu unterhandeln, als die kaiserlichen Commissäre Geleitsbriefe im Juni 1605 verlangt hatten, um Siebenbürgen zu verlassen. Ali Bassa drohte mit dem Einbruch. Rabul konnte keine Hilfe gewähren. So unterhandeln mit Gyulaffi: Georg Enyetter, Stuhlsrichter, Colom. Gotzmeister und Paul Postomező, Senatoren von Hermannstadt, dann Johann Chrestel und Michael Forgáts von Kronstadt. Dieserart kommt es zur oberwähnten Anerkennung von Bocskay.

Fügen wir endlich noch einige kurze Chronik-Auszüge hinzu:

„1605. Mense Augusto wird Schässburg durch Stephanum Bochkay hart belägert und endlich durch convention eingenommen, weil die Völker, so in Medwisch waren, als Germani, Valachi et Hungari uneins geworden und den Magistratum auffhenken wollten.

Die 4 Septembris hat Bochkay zu Medwisch einen grossen Landtag gehalten, die Nobiles et Siculi sind mit viel Pomp und reichen Kleidern gekommen, (wir) haben unser Geld wohlverwahret zu hauss gelassen.

Die 29 Decembris wird durch Cancellarium Michaelem Káttay Seren. et Magn. D. Stephanus Bochkay vergifftet. Man hatt bei Káttay viel und gar mancherlei Schrifften und Brieffe gefunden, sogar von grossen Herren aus Böheim und Prag, sind aber solche Brieffe und Schriften gar bald in Verlust gekommen und man sagt, dass Káttay nicht wegen der verübten Vergiptung sondern um zu schweigen, ermordet worden sey." — —

Genug der Charakterzüge einer schrecklichen Zeit! — In Siebenbürgen lebte wieder auf das folgenschwere Recht der Fürstenwahl; noch kam das Land nicht aus einer willkürlichen und aussaugenden Herrschaft unter eine die Rechtsordnung erhaltende Regierung, und immer neue Hemmnisse wälzten sich jeder in den Weg, ohne daß sie über dieselben Geltung zu erlangen vermochte.

XVII.
Ständische Pläne in Oesterreich. Kaiser Rudolph's Ausgang.

Die traurige Krankheit des Kaisers, seine den Staatsinteressen so außerordentlich gefährlichen Neigungen hatten die Erzherzoge schon im Jahre 1606 bestimmt, Rudolph für unzurechnungsfähig zu halten, und es wurde von ihnen **Mathias** zum Regenten ausersehen, weil der Kaiser „**bei seiner Gemüthsblödigkeit zur Regierung sich nicht tauglich erfinde**". Dazu kamen nun Parteiungen aller Art, welche die nächste Zeitgeschichte erfüllen und durch die religiösen Gegensätze die ständische Opposition bis zum Hochverrath heranreifen lassen. Ein Hauptgrund der Unzufriedenheit, welcher stets den Widersachern des Kaisers und der Gesammt-Monarchie Anhänger zuführte, war jenes gesetzwidrige Vorgehen der Regierung, wornach dieselbe, auf Antreiben des Clerus, die Gültigkeit des **Religionsfriedens von 1555** leugnete. Jesuiten und päpstliche Nuncien trugen daran die meiste Schuld, weil sich dieselben stets darauf beriefen, der Papst habe jenen Religionsfrieden **nicht** anerkannt. Statt des Reichskammergerichts ließ der Kaiser den **Reichshofrath** solche Fragen und mancherlei andere Rechtssachen entscheiden; bei gestörten Prozessionen wurde der Stadt der „Prozeß" gemacht. Der Reichshofrath aber holte sich Instructionen vom „**geheimen Rath**", und dieser war hinwieder der obenerwähnten Urquelle aller Verwirrung nur allzu sehr zugänglich. Cardinal Marbuzzi hatte sehr oft ein gewichtiges Wort mitzusprechen. Als die Protestanten 1608 die Bestätigung des Religionsfriedens verlangten, Abschaffung der Hofprozesse, und daß in einer pragmatischen Sanction den Jesuiten verboten werde, wider den Religionsfrieden vom Jahre 1555 zu agitiren, war der Kaiser der Gewährung dieser Bitten nicht abgeneigt und hätte hiemit wohl allen nachfolgenden Stürmen vielleicht jeden Erfolg abgebrochen; aber der Generalvicar der Augustiner Fra Milensio schreibt: „diese Neigung des Kaisers sei nur die

Einwirkung des Satans, Rudolph habe einen Juden und einen Ketzer zu Kämmerern und diese (so meinte auch die Hofcamarilla) tragen Schuld, dass der Kaiser mehr auf Beschlüsse der Menschen als auf Gebote Gottes achte." Man hatte also schon damals es gut verstanden, die eigene Absicht mit der Autorität Gottes zu decken.

Indeß schlimm genug stand es mit der Umgebung des Kaisers. Sein oberster Kammerdiener war in der That ein Utraquist gewesen, Hieronymus Ritter von Machowsky; dieser wurde aber bald gestürzt und vom Jahre 1603 bis 1. Juni 1608 nahm diese Stelle ein Philipp Lang, welcher in Tyrol 1740 als Jude geboren war. Dieser Lang, nunmehr seit vielen Jahren Katholik, dann geadelt, als ein Herr von Langenfels, übte einen allmächtigen Einfluß aus; fast nur durch Bestechungen war es möglich, etwas zu erreichen.

Lang vereinigte als Titel und Aemter in seiner verhaßten Person einen kaiserlichen Rath, als „Verwalter" das böhmische Oberstlandjägermeisteramt, war Mitglied der böhmischen Ritterschaft, Pfleger der fürstlichen Burg zu Innsbruck u. s. w. Alles mußte ihm schmeicheln; er konnte bewirken, daß der Feldmarschall Christian Hermann Freiherr von Rußworm enthauptet wurde; er durfte den niedersten Leidenschaften fröhnen; selbst Fürst Karl von Lichtenstein zahlte ihm 2000 Thaler, damit er „etwas bei Seiner Majestät verrichte", der später berühmte General Tilly 3000 Thaler, und, was fast den Glauben übersteigt, der siebenbürgische Edelmann Stephan Hoßzutothi soll an denselben „Canal der kaiserlichen Gnade" 11,592 Thlr. nach und nach ausgezahlt haben, damit dessen Schuldforderung an den Kurfürsten von Brandenburg nur die kaiserliche Unterschrift in dem angestrengten Prozesse erhalte.

Wohl wurde nachher Lang gestürzt, zu immerwährender Gefangenschaft verurtheilt, und stirbt 1610; aber Rudolph war dem Günstling noch so ergeben, daß er, welcher sonst außerordentlich geizig geworden war, der Wittwe Lang's 15,000 Thaler aus dem confiscirten Vermögen des Kammerdieners anweisen ließ. Man denkt unwillkürlich an türkische Vorgänge, wo der Großherr die Bestechungsweise seiner Günstlinge kannte und benützte.

Gegen die Türken war Rudolph's Politik eine ebenso verfehlte. Es hatten sich die Oesterreicher und Ungarn verbunden, den Vertrag von 1606 aufrecht zu erhalten; Bocatz, der Gesandte des

Landtags zu Karpfen in Ungarn, verlangte von dem Kurfürsten von der Pfalz (1605—1606), es möchte dieser bewirken, „daß die protestantischen Fürsten und Reichsstände dem Kaiser keine Türkenhilfe gewähren möchten". Andererseits dachte man in Deutschland an eine „Intervention" in Ungarn gegen den Kaiser; besonders ein Fürst Christian von Anhalt hatte bei allen Intriguen und weitsichtigen Plänen die Hand mit im Spiele; bald als Vertrauter des Kurfürsten von der Pfalz, bald als Geschäftsträger des Königs von Frankreich, als Agent von ständischen Nationalparteien, ja als Zwischenträger Kaiser Rudolph's, gegen welchen er doch selbst die hinterlistige „Opposition", dienstbar seiner eigenen Partei, nämlich der französisch-pfälzischen, machen wollte. Der Kaiser erhob gegen den Sitwa-Toroker Friedensschluß „Ratificationsschwierigkeiten", ebenso in Konstantinopel der Mufti von türkischer Seite, welcher, als Imam den Großherrn zu vertreten berufen, sich mit seinem Fetwa gegen den Friedensschluß ausgesprochen hatte.

So waren alle Religionsfrieden bedroht und zugleich durch den damaligen Geist der kaiserlichen Regierungspartei Alles in Frage gestellt, was damals die Gebildeten für Freiheit hielten, die ständischen Vorrechte des Adels und der Städte, ihr Einfluß in Staats- und Landes-Angelegenheiten, ihr nationales und religiöses Interesse. Von Rudolph wußte man entsetzliche Dinge. Nach und nach flüsterte man sich erschreckt zu und besprach es auch offen mit lautem Hohne, wie der Kaiser „bald brülle wie ein Ochse, bald wie ein Löwe"; käme die Zeit der Beichte, so hätte „sein Fluchen kein Ende", Nachts stürze er mit dem Rapier hervor und schreie, „der Rücken stehe ihm vorn, der Bauch aber hinten", er versuche sich dann selbst zu tödten. Als dies länger so hin und her getragen wurde, dachten die Furchtsamen, der Kaiser sei ein „Teufelskünstler" und weil ihn die Feinen und Klugen so lange nicht gesehen, meinten diese, der Kaiser sei schon todt, ein „Schuster spiele indeß seine Rolle"; da zeigte sich der Unglückliche und alles Volk in Prag staunt, „wie alt und gebrochen der Kaiser sei". Neben seiner Krankheit quälten ihn vielerlei Sorgen, vor allen die Angst, von dem gehaßten Bruder vom Throne gestürzt zu werden, und trotzdem maßlose Pläne eigner Herrschsucht. Rudolph lebt zeitweilig unmäßig, selbst das geistige Getränke wird ihm verderblich, da hört man dann „horrende Sachen". Ein kühner Plan taucht auf, den gesammten Adel, den ungarischen und österreichischen, den mährischen, des Hoch-

verraths schuldig zu erklären, das Vermögen desselben zu confisciren, alle seine Unterthanen zu freien Unterthanen zu machen
und die königlichen Städte gegen den Adel zu bewaffnen! Bei
alle dem klägliche Schwäche! Große Pläne und kleine Mittel, hoch-
fliegende Gedanken und erbärmliche Hindernisse aller Orten und
Enden! Der Hofkriegsrath hatte im September 1607 geäußert, der
Krieg würde wohl die beste Gelegenheit bieten, „um die Unter=
thanen in größrer Devotion zu erhalten, die rebellischen
Ungarn zum Gehorsam zu bringen und zugleich die
„Disposition" (damit meinte man die Verfassung des Landes)
nach Gefallen und Billigkeit fürzunehmen", d. h. zu
verändern.

Dagegen berichtete die Hofkammer, indem sie eine doppelte
Rechnung vorlegte, Schwerwiegendes; die eine Rechnung galt für
den Frieden, zum „Unterhalt der Grenzfestungen", die andere
für den „Krieg", wenn man eine Operationsarmee brauche. Hier=
nach benöthigte man zunächst: Garnisonen an der Grenze bis
nach Siebenbürgen 25,744 Mann; die größere Hälfte sollten Deutsche
sein, die geringere Ungarn, weil „sonst auf die Treue der Besatzung
kein Verlaß wäre". Diese Mannschaften würden 2,641,018 Gulden
kosten, dazu der sonstige Kriegsbedarf und die Gehalte der
Höheren: 325,061 fl.; also im Ganzen 2,966,079 fl. Zur Wiederherstellung der Grenzhäuser bedürfe man eine Million; dann
solle man statt der verlorenen Festungen Kanisza, Gran und Erlau
mindestens noch zwei neue Grenzfestungen anlegen; hiezu, sowie für den rückständigen Sold und die Lieferanten brauche man
noch drei Millionen. Wolle man aber den Krieg, so sei erforderlich 4000 Mann zu Roß und 24,000 Mann zu Fuß aufzustellen,
was im Jahre etwa 2,834,000 fl. ausmachen würde, nämlich für
fünf Monate „Feldzug", dazu an Kriegsbedarf und höheren Gagen
898,465 fl.; also stelle sich das Kriegserforderniß auf: 3,752,465 fl.
mit obiger Summe 6,698,544 fl. und überdies noch drei Millionen
für sonstige Auslagen.

Hier an diesem Finanzerforderniß scheiterten die Kriegspläne,
obwohl man von den österreichischen und böhmischen Ständen eine
Bewilligung von 1,800,000 fl. erhoffte. Dazu kam, daß im Rücken
König Heinrich IV. mit den Verbündeten in den Niederlanden,
Italien und Deutschland, gegen Habsburg und Rom aufstehen konn-
ten, um die österreichischen Herrscher aus Italien und Deutschland

zu verdrängen und diese auf Spanien, die Erblande und Ungarn zu beschränken. Schon 1602 hatte Heinrich IV. deshalb einen Bund mit Venedig, mit der Schweiz, Niederlanden, Deutschland und dem nordischen Staate gewünscht. Bei der Kaiserwahl war Bayern in Aussicht genommen. In Italien wollte man die antispanisch Gesinnten für sich gewinnen. Der Herzog von Savoyen war behutsam, indem er gleicherweise auch die französische Präponderanz befürchtete; als nun Papst Clemens VIII. 1605 gestorben war, welcher dem französischen Könige und einem Bündniß aller katholischen Monarchen zuneigte, kam, nach schnellem Wechsel, Borghese als **Paul V.** auf den päpstlichen Stuhl, ein Mann, welcher seiner Zeit, namentlich vom katholischen Standpunkte aus angesehen, als sittenrein und pflichtenstreng erschienen ist, sparsam, reformfreundlich, eine majestätische Erscheinung, keiner Partei verdächtig, politischen Händeln abgewandt, aber voll der Pläne, durch Kirchengesetze die **päpstliche Machtfülle** zu erhöhen. Ihm stellten sich zunächst gegenüber Paolo Sarpi in Venedig mit der Tendenz, die apostolische Macht für die **Concilien** zu bewahren und der Hugenott Duplessis-Mornay in Frankreich, um eine protestantische Richtung der Politik aufrecht zu erhalten.

Kaiser Rudolph glaubt sich vom Reiche verlassen und vom Papste getäuscht, weil gehoffte Unterstützungen nicht völlig zutreffen; gegen sie und andere ergeht sich der gebrochene Mann in Ausbrüchen des Zorns und schimpflicher Verdächtigung. Jetzt ist es uns gestattet, mit dem Verdüsterten das Mitleid zu fühlen, welches selbst ein **verschuldetes** Unglück in Anspruch nehmen darf; — nicht so jene Zeit, — während die Subsidien dem Kaiser ausgehen, und es später geschieht, daß Noth am Hofe droht und selbst die kaiserliche Tafel Mangel leidet, daß der Vorsitzer im kaiserlichen Geheimrath, Kardinal Dietrichstein, tausend Thaler darleiht, Rudolph aber heimlich auf die Seite gebrachtes Geld versteckt hält, hat der Unglückliche bei den befreundeten Höfen den Glauben verloren; er mache nur „**leere Versprechungen**"; so heißt es von ihm. Man sucht dem Kaiser zu isoliren und dem Erzherzog Mathias die Thronfolge zu verschaffen; nicht nur Männer wie Rosenberg und Lichtenstein in Böhmen und Mähren vermitteln dem kaiserlichen Bruder Geld, auch der spanische Gesandte Guillen de San Clemente bewirkt für ihn dasselbe, da auch Spanien des Kaisers Unfähigkeit verurtheilt. Mathias hatte an Bischof Khlesl, seinen vertrauten Rathgeber, an Seeauer, einen geschickten Secretär. Auf ihn, des Kaisers ältesten Bruder, richteten sich also nicht nur die Blicke aller Erzherzoge, sondern auch die Häupter der Malcontenten, — deshalb und aus innerer Neigung war er in Religionssachen, wie die Jesuiten meinten, zu lau, andererseits aber zugänglich den Plänen, die hin und wieder geschmiedet wurden. Da bewegen sich die Gestalten von Duplessis-Mornay, Olden Barneweldt, Aerssens, die des Kurfürsten von der Pfalz, des Fürsten Christian von Anhalt am Rheine, und ihre Pläne begegnen sich mit dem Gedanken des Paolo Sarpi, Fra Fulgentio, Dioclati, mit denen des Dogen Donato in Venedig; nationalistische Tendenzen durchzittern die Luft, neue Staatsgestaltungen, „Unionen" genannt, sollen Italien und Deutschland reformiren. Die Unionen dieser Staatsverbände sollen in Heinrich IV. von Frankreich ihren Protector finden. In Frankreich selbst aber überschwemmen religiöse Orden und Missionäre das Land und bekämpfen mit Erziehung und Krankenpflege, was sich noch hugenottisch an Gesinnung und Anschauung erhalten und verbreitet hatte. Heinrich selbst scheut sich nicht, Geld vom Fürsten Christian von Anhalt-Bernburg zu empfangen und Schuldscheine bis zur Summe von 2,148,898 Gulden auszustellen, welche Frankreich bis zur Stunde den Erben des Gläubigers schuldig geblieben ist. Friedrich IV., Kurfürst der Pfalz, wird als Vermittler der neuen Pläne auserkoren.

Man denkt daran, den Erzherzog Maximilian zum Kaiser zu designiren; dieser aber geht kluger Weise auf solche Absichten gar nicht ein. Für den Reichstag in Regensburg 1607 wird übrigens vom Kaiser nicht Mathias, sondern Ferdinand zum Stellvertreter bestimmt. In Böhmen hinwieder wird im Schlosse des Peter Wok von Rosenberg zu Wittingau, in Oesterreich bei Erasmus Freiherrn von Tschernembl, bei den Gebrüdern Starhemberg, in Mähren bei Carl von Zerotin, dessen Schwager Albrecht von Waldstein (Wallenstein) gewesen, in Ungarn bei Illésházy, Valentin Lépes, Bischof von Veszprim, Peter Révay und bei Andern immer mehr die Frage erwogen, wie Rudolph zu beseitigen und Mathias an seine Stelle zu setzen wäre, wie man der kaiserlichen Macht gegenüber die eigene „Freiheit und Sonderstellung" behaupten könne.

Mit der Pforte entspinnen sich langwierige Verhandlungen; gegenseitige Geschenke erfolgen; Herberstein und Rimai, indem sie 200,000 Thaler überbringen (1608), begehren die Auslieferung von

Kanischa, Gran und Erlau, und es soll der dunkle Text des Sitwa-Toroker Friedensschlusses revidirt werden. Die Pforte hat in Asien aufständische Flüchtlinge aus der Schlacht von Keresztes — die Perser an der Grenze — zu bekämpfen, und in Siebenbürgen ist der närrische Fürst (wie die Türken den Gabriel Báthory hießen, „Deli Kiral, närrischer König") ihr in jeder Weise unbequem. Rudolph und Gabriel Báthory scheinen den Türken verwandte Gestalten und am wenigsten trifft diese beiden Fürsten, was der mohamedanische Sinnspruch erfordert: „Der Herrscher muß von innen ein Moses sein, von außen ein Pharao, das Innere gehört Gott, das Aeußere dem Volk."

So hat Rudolph alle Freunde verloren; der Druck und die Plünderung seiner schlechtbezahlten Soldateska erregen allenthalben laute und bittere Klagen, Vorwürfe und Verwünschungen. In Mähren hatte 1605—1608 keine ordentliche Rechtspflege stattgefunden, der Landeshauptmann Ladislaus von Berka war arger Unterschleife bezüchtigt. Die Ordnung ging aus den Banden. Illesházy, Zerotin und Tschernembl führen das Wort gegen das Joch der Sclaverei, — die Zusammenkunft in Rossitz erklärt sich für Mathias, — Wok von Rosenberg und andere Gesinnungsgenossen werden verständigt. Man verlangt: Freigebung des Protestantismus und Umgestaltung der österreichischen Monarchie zu einer Art förderativen Stände-Republik mit einem monarchischen Oberhaupte. Khlesl, der Bischof von Wiener-Neustadt, Mathias' Rathgeber, läßt sich die Sache entwickeln, — die Reise begünstigt er, um die Frucht zu pflücken. In späterer Zeit mußte das edelste Opfer jener Politik, der catonische Zerotin, als Protestant vertrieben, in's Ausland sich flüchten. Jetzt aber schießen die ausgesäeten Keime in die halmenreiche Saat. In Deutschland hatten sich protestantische Stände am 4. Mai 1608 zur protestantischen „Union" geeinigt, um ihre Beschwerden durchzusetzen. In Mähren machen Lichtenstein und die Stände der Herrschaft des Kaisers, nachdem Berka das Land verlassen, thatsächlich ein Ende; doch der junge Cardinal Franz von Dietrichstein und Karl von Lichtenstein sind im Interesse der „Gegenreformation" thätig, ebenso halten Prälaten und Städte zur kaiserlichen Sache, und Tilly's Waffen bedrohen die Anforderungen der Stände. — Die Protestanten in Böhmen und Schlesien verlangen 1609 die Gleichstellung von Katholiken und Protestanten in Amt und Gericht, Festsetzung der Machtbefugnisse der „Defensoren", d. i. jener Ausschüsse der protestantischen Stände, welche damals das Regiment der Consistorien vertreten und selbst mit den Waffen in der Hand die Religionsfrieden geschützt haben, verlangen die Anerkennung für ein neues„ evangelisches Consistorium" und eine erneuerte „Universitätsordnung", alles dieses war nicht im Sinne der Gegenreformation.

In Prag plant man einen Generallandtag; indeß sind die Stände im März 1608 noch für Kaiser Rudolph günstig gestimmt, ähnlich im April 1608 der mährische Landtag in Eibenschitz, gleichwohl schwebt den Ständen stets vor Augen, die königlichen Prärogative für den besondern „Ständestaat" einzuschränken. Die Spannung zwischen den beiden Brüdern war bereits so sehr emporgediehen, weil Rudolph die eingeräumten Statthalterrechte des Erzherzogs Mathias in jeder Weise zu mißachten bereit war und der kaiserlichen Familie steten Anlaß zu Beschwernissen und Befürchtungen darbot, daß Mathias im April 1608 im Heereszuge sich befindet. Valentin Homonay hatte, um den Erzherzog zu unterstützen, 18,000 Mann an der ungarischen Grenze zusammengezogen. In Prag drohte das Chaos und die Hilflosigkeit. Der Kaiser hat bloß 4000 Mann zu Fuß und 500 Reiter. Ein Widerstand ist kaum möglich, trotzdem beharrte der Kaiser selbst in dieser Situation auf seinen Anforderungen an die Türken: diese möchten Gran, Erlau und Kanischa ausfolgen; er klagt, er wisse nicht, „ob der Türke, oder der Pabst an seinen Bedrängnissen mehr schuld sei", er fühlt es, daß die Jesuiten dem Reiche die Schlingen um den Hals gelegt haben, da will er denn in verzweifelter Gemüthsstimmung den türkischen Friedenschluß ratificiren, aber mit Mathias denkt er herumzumäkeln, er gönnt dem Bruder nicht die Nachfolge in der Herrschaft. Der Knoten der verschiedenartigsten Strebungen wird immer verschlungener und scheint unentwirrbar. Deshalb wünscht Wok von Rosenberg die Intervention der weltlichen Kurfürsten des deutschen Reichs, um das neue öffentliche Recht festzusetzen; der Kanzler Popel von Lobkowitz möchte aber die böhmische Krone zu einer „Wahlkrone" umgestalten, — Rudolph endlich, gebeugt von Zorn und Schmach, schreibt den 8. Mai 1608 an Mathias: „er sei es zufrieden, daß Se. Liebden unter kaiserlicher Namenshoheit das Gubernament in Ungarn und Oesterreich absolute führe." Nun folgen Transactionen, spanische Vermittlungsvorschläge, ständische Zusagen. Während aber der böhmische Adel helfen will, wird von demselben gegen den Kaiser laut der Vorwurf erhoben, daß „seine Trägheit und seine völlige Vernachläßigung des Gemeinwohls

XVII. Ständische Pläne in Oesterreich ꝛc.

die Ursache dieser Bewegung sei". Rudolph, niedergebeugt, geht in die ihm gemachten Zumuthungen ein, aber voll des Kummers, in Groll hin und her schwankender Absicht. Er erweitert seine an Mathias gemachten Erklärungen, indem er denselben zugleich als „König von Böhmen" designirt, — so war nur über Mähren und Tyrol die Successionsfrage nicht geregelt. In dieser Zeit zeigte sich Rudolph dem Volke, welches glaubte, er sei gestorben. Er war ein gekrümmter Greis geworden. Der neue Oberstburggraf Adam von Sternberg will die Versöhnung mit den Protestanten, und bis in die Hofburg tönt das drohende Wort Zerotin's, welcher von den böhmischen Ständen es ausgesprochen hatte, „es sei das kaiserliche Regiment durch und durch verderbt und führe eine stete Schmälerung der Landesprivilegien mit sich". Im Juni 1608 hatte man dem Erzherzog Mathias die Krone von Ungarn überbracht, in Oesterreich und Mähren galt „sein Gubernament", in Böhmen war ihm nun auch die Nachfolge gesichert, aber auf Tyrol verzichtete er zu Gunsten des Kaisers. Die Protestanten erhielten Zusicherungen. Gleichwohl war allenthalben eine große Unzufriedenheit, eine Umsturz brütende Unruhe in die Gemüther gefahren. Die ungarische Kavallerie des Mathias raubte und wirthschaftete in Böhmen und Mähren wie im Feindesland, Mathias mußte Todesstrafen verhängen, der päpstliche Legat, Kardinal Melino, drängte den Kaiser, für die Nachfolge im deutschen Reiche zu sorgen, damit es nicht in die Hände der Häretiker falle; ein „Fürstenconvent" in Prag war geplant, Intriguen durchschwirrten die Luft. Die protestantische „Union" hätte gerne der Herrschaft des Papstes in Deutschland ein Ende gemacht; in den österreichischen Ländern wollten die hervorragenden Ständemitglieder die Regierungsgewalt für einen ständischen Ausschuß mit einem Gouverneur an der Spitze an sich bringen, freilich war diese zu Horn in Oesterreich versuchte Oligarchie durch trostlose Zustände hervorgerufen; die Horner Forderungen richteten sich auch dahin, es möchte in Oberösterreich der Landeshauptmann und Gerichtspersonen aus Protestanten genommen, die Stadtschreiber gewählt werden. Kaiser Rudolph hinwieder freut sich über die seinem Bruder bereiteten Verlegenheiten; er denkt an Vermittelungen durch den anhaltischen Fürsten, er möchte die „erlittene Scharte auswetzen", den Mathias erniedrigen, deshalb entschließt er sich desto eher zu der Märzresolution von 1609; es solle ein „Ausgleich" gemacht werden zu Gunsten der Freiheit des Gewissens, und auf den abligen Gütern wird die freie Religionsausübung gestattet. Hierauf endlich huldigen die Oesterreicher dem Monarchen. Dieser aber wechselt mit abenteuerlichen Hoffnungen und verdüsterten Anschauungen. Da ruft er einmal: „er wolle nur dem Kurfürsten von Cöln vertrauen, nicht 100 Päpsten und 100 Erzherzogen, die ihn mit ihren Successionsverlangen toll machen"; bald ist auch dies Vertrauen vergessen. In krankhafter Reizbarkeit möchte er die abgetretenen Länder wieder erwerben. Diese selbst sind mächtig aufgeregt. Das Gewoge jener Zeit hat uns Gindely in meisterhaften historischen Werken vorgeführt. Der Jesuit Heinrich und andere Höflinge empfehlen die Nachfolge Leopold's, welcher eine Schwester Maximilian's von Bayern heirathen solle. In zwei und mehr Lagern in Deutschland und Oesterreich spinnen sich Verabredungen ab zur Stiftung von „Unionen". In Deutschland steht an der Spitze der Katholiken der kräftig und klug regierende Herzog Maximilian von Bayern, ein Autokrat, welcher Heer- und Finanzwesen regelt und durch die „Union" der katholischen Fürsten (nachher „Liga" genannt) einen Bund stiften will, daß die „wahre alleinseligmachende Religion nicht ausgerottet werde".— So trennen sich im Reiche zwei feindliche confessionelle Parteien; die Königswahl wird schwierig, doch das protestantische Haus Sachsen ist dem österreichischen, zumal im Hinblick auf den Erwerb der Lausitz, ergeben, und die Habsburger behalten die „Succession." In der Schweiz und in allen Nachbarstaaten schüren Convertiten und Nunciaturen, spanische, venetianische, französische Parteigänger, den Zwiespalt der Parteien. Pensionen zahlt namentlich Frankreich, um fürstliche Stimmen zu bestechen. Während so, abseits von des Kaisers Augen, seine Reichsangelegenheiten in Verwirrung gebracht werden, spielt sich vor ihm ein anderes Schauspiel ab. In Böhmen giebt es eine Ständepartei (besonders der verschlagene Wenzel Kinsky ist ihr Rädelsführer), welche den König zum Figuranten machen und alle gesetzgeberische Kraft dem Lande zukommen lassen will. Es steht eine oligarchische Adelsrepublik vor der Thüre! Als Rudolph nicht nachgeben will, lesen die Stände einen „Defensionsbeschluß" vor, lärmen dann im Schlosse des Kaisers, ahmen das Geschrei von Wölfen, Katzen und Hunden nach, den Monarchen zu erschrecken. Um sie zu beschwichtigen, erläßt der geängstigte Kaiser am 11. Juli 1609 den bekannten „Majestätsbrief"; wohl hatte der Oberstkanzler die Unterschrift verweigert, aber sie wird durch die des Oberstburggrafen ersetzt. Die steirischen Prinzen, dann der Bischof von Passau, Erzherzog Leopold, sind darüber mißgestimmt, der letztere über Mathias erzürnt; so schreibt er an Maximilian nach Bayern „das Absurde des Gegenstandes zersprengt mein Herz". Man denkt an Gegenmaßregeln; es werden für Rudolph gegen Mathias und die Protestanten Truppen in Passau zusammengebracht. Der Majestätsbrief erlangt gleichwohl die Gültigkeit eines Vertrags; — ihm und anderen Resolutionen trauten die in Klostergrab und Braunau, als sie ihre Kirchen bauten, was nachher Erzbischof und Abt, wohl mit ihnen auch der designirte König, bald darauf „Kaiser Ferdinand," aus der steirischen Linie, für Rechtsverletzung angesehen hatten und durch die 1617 erfolgte Niederreißung jener Kirchen mit dazu Veranlassung gegeben haben, daß sich der Zündstoff des dreißigjährigen Krieges in Brand setzte. — Bald nach Erlassung jenes Majestätsbriefes stachelten neue Ränke böse Leidenschaften auf. Erzherzog Leopold, Bischof von Passau, wollte seinem Bruder zu Hilfe kommen. Ein Oberst Ramée sammelte das „Passauer Volk", etwa 12,000 Mann, welches im Januar 1611 unter schrecklichen Verheerungen in Oberösterreich einfiel. Der Jesuit Pater Heinrich Aquentius hatte es zugleich damit auf die Ausrottung der Protestanten abgesehen. Es wurden furchtbare Schandthaten, wie nachher im entsetzlichen dreißigjährigen Kriege, verübt; es trieben die „Passauer" in strengster Kälte nackt ausgezogene Frauenzimmer in die Wälder, richteten in bestialischer Wuth auch die Eßvorräthe zu Grunde und trieben Unfug und Zerstörung aller Art, so daß Khevenhiller berechnet, sie hätten in kurzer Zeit mehr als zwei Millionen an Gut und Werth geraubt oder verdorben. Rudolph that dem allem nicht Einhalt; so mußte Mathias mit gewaffneter Kraft einschreiten; wieder kömmt es zum Bürgerkriege. Leopold's Truppen, das „Passauer Volk", weichen zurück; die Böhmen fielen vom Kaiser ab und Mathias wird im Mai 1611 zu Prag gekrönt. Rudolph zerbiß im Zorne die Feder, mit welcher er die erzwungene Entsagung unterzeichnet hatte, und als er aus dem Fenster die königliche Stadt Prag überschaute, rief er aus: „Prag, undankbares Prag! durch mich bist du so herrlich worden und stoßest nun deinen Wohlthäter aus. Die Rache Gottes ereile dich und mein Fluch komme über dich und ganz Böhmen."

Vielleicht hätte Maximilian von Bayern dies Schicksal abwenden können, aber der spanische Gesandte Zuniga sagt von ihm: „er sei der verschlagenste Mann, auf seinen Vortheil über alle Maßen bedacht". Es war ihm nicht darum zu thun, die österreichische Dynastie zu kräftigen. Indem er in der „Liga", neben der Garantie gegen die protestantischen Uebergriffe, römische und persönliche Zwecke mit verband, gebot ihm die Vorsicht, jenen Ländercomplex nicht stark werden zu lassen, welchen er in Oesterreich als einen vorzugsweise protestantischen fürchtete. Erst nachdem Ferdinand zur Regierung kam, änderten sich vollends diese Anschauungen. Jetzt ließ man es von allen Seiten gerne geschehen, daß Mathias dem entthronten Monarchen nur den „Kaisertitel" beließ; wohl wandte sich der unglückliche Rudolph an die Kurfürsten um Unterstützung, diese gaben ihm, womit er selbst so gerne gezahlt hatte, „leere Versprechungen". Mathias wies ihm 300,000 Gulden Einkünfte an und einige Herrschaften in Böhmen. So gelangte Rudolph dazu, was sich Sigismund Báthory freiwillig als sein Loos gewählt hatte. Er überlebte nicht lange die Wendung der Geschicke und starb am 20. Januar 1612, dem Blödsinne verfallen, erst 56 Jahre alt. Aus Rudolph's Verhältniß mit der Tochter seines Antiquars Straba stammten drei prinzliche Söhne und drei Töchter, sie verschwinden, durch die Güte des kaiserlichen Hauses versorgt, vom Schauplatze der Geschichte, nur einer, der Marchese Julius in Krumau, hatte durch die wahnsinnige Mordthat an seiner Geliebten, einer Barbierstochter, die Aufmerksamkeit der erschreckten Bürger auf sich gezogen. Niemand kümmerte sich um die Niederdrückung dieser „untergeordneten Race von Menschen". Julius starb 1609. Auch Mathias hatte keinen Erben hinterlassen, — zum Kaiser gewählt, capitulirt er, „kein fremdes Kriegsvolk in das Reich zu führen, den von den Holländern gesperrten Rhein aber freizumachen". Herzog Ferdinand von Steiermark wurde durch Familienpact zum Nachfolger Mathias II. bestimmt, er beschwor auch, als designirter König von Böhmen, am 19. Juni 1617 den Majestätsbrief Kaiser Rudolph's, und als Mathias II. am 20. März 1619 verstarb, folgte ihm Ferdinand II. nach und vereinigte wieder alle Theile der Monarchie in seiner kräftigen Hand, zu neuen Zielen voll Streit und Kampf, Unheil und Verderben. — Der dreißigjährige Krieg brach los. —

---

*) Neben den grundlegenden Werken Gindely's seien hier miterwähnt:

XIII. Ständische Pläne in Oesterreich ꝛc.

Moritz Ritter, Briefe und Acten zur Geschichte des dreißigjährigen Kriegs, München 1870, 1874; dann Specialwerke, so Monographien über Fürst Christian von Anhalt (den abenteuerlichen „Projektenmacher") von Zwiedineck-Südenhorst, von Krebs und von Friedr. Vernb (im Kremser Schulprogramm, 1876); dann Stieve, Ursprung des dreißigjährigen Kriegs, München 1875. Ferner bekannte Hauptwerke, wie Krones' Geschichte von Oesterreich und andere.

XVIII.

Das Treiben in den Karpathenländern.

Die drei Woiwodschaften in den Karpathenländern, deren Vasallenfürsten allen Umtrieben ausgesetzt waren, welche bald ehrgeizige oder rachsüchtige Prätendenten im Innern, bald Gunst oder Ungunst der Großstaaten über sie verhängten, hatten schon manchen Wechsel tyrannischer Herrschaft erfahren, furchtbaren Druck, entsetzliche Leiden des Krieges ausgestanden. In Siebenbürgen folgten sich in den wenigen Jahrzehnten, während Rudolph's Herrschaft begann und aufhörte, folgende Fürsten. Nach Christoph Báthory: dessen Sohn Siegmund, (wiederholt), Andreas der Cardinal, Michael der Woiwode, Kaiser Rudolph oder General Basta (wiederholt), Moyses Székely, Stephan Bocskay, Sigismund Rákóczy, Gabriel Báthory, und erst mit Gabriel Bethlen beginnt eine neue Zeit; in der Walachei eben so viele Veränderungen in dem Zeitraum kaum eines halben Jahrhunderts: Alexander Myrtsche, 1568—1577, Michne Myrtsche, Peter Tschertschel, Stephan Surdul, Alexander, Michael der Tapfre, Simeon Mogila, Georg Rabul Scherban Bessaraba und Rabul Michne, 1611—1615.

In der Moldau drängen sich noch mehr Umsturz, Thronbesteigung und Entsetzung, Einführung in die Woiwodschaft durch Fremde, Entsagung oder Vertreibung der Fürsten. — Der polnische Iwonia wird 1572 von den Türken eingesetzt, dann vertrieben und ermordet, ähnliche Schicksale theilen seine Nachfolger: Peter der Lahme, von Kosaken verdrängt, ein aus der Walachei stammender Prätendent, dreimal zur Würde erhoben und ihrer wieder verlustig; der Kosake Johann Podkowa Kreczul, der Alexander Podkowa dessen Bruder, dann Jankul, der Sachse, 1580—1584, Aaron der ehemalige Stallknecht, Peter, der Schützling der Kosaken, Stephan Rezván der Zigeuner, der von polnischer Gunst abhängige Jeremias Mogila; dazwischen Michael der Tapfre und seine Schützlinge;

Simeon und Constantin Mogila, neben fremder Dictatur, besonders polnischer; endlich der Ungar Stephan Tomsa, 1612—1618. Blutströme, Aussaugung des Landes, Hinrichtungen von Verschworenen, Beraubung und Schändung des Volks durch eigene und fremde Truppen bezeichnen den Weg dieser Herrscher und ihrer Gegner. Vergebens sucht das Auge nach den Spuren einer die menschliche Wohlfahrt beglückenden Cultur; einige dieser Fürsten hatten wohl rühmliche Vorsätze, wie Bocskay, Michael und Radul Scherban, oder wollten nichts Böses stiften, wie etwa Andreas Báthory und Jeremias Mogila; aber sie waren nicht die Herren ihrer Zeit, unfähig zu Neuschöpfungen; bleibende Pflanzungen staatskluger Verwaltung sind nicht nach ihnen zurückgeblieben. Nur im Sachsenlande zeigt sich, mitten in den Wirren des entsetzlichen Krieges, der Sinn für Rechtspflege, für Kirchen- und Schulwesen, Industrie und Handel, zeigt sich wieder, im Mittelalter sei das (zumal deutsche) Bürgerthum der Städte der vorzüglichste Träger alles dessen gewesen, was die höchsten Güter des Menschen umfaßt.

Doch wie schwer ist alles dies errungen und wie schwer behauptet worden!? Als Michael Weiß in Kronstadt bei einer neuen Wahl zum Orator, d. i. Communitätsvorstand der äußeren Vertretung, einen Sermon hält, da sagt er auch Folgendes:

„Sind also unsre Väter bei 200 Jahren mit der Mauer Concordia (Eintracht), mit den Thürmen Obedientia (pflichttreuer Gehorsam) und mit den Pasteyen Constantia (Beständigkeit) im Lande umgeben gesessen" . . . . „später bauen sie Kaschau, Eperies, Bartfeld, Leutschau, dann in Siebenbürgen die sieben Städte: Cronen, Hermannstadt, Medgyes, Müllenbach, Nösen, (Bistritz), Schässburg, Klausenburg." Weiter sagt er bei diesem Act des Aemterwechsels: . . . . . . „In welchem Zeitraum sie viel Jahr über den schönsten herrlichsten Freythum wohl gebraucht haben, wie denn solches aus den Briefen, so unser Rathhaus vermag, wohl zu sehen, ist nicht von nöthen, ja auch nicht möglich in kurtzer Zeit dieselben alle zu erzehlen; zu wissen aber wäre es hoch von nöthen, bevor allen Amtleuten und sonderlich zu dieser Zeit wider den grossen Undank der Unger, so uns schier vor eingebettelte Gäste halten und derowegen fast alle Beschwernisse des Landes auf uns werfen wollen, da doch Siebenbürgen längst Bleschland (Walachei) und der Moldau gleich worden wäre, wenn es nicht unsere Nation baute und erhielte, welches wir und sie im nächst verlauffenen Jahren, dieweil Krieg im Lande gewesen, wohl erfahren haben, da denn von ihnen der meiste Theil in Türkay, Teutschland und Polen geflohen und wohl nimmer wieder kommen wären, wenn wir auch so vest bei dem Lande hielten, wie sie. Damit ich aber wieder auf der Sachsen Freythum komme und deren kaum 3 erzehle, so soll Ew. Weisheiten wissen, 1) dass sie alle **Freye und Libertini** gewesen und ohne Zins und Zoll im Lande gesessen sind; 2) dass sie frei gewesen sind, **eine Religion zu lassen und eine andere anzunehmen**, wie denn das ausweiset des Herrn Johannes Honteri seel. und Hochgerühmten Gedächtniss, welchem seine Druckerey und Ausbreitung des wahren und reinen Wortes Gottes, von Offen auch von Weissenburg vom König Johanne und Isabella gar ernst verbothen wurde, darnach aber unsre Väter nichts fragten und liessen sich das mit nichten bekümmern, führeten ihre Sachen redlich und ehrlich aus, allen zum Besten und Förderung unserer Seeligkeit zum Ende, wie wir denn Gott Lob solches noch heutigen Tages befinden. Der liebe Gott wolle darzu uns und unsern Nachkömmlingen förder Heil verleihen und dabei erhalten; 3) Haben unsre Väter, wie denn auch wir noch haben, Freythum; jährlichen nach unsern guten freyen Willen **Amt Leute zu erwählen** und uns zu setzen, da nicht jemand aus der Fürsten Räthen oder er selbst oder sonst jemand uns fürstellen darf, wie man denen Zekeln und allen Vármegyen (Comitaten) von Hof, Hauptleute, Königsrichter, Spanen etc. verordnet und vorstellet, sie mögen ihnen gefallen oder nicht und nicht auf ein Jahr, 2 oder 3, sondern manche auf die gantze Zeit seines Lebens, daher denn mancher Amtmann oder Befehlshaber verursachet wird, die Unterthanen hoch zu bedringen. Wir aber, Gott Lob, seyn solches frey." ...*)

In dieser Zeit wurde, nachdem die Reformation durchgeführt und ein Statutargesetzbuch für Civil-, Process- und Strafrecht auf Grund des römischen Rechts und Deutscher Rechtsgewohnheiten geschaffen war (1583), Gerichts-, Kirchen- und

---

*) Erst in diesem Jahre (1876) erhielten auch die Sachsen ungarische Obergespäne, mancher davon erinnernd an Präfecten, die zu einer Hälfte Pascha, zur andern aber politische Hanswurste sind.

Schulwesen neu geregelt, und eine damals in allen Nachbarländern unbekannte Ordnung und Freiheit erzielt; verhältnißmäßig zahlreiche Jünger in Wissenschaft und Handwerk besuchen Deutschland, Italien, die Niederlande. Schulen und Gewerbe werden mitten im Drucke der Zeit gebessert und vermehrt. Geistiges Leben erlischt nicht im harten Kampfe um das Dasein; aber viele Blätter und Blüthen, viele Zweige verliert der Stamm des Volkes, welches durch die harten Schicksalsschläge dieser und späterer Zeit niedergebeugt wird. Der kundige Historiker des Sachsenvolks, Georg Daniel Teutsch, hat uns in lebensvollen Zügen die „Geschichte der Deutschen in Siebenbürgen (bis 1699)" vorgeführt. Sie hat leider neben ihrer Glanzseite auch tiefe Schatten, welche nicht immer selbstverschuldet gewesen, — Krebsübel der Trägheit und des Zerfalls, welche allenthalben die glückliche Hand einer heilenden und fördernden Macht vermissen lassen. Sie lasten schwer auf den deutschen Colonien der Karpathenländer.

In Siebenbürgen war abermals eine neue Tyrannenzeit ausgebrochen, in einer Zeit, als die Räthe des Königs Mathias zu schreiben vermochten „mit dem Blute, welches die Deutschen zur Beschützung und Erhaltung Ungarns dargegeben, hätten dort alle Flüsse können geröthet werden". —

Im Jahre 1608 hatte Gabriel Báthory de Somlyó den Fürstenstuhl bestiegen (ein Neffe des Cardinals Andreas, Sohn von dessen Bruder Stephan und erbeingesetzt als Adoptivsohn von Stephan Báthory von Ecsed und durch diesen der reformirten Kirche zugeführt und mit vielen Herrschaften in Ungarn reich begütert). Vierundzwanzig Jahre zählte der junge Fürst, war vermählt mit Anna Palocz, welche er aber nicht nach Siebenbürgen mitbrachte, sondern hier „wie ein unverheiratheter" Lebemann Vergnügungen jagte. Nach seiner Wahl unternimmt er eine festliche Reise mit 700 Begleitern von Klausenburg nach Weißenburg, Hermannstadt, Fogaras und Kronstadt, und in letzter Stadt verzeichnet seufzend ein Chronist: „Der Fürst habe den Bürgern befohlen mit den Frauen herumzutanzen und zwar „non nimis pie et honeste" (nicht eben fromm und ehrbar)." Seine Schwester Anna verheirathete er dem Dionys Bánffi, und waren wie gewöhnlich die Sachsen zur Freuden-Hochzeit besonders eingeladen. Es sollte lustig hergehen; aber bald verkehrte sich Alles in die größte Traurigkeit.

Bei seiner Wahl hatte er, außer den politischen und confessionellen Landesfreiheiten, der besondern Verfassung der drei ständischen Nationen, namentlich auch die Bedingung mit beschworen, mit **beiden Kaisern Frieden** halten zu wollen und wurde auch von diesen in seiner doppelten Lehnswürde anerkannt. Gabriel Bethlen bewirkte für ihn das Athname der Pforte (16. August); während Johann Imreffi und Sigmund Korniß in Kaschau mit den kaiserlichen Bevollmächtigten, zumal Stephan Illesházy, einen Tractat abschlossen, worin sich Gabriel dem Mathias gegen alle seine Feinde mit Ausnahme der Türken, verpflichtet und schon früher es dem Joh. Petky gelungen war (14. Juli), mit Constantin Mogila einen gegenseitigen Vertrag abzuschließen, wo der Moldauer auch Subsidiengelder versprach (8000 fl.) und alle drei Nationen das Schutzbündniß mitbeschworen hatten. Die Pforte erließ an den Fürsten den Befehl, mit den Tartaren in der Krimm, mit der Moldau und Walachei in guter Nachbarschaft zu verharren, und unter andern Verpflichtungen war ihm auch die auferlegt, ohne die Erlaubniß der Pforte nicht heirathen zu dürfen. Er lebt denn auch **haremsmäßig**. Der Tribut wurde ihm auf drei Jahre erlassen. Der Landtag in Klausenburg, im September desselben Jahres, bewilligte Contributionen; gar bald geschah es immer mehr und immer drückender; Portenaufschläge und Erpressungen folgten nach, doch beschloß man zugleich, daß die vielen Szekler und Sachsen, welche sich aus drückender Armuth und Noth freiwillig in Leibeigenschaft begeben hatten, sollten in den vorigen Stand **zurückversetzt** werden; wer es aber nochmals thue, verfalle der Todesstrafe; zur Krönung des Mathias wurden Nicol. Senney und Sigm. Korniß nach Ungarn entsendet. Der Fürst aber gab sich ungezügelten Ausschweifungen hin und soll dabei ein Register von ihm willfährig gewesenen Frauen und Mädchen geführt haben, deren Anzahl zuletzt — in **wenigen Jahren** — auf 400 gestiegen war. Er ging dabei mit List und Gewalt zu Wege, wenn die Verführung nicht auf anderem Wege gelang, ähnlich wie der sittenlose Heinrich III. von Frankreich. Als am 26. April 1609 ein neuer Landtag wieder Portencontributionen bewilligte und dem Fürsten den Titel „**Serenissimus**" beilegte, wurde der Kronstädter Weiß wider seinen Willen in die Moldau geschickt, um den Constantin zur Zahlung der Subsidien zu bestimmen. Der Hospodar schickte 2000 fl., kostbare Pferde und Hunde; aber Báthory damit nicht zufrieden, setzt den moldauischen Gesandten in Gewahrsam, und es kommt zum Bruch des Conföderar

XVIII. Das Treiben in den Karpathenländern.

tionsvertrages. In Kronstadt weilt er im Januar 1609 und führt schimpfliche Reden über die sächsische Freiheit, wobei ihm Weiß energisch erwidert; er schickt Patrouillen in der Stadt aus, und dies, wie Anderes mehr, beunruhigen die Bürgerschaft. Immer mehr zeigt es sich, daß die in den Fürsten gesetzten Hoffnungen sich nicht erfüllen, grenzenlose Ausschweifungen, unersättliche Wollust und Geldgier, Steuererhöhungen, confessionelle Bedrückungen, Säcularisationen, Vertreibung, nicht nur, wie gewünscht, der Jesuiten, sondern auch anderer Geistlichen, zornwüthiger Verdacht wegen Verraths, Mißhandlung der Umgebung, — erregten allgemeine Unzufriedenheit, Furcht, Argwohn und Haß gegen den Fürsten, welcher hinwieder seine Sicherheit auf eine Leibwache setzt, die er aus ungarischen Hayducken werben läßt, um sich nicht Siebenbürgern anvertrauen zu müssen. Jetzt erinnerte man sich der bösen Vorzeichen. War es nicht bedenklich, daß vor seinem Regierungsantritte, 1607, ein „großer Wind" ging und der „Winter warm" gewesen; es zeigte Sturmwetter und Gegensätze an; die Elemente besorgten die „Conjuncturalpolitik", und wenn wir jetzt dem Zeitungsreporter (oft ebenso unzuverläßlich) glauben, so hatte es gewiß damals seine Bedeutung, daß „den 18. Januar der Himmel von 5 bis 9 Uhr sehr leuchtend brennt". Im Juni 1607: „kommt eine grosse Menge der Storchen oder Klappervögel beim Temesvar und die Männlein hatten einen Streit, dass ihrer viel auf dem Platze bleiben und sterben müssen. Item nicht weit von Griechisch-Weissenburg (Belgrad) eben zu der Zeit ist eine grosse Zahl Raben und Sproen zusammenkommen und die Sproen (Staare) treiben die Raben in die Flucht gegen Niedergang." Dazu setzt nun der Gewährsmann bald hinzu: „den 8. Juli hat man beschlossen, die Jesuiter auszuthun"; also waren wirklich die schwarzen Vögel gegen Westen hin vertrieben worden.

Die bösen Leidenschaften des Fürsten kamen durch einen Mordanschlag gegen sein Leben zum vollen Ausbruch. Die Höflinge, deren Frauen der Fürst genothzüchtigt hatte, zumal der Kanzler Stephan Kendi und Balthasar Kornis, Befehlshaber der Leibgarde, faßten den Plan, den Fürsten auf der Fahrt zum Bistritzer Landtag im März 1610 zu Szék durch Johann Török ermorden zu lassen; dieser aber verräth den Plan. Die Mitverschwornen Kendi, Pancr. Senney, Sigismund Kornis entfliehen, Georg Kornis wird im Tumult getödtet, General Balthasar Kornis aber nachher (11. Juli) vor dem Fürsten und den Legaten der Moldau und Walachei in Klausenburg, sowie der Gerichtstafeldirector Johann Thorday in Bistritz (nach Weiß auch Senney daselbst) hingerichtet. Gabriel Bethlen wird zum Befehlshaber der Leibwache ernannt und erhält auch das Schloß Déwa mit dessen Einkünften. Bethlen hatte bereits rühmlich die Schlachten von Herrmannstadt-Schellenberg 1599, von Miriszló, Goroszló und mit Székely die bei Kronstadt mitgekämpft und hatte, so wie der Fürst, gegen Radul Scherban in der Walachei, als gegen einen erklärten Parteigänger des Kaisers, tiefe Abneigung, welche sich jetzt bei dem Fürsten zu der Furcht steigerte, die Geflohenen, zumal Kendi, würden die Nachbarstaaten zum Aufruhre bringen. In der That waren Kendi und andere Feinde Báthory's hiezu geneigt; nicht aber der gerne transigirende Radul Scherban, welcher — noch seit der Zeit, als er bei seiner Thronbesteigung kostbare Geschenke, dann 32 von Moyses Székely eroberte Fahnen dem Kaiser Rudolph überschickt, — von diesem aber eine goldne Kette mit des Kaisers Bildniß und ein Bestätigungsdiplom erhalten hatte, — in gutem Einvernehmen mit den „kaiserlich Gesinnten" zu leben gedachte. Zu Bocskay's Zeiten hatte sein General Rátz die Sachsen unterstützt; aber andererseits war dem Woiwoden der kaiserliche Feldherr Basta eine Person, der man nicht trauen dürfe; schien doch Basta für Scherban's Mitbewerber, für den moldauischen Simeon Mogila, Partei zu ergreifen. Scherban hatte in der Schlacht am Flusse Teleschin 1605 die Tartaren und den Simeon mit tapferer Hand zurückgeschlagen, hatte den Stephan Prodicul und den Metropoliten von Tergowischt, welche gegen ihn verschworen waren, um den erwähnten Prodicul, einen Anhänger von Moyses Székely, auf den walachischen Fürstenstuhl zu erheben, mit abgeschnittenen Nasen dem Basta überschickt; doch dieser, darüber nicht gebührender Maßen erfreut, ließ die Verräther an die Mogila's in der Moldau verabfolgen, was Alles den Woiwoden sehr beunruhigte; jetzt indeß war er mit den Moldauern wieder ausgesöhnt, hatte vorsichtig überall Conflicte vermieden und suchte als Landesvater schlicht und recht sein Land zu regieren. Fremde wurden begünstigt; die Sachsen schienen also dem „Nachbarfürsten" zugeneigt; Grund genug für Gabriel Báthory Verrath zu wittern und Rache nehmen zu wollen an den Sachsen und Walachen, denen er die Niederlage seines Oheims, des Cardinals Andreas Báthory's (1599), zur Last legte. Dazu kam die erwähnte Furcht vor den Umtrieben der

XVIII. Das Treiben in den Karpathenländern.

Kendischen Parteigänger. Auch war es ihm lieb einen Vorwand zu finden, um das eigne Vorgehen zu entschuldigen. Als zwei anarchische Großen in Polen, Stadnicki und Oppolinski, in Haber waren, hatten siebenbürgische Hayducken für erstern Partei ergriffen und übel in Polen gehaust. Nun beschuldigt Báthory den Scherban, dieser habe sich „mit Polen und Deutschen und mit den Moldauern und Kendischen" verbündet. So sammelt und läßt er Truppen zum Schutze seiner Herrschaft werben, ja er streift nach Ungarn, um „Verschworene" zu verfolgen, gewährt seinen Truppen dort wie in Feindesland zu rauben, überfällt Verdächtige und friedliche Handelsleute; so läßt er dem Johann Rhener, Kaufmann in Hermannstadt, Waaren im Werthe von 75,000 fl. wegnehmen, angeblich weil dieser gewiß Bestellungen seiner Feinde besorgt haben könnte, was mit nichts erwiesen war. Nun fürchtet Gabriel, es könne ihn König Mathias von Ungarn mit Krieg überziehen; es kömmt zu einer Zusammenkunft mit dem Palatin Thurzó in Darocz am 8. Juni 1610, wo Báthory mit 6000 Begleitern erscheint; doch der Punkt des früheren Vertrags, wegen der „Nichtverpflichtung, gegen die Türken zu kämpfen", läßt das neue Einverständniß scheitern; Thurzó mahnt übrigens ernstlich zum „bessern Lebenswandel", so daß Gabriel auf der Huth zu sein Ursache zu haben glaubt. Am 29. Juli hört man, der Palatin rüste in Tokay; der siebenbürgische Fürst verlangt Hilfe von der Moldau und Walachei und von den Sachsen 100,000 fl. Darlehn, 200 sechsspännige Wagen, Zelte und Geschütze. Weiß zumal widersetzt sich dem unbilligen Verlangen, indeß giebt die sächsische Nationsuniversität, damit man sie nicht um Darlehn zwinge, lieber 10,000 fl. als Geschenk und 32 sechsspännige Wagen; Kronstadt aber 2 Geschütze und 2 schöne Zelte. Der Woiwode der Walachei verspricht Truppen und schickt 3000 Mann zu; in der Moldau hausen statt des Constantin Mogila eigentlich seine Schwäger, die Polen Stephan Potocki und Sam. Korecki. Es beginnt abermals eine Zeit der Negociationen und jener Unruhen, Ueberfälle und Kämpfe, welche wieder die Moldau zu einem „Grab der Polen", die sieben Thürme in Stambul aber zum „Kerker der Verfolgten" umwandeln. Die Moldau tritt also für die nächste siebenbürgische Geschichte nur nebenbei in die Action; durch innere Händel und äußere Unruhen bedrängt, ist ihre eigne Selbständigkeit erstickt in den Wagnissen derer, welche als obere Spitzen der Macht über sie hinausragen: Polen, Tartaren und

Türken, jeder nur auf eigene Bereicherung bedacht, das unglückliche Volk geknechtet. Indeß dies geschieht, gelingt es dem siebenbürgischen Unterhändler Imreffi, in Kaschau einen Vergleich zu vermitteln, welcher auch vom Medwischer Landtag 1610 genehmigt wurde. Der Fürst aber hat schon den Krieg vorbereitet; — wohin also mit den Waffen? Zunächst säcularisirt er noch, was an Kirchen- und Klostergütern zu ergreifen ist, zieht Szekler an sich, und gewinnt mit der ihnen versprochenen „Plünderungsfreiheit" die zwei ungarischen Haybuckenführer Andreas Nagy und Johann Szilaschi, voll geheimer Pläne, wo er sich Siegeslorbeern zu erringen gedenke. In der Walachei vermuthet er Gegner und in der That finden wir in einer Chronik zum 8. September 1610 die harmlose Bemerkung: „Sigismundus Kornis et Sarmassági rerum Kendianarum promotores." (Kornis und Sarmassági, Beförderer Kendischer Angelegenheiten in der Walachei.)

Es wird ein Landtag nach Hermannstadt ausgeschrieben auf den 17. December 1610. Die Stadt rüstet sich zum festlichen Empfang ihrer Gäste, da hört sie erstaunt und erschreckt, der Fürst sei am 10. December in Großau, eine Stunde vor Hermannstadt, eingerückt, aber mit ihm komme ein Heer von 20,000 Mann, und er verlange Einlaß in die Stadt. Die Bürger sind wohl bestürzt, aber man denkt nicht an Gegenwehr, da man im tiefsten Frieden lebt. Der Bürgermeister Gallus Lutsch und der Stadtobriste Gottsmeister bewillkommen den Fürsten, welchem sie entgegenfahren. Dieser beruhigt sie, er verlange nur Einlaß für sich, sein Gefolge und die Packwagen. Diese fahren voraus; aber unter dem Zugthore der Stadt springen Bewaffnete hervor, besetzen die Wache, und ungehindert bringt das Heer in die wehrlose Stadt. Lachend sagt der Fürst, „er hätte sich dies nicht so leicht gedacht, wer aber Siebenbürgen regieren wolle, müsse die Schlüssel von Hermannstadt in der Tasche haben". Zunächst läßt sich die Sache friedlich an, aber schon am 17. December instruirt er seine Leute, sie sollten die Hermannstädter des Hochverraths beschuldigen, daß sie mit Radul Scherban sich gegen ihn verschworen und dem Stephan Kendi 30,000 Gulden versprochen hätten, um in's Land einzubrechen. Auch von Weiß verlangt er, er müsse dies und Gleiches auch von Kronstadt aussagen, sonst lasse er ihn umbringen. Weiß und Andere weigern sich aber der Lüge, gleichwohl werden die Beschuldigungen von anderen gedungenen Leuten vorgebracht; der Magistrat und die Hundertmann=

schaft*) gefangen gesetzt und nur gegen ein Lösegeld von 52,000 Gulden freigelassen; er beschließt, Hermannstadt ausrauben zu lassen, die Räthe, welche dies widerrathen, werden mit dem Tode bedroht; er läßt die vornehmsten Frauen einsperren, bald darauf das Archiv und Häuser plündern, Waffen wegrauben, Männer aus der Stadt verweisen, so daß nur 90 Handwerker übrig bleiben sollen, um für den Kriegs- und Hofbedarf zu arbeiten, — ob und wie er nun dafür die Arbeit bezahlen will!? Es ist wieder eine Stadt behandelt, wie es nicht ärger im **sclavenhaltenden Barbareskenstaate** geschehen könnte. Nachdem die ausgeraubte Stadt leer ist an Waffen und Bürgern, läßt er am 25. December den Stephan Rakonj mit 500 Mann Truppen zurück und wendet sich gegen Kronstadt. Früher jedoch **danken** ihm die ungarischen **Stände**, daß „er für sich und seinen Thronfolger einen **sichern Platz**" erwählt habe!? Als diesen später Bethlen den Sachsen wieder zurückgiebt, waren aus den Wohnungen der untern Gemächer Ställe gemacht worden, hatte man in den leeren Straßen geackert, gesäet und geerntet und nur 53 (sage dreiundfünfzig) Bürger waren noch vorhanden. Frauen und Mädchen, welche sich nicht flüchten konnten, waren meist dem Fürsten und der Soldateska preisgegeben, denn das eine Mal an Beschuldigungen, Gefangenschaft und der Lösegeldzahlung, der Ausplünderung und der Erpressungen, hatte immer neuerdings **Wiederholungen** nach sich gezogen, da es dem Fürsten außerordentlich gefiel, sich und die Seinigen derart leicht zu bereichern und zu ergötzen. Bevor Báthory nach Kronstadt kömmt, offerirt ihm Weiß Namens der Stadt 4500 Ducaten und seinem Rath Imreffi 2500 (ohne daß dies der Fürst weiß), um ihn zum Wegzuge zu bewegen. In der That will auch Báthory nur dieses. Er übersteigt mitten im Winter die Karpathenpässe und überfällt Radul Scherban und die Residenz Tergowischt, wie er es wenige Wochen früher in Hermannstadt gethan. Radul flieht. Die Walachei ist schutzlos dem Rauben und der Ausschweifung der báthoreischen Truppen preisgegeben. Heerdenweise schleppen die Haybucken das gestohlene Vieh und andern Vorrath aus dem Lande nach

---

*) Hundertmannschaft, die sich selbst ergänzende Communität als Gemeinderepräsentanz oder äußerer Rath mit dem Orator an der Spitze; auf den Dörfern „**Altschaft**" genannt, mit einem „**Wortmanne**" als Vorsitzer, während in der Stadt der Magistrat (innerer Rath) unter dem Bürgermeister (und Königsrichter), in den Dörfern aber das „**Amt**" unter dem **Hannen** steht Alle Amtspersonen werden jährlich neu gewählt.

Ungarn, während die Armee von Kronstadt her verpflegt werden muß, und so zwei Länder das ewig gierige Kriegsvolk erhalten müssen.

Zu jener Zeit schreibt der Stadtpfarrer Christian Lupinus aus Hermannstadt an Weiß nach Kronstadt: „Wir leben wie die Mäuse ohne freien Ausgang bei strengster Wache, welche gleichwohl Furcht hat. Gegeben in Neu-Babylon 10. Januar 1611." und etwas später schreibt ein Chronist zum 30. August 1612 nieder: „stirbt Leonhardus Basilius, Pastor Hammersdorffensis auss Schande, dieweil der Bluthund Báthory Gábor seine Tochter Agnetha entführet hat und in Schanden gelassen hat". Die schöne Frau Balk, des Apothekers Johannes Balk Ehefrau, zog, wie Lucretia, den Tod der Sünde vor. Es gab aber auch Verworfene, welche sich der Gunst rühmten. Wie viel Derartiges ist aber nicht verzeichnet worden, von heroischem Heldenmuth, — von tiefer Ver=worfenheit.

Es giebt übrigens eine ziemliche Anzahl aber nur kurz gehaltener Mit=theilungen; für eine ausführliche Erzählung waren den Zeitgenossen die Begebenheiten zu betäubend, oder in der Flucht gleicher Ereig=nisse zu alltäglich und grauenhaft, die schrecklichen Schläge hatten auch das Mitgefühl abgestumpft, und so steht denn Manches da, wie wenn es sich um selbstverständliche Scenen gehandelt hätte, ohne viel Zusammenhang, schmucklos, fast stumpfsinnig erzählt, wenig oder gar nicht pragmatisch dargestellt. Wir lesen beispielsweise in einer vom Grafen Joseph Kemény veröffentlichten Chronik: „Anno 1610 den 10. December. Gabriel Báthori, Fürst von Siebenbürgen, stolz, ehrgeizig, gottlos und meineidig, rufet eine grosse Menge bei 20,000 Mann zusammen und zog mit der Armada als ein Fürst zur Hermannstadt. Allda ward er ehrlich empfangen, als ein gnädiger Fürst mit allem Volke, wiewohl ziemlich unter dem gemeinen Volke erschallet war und die armen Bürger von vielen Edelleuten gewarnet waren, was Báthori in Hermann-stadt thun würde und sie verrätherlich betrügen. . . . . .

. . . . Den 17. Decembris verklaget er die Hermannstädter sie seyn alle Verräther . . . Liess derohalben ein Geboth aus-gehen: Jedermann soll Säbel, Büchsen, Spiess und alles Ge-wehr so vorhanden, auf den grossen Ring über einen Haufen tragen . . . . Den 20. nahm er das Rathhauss ein und beraubte es von allem, was darinnen war.

. . . . Anno 1611 im Jänner zog er mit grossem Volk nach

XVIII. Das Treiben in den Karpathenländern. 233

Cronen (Kronstadt), liess aber eine starke Besatzung in Hermannstadt, ging von Cronen in die Wallachay, verjaget den fürnehmen Helden Radul Wayda und plündert das ganze Land und Kirchen. Im Kloster Argisch oder Argyis ist unermesslich viel Gold und Silber gewesen. Gegen Ostern kam er wieder in Hermannstadt."

Jetzt hatte Gabriel Báthory den Gipfel seiner Macht erlangt. Der Stern neigte zum Untergang. Verrücktheiten dies- und jenseits der Karpathen brachten die Länder und Herrscher in das Verderben.*)

---

*) Neben Geschichtswerken von Dr. Georg Daniel Teutsch, dann Alexander Szilágyi, vornehmlich Chroniken hervorzuheben, besonders in Dr. Eugen von Trauschenfels "deutschen Fundgruben", in Graf Mikó: Erdély tört. adatok; Szalárdy, Siralmas magyar kronikának IX. könyvei, Pest 1852, u. a. m. vergleichen.

XIX.
Gabriel Báthory's wahnsinniges Regiment.

Gabriel Báthory wiegte sich in den herrschsüchtigen Träumen seiner Vorgänger, welche bis Polen hinschweiften, als er zu Tergowischt in Siegesfesten schwelgte; doch wie die Haybucken in der überfallenen Walachei raubend schwärmten, überfielen die Türken ihre Heimathstätte, was jene zur Rückkehr nach Ungarn bewegte. Báthory sah sich verlassen, und die Pforte war nicht geneigt, ihm die Belehnung mit der Fürstenwürde der Walachei zu ertheilen. Vergebens hatte sein Gesandter Andreas Kereszty in Constantinopel vorgestellt, Michael der Woiwode, habe den Andreas Báthory, Radul Scherban aber den Moyses Székely aus dem Felde geschlagen, weil diese siebenbürgische Fürsten Anhänger der Pforte gewesen seien, während die walachischen Woiwoden es mit dem deutschen Kaiser hielten; er habe also einen Empörer gegen die Pforte gedemüthigt. Diese schickte nun den Radul Michne in's Land, um diesen als neuen Woiwoden einsetzen zu lassen. Radul Scherban suchte ein Exil in der Moldau, begierig des Augenblicks, sich an Báthory zu rächen und den Gegenfürsten Radul Michne aus der Walachei zu verdrängen. Das Eine sollte ihm gelingen, das Andere nicht. Báthory schreibt nicht ohne Hohn an die Pforte, wie könne man ihm, dem Nachkommen glorreicher Fürsten, einen bäuerischen Walachen vorziehen; da er aber gegen die Türken und gegen Radul Michne nichts ausrichten kann, kehrt er zu Ostern 1611 nach Hermannstadt zurück; für die unglückliche Stadt stets ein Fall des Schreckens; Radul Scherban sammelt moldauische und polnische Truppen; Michne flieht bis Giurgewo und kehrt mit türkischer Hilfe abermals zurück; doch gelingt es den Walachen, die báthoreischen Haybucken zu vertreiben und ihren Kapitän Johann Lugossi zu enthaupten. Báthory sammelt wieder ungarische Söldnerschaaren. Der Haybuckenkapitän Andreas Nagy und der Freibeuter Joh. Elek treten in seinen Dienst; der

XIX. Gabriel Báthory's wahnsinniges Regiment.

Fürst bietet den Adel und die Szekler auf, um gegen Kronstadt loszubrechen; der Großwessir Jusuf wird durch Martin Deák bewogen, Hilfstruppen zu versprechen. Das ganze Land soll die eine Sachsenstadt zu Fall bringen. Der Vortrab des Nagy will Kronstadt listig überfallen, indem er Einlaß in die Stadt verlangt und bereits in der Vorstadt Quartiere sucht. Es will aber die Stadt ihre Thore nicht öffnen und fluchend begiebt sich Nagy in's Lager bei Tartlau, wo er von den Kronstädtern eine Kutsche mit sechs kostbaren Schimmeln und wahrscheinlich auch Geld zum Geschenke erhält. Es entsteht ein Geschrei wegen „Verrätherei" und Nagy führt eine große Anzahl unzufriedener Haydücken nach Ungarn zurück. Gleichwohl erscheint nun der Fürst selbst mit 25,000 Mann den 20. Juni im Lager zwischen Weidenbach und Zeiden. Imreffi verlangt nochmals Einlaß in die Stadt; er wird dem Fürsten verweigert. Der racheschnaubende Fürst läßt in den Vorstädten selbst die Bäume und Pflanzungen niederhauen; da schicken die Kronstädter den Johann Benkner an Radul Scherban und ersuchen ihn um Hilfe. Dieser hat etwa 8000 Mann gesammelt, darunter 2000 Curtaner (Hofsoldaten), 800 polnische Reiter, 400 polnische Fußsoldaten, 2 Escadronen kendischer Flüchtlinge, 3 sächsische Kanonen mit ihrer Bedienung. Die viel größere Armee des Báthory befehligte der Fürst, den rechten Flügel Gabriel Bethlen, den linken Georg Tracter. Im Vordertreffen müssen die hierzu gezwungenen Sachsen angreifen. So kömmt es zur Schlacht. Lassen wir darüber Zeitgenossen berichten. So heißt es in einer Chronik:

„Den 7. Julii rüstet sich Radul Wayda und kam ins Gebirg, verholen mit 8000 Mann auserlesnem Volk. Der Báthori aus Hermannstadt rüstet sich auch mit 32,000 Mann mit der Hermannstädter schönen altväterischen Kriegs-Rüstung und zog mit grossen Freuden als auf eine Hochzeit in Burtzenland bei Pitersburg, einer Meile von Cronen. Der Radul Wayda kam aus dem Gebierg um 8 Uhr vor Mittag auf das Blachfeld vor Cronen und macht alsbald seine Schlachtordnung in 33 Haufen; versteckt 3000 Knecht bei die Papiermühle in die Hinterhalt. Als der Báthori den Feind so unverhofft sahe, macht er auch seine Schlachtordnung und spottet des Radul Wayda, liess ihm sagen, was er kommen sey, wollte er mit ihm fechten oder spielen. Also zogen die Feinde gegeneinander. Der Radul Wayda hielt sich ritterlich und die grosse Schlacht ging um 11 Uhr an, aber der gute Radul war zu schwach, denn er wenig Volk bei ihm hatte, wurde also von des Báthori Dandár, welche war von 12,000, überwunden und in die Flucht geschlagen und sein Volk bei 2000 alles nach der Ordnung auf der Wahlstatt bleiben. Als aber Báthori sah, dass er victorisirt hatte, schrie er bevor: nékünk adta Jn! (Gott hat es uns gegeben.) Da fiel ein jeder aufs plündern der todten Körper und ritten alle aus der Ordnung. Als solches des Radul Wayda verstecktes Volk sahe, kunten sie nicht zusehen, brachen also heraus, hintenher mit erschröcklichem Geschrey, stiessen auf des Báthori Dandár und gaben Feuer auf sie, also dass keiner nicht fehlen konnte. Darnach brachen sie ihre Käfiche (Köpfe?) also hart, dass der Báthori nicht mehr Victoria schrie, sondern: fut ha ki futhat (laufe, wer laufen kann), also ward der stolze Báthori mit seinem grossen stattlichen Volk geschlagen und bliebe auf der Wahlstatt, die nahe beisammen gelegen waren 7785 Seelen in den Haufen gelegt, ohne die sich in der Flucht hin und her verzedelt haben. Der Imreffi János, ein Verräther und Stifter alles Unglückes, ward bei Pitersburg von seinen eignen Kriegsleuten in eine tiefe Sumpfe getreten und ist allda vergangen. Also entran Báthori des Nachts in die Hermannstadt. Der Radul aber, als er solches sahe, fiehl er von seinem Ross und danket Gott, schrie laut, dass nicht er, sondern der allmächtige Gott den Báthori geschlagen hätte und jaget den Báthori nicht weiter nach, denn sein Volk war müde und der meiste Theil verwundet. In Augusto rüstet sich Radul Wayda vor Cronen und wollte den Báthori weiter beschauen; rucket unter die Hermannstadt, belägert sie, kunte sie aber nicht stürmen. Eben damals kam aus Ungarn dem Radul zu Hilfe der Forgáts Simon mit 25,000 Ungarn; was vor Nutzen sie den armen Siebenbürgern thäten, ist auch heutigen Tags zu beklagen, denn sie waren kommen, nicht zu kriegen, sondern zu rauben und sich unter einander zu verrathen. Nicht lang darnach kam dem Báthori eine grosse Anzahl Türken zu Hilfe. Als aber der fromme Sigismundus Forgáts sahe, dass er und sein Heer von seinem Volke verrathen wäre, brach er auf, reiset nach Mediasch und der Radul Waida mit ihm; liessen zu Mediasch 300 Mann Fussvolk in der Besatzung. Von dannen zogen sie gegen

Schässburg, daher gegen Cronen. Als aber der Báthori merkte, dass sein Feind flohe, brach er aus seinem Nest aus Hermannstadt mit seinem Volk sammt den Türken, zog den nächsten Weg gegen Mediasch, fordert die Besatzung heraus. Als aber die einfältigen Zipser, so in der Besatzung gelassen waren, sahen, dass mit dem Báthori zu kriegen kein gut thun würde, bathen sie um Gnad und Abziehen, welches ihn auch Báthori selbsten zu thun persönlich mit einem theuern Eid verpflichtete. Als aber die armen Schöps herauskamen, deren 300 waren, begehrt er sie zu sehen. Als er sie sahe, nahm er und liess sie fahen und in der Hermannstadt hart gefänglich halten."

In einer andern Chronik wird nur kurz gemeldet: „1611. Die 9. Julii wird bei Kronen Báthory Gábor durch Radulium Valachiae Vayvodam geschlagen und in die Flucht gejaget. Dieser Radul war im vorigen Winter in der Valachey durch Báthory geschlagen und verjagt worden. Báthory laufft in die Hermannstadt und lässt ungerechtermassen die Senatores et Centum viros in Gefangenschaft thun, tandemque in apertam prorumpens tyrannidem quid quid erat argenti aut auri facti, infecti sub juramento a Cibiniensibus extorqui facit nec parcit in pupillorum bonis verum omnia evasat. Mit diesem Blutgeld werden die Soldaten gewonnen und dass sie nicht weglauffen. Bald darauf kommt Radulus mit seinen Völkern vor die Hermannstadt und belägert solche, es kommt auch Sigismundus Forgács mit seinen Völkern, aber sind beide bald abgezogen."

Die walachische Reiterei unter ihrem Commandanten Siska hatte wesentlich zum Erfolg jenes Schlachttags bei Kronstadt beigetragen, dagegen soll Stephan Bebö zuerst mit der ungarischen Reiterei die Flucht ergriffen haben, dieser wurde in Hermannstadt auf Báthory's Befehl enthauptet, ein Günstling aber, der Königsrichter David Weyrauch von Reps, zum Comes der Sachsen eingesetzt. Als Báthory auf der Flucht die stolzen Federn vom Helme genommen, hatte ihn Weyrauch in seiner Chaise nach Hermannstadt gebracht und erhielt dafür die Comeswürde. Die Repser selbst hielten fortan in ihrer hilflosen Lage zum Tyrannen. Die Kronstädter bezahlten den polnischen Hilfstruppen Radul's den Lohn mit 34,000 fl., und Radul liess einige báthoreische Anführer in Kronstadt enthaupten, schickte von den erbeuteten 120 Fahnen die 11 schönsten dem Sultan

und 32 Standarten dem Kaiser nach Prag, um seine Ergebenheit
zu bezeugen. Dann rückte Radul vor Hermannstadt, wo er zwischen
Schellenberg und dem jungen Walde lagerte. Zu jener Zeit hatte
auch König Mathias gegen Báthory sich erklärt, dieser wurde in
einem Manifest als Störer der öffentlichen Ruhe gebrandmarkt,
welcher die Tractate nicht einhalte, ungerecht den Radul aus der
Walachei verjagt, sich den Titel eines walachischen Fürsten ange=
maßt, Einfälle in Ungarn gemacht, die Haybucken aufgehetzt habe,
ein schlechtes Regiment führe, nach der polnischen Krone strebe.
Báthory hält die königlichen Legate zurück, sammelt Truppen, viele
Szekler, so daß sie, bei 6000 Köpfe stark, Hermannstadt anfüllen
und diese unglückliche gemarterte Stadt als ihr „Eigenthum" be=
handeln. Von Ungarn her rücken der königliche Feldgeneral Sig=
mund Forgats und der Freibeuter Andreas Nagy nach
Siebenbürgen ein, besetzen Klausenburg, Weißenburg, Müllenbach
und lagern endlich zwischen Hammersdorf und Neppendorf, so daß
sie mit den befreundeten Truppen Radul's die Stadt umzingeln.
Hermannstadt ist aber damals eine der ausgedehntesten und vor=
trefflich angelegten Festungen gewesen, so daß beide Heere binnen
sechs Wochen nichts auszurichten vermochten, im Gegentheil zwang sie
Báthory durch glückliche Ausfälle und unerhörte Grausamkeit gegen
die gemachten Gefangenen zum Waffenstillstande. Da ließ er einen
Gefangenen von dem zwölf Klaftern hohen Rathsthurm auf das Pflaster
hinabstürzen; ein anderer wurde an ein Thor zur Zielscheibe seiner
Soldaten befestigt; ein dritter vor ein Feldgeschütz gebunden und
dasselbe „ihn zerfetzend, losgeschossen"; andere von Pferden zu Tode
geschleift, oder zu Tode gepeitscht, gespießt und sonst gemartert, auch
andere Gefangene ließ er hinrichten, ja selbst in späterer Friedenszeit
zwei in Großwardein aufgegriffene ehemalige Rittmeister der For=
gátschen Truppen aufspießen. Radul und Forgáts, erschreckt durch
die Nachricht von heranrückenden türkischen Truppen, gehen über
Mediasch, Schäßburg nach Kronstadt; der königlich ungarische Feld=
herr brandschatzt die friedlichen Städte; Mediasch muß ihm 5000 fl.,
Kronstadt 14,000 fl. zahlen; gleichwohl verläßt Forgáts das Land; —
auch Radul kann den Michne nicht verdrängen, dieser reist also über die
Moldau und Polen nach Wien, wo ihm der Kaiser Subsidiengelder
verspricht, er eine ehrenvolle Aufnahme findet und in Ruhe seine
Tage beschließt. Seine Töchter Ankutza und Helene (diese letztere
war ihm 1603 in Suczawa geboren) ernähren sich von Handarbeit

XIX. Gabriel Báthory's wahnsinniges Regiment.

und werden später von dem nachher regierenden walachischen Woi=
woden, einem ihrer Anverwandten, Matthä Bessaraba, gut auf=
genommen; ja Radul Scherban's natürlicher Sohn, Constantin
Bessaraba, welchen sein Vater Radul (Rudolph) und Mathä
Bessaraba als Prinzen anerkannt hatten, wird selbst, 1654—1658,
Woiwode der Walachei und gehört, wie sein Vater, zu den besten
Regenten dieses Landes.

In Constantinopel war der dahin abgesandte Gabriel Bethlen für
den Fürsten Báthory thätig; dieser hatte die Abtretung des Lippäer Ge=
biets angeboten und so türkische Hilfe erlangt, welche ihm der Omer Begler=
beg von Bosnien zuschickte: Báthory entsendete gegen Ungarn ein Corps,
welches bei Tokay zerstreut wurde, mit den übrigen Truppen und den zu=
stoßenden Türken zog er nun zum dritten Mal gegen das unbeugsame
Kronstadt. Dies war in schlimmer Gefahr. Auf dem Wege dahin
brandschatzte Báthory Mediasch mit 12,000 fl.; Schäßburg aber
wehrte sich mit unverhofft losgebranntem Geschützdonner, so daß
Báthory in der Eile vorüberzog. Nun geht ein Plündern, Sengen
und Brennen, Morden und Rauben los. Die Wolkendorfer hatten
sich (300 Menschen) in einem Castellthurm ihrer Kirchenburg zurück=
gezogen und diesen muthvoll vertheidigt, der Thurm aber wird an=
gezündet und alle darin Befindlichen verbrannt. Wollten in andern
Ortschaften die Bauern Wasser aus ihren Brunnen haben, so stand
schon dort der neue Herr ihrer Habe, der ungarische Hayduck, und
verlangte das letzte Geld als Bezahlung für den Trunk. Die
Türken, gegen manche Gräuel abgestumpft, sehen mit Widerwillen
auf dies Wüthen des Fürsten im eigenen Lande; Kronstadt verweigert
die Uebergabe, ja es gelingt seinem Rathe, den Pascha Homyn zum
Rückzuge zu bereden, da er (wie Homyn sagt) nicht gekommen sei,
„das Land zu unterdrücken, sondern Forgats und Radul zu ver=
treiben, welche bereits entflohen seien"; doch nehmen die Türken
ihren Rückzug durch das Szeklerland und schleppen 12,000 Gefangene
mit sich. So grausig war die Zeit, daß selbst Freiwillige mit ihnen
fortziehen. Es wird von einem Mädchen aus Schäßburg erzählt,
„ihr Vater, ein Barbier in Reps, habe zu jener Zeit die Tochter
vom Türken in Kronstadt zurückverlangt; dieser habe dem Mädchen
die Wahl freigestellt und es sei lieber beim Türken geblieben, welcher
dem Vater versprochen habe, sie nicht als Sclavin behandeln zu
wollen". — Der Fürst muß abermals ohne Erfolg abziehen.
Báthory erklärt nun den Sachsen, „er wolle Hermannstadt den

Bürgern zurückgeben, wenn sie ihm 100,000 fl. entrichten". Man scharrt alles verborgene Geld zusammen, um den Nimmersatten zu befriedigen, und doch hält er sein Wort nicht und sucht nun selbst mit seinen Helfershelfern, unter Mauern und Aborten nach dem letzten Zufluchtsorte irgendwo verborgener Schätze; man bringt die Häuser dem Umsturze nahe; Alles soll zermalmt werden. So verlangt es der Herrscher. In der That, die Türken nannten ihn mit Recht „Deli Kral", närrischen König, denn seine Gier war unnatürlich; wie doch anders seine Geistesverrücktheit, als die des unglücklichen Rudolph, welcher damals in Prag vor seinem Bruder erzitterte; was aber das „Passaner Volk" verübte, glich in seiner Schandthat dem Wüthen des protestantischen Báthory. In Ungarn rüstet sich gegen den Tollen der Palatin Thurzó. Der Fürst selbst beschuldigt am 1. October 1611 alle Sachsen, mit Ausnahme der Repser und Bistritzer, der Untreue, erzwingt den Landtagsbeschluß der Zahlung von 12 fl. für eine Porte Contribution von dem völlig ausgesogenen Lande und schickt Andreas Géczi an die Pforte zu neuen Unterhandlungen. Er wolle die Bocskay'schen Zeiten erneuern, ein Erbreich stiften, der Pforte ein treuer Vasall sein, Tribut entrichten, Gespanschaften abtreten" u. s. w. Er wirbt abermals in Großwardein den Haybuckenführer Nagy (28. October 1611) und läßt in Siebenbürgen die Háromszéker Szekler und Fogaroscher Walachen als Wegelagerer gegen Kronstadt streifen. In Großwardein selbst sind täglich die Gassen mit Todschlag erfüllt, welchen seine Anhänger verüben. Der „fürstliche Mörder und Räuber" fröhnt seinen Lüsten. — Niemals hatte der Türke Aehnliches verübt.

Die Niederländer des Burzenlandes können sich dem Andrange nicht erwehren und fallen ab von Kronstadt, welches beim Palatin um Hilfe anflehen läßt. Géczi hatte aber bei der Pforte den Báthory als Tyrann geschildert und für sich das Fürstenthum erbeten; er verspricht dafür die Abtretung von Lippa, Jenö und Großwardein. In der That erhält der Pascha Mehemed Beglersi den Befehl, eine neue Wahl zu veranlassen. Es gelingt indeß dem Báthory, von Mathias einen Waffenstillstand bewilligt zu erhalten, und nun werden im Jahre 1612 wieder alle Kriegsmittel gegen die Sachsen von Kronstadt in Bewegung gesetzt. Der Fürst versucht auch, den M. Weiß für sich zu gewinnen, dieser aber schreibt ihm am 27. Januar 1612 zurück, „er möchte sich nicht über Sárkány weiter bemühen, Kronstadt ergebe sich nicht, es werde zum Spotte des Fürsten ausfallen".*) Den 17. Februar werden alle waffenfähigen Männer des Landes gegen die rebellische Stadt aufgeboten. Báthory läßt eine Schmachmünze, zehn Ducaten schwer, prägen, auf deren Revers das unterworfene Kronstadt abgebildet war, wie ein geharnischter Reiter darüber sprengt und eine Menge Soldaten nachrücken. Die Stadt erwiedert auch diese Drohung mit einer Münze, deren Avers einen Lorbeer= kranz trägt mit der Inschrift: Ille in equis et curribus, und die Reversseite das Stadtwappen mit der Umschrift: Nos in nomine dei confidimus. (Jener auf Pferde und Wagen. Wir vertrauen auf den Namen Gottes.) Den 24. März 1612 gelingt es Báthory, das Zeidner Dorfschloß zu gewinnen; die 35 Kronstädter, welche es vertheidigten, werden nach ihrer Auslieferung auf Spieße gezogen; auch die Schlösser von Rosenau und Törzburg werden eingenommen, halb hier durch List, halb dort durch Verrath; nur das Dorfcastell nebst der Kirchenburg von Honigberg vertheidigt Johann Mahler, aus Böhmen gebürtig, im April 1612. —

Lassen wir die Kriegsbilder jener Zeit in den Schilderungen an uns vorüberziehen, welche wir in zeitgenössischen Chroniken (zumal bei E. Trauschenfels) verzeichnet vorfinden.

In die Stimmung der Zeit soll uns ein Briefwechsel führen. Der Richter des Markts Marienburg hatte an den Stadtrath Chrestel= schmidt geschrieben, man möchte sich dem Fürsten ergeben.

Die Antwort an den Marienburger Richter Henfels Merten lautete:

„An den Richter zu Marienburg.

Ehrsamer Herr Richter! Dass der Stuhls-Richter oder Königs-Richter von Reps sagt, wie viel Volk in ihrem Stuhl lieget, so mit dem Fürsten und grossen Geschoss auf uns kommen soll, irret uns nicht, wir sind in denen Sachen resol- viret vom grössten bis auf den kleinsten, werden davon nicht abweichen, wenn das gantze Land auf uns kommen sollte, so haben wir sie zu speisen, die Herbergen um die Stadt und das fürstliche Kochhaus ist gemacht, der Pfeffer liegt im Mörser und den Skarnitzeln**), komme nur wer kommen will, es soll an uns nicht mangeln, denn das ist gewiss, dass wir entweder ehr- lich in unsern Freythümern leben oder ja redlich sterben (dürft aber uns nicht beweinen, kann es dem Königsrichter auch sagen)

---

*) „Felséged térjen vissza Fogarasból és maga kárára és gyalázatjára, a Sarkányon ne jöjjen által." —

**) Es sind die Pulverpatronen gemeint.

— wollen. Was die Gnad des Fürsten, so er allen denen, die ihm zuwider seyn gewesen, anbelanget, da sollt ihr wissen, dass ich nicht allein Thomas heiss und bin, sondern die gantze Stadt ist Thomas (ungläubig) in demselben, will aber Herr David (David Weyrauch, Königsrichter von Reps), dass wir auch Davides sollen werden, verschaffe er, dass wir den Szilvassi und Rhener sehen mögen und unsre Hände in ihre Seiten nicht legen, alsdann hat der Fürst sein Volk und Geschoss in unser Revier wohl angelegt und Herr David wird auch nicht seinen Saamen in das Wasser, sondern in einen guten Acker geworfen haben. Und hiemit Gott befohlen.

Aus Cronen den 26. Februar 1612.

Euer willig Freund
Thomas Chrestelschmidts.

P. S. Ein andermal stellet Euer Schreiben an den Herrn Richter, sonst mag es Euch übel belohnt werden. Wird der Fürst den Bethlen Gábor und Szilvasi etliche Bürgermeister oder Richter aus denen Städten sammt dem Rhener hereinschicken, werden einen freyen Einlass haben und wollen mit ihnen reden, darum mag sich Herr David bemühen und auch herein kommen."

Man sieht, es fehlte den Leuten weder an Muth, noch an Humor. Chrestelschmidts verstand es auch gut, Schwerthiebe auszutheilen; er ist nachher, wahrscheinlich in der Schlacht am 15. October 1612, gefallen und verschollen.

Damals besprachen sich wieder die Kronstädter, am 23. Februar 1612 am Temeschbache mit den Haybuckencapitänen Török István, Mochioni Gergely, Horváth András, Bánházi András aus Bótfalu. — Eine Verständigung konnte aber nicht erzielt werden.

Ein andrer Brief des Richters aus Tartlau zeigt von der Entschlossenheit der Bauern:

„An den Nahmhaften, Fürsichtigen, Wohl Weisen Herrn Herrn Richter in Kronstadt, unsern günstigen Herrn und Patronen! Unsern Gruss und schuldige Dienste samt allem unterthänigen Gehorsam........ und auch dass wir das Verheiss ... nämlich bey der Stadt Leib und Leben zu lassen, auch bis dato steif und vest halten, ja auch mit Gottes Hülfe halten wollen, dieweil nur einer von uns leben und sich regen wird, sintemal auch wir noch durch Gottes Gnade so viel Verstandes bei uns haben, dass wir erkennen können, dass wir ohne die Stadt, welche nach

Gott unsre Crone ist, nur lauter Spott und nichts sein, auch dass wir das wissen, dass es viel besser ist, mit guter Gewissenheit in einer rechten Sache ritterlich vor das Vaterland zu sterben, als vor die väterliche Freiheit als des Feindes ewiger Spott zu seyn, sintemal auch wir nicht gerne in ewiger tyrannischer Rabbey (Sklaverei) und Dienstbarkeit leben und seyn wollten, welches gewisslich geschehen wird, wenn die Stadt, dafür Gott sey, von den Tyrannen überwunden wird werden. . . .

Ex Prasmar (Tartlau) den 17. Martii 1612
E. N. F. W. Dienstwillige
Johannes Kentz Judex
cum tota Communitate conturbata.

Im weitern Verlaufe der Begebenheiten theilt auch zu dem Jahre 1612, wo Báthory gegen Kronstadt zu Felde zog, die Chronik Folgendes mit: „Anno 1612 im Februar rüstet sich Báthory mit aller seiner Macht und zog in Martio in Burtzland den nächsten Weg unter Zeyden, belagerts hart, liess es jämmerlich beschüssen. also dass der halbe Thurm herunter fiehl, aber es war von Cronen eine Besatzung guter Krieger darinnen, die thäten dem Báthory harten Widerstand aus dem Schloss und mit den Schiessen harten Schaden, dass Báthory den nächsten Schantz räumen musste. Als er sahe, dass er nichts gewinnen würde, both er ihnen Frieden an, Gnad, Berg und Thal. Darauf fiehlen die Bauern, liessen sich betriegen und gaben das Schloss auf und liessen den Báthory mit seinem Volk hinein. Als er hinein kam, nahm er die Besatzung gefangen, hielt ihnen keinen Glauben, führet sie nach Weidenbach und liesse sie alle nacheinander spiessen." Da schreibt denn Weiß Anfangs April 1612 an Constantin Mogila, an Rabul, sowie Petraschko und Kenbi um Hilfe, wo er den Gabriel Báthory heißt „unsre Pest, der andre Nero und zweite Sardanapal". — Zu einer andern Chronik lesen wir Folgendes:

„Den 29. Martii hat der Fürst 32 Croner. so Mich. Weiss gegen Zeyden ihnen zu Hilfe geschicket hat, bei der Neustadt in Spiess lassen ziehen, welche Croner die Zeydner dem Fürsten übergeben hatten und nicht wollen zuvor hinauslassen."

„Den 5. April ist Báthory Gábor mit wenigem Volk vor Turtschvest gezogen und hat ihm der oberste Porkoláb (Burgvogt) Johannes Raab alias Hanklichesser ein Schneider samt seinem Gesellen David Horváth ein Lederer, samt Weber Kellner das Schloss übergeben und den Fürst samt seinem Volk hineingelassen."

„Den 13. April hat man den Johannes Raab oder Hanklichesser Porkoláben von Türtschvest (Törzburg) samt seinem Mitgesellen David Horváth aufm obersten Berg bei Burghals zu Cronen erstlich gestümmelt, den rechten Arm im Ellenbogen und linken Fuss im Knie abgehaun und darnach kreuzweis in einen Spiess gezogen. Seinen Gesellen David Horváth hat man auch ungestümmelt in einen Spiess gezogen, item einen andern Türtschburger Knecht mit Namen Mechel an einen Galgen oben auf den Berg gehangen. Haec sunt acta am Freytag vor Palmarum."

„Den 16. April hat man zwei andre Türtschburger Knecht, einen Lamfriche Merten von Petersberg mit den Füssen aufgehangen und ihm am andern Tag (nachdem er die gantze Nacht und Tag jämmerlich gelitten und geschrieen, auf etlich guter Leuten Bitten beim Mechel Weiss, der vergunt) mit den Zigeunern am Galgen todt schlagen lassen. Heu tyrannis truculentissima! den andern hat man auch sonst aufgehangen, weil sie Türtschvest dem Fürsten übergeben hatten."

„Den 20. April rauben die Hayducken aus der Altstadt viele Leute und Vieh hinweg."

„Den 17. Mai haben die Hayducken die Belgerei (walachische Vorstadt von Kronstadt) angezündet, die Mühl aufm Anger verbrennt und viele Leute, Wallachen und Deutsche, gefangen mitgeführet."

Mittlerweile hatte Géczi in Constantinopel, sehr dem Auftrage zuwider, eine Beschwerdeschrift gegen seinen Fürsten überreicht; worin Gabriel Báthory beschuldigt wurde, „daß er keine eingegangnen Bedingungen halte, die Calvinisten und andre Bewohner bedrücke, sich Eingriffe aller Art in das Privateigenthum, Steuerbelastungen u. s. w. zu Schulden kommen ließe, daß er türkische Deserteure schütze, Lippa, Jenö, nicht ausliefern wolle, daß er in die Moldau und Walachei ohne Grund eingebrochen sei, in Polen habe 400 Dörfer niederbrennen lassen u. s. w." Der Aga Diák Mohamed nimmt sich der Siebenbürger an, schlägt Géczi zum Fürsten vor, welcher am 15. Mai in einem Revers 15,000 Ducaten als Jahrestribut verspricht u. a. m. In Siebenbürgen aber dauert der Bürgerkrieg fort.

Die Chronik fährt an anderer Stelle weiter fort: „Von dannen rucket er nach Honigsberg, welches eine schlechte Vestung ist, nur mit einer Mauer umfangen; selbe liess er mit allen seinen Stücken beschiessen, also dass die Mauer bei 40 Klafter niedergelegt wurde; stürmten auch deshalb darauf. Es war aber in der Besatzung einer Hans Boim genannt, der hielt sich mit den Bauern so ritterlich darinnen, dass die Stürme dem Báthory mit Schand und Spott zurück getrieben wurden; im Sturm waren die Zekel sehr erhungert. Als sie an die Mauern kommen, hat der gute Hans Boim in's Brod lauter Raquets und Feuerwerk gemacht, das warf er ihnen heraus und als die Zekel auf's Brod fiehlen, ein Theil zankten sich um's Brod, lieffen ganz haufenweis hinzu, da gingen die Raqueten im Brode an, verbrandten und verderbten unzählig viel Zekel, mussten also weichen und dürften nicht mehr stürmen. Báthory both ihnen darauf Frieden an, aber die Erfahrenheit machte sie klug, gaben ihm keine Antwort, hingen ihm zum Spott eine lebendige Sau heraus und musste also mit Schand abziehen". . . .

Auch gelang es den Kronstädtern, dem Báthory durch Ueberfall bei Rosenau das Geschütz zu vernageln, während der Fürst selbst „in Neustadt einer sächsischen Bauernmagd seine Mannbarkeit bewies".

„Als Báthory von Burzland abgezogen war, unterstund sich ein Hauptmann, Nemethy Gergely mit 5000 Zeklern etwas zu probiren, belagert eine schlechte Vestung in Burzland Brenndorf, rüstet sich zum stürmen und hatte unzählig viele Latern anwerfen lassen. Als aber Herr Michael Weiss zu Cronen vernommen hatte, dass Brenndorf belagert wäre, schicket er Johann Bohmen mit 50 Knechten nach Brenndorf, als er ins Schloss kam, ermahnte er die Bauern alle zu streiten und zu schwören, Leib und Leben bei einander zu lassen, stärkte und verwahrte das Schloss, nahm grosse eichne Bollen, liess dieselben auf die Mauer aufhengen. In die Gruben um das Schloss liess er Stroh-Pusch werfen, machte dazu viele Fackeln von Speck. Als Nemethy Gergely um den Abend mit den Zeklern herzukam, machte er seine Ordnung und als es finster war, liess er etliche hundert Leitern an die Mauer lehnen. Johann Boim liess es geschehn, und liess etliche Lichter an einem Thurm anzünden. Als dieses der Feind sahe, vermeynte er, es seyn

Leute darinnen und schiessen alle auf den Thurm nach den Schein. Unterdessen hat sich Johann Boim in einem andern Thurm mit guten Schützen versteckt und schoss allso daraus auf den Feind. Darnach thaten die Zekel einen harten Sturm und liefen auf den Leitern bis auf die Mauern und steckten ihre Fahnen auf. Als solches Johann Boim ersehen hatte, schrie er sein Volk wacker an und hieb die grossen eichne Hölzer von den Stricken ab, also liefen die grossen Hölzer über die Leitern ab, darauf unzählig viel Zekel hingen, erschlug viel, stiess sie von den Leitern, als hätte man sie mit den Besen weggekehrt. Nach diesen warf er Raquetten und sonst viel Feuerwerk hinaus auf den Feind, zündete das Stroh mit Fackeln an, dass man den Feind sehen konnte als wie beim Tag, haben also aus der Vestung auf den Feind geschossen und viel verderbt. Als dieses Némethy Gergely sah, ergrimmte er, schrie das Volk wieder an zu laufen und zu stürmen, er aber machte sich in eine wüste Stuben, stund im Fenster, schrie mit grosser Stimme zum Volk: als er aber von einem Campanatore (Schullehrergehülfe) ersehen ward, indem er vom Feuer licht war, nahm er einen Hacken, zielet nach ihm und traf ihn also, dass er nicht mehr stürmen durfte, zog ab und musste am dritten Tag den Geist aufgeben. Das Anlaufen währte von 8 bis 12 Uhr in der Nacht und sind erschlagen worden 480 Zekel."

So finden sich denn mehrere andere Aufzeichnungen, welche den wogenden Kampf berühren. „Den 8. und 22. August obsiegen die Kronstädter, am letzten Tage tödten sie 90 Báthoreische und fangen 182." Indeß nicht das Einzelne kann hier verfolgt werden; unser Charakterbild hat uns den Gesammteindruck jener Zeit zurückzulassen. Hören wir weiter die Sprach- und Gefühlsweise von Zeitgenossen.

In Nößner's Chronik heißt es zum Jahr 1612: „Den 7. Juni am Donnerstag vor Pfingsten sind des Fürsten Geisel Erdöly István und 2 andere Edelleute samt dem Repser Königsrichter David Veyrauch und dem Richter von Nösen Georg Frank in die Stadt kommen und in der Kirchen der ganzen Nobilität und Universität Sächsischer Nation Brief und Siegel, in welchem man dem Fürsten gehuldet, aufgelegt und begehrt, mit dem Fürsten Frieden zu machen, dieweil ihn das ganze Land hätte angenommen, welche ihm aber spöttisch und höhnisch ist ab geschlagen et noluimus, darum wirds hernach heissen sic voluimus. Aus der Stadt sind zu Geisel bei die Hayducken geschickt worden Herr Michael Forgács, Barthol. Kattner, Joh. Honterus ex Senatu, ex Communitate (äußere Stadtvertretung) vero Bamfi Peter, Georg Kosak, Merten Heltner."

Dann wird bemerkt, daß: „11 Juni kehren die beiderseitigen Geiseln heim;"

„28. Juli schicket Michael Weiss Pitter Kammern aus Hermannstadt und Mechel Kirschnern von Schässburg an die türkische Portam."

Es folgen die Ereignisse des Augustmonats; zum 13. Septbr. erzählt Andreas Hegyes, daß bei Illyefalva die Zeckel und Haybucken von den Kronstädtern geschlagen worden seien und setzt hinzu: „Diesesmahl sind alle die Hayduckischen Capitäne hier gewesen, samt der gantzen Székelység und wenn der Schelm, der Götzi András nicht wäre gewesen, so hätten sie alle müssen herhalten, so in der Fehlung waren."

Bei der Pforte war die Stimmung immer ungünstiger geworden; indeß einerseits gönnte man den Christen, daß sie sich gegenseitig zerfleischten, andrerseits aber fehlte es an zielbewußter Politik; die Laune des Augenblicks entschied, diese gelenkt, durch alle mitunter so unscheinbaren Vorgänge, welche das Gemüth der Mächtigen bewegen. Der Sultan war ein Haremsclave; im Jahre 1612 geschah es einmal, daß er seine Favoritin prügelte, weil diese mehrere Sclavinnen aus Eifersucht hatte erwürgen lassen; er sticht der Sultanin mit dem Dolch in die Wangen, tritt sie mit Füßen und verhandelt nachher mit den Großwessiren über die „Barbarei" des Gabriel Báthory. Als dieser versprochen hatte, Bocskay's Zeiten erneuern zu wollen, da vereitelte der protestantische Michael Starzer das Project und schließt mit dem Großwessir Mohamed 12. Mai 1612 sogar eine Convention ab, wonach Báthory abgesetzt werden sollte, indeß Negroni, der kaiserliche Gesandte, und der Sultan selbst sind nicht dafür eingenommen. Man war an der Pforte unentschlossen.

Gegen die Franzosen selbst erhob sich der Ingrimm, so hatte schon der alte Murad dem Gesandten de Breves gesagt: „lieber wolle man zehn andere Geistliche, als einen Jesuiten dulden"; es hatten sich nämlich dort fünf französische Jesuiten niedergelassen. Sie wurden beschuldigt, Alles in Verwirrung zu bringen; selbst Andreas Negroni's Bemühungen litten unter diesem Verdachte; der

Gesandte verlangte jetzt für seinen Herrn (Kaiser-König Mathias) Siebenbürgen im September 1612, da Báthory 400 polnische Dörfer niedergebrannt und vielfach seine Würde verwirkt habe. Dem gegenüber verhielt sich freilich die Pforte hochmüthig ab=
weisend; hatte doch Nassuh, der Großwessir, seinen Vorgänger Murad einen Narren genannt, weil dem Bocskay betreffs Sieben=
bürgen „zu viel an Rechten wäre eingeräumt worden". Vergebens hatte also Gabriel Báthory durch seine Gesandten Franz Balásfi und Thomas Borsos verlangt, „es möchte ihm Siebenbürgen als freies Erbe zuerkannt werden, 15 Jahre solle es keinen Tribut zahlen, hernach 10,000 Ducaten; die Haybucken sollten freie Leute bleiben und der Sultan von ihnen 30,000 in Sold nehmen, damit der Türke ihren Räubereien Einhalt thun könne". Bethlen hatte schon gegen den „Deli Král", den närrischen König, einen neuen Vertrag zu Wege gebracht.

So scheiterte das Unternehmen Báthory's ebenso wohl bei der Pforte, als vor dem heldenmüthigen Kronstadt. Nach Hermannstadt war der Fürst schon im Mai d. J. zurückgekehrt. Hier wird im Mai ein Landtag abgehalten und alle drei Nationen müssen Legate an Kronstadt absenden, um es zur Waffenstreckung zu bewegen, „sonst werde der Hochverrath über alle verhängt"; indeß schon verlautet es, Géczi habe die Absetzung des Fürsten bei der Pforte bewirkt, und so entschuldigt sich Kronstadt, dem Willen der Stände nicht entsprechen zu können. Die damals erfolgte Wahl Mathias' zum Kaiser und andere Vorkommnisse bestimmen die Pforte, sich in Báthory ein Werk=
zeug zu erhalten; auch der Fürst sucht einzulenken, und unter solchen Umständen wird seine Absetzung verschoben. Dies war für Géczi eine bedenkliche Wendung; er flüchtet sich daher nach Kronstadt, wird gut aufgenomen, lähmt aber später als Ungar, anders denkend, manche Beschlüsse der Sachsen. Dem Mahler oder, wie er auch hieß, Böhm gelingt es, Brenndorf einzunehmen, und Kronstadt wirbt von Radul Michne 8000 walachische Söldner an, um sich besser zu ver=
theidigen. Dies war sein Verderben, denn diese Truppen waren nicht zuverlässig und Géczi ein gefährlicher Freund. Um diese Zeit trifft es sich, daß Báthory gegen Gabriel Bethlen Verdacht faßt, ihn tödtlich beleidigt, seine Hausehre kränkt, denselben mit dem Säbel bedroht, hernach ihm eine brennende Kerze in den Bart stößt, so daß Bethlen nach Déwa flieht und dann zu den befreundeten Türken nach Temesvár und endlich nach Constantinopel, um den Tyrannen

zu stürzen und selbst das Fürstenthum zu erlangen. Einen andern Parteigänger, Nagy, beschuldigt der Fürst mit mehr Recht der Untreue und spaltet demselben in einem Streite zu Weißenburg den Kopf entzwei (12. August). Dieser Art hatte er sich der besten Stützen beraubt; seinen Stallmeister Nicolaus Horváth ritt er unter die Hufen seines Pferdes und tödtete in ihm einen andern Getreuen.

Gegen Kronstadt fiel der Kriegszug besser aus, zwar wurde der die Stadt stürmende Némethi zurückgeschlagen und hatten wiederholt die Kronstädter weithin erfolgreiche Streifzüge unternommen und Kriegsbeute heimgebracht; als aber Wolfgang Allya mit dem Aufgebot des Szeklerlandes Mitte October 1612 gegen die Stadt rückte, und in der begonnenen Schlacht die walachischen Reiter die Flucht ergriffen, da fiel der heldenmüthige Oberrichter Michael Weiß, erst 43 Jahre alt, indem ihm bei dem Sturze vom Pferde der Haynducke Georg Tunyog den Kopf abhieb, und die mitausgerückten 49 Studenten dort auf einem Haufen der Uebermacht erlagen. Kronstadt erhielt den Rumpf um ein Lösegeld, der Kopf aber wurde dem Fürsten nach Hermannstadt gebracht, welcher nun mit Zuversicht auf die Uebergabe der Stadt hoffte. Das geschah wohl nicht, aber man mußte beiderseits auf „Defensionsbündnisse und Compromisse" bedacht sein. *)

Hören wir über jenes Ereigniß eine Chronik: „Im September wurden die Kroner sehr mächtig an Kriegsvolk, denn sie bekamen Hülff aus der Wallachay. Herr Michael Weiss, damals Richter in Kronen, persönlich als der General zog von Cronen heraus und lägert sich vor das Gespräng; von dannen zog er in Zekelland, was sich widersatzte liess er alles stürmen und niederhauen, trieb die Zekel alle zusammen, also dass sie nicht wussten, wo ein, wo aus. Darauf lägert er sich auf den Altfluss bei Merenburg (Marienburg). Als aber Báthory vernommen hatte, dass Michael Weiss persönlich mit vielem Volk in Zekelland gefallen und allda grossen Schaden gethan, schicket er alsbald seine Heiducken mit dem Török István, dazu die meineidigen Zekel und überfielen das Cronervolk unversehens an St. Gally Tag, also dass sie die Flucht geben mussten, denn die walachische Hülfsvölker waren alle Verräther, kein einziger wollt kriegen, sondern alle geben die Flucht. Ward

---

*) Der Romanschriftsteller Nikolaus Jósika hat in seinem „letzten Báthory" viel Geschichtliches dieser Zeit dichterisch verwerthet. —

also H. Michael Weiss und bei ihm Herr Hettner erschlagen und enthauptet und die Zekel haben unzählig viel Volk erschlagen. Zogen also mit Triumph in Hermannstadt, führten Herrn Michaels Weiss Kopf mit dem Báthori. Nach diesem wurde Báthori noch viel unsinniger, lebet in allen Sauss und führet ein unkeusch Leben, wie es denn männiglich bekant, jaget die übrigen Sachsen, so noch in der Stadt waren, alle noch heraus, behielt nur etliche Zechleute (Zunftgenossen), welche er am Hofe nicht entbehren konnte, allso dass die Stadt so wüste wurde, dass die Ungarn in der Stadt an vielen Orten geackert haben und Hirsch (Hirse) darein gesäet. Damahls wurden die armen verlassenen Sachsen gedrungen bei den zwey Kaisern Hülfe zu suchen."

Auch Báthori schickt Gesandte nach Constantinopel, ebenso Kronstadt; es war als kriegführende Macht von der Pforte und von Ungarn anerkannt worden, ja selbst vom eignen Fürsten.

Dieser sucht jetzt die sächsische Geistlichkeit wieder zu gewinnen, indem er aussprechen läßt, ihr „Hochverrathsprozeß" sei ein Irrthum gewesen, und er läßt ihr die weggenommenen Zehntbezüge mit der Ausnahme der einen sācularisirten Zehntquarte wieder zukommen. Mit Ungarn wird auf dem Landtag in Preßburg ein Tractat abgeschlossen, wobei König Mathias auch die Schutzpflicht übernimmt, den Frieden mit den Sachsen und mit Kronstadt zu vermitteln. Diese Wendung weiß Bethlen und der Gesandte Negroni in Constantinopel gegen Báthory auszubeuten, und man beschließt abermals des Fürsten Absetzung. Im Innern des Landes hatte sich dieser neuen Anhang zu verschaffen gewußt; die Ausgleichung mit Kronstadt angebahnt; den Géczi begnadigt, welcher sich durch Bethlen und seine Parteigänger verdrängt sah, und so schien der Bürgerkrieg beendigt; wir werden im nächsten Abschnitt Näheres darüber berichten. Da erscheint am 13. Juli 1613 der Tschausch Hussaim in Kronstadt und theilt den Erstaunten mit, daß zwei türkische Heere herannahen, um den Báthory ab- und den Bethlen einzusetzen. Der Fürst verlangt die Auslieferung des Hussaim, doch Kronstadt erklärt sich „neutral". Im September erscheint der eine türkische Feldherr Magyar Ogli im Burzenlande, zieht an sich die Truppen des Radul Michne und jene des Stephan Tomscha aus der Walachei und Moldau, endlich ein Tartarencorps, welches, 15,000 Mann stark, unter dem Schah Gywa zwischen Tartlau und Hoßzufalu lagert (25. September). Báthory sucht das Heil in der Flucht; noch will er am 1. October den Entschluß verkündigen „daß der ganze Adel vertilgt werden müsse", aber schon rückt auch von der andern Seite Iskender Pascha mit 16,000 Mann heran.

Der Ausgang des letzten Báthory sollte ein Ende mit Schrecken finden.

Das fürchterlich mißhandelte Volk der Siebenbürger Deutschen hatte wieder eine Zeit entsetzlicher Marter ausgestanden und war noch immer nicht verdorben. — Wann sollte ihm der Tag einer **ehrlichen wohlwollenden** Regierung erscheinen?

XX.
Der Ausgang des letzten Báthory und Niedergang der Türkenzeit.

Als die türkischen Heere heranrückten, schien jeder Widerstand unmöglich. Báthory entflieht und die siebenbürgischen Stände kündigen ihm den Gehorsam in einem eignen „Beurlaubungsschreiben" auf. Geben wir gleichzeitigen Chronisten das Wort, die uns die dramatische Entwicklung lebendig vor Augen führen. Doch müssen wir dabei noch etwas in der Zeit zurückgreifen, um den Eindruck, welchen die Begebenheiten auf den Erzähler machten, in ihrer unmittelbaren Wirkung mit zu empfangen.

Das Jahr 1612 hatte für Kronstadt einen nicht ungünstigen Ausgang. Am 29. Dezember „erschlugen 150 Croner derer Zekel 400 im Croner Feld, brachten viel Vieh und Gefangene heim." Auf Benkner's Heimkehr von der Pforte wurde hoffend gewartet. Am 20. Februar 1613 hatte Kronstadt zu neuen Unterhandlungen an den Fürsten nach Hermannstadt entsendet den Michael Forgáts, den Thomes Blauweber ex Senatu, Luc. Greißing, Merten Heltner und Paul Bamfi, „um Frieden zu machen", wie der Chronist hinzusetzt: „welchen die Croner nicht gewollt, sondern lieber in die Türkei zu Robben (Gefangenen) mit Weib und Kindern getrieben werden." „Den 5. April kommen Fürstl. Durchlauchten Legaten Tökeli István und Jántschi Pál in die Stadt Cron, welche H. Chrestels Hannes Hann, Bartholom. Katner Senator, sammt Andr. Götzi nach Hermannstadt schicken, um Frieden zu machen einzugrüssen."

Im Diarium des Andreas Hegyes heißt es nun zum Jahre 1613 weiter: „April ditto schicket der Götzi an Einen Ehrs. Weis. Rath auch Schreiben, auf dass wir desto eher mögten glauben, und also die Herren von uns zu bekommen (die Geiseln). Weil

XX. Ausgang des letzten Báthory und Niedergang der Türkenzeit. 253

aber unsere Herren (unsere Geiseln), welche bei dem Gábor waren, von dem 5. dieses Monats an gar nichts geschrieben, haben wir ihre Schalkheit gemerket, sonderlich, weil wir gewahr worden, dass unsere Herren auch nicht auf die Gassen gelassen werden. Der Götzi aber, welcher der Stadt einen überaus grossen und erschrecklichen und unerhörten Eid gethan, dass er wider den Gábor nebenst der Stadt und für die Stadt wollt Leib und Leben lassen, ja sich auch von unsern Herren nicht scheiden, ist stracks, wie er für den Báthori kommt, auf die Knie gefallen und für sich und seine Diener um Gnad gebetten, welche ihm der Báthori auch stracks widerfahren lassen. Hat also der Herr Götzi seinen Eid redlich als ein Ehrvergessener Schelm, an den Cronern gebrochen und in das hinter (Gegentheil) gestossen. Bei dem Báthori ist dieser Götzi hernacher Schulmeister gewesen und hat ihm auch alles gelehret und certificiret, was uns zuwider gewesen und also in Grosswürden scheinweis bei dem Báthory gewesen, bis der Báthori seine Sachen mit uns zum Frieden gebracht, sintemal diesem fremden Götzi alle heimliche Sachen bewusst, ja nicht nur bewusst, sondern mit seinem Rathen sind tractirt worden, dazu auch die Stärke der Stadt samt aller Gelegenheit, welches bei Kindes-Kindern soll ein ewiges Denkmal seyn, damit sie sich vor Fremden, versuchten erfahrenen Leuten, so nicht ihrer Nation, möchten wissen zu verhüten. Sapienti sat dictum."

. . . . „Ditto (April) kömmt der Mehemet Aga, so von dem Grossmächtigen Kayser zum Báthori geschicket war, bis nach Rosenau samt des Radul Vaida Legaten N. Leonhardo, einem Wellischen. Der Mehemet Aga hat unsern Türken Abdi Aga kein Schreiben zugeschicket, da er doch seinen Dienern noch für 8 Tagen mit samt unserm Diener bei ihm abgefertigt hat, etwas von ihm zu erforschen. Item schicket der Báthori auf der andern Seite ohn all unser Wissen den Borsos Tamás und Balássy Ferencz auf Temesburg zu an die Port, damit er seine Sachen auf allen Seiten rechtschaffen mögt bestellen uns zum Verderben und dieses hat der tausend Schelm der Götzi angeben. Aber wie solches unser Abdi Aga vernommen sonderlichen, dass der Götzi an den Grossmächtigen Kayser und uns ein Verräther worden, hat er sich auch zu verreisen geschicket, damit er sie noch mögte erreichen.

„Den 25. hat man dem Abdi Aga von der Stadt verehret mit 300 Gulden item 2 schöne Paar Kopchi (Spieße) und einen Kutsi (Kutsche) samt 6 Rappen, dem Mehemet Beck oder Bezzade, oder Markasi Sohn, fl. 100 und ein Paar Kopchi, item des Abdi Aga seinen Knechten fl. 50, dem Schreiber fl. 100, dem Tolmáts (Dolmetscher) fl. 25, des Bezzade Dienern fl. 35 und ist ihnen bis auf den Geringsten Geschenk gegeben worden."

„Den 26 sind sehr viele Zeckel von allen Orten mit allerley Früchten ankommen." (Denn wie an einer andern Stelle berichtet wird, konnten die Kronstädter des Kriegs wegen nicht aussäen und herrschte große Theuerung in der Stabt.)

„April den 27. haben unsre Herren aus Hermannstadt durch die Schässburger verhohlener Weise erstemal Schreiben zugeschickt."

„Den 28. am Sonntag Jubilate ist der Abdi Aga, Bezzade, und der Gyulai Mihály des Bethlen Gábors Diener von Cronen weg. Diesen Abend ist der Deli Mustafa, des Abdi Diener sammt unserm Diener aus der Hermannstadt erst ankommen und haben unsern Herren den Kutsi (Kutsche) samt den Rossen heimgeschicket, weil man sie in der Hermannstadt nicht hat können aushalten, denn der Báthori hat mit seinem Volk schier selber nicht zu fressen gehabt. Ich meyne das, das sind mir feine Leute, Städte zu behalten, Sie können den Vorrath da genug ist wohl auffressen, aber dass sie sollten auch etwas zuschaffen, das geschieht nun und nimmermehr. Es ist aber unersaglich, was sie für einen grossen Vorrath, da sie die Stadt schelmischer Weis haben vor sich genommen, darin funden." — — —

„Den 20. hat der F. W. Herr Joh. Chrestels, H. Bartholomäus Kattner wegen ihrer bey dem Báthori verbrachten Reise in der Hermannstadt aufs Rathhaus in Gegenwärtigkeit der ehrl. Hundertmannschaft Relation gethan; — — — — Die Croner Herren aber seyn übel hiermit zufrieden gewesen, sintemal wir unsere Legaten, den H. Georges Merten beym Röm. Kayser Matthias gehabt, von welchem wir innerhalb 2 Jahren keine Zeitung oder aber Unterrichtung bekommen."

„Den 21 ist E. E. W. Rath samt der ehrsamen Hundertmannschaft und Landherren des Reviers Barcza (Burzenland ober Kronstädter District) versammelt worden und wegen der Artikel, so zu Presburg im Landtag seyn von Röm. Kays. Maj. und ganz Ungarn beschlossen, welche Artikel denn auch ganz Siebenbürgen acceptirt und angenommen, gehandelt. Weil wir aber aus Befehl beyder Kayser uns mit dem Báthori in Frieden zu begeben, ernst Gebot gehabt, also haben sich Ew. E. W. Rath und die Ehrl. Hundertmannschaft den Frieden einzugehen, jedoch auf Bürgschaft des ganzen Landes, verwilliget."

„Den 22. ist Herr Paul Lang und auch auf eine Seite der Stadt Herr Georg Schramm und H. Christel Hirscher auf der andern Seite, da dann die Zechen (Zünfte) in ihren Pasteyen verordnet gewesen, heruntergegangen, ihnen den angebotnen Frieden vermeldet, sie alle haben sich williglich Frieden zu machen, eingelassen."

„Den 23. E. E. W. Rath und die Hundertmannschaft abermal bey einander, da man des Báthori Artikel etliche corrigiret, als nemlich die so uns wider Recht und zu Harm waren aufgeschrieben. Den 24. Abermal E. E. W. Rath samt der Hundertmannschaft bey einander, da man die Corrigirung der Artikel und des Juraments, so uns von Báthori waren fürgeschrieben, dem Götzi und dem Capitaneo Fogarasiensi übergeben, welche sie dem Báthoreo alsbald solten zuschicken, wo alsdann der Báthori dieselben solt eingehen, so wollten sie ihnen das Jurament ablegen, der Götzi aber hat übel hergegen gethan und für unmöglich von Báthory anzunehmen geacht, hierüber gepocht, getrotzet und vermeldet, es müsste der Tractat so vielfältigerweis und mit vieler Mühe und Arbeit so weit gebracht, aller Fällen, ehe der Báthori solt das eingehn, denn der Schelm war schon Báthorisch und nicht Cronerisch und ist dieses sonderlich der Unger ihr Brauch, dass wenn sie nicht eine rechte Sache haben, so wollen sie nur mit Poltern, Pochen und Trotzen solches ausrichten. Aber wer von Dräuen stirbt, laut des Sprichworts, dem lautet man mit Esels-Fürtzen (tisztességel mondván, mit Verlaub zu sagen) aus."

„Den 26. Am h. Pfingsttag haben wir erst vom Herrn Georges Merten gewisse Zeitung bekommen, ist seculer, semmi (nichts) darhinter gewesen." — — — — — —

. . . . „Den 1. Juni E. E. W. Rath abermal beysammen, da man wegen des Geschenks, so dem Báthori solt, gehandelt hat. Ditto hat der Andreas Szaloncsky, ein Pollak, so über 100 Trabanten Hauptmann gewesen, mir (so schreibt Andreas Hegyes der Kronstädter Rathsherr) Fähnlein und Trummeln übergeben und einen ehrl. Abschied genommen." — — — —

.... „Weil aber der Götzi zu einem Schelm wird am Báthori Gábor, so sucht der Götzi nicht des Báthori Bleiben, sondern seinen eignen Nutz und bittet um das Fürstenthum, kommt auch in dem Namen bis nach Cronstadt und bringt auf die 1000 zu Ross durch Befehl des Kaysers, des Vaida Kriegsvolk mit, so in der Altstadt gelegen und laufen alldar davon und lassen ihn mit seinen Knechten, welche auf die 20 waren, allein sitzen. Damals hat er geweint wie ein Kind und um Gottes Willen gebethen, bis man ihn in die Stadt eingenommen hat. Und hat der Götzi diessen Pollaken mit ihm zurückbracht. Die deutsche Soldaten hat er etliche dem Kayser übergeben und ihrer viel den Türken verkauft und verstutzet für Ross und Waaren."

„Den 2. kommt der Vig Mihaly vom Fürsten mit Bericht, da sich dann der Báthori auf unser Begehren freundlich resolviret und dasselbige approbiret."

„Den 3. Deo volente et sic jubente haben wir, nachdem wir uns mit dem Báthori genugsam getummelt und gestritten, jedoch durch Verwilligung des Deutschen und Türkischen Kaysers, Befehl nach langwieriger und vieler Tractirung, den Frieden mit Eidspflicht einzugehen verwilliget: Gott gebe, dass dieser Anfang, möge Gott zu sonderlichen Ehren, der armen deutschen Nation aber zu Nutz und Frommen und Bleiben gereichen."

„Den 4. hat man Freud geschossen, seyn viel Kugeln im Geschoss gewesen."

....„Den 5. bin ich mit dem Fürs. Weisen H. Mich. Forgátsch bei Fürstl. Durchlaucht verreiset. Diesen Abend haben wir zu Fogaras zum Letzai Farkas bei dem Götzi gessen. Wie der Götzi aber freudevoll gewesen, so hat er in seinem bösen Gewissen nicht ruhen können, hat derowegen mich mit einem grossen Becher Wein gegrüsset mit diesen Worten: Ich weiss, sprach er, weil du noch jung bist, kannst du noch eine lange Zeit leben aber das behalt in deinem Gedächtnis und lass es Dir ein Testament seyn, nempe: Dass die Stadt

Cronen nun und nimmermehr keinen solchen versuchten erfahrnen Mann verstehe, wie der Götzi, bey Leib nicht in die Stadt nehme, viel weniger alle Heimlichkeit ihm offenbare und alle Stärke zeige und was das grösseste, seines Raths pflegen, wie sie denn mit mir, da sie in allen ihren heimlichen Rathschlägen beförderst meines Raths immer zu gepfleget. Was sie aber hiermit werden ausgerichtet haben, werden sie künfftig erfahren. Denn ich, so lange ich lebe, der Stadt Cronen keinen Dienst thue im allergeringsten, sondern wo ich weiss und kann, will ich ihr Schaden zufügen. Das heisst rechtschaffen: Fide sed cui vide, und ist dieses der Dank, dass man etlich tausend Gulden auf ihn und seine Diener verthan hat. Ich aber hab ihm des treuen Raths freundlich abgedankt, gewünschet, dass er den letzten Trunk thun mögte. Et sic sapientibus sat dictum, et in perpetuum semper obstruandum.

Ditto ist das Schloss Türtsch (Törzburg) und Rosenau von dem Capitaneo Fogarasiensi durch Befehl des Báthori Gábor's Cronstadt samt aller Zugehörung übergeben. Gott sey Lob und Dank."

„Den 7. seyn wir zu Salzburg alsbald von des Fürsten Rath zum H. Kakony István berufen worden und gefraget, was das Geschenk wäre, so Fürstl. Durchl. sollt. Wie sie solches vernommen, haben sie alsbald böse Ohren bekommen und hefftig erzürnet worden, haben vorgegeben, dass das Geschenk, so F. Durchl. wäre verheissen worden, auf etliche 1000 fl. werth geschehen wäre.

Item haben sie weiter gefragt, ob wir auch den Räthen etwas gebracht, so wollten sie solches auch dem Fürsten zukommen lassen, nur dass sie Fürstl. Gnaden den Willen mögten finden. Die Geschenke aber waren diese: Erstlich ein schön gross silbernes Becken, ein gross Giesskanne. 2 schöne grosse Geschirr zu 10 Pfund, noch 5 andere schöne Paar Kopchi (Lanzenspieße), also dass 9 Stuck gewesen."

„Den 8. spät haben wir Fürstl. Durchlaucht das Geschenk offerirt, welches F. D. dennoch williglich angenommen."

„Den 9. bin ich post prandium nach Haus um Geld geschicket worden."

„Den 11. Uebergabe E. E. W. Rath des Báthori Brief und Thun auch mündliche Relation."

„Den 15. Kam der gute Vogel H. David (Weihrauch, derzeit eingesetzter Comes), Königsrichter von Reps an. Dieser ist sehr gross bey dem Gábor, der deutschen Nation aber der ärgste Verräther gewesen. Den 16. bin ich abermal mit dem Geld zu Fürstl. Durchl. aufgewesen. Den 20. Wehreten dem Komornik (des Fürsten Oberkämmerer) dem Vesseleni Pál ein, baar flr. 2500. Den 23. Seyn wir bey F. D. gerufen worden. Da hat auf unser Begehren Fürstl. D. uns Bescheid geben und sonderlich zur Treuheit vermahnt. Den 25. Haben wir für E. E. W. Rath und der Hundertmannschaft unsrer verbrachten Reise wegen relation gethan, der Báthori aber hat sehr freundlich an die ganze Stadt geschrieben, zur Vizakna aber hat er uns stattlich tractiren lassen." — — —

...,. „Den 16. kommt der Huzaim Schaus, ein sehr alter Türk, samt des Magyarogli seinem fürnehmsten Diener einem, begehrend 2 vornehme Herren bei ihm in die Walachei zu schicken." — — — — — —

Nun entwickelt sich die Tragödie zu ihrer Schlußkatastrophe. Bethlen hatte schon im Juni Sultans Ahmed's Zustimmung erhalten. „Werde er zum Fürsten gewählt, so habe er mit der Moldau und Walachei, sowie mit den drei ständischen Nationen Siebenbürgens gutes Einvernehmen zu halten, Tribut zu zahlen u. s. w." Es kömmt zum Feldzuge. Wieder wollen wir einem Zeitgenossen folgen, welcher in sein Tagebuch Folgendes niederschreibt:

„Den 3. October sind die Tartern, Türken, Moldner, Wallachen, Walloner erst dem Báthory nach und erreichen den Báthor bei Clausenburg, welcher sich in die Weinberge jenseit dem Szamos gelägert. Die Tartern aber Morgens frühe im Nebel sollen des Báthori Tabor angreifen, können aber, weil er jenseit dem Wasser liegt, ihm nicht zukommen und ist der Báthory rechtschaffen erschrecket worden und gezittert bis man ihm die Dollmann hat angethan, haben derowegen nur mit Scharmützeln den Tag zugebracht. Haben einen fürnehmen rittermässigen Tartern, Namens Sesam Morza, erschossen und ist unter allen Tartern der fürnehmbste ohne den Sultan oder Schayn Gyra gewesen, gegen Abend hat sich der Báthori

XX. Ausgang des letzten Báthory und Niedergang der Türkenzeit.

durch einen sehr dicken Wald in die Flucht begeben, die Tartern aber haben sich in das Land ausgetheilet und bis Dées, Nösner Land, nebenst dem Szamos, Aranyos, Maros, Kökölö, Tartomain alles verderbet, verbrennet und das Volk, welches sie alle in Dörfern sammt ihrem viel Viehe funden, denn sie waren nebenst ihrem Gott Báthori sicher und fürchteten sich vor Niemanden bis sie endlich samt Weib und Kindern und allem, was sie vermögt, in die Rabey geriethen und haben diese Tartern unzehlig viel Rinder, Viehe, Schafe, Ross und Schweine bracht, hierzu etliche tausend Robben von Männern, Frauen, Mägden, Knechten und Kindern 3 Nationen als Zekel, Wallachen, Teutsche, welches wir schmerzlich haben müssen ansehen, weil wir (Hegyes, Joh. Benkner und Simon Loy, welche Kronstadt in das Heer des Magyar Ogli absenden mußte) täglich bei ihnen im Lager sein mussten. Das Vieh haben die Tartern mit dem ganzen Haufen verkauft, wohlfeil, also dass ein gross Rind etwa pro den. 50, ein Schaf den. 10 ist kommen. Die Moldner und Bleschländer habens meist gekauft und in ihr Land mitgeführet, also, dass in Tabor hernach ein Schaf den. 80 und 6 fl. ein Ochs oder Kuh gekauft worden." — — —

„Den 6. Ist Herr Joh. Benkner, ich und Herr Simon Loy bey den Skender Bassa und Bethlen Gábor, haben sich salutiret und empfangen." — — — — —

„Den 19. hat das Land dem Báthori Gábor geurlaubt und ermahnet, dass sie ihm förder nicht dienen, noch für ihren Herrn erkennen könnten, denn sie müssten hinfort unter des grossmächtigen Türkischen Kaysers Unterthänigkeit seyn. dankten ihm auch öffentlich, dass er sie und das ganze Land mit seinem stolzen und gottlosen Leben in das äusserste Verderben gebracht hätte und mit seiner Widerspenstigkeit Weib und Kind, Mann und Knecht in die ewige Rabey, das hätten sie nur allein ihm zu danken". — — — — —

.... „28. Báthori Gábors Tod vermeldet (in Klausenburg) .... haben nicht gewusst, was wir vor Freude thun sollen. .... So ihn aber umgebracht haben, sind diese: Szylassi Mihály, Ladani Ferentz, Foltii Gergely samt ihrer Rotte item der Zambo." —

Wir werden später noch einen andern Bericht aus jener Zeit mittheilen; vorerst aber mag hier eine Stelle finden das oberwähnte

Beurlaubungsschreiben an Gabriel Báthory, unterschrieben am 13. October 1613 von der Universität der Stände und der drei Nationen des Reiches Siebenbürgen, welches im Auszuge und übersetzt also lautet:

„Gott segne und erfülle Euer Durchlaucht mit guten zur Erhaltung der Ruhe in unserm zerrütteten und in so viele Gefahren versunkenen Vaterlande abzielenden Gedanken. Wir hätten es in der That gewünscht, dass uns zu diesem Verfahren und Schreiben, welches wir jetzt an Euer Durchlaucht als unsern bisherigen Herrn und Fürsten erlassen, die jetzigen schweren und nicht zu ändernden Zeitumstände, die gewaltsamen und mit unerhörten schrecklichen Verheerungen verknüpften Zwangsmittel des grossmächtigsten unüberwindlichen Kaisers und Euer Durchlaucht eignes Betragen nicht veranlasst haben möchten, so würden uns auch diese betrübten jammervollen Zeiten und das Unglück nicht getroffen haben, so manche Feuersflammen, die Einäscherung des grössten Theils unsres lieben Vaterlandes und die Entführung vieler tausend Seelen zur ewigen Sclaverei mit verwundeten Herzen anzusehen. Wer immer dazu Anlass gegeben, selbst diejenigen, die solches auf Befehl ihres grossmächtigen Fürsten und Kaisers gethan, werden die gerechte Strafe Gottes auf ihre Häupter laden. Was aber die Zeiten selbst mit sich gebracht haben, dafür können wir nicht, nur können wir jetzt dem Racheschwerte des grossmächtigen unüberwindlichen Kaisers (des Sultans) und seinen strengen Befehlen nicht mehr entgegenstreben. Damit wir uns also aus dieser schrecklichen Gefahr gleich einem in den Wellen des Meeres versunknem Schiffe herausschwingen und retten mögen, sind wir nothgedrungen, uns von der Person Euer Durchlaucht frei zu reissen und Ihrer bisher unter uns beliebten fürstlichen Regierung auf ewig zu entsagen. Fragen wir unser Gewissen, so haben wir freilich das ganze Land sowohl als Ew. Durchlaucht mit uns zusammen zu diesen Unfällen beigetragen und es ziemt uns nicht, den Balken in unserm Auge hintanzusetzen und über den Splitter in eines andern Auge zu zürnen. Wir selbst haben so manche warnende und schreckende Strafen, womit uns Gott heimgesucht, verschiedne Einfälle von Heuschrecken, schreckliche Wasserfluthen und unerhörte Hagelwetter so wenig als die gütlichen Ermahnungen und Bedrohungen auf Seiten der irdischen Regenten beherziget und unser Heil nicht in dem Segen des Höchsten, sondern im Rauben und Plündern gesucht, dieses sind nun die Früchte des Ungehorsams und unsrer Halsstarrigkeit: wir haben uns mit Eurer Durchlaucht zusammen davon nicht bekehren können, müssen nun mit Ew. Durchlaucht zugleich die langwierige Geduld und Langmuth Gottes und jetzt seine über uns geschwungene Geissel zu spät einsehen und beweinen. Freilich müssen wir von Euer Durchlaucht mit beklemmten Herzen vernehmen, dass sie auch jetzt noch bei dieser schrecklichen Verwüstung unsres Vaterlandes gerade als ob Sie sich darüber freuten, dem Tanzen und andern Lustbarkeiten nachhangen. Indessen ist schon dieser Beweggrund genug uns von der Pflicht gegen Durchlaucht zu entledigen, da sie keine Landverfassungen, Freiheiten und Rechte gehalten, vielmehr solche wider den uns abgelegten Eid vielfältig gebrochen und beeinträchtigt, unsern Frieden mit den benachbarten Ländern gestört und, was das Meiste ist, den grossmächtigen unüberwindlichen Kaiser, sowie auch die christlichen Mächte mit Verlästerungen gereizt und weit entfernt, unsre Erhaltung mit fürstlichen Gnaden zu Herzen zu nehmen, vielmehr mit Betheuerungen erklärt haben: Sie möchten für uns nicht einen abgetragenen Pantoffel geben.

Wir sagen also von heute an mit dem ganze Lande Ew. Durchlaucht und ihrer Regierung auf ewig ab und geben Ihnen zugleich zu vernehmen, dass sie mit der Treue, die wir Ihnen bis zur gänzlichen Aufopferung über Ihre Verdienste bewiesen, vorlieb nehmen mögen."

Der Vergleichung wegen ist es von Interesse, auch einen andern Berichterstatter die Begebenheit nochmals vor uns aufrollen zu lassen. Dieser schreibt: „Als aber Báthory vernommen hatte, dass ihm der Feind im Land, ja für Augen wäre, rüstet er sich mit allen seinen Volk, welches 30,000 Mann stark war und lägert sich auf dem Maros bei Weissenburg, scharmützelten täglich mit den Feinden. Als aber Herr Johann Birkner (vielleicht rectius Benkner) vernahm, dass der Báthory mit dem Szkender Bassa ein Treffen haben wollte, schicket er sammt den zwei Woiwoden allsobald nach den Tartaren, welche waren in den Grenzen der Moldau bei der 40,000. Selbige kamen den 10. October in Burzenland auf den dritten Tag. Eben am andern Tage brach das ganze Lager auf und lagerten sich in den Wald bei Wladén, den anderten Tag bis gegen Kertz, den dritten bis gegen der Auen (Großau bei Hermannſtadt). In der Nacht kam eine Zeitung ins Lager, dass der Báthory den vorigen Tag ausgerissen sei mit allem Volke. Alsobald sassen die Tartarn auf und ritten so geschwind, dass sie den Báthory den andern Tag bei Clausenburg erreichten und dem Báthory ins Lager fiehlen, selbigen hart gedrungen, biss dass endlich der Oberste der Tartarn Szaven Morza umkam. Dadurch marchirt Báthory durch einen engen Weeg mit allen seinen nach Wardein, aber die Tartaren haben stattlich Heiducken gefangen, als sie nur seyn mögte. Die zwey türkische Läger kamen von beyden Seiten bei Weissenburg beisammen, als der Aller Oberst Bassa Szkender Passa, mit ihm der Bethlen Gábor, darnach Herr Johan Birkner (Bentner) mit Magyar Ogli Passa, die zwey Woiwoden Radul und Stephan Woda, der Szultan Sprangira, Fürst der Tartaren, Feld-Obristen Szaven Worza; diese alle zogen miteinander bey Torrenburg (Thorda), da lägert sich ein jeder in sein Standtlager auf das Wasser Aranyas und blieben allda zu Feld 6 Wochen lang. Als die Tartaren den Báthory sahen fliehen, wollten sie ihn in ein so schändlich Ort nicht nachjagen, sondern rannten in das Nössner Geländt (Biſtritzer Gegend), bekamen an etwelchen Orten die Leute in den Dörfern daheim, an etlichen Orten in den Kirchen, welche sie umhalten haben, und die Pfarer samt den Schulmeistern alle mit einander, wie sie sich haben funden, gefänglich genommen und führten also einen grossen Hauffen Rabben*) (gefangene Sclaven) zusammen.

Den 11. October aber schickten die Clausenburger heraus und bathen um Gnad mit Versprechung dem Grossmüthigen türkischen Kaiser unterthan zu seyn. Den 16. ward ein Landtag zu Clausenburg ausgeruffen, dazu fand sich eine jede Nation aus den dreyen Nationen. Welche nicht kamen, dieselben liess der Passa mit Volk holen und begleiten. Den 23. war das ganze Land bei Clausenburg beisamen und hielten eine Election und erwehlten libere et non coacte (frei und nicht

---

*) Rab: ungariſch, Gefangener.

XX. Ausgang des letzten Báthory und Niedergang der Türkenzeit.

gezwungen) den stattlichen und Edlen Helden Bethlen Gábor zum Fürsten.

Den 24. that er dem Lande auf ihre Puncta (der Capitulation) schwören, das Land ihm wieder geschworen hat.

Den 28. zog Bethlen Gábor mit dem Land-Volk etwa 200 ins Lager nach Torenburg. Als er auf den grossen Berg kam, daher man Torenburg sieht, kamen ihm entgegen alle Türken mit der schönsten Reuterey und Aufzug, verehrten dem Fürsten mit einem schönen Ross, Säbel, Kolben, Fahnen und ein gefüttert Kleid. Am andern Tag hielten die zwey Woiwoden mit auserlesnem Volk, ritten ihm zur Hand, wünschten ihm viel Heil, Glück und Seegen. Ein jeder thät dem andern in die Hand schwören, gute Freunde und Nachbarn zu seyn. Nach diesen kamen aus dem Graben 10,000 Tartarn mit grausamen Geschrey den Berg hinauf, vor ihnen lief ein Haase grade dem Bethlen zu, unter den Tartaren ein grosser Kerl jaget auf einem weissen Ross dem Hasen den Berg auf nach, erreicht ihn und nahm denselben mit der Hand von der Erden im Laufen nach, führt ihn dem Bethlen Gábor und legt ihn demselben auf den Sattlbaum auf lebendig. Als solches die alten Türken sahen, nahmen sie ihre Bücher heraus, fingen an zu weissagen, was der Haas bedeuten würde, nämlich: dass Bethlen Gábor ein grossmächtiger Fürst und Herr sein würde, der alle seine Feinde würde überwinden, es seyn heimliche oder öffentliche. Von Dannen ward der Fürst von diesem Volk aufs stattlichste nach Torenburg auf den Aranyas bis in sein Zelt begleitet, darnach eine jede Nation und Volk in sein Quartier einlogirt. Indessen ward es dem Báthori zu Wardein im Schloss langweilig, ward durch den Gétzi András belogen aus dem Schloss zu spaciren und sich zu erlustigen. Als er bei die Mühlen kam mit seiner verguld Kutschen, daran 10 gefärbte schöne Ross waren, bei ihm im Wagen der Lonyai Farkas, hatten sich seine besten Freunde und Leibsglüder, etwa 50 Haiducken versteckct, darunter waren die Obersten Szillágy János, und Ladányi Gergelj gab ihm eins mit der Pistolen in den Stirn ein groben Schuss. Szilágy János mit dem Pantzer Stecher gab ihm auch drey Stich, dass er den Geist aufgab; zogen ihn aus seinem Wagen heraus und hieben ihm viel Wunden, warfen den todten Körper in die

Mühlbach. Sein Leibhund, der stets bei ihm war im Wagen, hat sich wunderlich geberdet, seinem Herrn die Wunden geleckt und ihn bei den Haaren gefasst, demselben aus dem Wasser zu helfen. Darnach liessen die Haiducken den todten Báthori liegen und beraubten den schönen silbernen Wagen ganz, zerbrachen solchen bis sie das Silber kriegten. Als nun Báthori in die 4 Stunden in der Bach gelegen war und die Haiducken sich zerstreut hatten, ist er von etlichen Bauern in Wardein auf dem Markt in eine wüste Capelle getragen, der Leichnam nacket auf ein wenig Stroh geleget worden; hat also seinen wohlverdienten Lohn bekommen und der armen Leute zu Hermannstadt sauren Schweiss mit seinem eignen Blut bezahlen müssen, wie es allen Tyrannen ergangen und ergehen wird.

Am andern Tag ward Báthori mit einem Ochsen und einer Kuh neben einander gespant nach Báthor ohne Gesang und Klang geführet, allda unbegraben in der Sacristey oder Garkammer mit einem Teppich bedecket bis in die 14 Tage lang geblieben, hernach vom Bethlen Gábor die verdorrten Gebeine, eben in selber Kirche, mit geringer Solennität sind begraben worden."*)

Der letzte Báthory hatte sein Ende gefunden; — wenige Jahre früher war auch Sigismund gestorben. Nach Prag vor seinem Ende gebracht, hatte er in Leitmeritz gelebt und dann das Schloß Lobkowitz und 50,000 Gulden jährlicher Renten erhalten. Schon das folgende Jahr trifft den noch jungen Mann ein Schlagfluß; — indeß erholt sich derselbe und fristet — von den Nachbarn oft verspottet — das dunkle Dasein ziemlich ruhig bis zum Jahre 1610, wo er, eines hochverrätherischen Planes mit Polen beschuldigt, nach Prag gebracht und in Untersuchung gezogen wird.

Im Mai 1611 erhielt er wieder seine Freiheit. Gramgebeugt kehrt Sigismund auf sein Gut zurück, welkt ab wie ein verdorrender Stamm und stirbt am 27. März 1613, ohne mit seinen Anverwandten, zumal mit dem Fürsten Gabriel Báthory, Verkehr gepflogen

---

*) Vergl. Geschichtswerke, so von Alexander Szilágyi, die Chroniken in den „Deutschen Fundgruben" und andere; Fessler-Klein, IV. Bd., Seite 111, dann Teutsch „Sachsengeschichte" [II. Bd.], Seite 164, woselbst weiterer Vorgänge gedacht wird.

XX. Ausgang des letzten Báthory und Niedergang der Türkenzeit. 265

zu haben, vor sich die Gestalten Rudolph's II., Philipp's III., ähnlicher Opfer mönchischer Erziehung.

Noch lebte aber ein furchtbares Ungethüm aus dieser Familie, Elisabeth Báthory, verwittwete Nádasdy, im Schlosse Cseithe, zu dieser Zeit bereits im Kerker, wo sie endlich am 21. August nach dreijähriger Kerkerhaft verstarb. Sie ist jene entsetzliche Frau gewesen, welche sich, seit 1603 Wittwe, an den grausamsten Qualen ihrer Opfer erfreute.

Sinnreiche Martern wurden ausgedacht, um die unterthänigen Mägde zu quälen. Ihre nackten Leiber wurden im kalten Winter mit Wasser begossen, honigbesetzten Körpers wurden sie im Sommer den Insecten preisgegeben; mit Scheeren brachte die Herrin den unglücklichen Opfern viele kleine Wunden bei, ließ sie mit Dornen peitschen bis zu 500 Streichen, steckte den Dirnen Nadeln zwischen die Finger und als sie einstmals vermeint, nach einem weggewischten Blutstropfen ihre Haut reiner und schöner zu finden, beschließt die tyrannische Herrin im Blute ihrer Mägde zu baden. Mehr als hundert sollen dem schrecklichen Mordinstrumente einer „eisernen Jungfrau" zum Opfer gefallen sein, bis die Verbrechen dieses tigerhaften Weibes, zum Entsetzen der Welt, entdeckt wurden. Während so die letzten Báthory's endeten, lebte in klösterlicher Zurückgezogenheit Maria Christina, die Gattin des Sigismund Báthory. Die schon Vergessene tritt uns mit rührender Klage in folgendem Briefe entgegen, welchen sie wahrscheinlich 1614 an den Kaiser Mathias gerichtet hat. In diesem Bittgesuche der Erzherzogin kommen folgende Stellen vor:

„Es haben auch Ihro Majestät bewilliget, dass ich meine in Siebenbürgen verschriebne Güter, so gut ich könnte, möcht anordnen, darauf ich mit einem Landtmann Herrn Stephan Kakasch tractiert, dass er besagte Güter angenomben und hingegen einer jährlich 24.000 Thaler Arenda darvon geben wollen. Weil aber im selbigen Jahr, da ich im Herausziehen war, der Fürst Sigismund wieder hinein kommen, hat er mich zu Klausenburg antroffen, und daselbst aufgefangen. Desswegen ich meine Güter wieder zu mir genomben bis Anno 1599 dem Herrn Cardinal Andreas Báthori das ganze Land ist eingeräumt. Welches also geschwind ist zugegangen, dass ich nicht Zeit gehabt Ihrer Majestät Resolution zu erwarten, welche doch hernach mirs mit Unrecht geheissen. Hab' also damit ich sicher aus dem Land kommen möge, meine besagte Güter gedachten Herrn Cardinal in Bestand das Jahr pr. 15,000 Thlr. verlassen müssen. . . . .

. . . . Wann dann nun gnädigster Kayser, Herr Vetter und Herr Vatter dies der gründlichste, unterthänigste Bericht dass auf gnädigster Beliebung Kaysers Rudolphi hochseligen Gedächtnusses und mit Raths unsres ganzen Hauses zu grosser verhofften Wohlfahrt und Nutzen der ganzen Christenheit ich zu unterthänigsten Gehorsamb den Heurath zwischen obgedachten Fürsten Sigismundo eingewilliget, daraus mir allerley Ungelegenheit, Gefahr und Spott entstanden, wie ich dann noch gäntzlich verlassen und der vielfaltigen kaiserlichen Vertröstung und Fürstlichen Siebenbürgischen Verschreibungen, so mit Eid und Kayserlichen Worten sind bestattet worden, bis Dato . . . (wahrscheinlich 1614) mit Schmerzen entrathen müssen, dannenhero ich in unerschwinglicher Schulden Last gefallen, doch durch die gnädigste gethane Kayserliche Vertröstung und billig verschriebne und versprochne jährliche 15,000 Thlr. Deputats welches noch ein schlechtes und zu Unterhaltung meiner Person geringer nit sein könnte, davon ich mehr nit als 10,000 flor. wie oben gemeldt, empfangen, mich wiederumb heraus zu ziehen und Diejenigen so mir bishero eine grosse Summa zu meiner nothwendigen Unterhaltung gutwillig und christlich vorgestrecket und geliehen habe, davon ehrlich zu bezahlen hoffe, ... Damit ich zu meiner billigen Anforderung des versprochnen Anstandes, so jetziger Zeit in die 264,000 Thaler belauffen wird irgend aus nahe gelegnem Gefällen als Ischl und Gmunden gewiess und unfehlbar gehoffen . . . .

Eurer Röm. Kays. Majestät unterthänigste gehorsambste Mami und Dochter allzeit
   Maria Christierna."

Sie starb als fromme Dulderin im Kloster Hall, während ihr Bruder Ferdinand als Kaiser eine neue blutige Zeitgeschichte zu erleben und mitzuwirken berufen ist. —

Die Zeit des dreißigjährigen Kriegs hatte die Wurzelkeime in die Gemüther versenkt. —

Siebenbürgen aber, ja der ganze Osten und Norden, standen, durch ihre „protestantische Bedrängniß" geleitet, nicht mehr auf Seite

XX. Ausgang des letzten Báthory und Niedergang der Türkenzeit.

des römischen Kaisers, wie vor dem Jahre 1600, nicht mehr gegen die Türken, wie ehevor.

Gabriel Bethlen führte siegreiche Waffen gegen den ungarisch-österreichischen Nachbarkönig bis an die Grenzen von dessen Reich, bis an jene von Deutschland, wohin Gustav Adolph, der Schwedenkönig, seine Truppen entsendet. Erst nach drei Menschenaltern gewann das Haus Oesterreich wieder den verlornen Boden mit dem Niedergang der Türkenzeit durch die herrlichen Siege der Feldherren Kaiser Leopold's I. In der Türkei neigte der Staat zum Niedergang*), Soldatenaufstände und Verfall der Reichsinstitute, Länderaufruhr, Palastintriguen, und die in Armuth und Elend versunkenen Provinzen brachten allmählich die Auflösung jener Macht mit sich, welche nicht mehr in neuen Eroberungen neue Kräftigung an sich zu ziehen vermochte. Unter Murad's III. Nachfolger, Mohamed, beginnt der „kranke Mann" das Siechenbett zu beschreiten. Die Pforte geräth in endlose Verwirrung, aber noch vermag Achmed durch Bauten und fromme Stiftungen den alten Prunk zu entfalten. Mustafa und Osman II. waren Prinzen und Sultane aus dem „Käfig" und für den „Kerker"; Murad IV. ein grausamer Tyrann, Ibrahim; ein Lüstling des Serails. Unter Mohamed IV., welcher 1648 mit sieben Jahren den Thron bestieg, regierten Großwessire und der Harem; kaum irgend wesentlich andere Charakterzüge lassen die späteren Zeitalter erkennen. Mächtige Feldherren fesseln noch zeitweilig Siege an die Fahne des Propheten, welche 1683 bis nach Wien getragen wird, um fortan eine lange Reihe von Niederlagen nicht mehr von sich abwehren zu können. Der Friede zu Carlowitz (1699) nöthigt die Pforte, auf Siebenbürgen zu verzichten, welches bereits durch Vertrag (1691) die Protection des Hauses Oesterreich, der Krone von Ungarn, angenommen, nachher den einheimischen Fürsten entsagt und Kaiser-König Leopold anerkannt hatte.

Die Aemter der „Feder" und des „Säbels" unter der Leitung der Großwessire, die Aemter der „Wissenschaft" unter jener des obersten Mufti, Hofämter und Statthalterschaften, werden wohl wiederholt geregelt und Organisationen in Armee und Ver-

---

*) Vergleiche außer bekannteren Geschichtswerken besonders die treffliche Abhandlung von J. W. Zinkeisen, „Der Westen und der Norden im dritten Stadium der orientalischen Frage" in Fr. v. Raumer's, „Historischem Taschenbuch", 1858, 3. Folge, IX. Jahrgang u. f.

waltung versucht und Manches davon vollführt. Zweihundertund-
zehn Mufti sind als Würdenträger des Gesetzes: „Berather der
Menschen, das Meer aller Wissenschaften." In vier Klassen zeichnen
sich 45 Divansämter aus, darunter der Kiajabey als Minister des
Innern, ein Defterdar als Kammerpräsident, der Reis-Effendi
als Minister des Aeußern; dann der Tschauschbaschi als Reichs-
marschall, ein Nischandschibaschi als Staatssecretär für den
Namenszug des Sultans, nicht minder der Emkasi Humajun Nasiri,
Aufseher der Münze, und der Mufata Nasiri als Aufseher der
Pachtungen; der Seraskerpascha hat als Generalissimus: Piade
(Infanterie), Suwari (Cavallerie), Topdschi (Artillerie) unter sich,
in Alai's und Feriks getheilt und mit Tabur genannten Bataillonen.
Diese hinwieder lassen als Nutuk die Compagnien erkennen und es
fehlt nicht an Obristen (Miri alai), Hauptleuten (Jüsbaschi) und
Korporälen (Onbaschi); ja die Redif-Landwehr ist hinzugekommen.
Scheiche und Mollah's mit den Kabi's und Imame als Vorsteher
des Gebets, ganze Heere von Berufenen der Staats- und Reli-
gionsverfassung der Türken halten das Gerüste des Regiments
aufrecht und lassen den Befehlen ihren Lauf.

Indeß was allein Länder und Völker zur Rechts-Ordnung
und Cultur zu bringen, den Staat mit innerer Kraft zu beseelen
vermag, ist fast allenthalben abgestorben, und in dem Spiegelbild der
Jahre vor und nach dem Jahre 1600 wiederholen sich die Charakterzüge der Geschicke an den Grenzscheiden der Jahrhunderte, bis immer
mehr das Gefüge der Gewalt auseinanderbröckelt.

Der in Sitte und Rechtsbewußtsein erstarkte Geist und das
wirthschaftliche Leben christlicher Staaten wird an der Grenzscheide
des nächsten Jahrhunderts den Bosporus erreicht und die alten
Säulen der Pforte gestürzt haben.

Nach völkerrechtlichen Vereinbarungen werden endlich auch die
Balkanprovinzen dasselbe erreichen, wie die Karpathenländer; doch
ihr eignes selbständiges Leben in staatlichen und wirthschaftlichen
Beziehungen ist abhängig nicht nur von der Lösung der bisherigen
Fesseln, sondern von der eignen Bethätigung auf allen jenen Ge-
bieten, die, von confessionellen und nationalen Schranken frei, den
Verkehr mit dem Westen verbürgen.